智能媒体时代普通高等院校新媒体全能专攻复合型人才培养数字化规划教材

专家委员会

主 任
张骏德　复旦大学新闻学院教授、博士生导师

副主任
刘海贵　复旦大学新闻学院学位委员会主席
　　　　复旦大学新闻学院教授、博士生导师

委 员（排名不分先后）
胡百精　教育部新闻传播学类专业教学指导委员会副主任委员
　　　　中国人民大学新闻学院执行院长，教授、博士生导师
张涛甫　教育部新闻传播学类专业教学指导委员会副主任委员
　　　　复旦大学新闻学院执行院长，教授、博士生导师
王晓红　教育部新闻传播学类专业教学指导委员会秘书长
　　　　中国传媒大学教务处处长，教授、博士生导师
李本乾　教育部新闻传播学类专业教学指导委员会委员
　　　　上海交通大学媒体与传播学院院长，教授、博士生导师
韦　路　教育部新闻传播学类专业教学指导委员会委员
　　　　浙江大学媒体与国际文化学院院长，教授、博士生导师
严三九　教育部新闻传播学类专业教学指导委员会委员
　　　　上海大学新闻传播学院院长，教授、博士生导师

编审委员会

主 任
严三九　教育部新闻传播学类专业教学指导委员会委员
　　　　上海大学新闻传播学院院长，教授、博士生导师

副主任
陈建云　复旦大学新闻学院副院长，教授、博士生导师
韩立新　教育部新闻传播学类专业教学指导委员会委员
　　　　河北大学新闻与传播学院院长，教授、博士生导师
杨海军　上海大学新闻传播学院副院长，教授、博士生导师

委 员（排名不分先后）
姜智彬　上海外国语大学教务处处长，教授、博士生导师
武志勇　华东师范大学传播学院，教授、博士生导师
王冬冬　同济大学艺术与传媒学院副院长，教授、博士生导师
姜　红　安徽大学新闻与传播学院院长，教授、博士生导师
杜友君　上海体育大学新闻与艺术学院院长，教授、博士生导师
郑　欢　上海师范大学人文与传播学院教授、博士生导师
赵为学　上海大学新闻传播学院副院长，副教授

智能媒体时代普通高等院校新媒体全能专攻复合型人才培养数字化规划教材

主编 严三九　　副主编 赵为学

新媒体概论

（第二版）

Introduction to New Media

严三九　南瑞琴 ◇ 编著

华中科技大学出版社
http://www.hustp.com
中国·武汉

内 容 提 要

本书是智能媒体时代普通高等院校新媒体数字化规划教材。全书分为概论、新媒体分类、新媒体应用、新媒体产业、新媒体与社会、深度融合中的主流媒体、新媒体伦理与版权等相关内容,对新媒体的概念、特征、产生背景、社会影响、产业发展、新媒体带来的媒介融合、新媒体管理规范等问题进行了系统深入阐述。本书不仅可以用作高校新闻传播学及相关专业本专科生和研究生的新媒体教材,还可作为新闻传播学及相关专业的教学科研人员和媒体从业人士的学习参考用书。

图书在版编目(CIP)数据

新媒体概论:第二版/严三九,南瑞琴编著.—武汉:华中科技大学出版社,2019.12
智能媒体时代普通高等院校新媒体全能专攻复合型人才培养数字化规划教材
ISBN 978-7-5680-5889-6

Ⅰ.①新… Ⅱ.①严… ②南… Ⅲ.①传播媒介-高等学校-教材 Ⅳ.①G206.2

中国版本图书馆 CIP 数据核字(2019)第 289502 号

新媒体概论(第二版) 　　　　　　　　　　　　　　严三九　南瑞琴　编著
Xinmeiti Gailun(Di-er Ban)

策划编辑:周晓方　杨　玲
责任编辑:刘　烨
封面设计:原色设计
责任校对:刘　竣
责任监印:周治超
出版发行:华中科技大学出版社(中国·武汉)　　电话:(027)81321913
　　　　　武汉市东湖新技术开发区华工科技园　　邮编:430223
录　　排:华中科技大学惠友文印中心
印　　刷:武汉开心印印刷有限公司
开　　本:787mm×1092mm　1/16
印　　张:14.75　插页:2
字　　数:370 千字
版　　次:2019 年 12 月第 1 版第 1 次印刷
定　　价:48.00 元

本书若有印装质量问题,请向出版社营销中心调换
全国免费服务热线:400-6679-118　竭诚为您服务
版权所有　侵权必究

总序
Introduction

随着信息传播技术的快速发展,智能媒体时代、全媒体时代的到来,媒体深度融合向纵深推进,中国的新闻传播教育也处在大变革、大发展时期。为了大力普及新传播技术背景下的当代新闻传播学知识,为全国普通高等院校新闻传播学类专业的学生提供符合新传播技术发展要求的最新、实用的教材,华中科技大学出版社和上海大学新闻传播学院等单位共同组织编写了一套智能媒体时代的新闻传播学系列教材。

本套教材编撰宗旨:

本着与时俱进、不断革新的精神,大力普及新传播技术背景下的当代新闻传播学理论、知识和技能,并为全国普通高等院校的新闻学、传播学、广播电视学、广告学、网络与新媒体等相关专业提供符合智能媒体时代、全媒体时代要求的实用教材。

本套教材编撰原则:

(1) 与时俱进,不断革新,具有时代特色、中国特色。

(2) 深入浅出,删繁就简,基础理论与实务训练并重。

(3) 继承学术传统,吸收中国新闻改革 30 多年来的学术成果和典型案例。

本套教材编撰特色:

(1) 吸收当前新闻传播学的最新研究成果。

(2) 以智能媒体、全媒体的新闻传播主要平台为视角。

(3) 以实务为基点阐述新闻传播的主要理论。

(4) 采用大量案例,聚焦新闻传播学类专业新的知识要点。

(5) 注重实际训练,培养学生的基本技能。

本套教材在编撰过程中尽量做到文字通俗易懂但不肤浅,教学案例众多但有特色,紧扣智能媒体、新媒体技术但尊重传统。

本套教材的指导委员会、编审委员会成员来自复旦大学、中国人民大学、中国传媒大学、上海交通大学、浙江大学、华东师范大学、同济大学、安徽大学、上海外国语大学、河北大学、上海师范大学、上海体育大学和上海大学等众多高校的新闻传播学院,因而这套教材是各兄弟院校教师大协作的产物。

参加本套教材编著的老师都长期工作在新闻传播学专业及其相关专业的第一线,多年从事专业课程的教学、科研,具有丰富的教学经验并获得过重大的研究成果。其中,有的是教育部高等学校新闻传播学类专业教学指导委员会委员,有的长期担任中国新闻奖与省部级新闻奖的评委;大多数老师参加过国家级、省部级规划教材的编写;同时他们都参与了大量的新闻工作实践,为本套教材的新颖性和实用价值提供了有力的保证。

本套教材着重强调基本知识理论和案例分析相结合,在内容上既有科学性、系统性,又有很强的可读性、实用性和示范性,同时注重吸收 30 多年新闻改革的最新成果。每本教材的主编都有多年教学和实践的经验,能够对同类教材及参考书编写的传统结构有所突破,以方便读者更好地掌握课程精髓为目的,以创新为核心,重新构架全书的结构。

在人工智能、大数据、移动互联网、物联网、区块链技术大发展的媒介化社会,新闻传播成为当代社会生活的一个重要方面,媒介素养也成为提高干部素质,乃至提高公民素质的重要方面。本套教材不仅可以作为高等院校本科生、高职高专学生的教材,也可以作为新闻工作者与宣传部门从业人员进修的参考书、广大新闻爱好者的继续教育与自学用书。

我们处在一个革故鼎新、新生事物层出不穷、科技日新月异的信息化时代、数字化时代和智能化时代,客观实践经常跑在思想认识和理论研究的前面。因此,在高校教材建设上,强调面向当代社会实践,面向未来,强调以马克思主义、习近平新时代中国特色社会主义思想等为指导,注重科学性、知识性、前瞻性与实用性,这是我们编写这套教材的共同要求。而其中每一本教材,在框架设计、理论知识阐述、材料运用、行文风格等方面,又各具特色。我们每位执笔人,都把编写教材的过程作为总结经验、研究学问的过程,也是十多个兄弟院校老师共同的学术成果,必将受到新闻传播学院师生、新闻宣传工作者以及新闻爱好者的欢迎,必将在开展新闻传播教育和指导新闻传播实践中发挥更大的作用与社会效益。同时,我们也预计到,我们的思考和编写难免有不周之处,敬请读者不吝指正。随着新闻传播学教学、科研、实践的不断发展,这套教材内容肯定要不断充实与更新。我们殷切地期待读者提出批评与建议,使这套教材臻于完善。

张骏德　严三九
2019 年 7 月 26 日

目录
Contents

第一章　新媒体概论 / 1

- 第一节　什么是新媒体 / 1
- 第二节　新媒体的特征 / 6
- 第三节　新媒体与技术变革 / 12

第二章　新媒体分类 / 20

- 第一节　网络媒体 / 20
- 第二节　移动媒体 / 33
- 第三节　社会化媒体 / 48
- 第四节　论坛：新媒体形态的模型 / 50
- 第五节　博客 Vlog 与微博：个体走向社交舞台的中央 / 53
- 第六节　社会网络服务（SNS）与平台型转型 / 57

第三章　新媒体应用 / 63

- 第一节　新媒体与新闻 / 63
- 第二节　新媒体与社区 / 76
- 第三节　新媒体与营销 / 91
- 第四节　新媒体与娱乐 / 101

第四章　新媒体与社会 / 110

- 第一节　新媒体与社会经济 / 110
- 第二节　新媒体与社会文化 / 122
- 第三节　新媒体与社会政治 / 129

第五章　新媒体产业 /139

第一节　新媒体产业概述 /139
第二节　新媒体产业的经济特征 /148
第三节　新媒体产业的赢利模式 /156
第四节　新媒体经济的内在逻辑 /164

第六章　深度融合中的主流媒体 /170

第一节　报纸媒体的新媒体转型 /171
第二节　广电媒体的新媒体转型 /177
第三节　建设新型主流媒体 /184

第七章　新媒体伦理与版权 /190

第一节　新媒体伦理 /190
第二节　新媒体版权 /199

附录A　中华人民共和国著作权法 /211

附录B　信息网络传播权保护条例 /222

参考文献 /227

后记 /229

第一章
新媒体概论

数字技术和网络技术的快速迭代及迅猛发展使得"互联网"成为社会重要的基础设施之一,新媒体发展呈现出不同于以往的新面貌。有着"互联网女皇"之称的玛丽·米克尔发布的2018年互联网趋势报告数据显示,全球互联网用户数已经达到36亿,超过了全球总人数的50%,中国仍然是全球第一大互联网市场[①]。新媒体对全球媒体格局的影响进一步深化,影响国际传播与信息新秩序的重组与建立。新媒体正以不可抵挡的势头,迅速渗透人类社会的政治、经济、思想、文化等诸多领域,不仅改变了社会的传播形态,也影响着人们的生活方式及思维方式。由此,新媒体也成为新闻学、传播学等诸多领域的热点研究问题。本章通过介绍新媒体的定义、特征及其技术变革,帮助读者对新媒体有一个较为直观且全面的认识。

第一节 什么是新媒体

什么是新媒体?怎样定义新媒体?无论是业界还是学界,都没有达成共识。当我们认为新媒体是新的媒体的时候,新媒体是一个与传统媒体相对的概念,是继报纸、广播、电视等传统媒体之后发展起来的新型的、与互联网技术相关的某种媒体形态。当我们将新媒体概念直指网络或者数字技术时,就是更为强调新媒体形态"技术面向"的特质。无论是作为相对而言的时间概念,还是其对技术特征的重视,"变动不居"是新媒体概念中最重要的特征。技术形态不断发生的变化,技术应用场域的不断拓展,都使得各种新媒体的形态还未被充分了解,就已经面目全非。试图在变动中把握新媒体的确定性含义变得比以往都更加困难。面对众说纷纭的新媒体,也许人们短时间内无法对新媒体的概念达成共识,但至少可以通过

---

① 《2018互联网女皇报告中文版》,查询于2018年5月31日,http://tech.qq.com/a/20180531/003593.htm#p=4。

这些定义来从各个侧面认识并把握什么是新媒体。

一、"新媒体"的含义

新媒体的概念从何而来？这就要追溯到 40 多年前。新媒体(New Media)一词最先由美国哥伦比亚广播电视网(CBS)技术研究所所长 P. 戈尔德马克(P. Goldmark)于 1967 年在一份商品开发计划中提出。在这份开发电子录像(Electronic Video Recording, EVR)的商品计划书中，戈尔德马克将电子录像称为新媒体(New Media)，"新媒体"一词便由此诞生。那么，"新媒体"一词是如何发扬光大的呢？这就要归功于美国传播政策总统特别委员会主席 E. 罗斯托(E. Rostow)。1969 年，在他向尼克松总统提交的报告书中，由于多处使用 New Media，使得 New Media 一词开始在美国社会上流行，并在不久之后扩展到全世界[①]。

然而，"新媒体"一词真正为世人熟知并广泛应用则是从近些年才开始。随着数字信息技术的飞速发展和新兴媒介形态的不断涌现，新媒体逐渐成为统称这些新兴媒体的代名词。在人们使用"新媒体"称呼那些继传统媒体之后出现的新兴媒体，或是描述由其带来的传播生态环境变化的时候，国内外对于"新媒体"的定义却始终无法统一。

与传播学、新闻学相关的各类研究机构、组织及专家、学者、媒介实践者都纷纷从各自不同的领域及角度出发，对"新媒体"的概念加以界定。一开始，对"新媒体"的概念界定都十分简短：联合国教科文组织给出"新媒体就是网络媒体"的定义；美国《连线》杂志将新媒体定义为"所有人对所有人的传播"(Communications for All, by All)；华纳兄弟总裁施瓦茨威格认为"新媒体就是非线性播出的媒体"。

此后，《圣何塞水星报》的专栏作家丹·吉尔摩(Dan Gillmor)为"新媒体"的概念界定加入了新的维度——数字技术，他认为 New Media 应该是数字技术在传播中广泛应用后产生的新概念。尽管"新媒体"之"新"是相对于传统媒体 Old Media 中的"旧"而言的，但并不是只要有新的媒介形式出现就会被称为"新媒体"。直到 Web 2.0 诞生，信息的传播方式及范围发生了革命性的改变，这种传播生态的改变使得人类信息社会进入"自媒体"(We Media)时代，这才是真正意义上的"新媒体"(New Media)。继丹·吉尔摩之后，"技术"带来的"所有人向所有人的传播"逐渐成为"新媒体"概念中一个必不可少的要素。

中国人民大学黄升民教授认为，构成新媒体的基本要素是基于网络和数字技术所构筑的三个无限——需求无限、传输无限和生产无限，由此形成的利润链促使传媒产业进入完全竞争的状态。因此，新媒体是建立在数字技术和网络技术基础之上的，延伸出来的各种媒体形式。技术是"新"的最根本体现，并会体现在形式上，譬如：互联网就是一个全新的媒体形式，电视、广播、报纸都在互联网上通过技术革新达到某种形式的融合。

清华大学新闻与传播学院熊澄宇教授提出，今天的新媒体是在计算机信息处理技术基础之上产生和影响的媒体形态，包括网络媒体和其他数字媒体形式。"所谓新传媒，或称数字媒体、网络媒体，是建立在计算机信息处理技术和互联网基础之上，发挥传播功能的媒介总和；它除具有报纸、电台、电视等传统媒体的功能外，还有交互、即时、延展和融合的新特征"[②]。互联网用户既是信息的接收者，同时也是信息的提供者和发布者。因而网络媒体不

[①] 陈刚：《新媒体与广告》，中国轻工业出版社，2002 年版。
[②] 熊澄宇、廖毅文：《新媒体——伊拉克战争中的达摩克利斯之剑》，《中国记者》，2003 年第 5 期。

再局限于大众媒体的范畴,而是逐渐转化成为融合了大众传播、组织传播和人际传播方式的全方位、立体化的新型媒介形式。

除了技术要素之外,上海交通大学的蒋宏教授和徐剑教授从内涵和外延两方面对新媒体做出了界定。他们认为,就内涵而言,新媒体是指20世纪后期在世界科学技术发生巨大进步的背景下,在社会信息传播领域出现的建立在数字技术基础上的能使传播信息大大扩展、传播速度大大加快、传播方式大大丰富的,与传统媒体迥然相异的新型媒体;就外延而言,新媒体包括了光纤电缆通信网、有线电视网、图文电视、电子计算机通信网、大型电脑数据库通信系统、卫星直播电视系统、互联网、手机短信、多媒体信息的互动平台、多媒体技术广播网等。[1] 中国人民大学匡文波教授提出,互动性是新媒体传播的本质特征[2]。

不仅是专业机构和学者对"新媒体"各执己见,一些媒体行业的从业者也结合其自身实践,表达了他们对"新媒体"的不同看法:

阳光媒体、红岩资本投资集团的创始人吴征认为,消解力量是新媒体相对于旧媒体而言所显现出来的第一个特点。这种消解力量可表现为:消解传统媒体(报纸、广播、电视)之间的边界,消解国家之间、社群之间、产业之间的边界,以及消解信息传受者之间的边界,等等。因此,吴征所认为的新媒体是一种既超越了电视媒体的广度又超越了印刷媒体的深度的媒体,而且由于其高度的互动性、个人性及感知方式的多样,其具备了从前任何媒体都不曾具备的力度;从狭义角度而言,新媒体就是互动式数字化复合媒体。[3]

新媒体的实践者和研究者,曾任Blogbus副总裁兼首席运营官、执教于上海交通大学媒体与设计学院的魏武挥从受众的角度出发,将新媒体定义为受众可以广泛且深入参与(主要是通过数字化模式)的媒体形式[4]。

而任职中央电视台的资深媒体人杨继红则从新媒体的特征出发,通过对新媒体特征的描述及归类,遴选出最具代表性和概括性的特征对新媒体进行定义:新媒体是基于数字基础的、非线性传播的、能够实现交互、具有互联网传播特性的传播方式和交互传播的组织机构[5]。

此外,四川大学出版社出版的《传播学关键术语释读》,也将New Media一词收录其中,译为"新媒介"。该书将新媒介定义为以电脑技术为核心的传播载体,主要指光纤电缆、大型电脑数据通信系统、通信卫星和卫星直播电视系统、高清晰电视以及20世纪90年代迅猛发展的互联网、多媒体等,其中互联网是主体[6]。新媒介和传统媒介(印刷媒介、声音媒介、图像媒介)不同,它把文字、图形、声音、图像结合在一起,实现了20世纪中叶以来人类传播中媒介层面的新突破,也推进了人类社会信息化的趋势。

从以上这些对"新媒体"的定义中,我们可以看出,广义的新媒体的概念更能反映出当前媒体生态的发展和变化格局,即新媒体是一个相对的且不断变化的概念。它在时间上具有相对性,并随着技术的革新而不断更新。强调从与传统媒体的比较优势出发来定义新媒体,

---

[1] 蒋宏、徐剑:《新媒体导论》,上海交通大学出版社,2006年版。
[2] 匡文波:《"新媒体"概念辨析》,《国际新闻界》,2008年第6期。
[3] 参见:http://tech.sina.com.cn/it/t/66496.shtml。
[4] 魏武挥:《新媒体启示录之一:定义》,参见 http://weiwuhui.com/92.html。
[5] 杨继红:《谁是新媒体》,清华大学出版社,2008年版。
[6] 黄晓钟、杨效宏、冯钢:《传播学关键术语释读》,四川大学出版社,2005年版。

例如传播的高速度、高共享性、高互动性以及信息的多媒体化等。因此本书的新媒体概念包含三个层次:底层是互联网媒体技术;中间层次是新媒体应用和各种新媒体产品,即运用相关技术构建的特定应用软件,如新浪微博和腾讯微信;最高层次是新媒体平台,即某个产品其用户和运营者所共同组成的媒体生态环境。

二、新媒体发展的新动向

在新一轮传播技术推动与国家政策的引导下,我国新媒体发展生机勃勃。短视频、网络直播等新信息产品样态革新了原来新媒体的传播样态,网红经济与共享经济成为推动新媒体产业发展的新生力量。人工智能技术引领传播技术创新,新媒体发展进入"智能化"阶段。

(一)数字经济成为新媒体发展的新动能

2017年,中国信息通信技术发展指数分值为5.60,高于全球平均水平,成为全球进步较快的十个国家之一。数字经济成为引领"数字中国"的重要力量[①]。2017年3月,"数字经济"首次被写入政府工作报告。这次通过顶层设计将数字经济列为优先发展地位,意味着新媒体的发展与"网络强国战略"建立了长久和持续关联,新媒体开始与人类的学习、生活、工作等各个层面需求相连接,新媒体对生活正进行着最为彻底和全面的"重构"。

根据中国互联网络信息中心(CNNIC)发布的第46次《中国互联网络发展状况统计报告》数据显示,截至2020年6月,我国网民规模达9.40亿,较2020年3月增长3625万,互联网普及率达67.0%,较2020年3月提升2.5个百分点。我国手机网民规模达9.32亿,较2020年3月增长3546万,网民使用手机上网的比例达到99.2%,手机上网已经成为网民常用的渠道之一。

数字经济是全球科技资源投入最为集中、创新活力最为凸显、经济增长速度最快的领域,成为促进世界经济发展的新动力,是全球经济发展的竞争高地。

(二)新媒体向"智能化"发展

以人工智能为代表的新传播技术开始通过改变新闻生产与新闻呈现方式构建新兴媒介生态,新科技与新技术通过重塑媒体生产业务链的形式对传媒业进行改造。人工智能机器人写作为新媒体行业的发展提供了一个转化思维、优化流程、深化内容结构的最佳机遇。机器人写作实现了新闻时效的极致追求——几乎同步成文和传播。[②] 比如《第一财经》的"DT稿王"每天以秒级频率采集证监会、发改委、央行、外汇局等网站的信息,对其中上百种类型的数据进行分析处理,已经可以产生近千种格式的智能稿件。针对股票市场的上千家上市公司,"DT稿王"能够即时生成公告总结和行情异动报告等资讯,为用户提供决策依据。比如在2019年1月22日的"实时资讯"中,用户能看到宏观类政策信息,如保监会的《2018年全国保险监管工作会议在京召开》;各上市公司的最新公告,如《乐视网发布澄清公告》;沪深、香港股市的个股行情资讯等。值得注意的是,每条资讯间隔时间最短只有1秒。随着自然语言处理、视觉图像处理等技术的不断更新,机器人写作将会向全品类、资讯类生产延伸,

---

[①] 《解读新媒体蓝皮书:中国新媒体发展报告(2018)》,查询于2018年6月28日,http://www.sohu.com/a/238184530_738143。

[②] 王悦、支庭荣:《机器人写作对未来新闻生产的深远影响——兼评新华社的"快笔小新"》,《新闻与写作》,2016年第2期。

新媒体的人工智能化水平将不断提升。

新传播技术革新了新闻分发形式,创新了媒体产品样态。以虚拟现实技术、增强现实技术等为代表的新传播技术提升了用户体验。在国内,以今日头条、一点资讯、天天快报等为代表的新闻聚合平台通过算法进行内容重组与推送获得了用户的青睐。智能技术实现了用户原生数据的汇集与生产。智能算法通过分析用户偏好,进行内容的自动分发,革新了内容分发规则,实现了产品形态的智能化。

(三)内容付费和知识服务掀起新媒体内容变革

知识付费与媒体收费是内容付费的两项主要内容,其中知识付费引发了2017年内容行业的变革,媒体收费引起人们对媒体商业模式和优质内容价值的重新考量。根据艾瑞咨询《2018年中国在线知识付费市场研究报告》,2017年中国知识付费产业市场规模约49亿元,预计2020年将达到235亿元。[①] 用户计划以节约时间和成本的方式获得有针对性的知识和辅导,是驱动其为知识买单并形成消费习惯的重要原因。海量信息的内容筛选能力和时间管理能力的价值开始凸显,用户期待通过付费获得真正优质的内容。而媒体付费阅读则是基于优质新闻内容的吸引力使用户购买,如深入的调查性报道、专业领域报道和社会领域报道等均是媒体市场的稀缺品。媒体长期积累的公信力和品牌也是影响用户付费的重要因素。媒体开通付费阅读功能是对自身新闻业务专业水平和品牌影响力的一大检验,需要具备持续生产高品质新闻产品的能力。

知识付费产品类型呈现多样化特征,资本开始大量涌入内容行业。当前知识付费产品形态主要包括以分答为代表的在线问答,以知乎、简书为代表的图文分享,以喜马拉雅FM、得到为代表的音频视频分享等。2017年11月,薛兆丰在知识服务应用上的专栏《薛兆丰的北大经济学课》订阅用户数突破20万大关,被称为知识服务里程碑。[②] 优质内容强大的市场号召力和知识付费市场的活力,都使得知识付费备受资本青睐。2017年4月创作社区简书宣布完成4200万元B轮融资;[③] 2018年2月,新世相完成B轮超1亿元融资,将重点放在读书和精品课程等领域的投入。[④] 2018年4月,音频付费产品知乎读书会正式上线,利用名人号召力激发用户阅读兴趣;罗振宇团队推出少年得到应用,专门向青少年提供在线教育;一条上线知识付费产品"一条课堂",从解读经典名著开讲。

内容付费的商业化模式也在不断开拓,在媒体付费领域,财新网通过新闻付费墙直接将新闻内容变现,以文章收费和分时收费进行简要分类。在知识付费领域,平台与内容创作者的关系更加紧密,付费平台对内容创作者的投资不仅限于初期的资金补贴,更多的是在品牌建设与上升平台搭建等方面。

---

① 艾瑞咨询:《中国在线知识付费市场研究报告(2018年)》,查询于2019年3月20日,http://report.iresearch.cn/wx/report.aspx?id=3191。
② 王俊、侯润芳:《网红教授薛兆丰或从北大国发院离职 其知识付费专栏用户数破20万》,新京报网,查询于2018年3月10日,http://www.bjnews.com.cn/news/2018/03/10/478494.html。
③ 相欣:《创作社区简书宣布完成B轮融资4200万元》,查询于2018年4月20日,https://tech.qq.com/a/20170419/043437.htm。
④ 《新世相完成超1亿元B轮融资 将重点发力知识付费》,查询于2019年2月9日,http://tech.sina.com.cn/i/2018-02-09/doc-ifyrmfmc0671266.shtml。

（四）新媒体产业社交化模式兴起

《2020中国"社交零售"白皮书》显示，社交媒体在中国的渗透率达97%，平均每天有超过7.5亿用户阅读朋友圈的发帖。近年来，新媒体尤其是社交媒体的兴起，正以惊人的速度改变着人们的生活习惯和生活方式、传播方式及新媒体形态。我国的新媒体之所以能够始终保持高速发展的态势，除了离不开技术发展和产业资本，也离不开党和国家对新媒体产业的支持。先进的技术能够支撑人们对媒体形式和内容的需求，充足的资金是新媒体产业发展及赢利的保障，而政策的扶持则能为新媒体产业的平稳发展保驾护航。

通过挖掘用户个体和社群价值，以信任和人脉为核心有效地进行商品和平台推广，充分发挥了社交化这一新媒体产品的核心功能。短视频、网络直播在"网红"内容输出中的应用大大推动了新媒体产业社交化的发展。网红经济和共享经济的出现正是这种产业社交化模式兴起的典型代表。例如"网红"发展呈现出产业化趋势，由个人操作演变为团队、集体经营。自2016年分享经济被写入政府工作报告以来，分享经济、共享经济在政策红利下进入发展期。根据国家信息中心发布的《中国共享经济发展报告（2020）》显示，2019年中国共享市场交易规模为32828亿元，比上一年增长11.6%，其中，共享住宿、共享知识技能、共享医疗三个领域增长最快。

在互联网加速发展的时代背景与国际环境下，中国新媒体发展面临新的机遇与挑战。2017年10月，党的十九大对中国新媒体传播活动提出了新要求与新期待。一方面要求准确理解和把握在新媒体领域我国社会主要矛盾发生的变化，以新思路应对和解决人民日益增长的新媒体使用、体验需求与新媒体内容、传播方式，以及手段不平衡、发展不充分的现状之间的问题。另一方面，在中国全面建设社会主义现代化国家新征程中，进行新媒体建设，发挥新媒体的牵引作用。

以上分析结合了近些年来新媒体在各领域发展的实际情况，几乎涵盖了政策规划、媒介融合、发展环境、资本支持以及目前颇为流行的各类网络媒体等，以及与新媒体产业息息相关的各方面，因而颇具代表意义。同时，如何抓住"十四五"这个战略发展期，实现自身的长期发展，将是未来几年新媒体产业需要思考的问题，也是政府相关部门需要积极推动的大工程。

第二节 新媒体的特征

进入21世纪，我国对新媒体的研究持续升温。新媒体的形态层出不穷，媒体技术的发展也是日新月异。作为信息科技和媒体产品的统一体，新媒体在传播过程中所展现出来的特征也各有侧重。同新媒体的概念一样，人们对于新媒体的特征也有着不同的见解。

一、新媒体特征的"百家之言"

作为一种全新的传播媒介形态，新媒体与传统媒体相比有其革命性。有学者将这种革命性总结为以下几点：

(1) 新媒体可以在最短的时间内获取海量信息;
(2) 真实与虚拟之间的鸿沟正在模糊、淡化;
(3) 新媒体是所有人对所有人的传播;
(4) 新媒体是自媒体,受众可以广泛且深入参与;
(5) 新媒体促成了多元、多角度、多观点并存;
(6) 新媒体使受众对信息拥有自主选择权;
(7) 新媒体传播是开放式的,不受审查制度限制;
(8) 新媒体包含的信息多、内容多且商机无限;
(9) 新媒体使地域边界消失,时空压缩;
(10) 新媒体是双向传播的;
(11) 新媒体将少数人手中的媒介权力归还给大众。①

在这些寓言般的总结中,其实已经涵盖了许多新媒体的特征。类似这种从"新""旧"媒体比较出发来概括新媒体特征的在学界和业界并不少见。哈哈炫动卫视总监郭炜华认为:"新媒体与传统媒体的最大区别,在于传播状态的改变:由一点对多点变为多点对多点。"有学者指出,新媒体可以与受众真正建立联系,它具有交互性和跨时空的特点,并且给媒体行业带来了许多新的理念和模式,如节目专业化越来越强,卖方市场转向买方市场等②。

还有学者根据新媒体和传统媒体的变迁趋势,将新媒体的特征归纳为新媒体信息自我繁殖优势弥补内容劣势、分众定制及互动及时③。

首先,传统媒体的信息虽然具有一定的质量优势和权威性,但线性传播的方式显然已经无法满足当代受众的需求;相比之下,新媒体所特有的信息自我繁殖与扩散能力,在相当程度上弥补了其内容上的不足。

其次,所谓分众定制,是指新媒体可以按受众兴趣或信息需求提供个性化服务;而传统媒体的信息扩散方式遵循一定的规律,将统一制作的信息传播给所有受众。进入信息时代之后,人们对信息的需求及获取方式有了改变,受众逐渐呈现细分趋势,分众定制则能很好地迎合这一趋势。

最后,在互动及时性上,新媒体相对于传统媒体而言具有绝对的优势;作为提高媒体用户黏度和忠诚度的有效途径,传统媒体也正在逐步提高信息传播时的互动性与及时性。

随着新媒体的不断发展,新媒体专家魏武挥根据当前新媒体的发展现状,将新媒体的特征总结为以下五点。

(1) 偶发(Haphazard)。与传统媒体不同,新媒体的内容发布没有规律。

(2) 碎片(Fragmental)。新媒体传播的内容都是零碎地堆砌在一起而不是有效的整合,"碎片化"是新媒体对传统媒体的一大颠覆。

(3) 个人化/个性化(Personalized)。很多新媒体如博客、微博等,都有很强烈的个人色彩,而个人化直接带来的是网络上的补充自我和补偿自我。

(4) 连续的议程设置(Continuous Agenda-setting)。新媒体擅长连续式的进行议程设置,即"链式传播",每一个节点的影响力虽然有限,但合起来的力量是巨大的。

---

① 姚争:《新兴媒体的传播特性研究》,中国广播电视出版社,2008年版。
② 李小翠、唐俊:《新媒体,在关注和热议中前行——2005年新媒体研究综述》,《新闻记者》,2006年第3期。
③ 赵文君:《新媒体与传统媒体的变迁趋势》,《科学新闻》,2007年第10期。

(5) 互动性(Interactive)。新媒体在同一媒体内形成互动之外,实现跨媒体的互动也同样重要。①

信息产业的高速发展,移动通信技术为载体的新媒体迅速崛起并成功融入了普通人的日常生活。当前新媒体的主要特征是数字化、分众化以及互动性。② 在新媒体使用过程,新媒体传播表现出载体综合性强、内容立体性强和传播范围极广的特点。互动性强的另一面,受众的广泛参与也会带来新媒体传播专业性的降低,比如越来越多的普通手机使用者都可以拿起手机自主地进行摄影,遇到新闻现场,人们可以轻松地使用手机进行拍摄记录,然后进行新闻摄影传播,从而使得新闻编辑以及新闻报道时间都大大缩短,但与此同时,也带来了某种专业性的损失和降低。③ 微信、微博等当前流行的新媒体是这些特征的真实写照。

此外,还有研究者从传播质量的角度出发,提出在新媒体与传统广播电视的融合过程中,新媒体可以在对传统电视广播的传播方式进行继承的基础上,对传统广播电视的传播速度进行提升。在对广播电视的传播范围进行拓展的同时,也可以让广播电视的传播效果得到有效的强化。④ 比如,有线数字电视为观众提供天气、生活、新闻、政务和文化等多方面的信息,为政府的阳光政务体系的构建提供帮助,为市民查询道路交通、房产信息等生活资讯提供帮助等。移动数字电视则主要服务于地铁、城市公交和出租车等公共交通工具,为观众提供新闻资讯、体育赛事等服务。互联网、电信和广电的视听业务通过新媒体技术达到了有效的整合,从而更好地满足了不同受众群体的需求。最终提升了广播电视的传播效果。

二、新媒体的主要特征

尽管表述的方式和角度不同,但以上提到的这些特征在我们平时对新媒体的实际应用中都有所体现。因此,集百家之言,可以将新媒体的主要特征概括如下。

(一) 数字化:新媒体的最显著特征

中国人民大学新闻学院喻国明教授在《解读新媒体的几个关键词》一文中,首先强调了其"数字化","新媒体最重要的特征就是科学技术的进步所带来的数字化传播方式"⑤。数字化传播是指将数据、光波和声波的物理性质转写为数字(0,1)——一种抽象的符号,这种数字编码可以立即通过算法完成某种数学计算达到不同的传播效果。媒体的发展历来都是遵循着技术发展的脚步,20世纪40年代产生的数字技术可以说为媒体带来了历史上最大的一次变革。从技术特性看,新媒体的信息载体是比特;从传播特性看,新媒体使用的是数字语言;从发展角度看,新媒体在本质上是计算机技术发展的产物。由此可以得出:新媒体首先是数字的,数字技术的发展催生了新媒体的诞生,因而数字化也就成了新媒体的最显著的特征。

新媒体的数字化特征不仅表现在传输手段和接收终端的多样化上,还表现在表达形式上。新媒体在表达形式上打破了传统媒体的固定表达模式,实现以多种方式呈现信息。不同于平面媒体(以文字、图像表达)、广播媒体(以声音表达)及电视媒体(运用影像、声音表

---

① 魏武挥:《新媒体启示录之二:特征》,查询于2018年2月8日,http://weiwuhui.com/91.html。
② 胡洁萍、杨树林、孙丽:《新媒体的特征及其发展趋势探析》,《北京印刷学院学报》,2014年第5期。
③ 姚彤:《基于新媒体环境下新闻摄影传播特征分析》,《新媒体研究》,2015年第14期。
④ 杨丽:《广播电视新媒体的特征及社会影响》,《新媒体研究》,2017年第10期。
⑤ 喻国明:《解读新媒体的几个关键词》,《广告大观》,2006年第5期。

达),新媒体几乎涵盖了这些传统媒体的所有表达方式,文字、声音、图像、动画,甚至虚拟环境俱全。

数字技术不仅融合了媒介的表达形式,还打破了媒介之间的壁垒,使同一内容多介质的实现成为可能。具体来讲,新媒体的数字化,将使报纸、杂志、广播、电视、互联网、手机、移动电视等媒介形式的未来变得难以区别且充满想象。新媒体文本从物理、化学和工程学等物质领域中释放出来,并转移到象征性的计算机领域,这种转移的根本性后果首先表现为媒介文本是"去物质化的",数据可以被压缩在极小的空间里,被高速接入并被非线性访问。皮埃尔·列维很好地总结了数字性的这一种基本状态:"作者与读者、表演者与观众、创作者与诠释者之间早已确立的差别变得模糊起来,并让位给一种读写连续体,它从技术与网络的设计者延伸向最后的接受者,每一位都在其中对他者的行动有所贡献——个体特征的消亡"[①]。

(二)交互性是新媒体的本质特征

在新媒体传播中,没有绝对的权威和中心,可以说是"处处是边缘,无处是中心",这主要归功于新媒体的交互性。"交互"指的是用户直接干预和改变他们所访问的图像和文本的能力。交互性(Interactive),即相互作用、相互影响之意,也被称为互动性,是新媒体区别于传统媒体的重要特征之一。在交互式多媒体文本中,有一种必需的意识是用户的积极干预,通过观看、阅读与行动以产生意义。

就传播模式而言,传统媒体以"点对面"进行单向线性传播,而以网络为平台的新媒体则采取交互式传播,既能实现"点对面"的传播,也能实现"点对点"或是"面对面"的传播。网络的交互性表现在许多方面,如即时通信工具(QQ、微信、微博等)、BBS 论坛/留言板、SNS 网站(人人网、开心网等)等。通过这些新媒体,用户不仅可以随时保持沟通,浏览符合自己喜好的信息,更能轻松发布信息或评论。如此良好的交互性既得益于网络信息发布的低门槛,也得益于信息传播方式的灵活性。而通过新媒体,以往"以传者为中心"的传播模式也逐渐走向"以受众为中心"这一符合传媒发展规律的新型传播模式。

就信息形成过程而言,交互性使得信息不再依赖某一方发出,而是在双方的交流过程中形成。在信息传播过程中,新媒体的交互性不断推进传受双方交流的增强,原本媒体与受众之间的失衡关系重新得到了平衡,网络上不再有信息传播控制者,取而代之的是信息传播参与者。由此,受众不仅能在极大范围内选择接收自己需要的信息,并且能够参与信息的发布与传播。新媒体的这种交互性使得受众的主导性和自主性得到了空前的增强,我们时常可以在电视新闻中看到由观众提供的视频画面,许多突发事件也常常由受众在第一时间通过网络平台发布,例如"伦敦爆炸案""央视新大楼配楼大火",以及"上海 11·15 特大火灾"等。

(三)"非线性传播"是新媒体的区别性特征

"非线性"本是数学中的一个概念,指的是一个变量与相应的函数之间的关系不是用一元一次方程所能表达的,在直角坐标系上,它呈现为曲线而非直线。在传播学中,简单理解,线性是"死"的,而非线性是"活"的。这里说的"死"是指线性传播的主要特点是无间断性和方向确定性,线性传播关系好比两个固定的点之间的"一线牵",即我们通常所说的传统媒体的由传向受的单向传播关系。同理,所谓的"活"是指非线性传播的特点在于交互而非单线、

[①] 李斯特:《新媒体批判导论》,复旦大学出版社,2016 年版。

交叉而非径直、动态而非稳态,即新媒体时代的多向传播。

与传统媒体延续几十年甚至上百年的线性传播不同,新媒体的传播是非线性的,它强调受众的自主选择与反馈。新媒体将信息以数据库的形式引入,其流程是并置的、非线性的,同时借助先进的网络技术和检索技术,在特定的信源与信宿系统产生信息的聚合作用,实现比传统媒体更为定向及实时的传播,从而满足用户对媒体"开放性"的需求。

就本质而言,新媒体的非线性传播其实也是一种双向/互动的传播方式,有学者甚至认为新媒体的非线性传播具有多向互动性。在双向/多向互动的模式下,两个或多个参与者进行意见交换和协商,可以实现"所有人对所有人"的传播。其中,传者和受者的角色可以随时互换,同时传受双方对信息的反馈又能及时调整传播的行为、方式,以有效地增加双方在意义上的一致性。此外,信息在非线性传播中的往返流动也有利于传受者共同创造和分享信息。

(四)即时性和共享性打破时空界限

一般而言,传统媒体有出版周期和播出周期,且版面、时长都有严格的规定,因而其传播受到时间、空间的限制。相比之下,新媒体在传播的即时性和共享性上具有明显的优势,能够彻底打破时空界限,真正实现了麦克卢汉的"地球村"预言。

以网络为代表的新媒体由于以光纤通信线路为载体,传播速度可达30万公里/秒,可以瞬间到达地球上的任何地方,因此以新媒体为载体的信息其传播速度及更新速度也是以秒计算的。对于媒体而言,这种即时性体现在可以随时更新新闻信息、24小时不间断发稿、对突发事件进行直播,从而使受众在第一时间获取第一手信息;而对于受众而言,即时性不仅体现在可以通过网络和移动终端随时随地接收信息,还体现在受众能够作为传播者将所见所闻于第一时间发布出去,将信息与其他用户共享。

通过多点对一点即时报道,人们可以通过社交媒体了解到世界上最新发生的事情。甚至有一家美国报纸的头条写道:"如果某件事没有被Twitter,那么它发生了?"对于新闻来讲,这种原生态、即时、海量的信息,是挖掘新闻素材的巨大宝库。

同时,互联网将全世界的计算机和计算及网络连接起来,形成一个巨大无比的数据库,而超链接技术又将这些互联网上信息融会贯通,在无限扩大传播空间的同时,也为网络用户提供了海量的信息。以数字技术和网络技术为基础的新媒体改变了传统媒体信息传播严格受控的限制:传播时间上的开放性实现了信息的即时传播;传播空间上的开放性则促使了传播地域上的全球覆盖以及信息的海量储存,是实现信息共享的坚实基础。

(五)"个性化"服务实现"小众化"传播

从总体上说,传统媒体属于大众传播,通过传播实现信息的大众化覆盖。受众面对传播内容大致相同的传统媒体,尽管可以选择看哪份报纸、哪个频道,但对信息几乎没有选择权。即使现在的传统媒体纷纷开辟分众市场,但就其本质而言,仍旧是在分众市场中的大众传播。

相比之下,新媒体能为受众提供个性化服务。通常,新媒体的"个性化"显现在其细节设计中。当前,包括Vlog、短视频、微博、微信在内的社交网络媒体都为用户提供了个性化的服务,从主页装饰、页面排版、好友管理到图片视频的分享等,人们可以以任何形式发布、转载、评论各种内容和信息。当然，这只是个性化的一个方面，它的另一个方面表现在新媒体改变了以往受众收听广播、收看电视必须同步的特点，实现了传播与接收的异步性，人们可以在任意时间接收信息，对有兴趣的信息甚至可以通过收藏、下载等方式反复浏览。

对于新媒体而言，人们对信息不仅有选择权，还有控制权，可以创造信息的内容、改变传播的形式。通过互联网中的各种检索引擎，人们可以在庞大的网络数据库中根据需要各取所需；同时，互联网技术的发展也使人们能够自由选择以何种方式、通过何种媒介来获取某种信息，或是根据自己的喜好在网络上与不同的人群讨论兴趣相投的话题，形成一个个"小圈子"。

这样的"小圈子"在新媒体时代十分常见，譬如 BBS、QQ 群、微信群等。互联网的交互性特点决定了人们在网络上以"群居"活动为主，志趣相投的人在网络平台上更容易形成一个特定的群体，这就自动为小众化传播提供了受众。而新媒体就是通过个性化服务来抓住这些群体的特定需求，不断增强用户对媒体的黏度，从而实现针对性强的小众化传播，以取得良好的传播效果。

（六）"智能化"与用户的深度关联

面对媒介融合的大趋势，新媒体传播对各种传播形式的"兼容并包"，不断丰富着信息的传播方式和表达方式，也反过来不断推动着媒介融合的进程。媒介融合最初的本意是各种媒介呈现出多功能一体化的趋势。但随着融合的进一步深入，新媒体逐渐成长为一种兼容文字、图片、声音、动画、影像于一体的融合的媒体类型或者平台。

在媒介融合的深度发展阶段，最引人注目的一个发展波峰就是智能化媒体的出现。新媒体将人类的感官系统及思维系统与新媒体进行连接，无需复杂的操作，便能按照日常生活的习惯来对新媒体发出指令。移动终端上的运动记录 App 和运动手环、智能音箱、智能家居等都是这一功能在当下的具体体现及应用。这些智能媒体是通过数据交互、社交互联和体感延伸满足人类五感自然延伸的物质需求和精神需求的，是一种与人类个体、社交和工作密切相关的深度联系。

拓展资料

人工智能的使用日益普及，使得智能化的生活方式触手可及。这也在督促着新媒体行业走向智能化并提高其社会适用性。一方面新媒体技术的改革和升级，能使新媒体技术更加适用于社会上的各行各业，将新媒体技术的优势充分融合到其他行业的发展之中，使社会的整体发展通过新媒体技术进行有效的整合。新媒体技术在发展的过程中，应该将社会的实际情况、社会大众的生活方式以及人们对信息的要求进行综合考虑，使新媒体技术的发展更加适应大众的需要。

由此可见，新媒体的诞生和发展不仅是人类传播历史上的一次飞跃，它的传播理念、传播方式、传播内容及表达形式都为我们所生活的社会带来前所未有的影响。以网络为代表的新媒体不仅改变着我们生存的世界，也不断改变着人们的生活方式及思维习惯。

第三节　新媒体与技术变革

传播技术在人类社会发展中占有非常重要的地位,它作为新媒体发展过程中一个不可或缺的因素,与新媒体息息相关。从新媒体的概念及特征中,我们已经知道新媒体是在网络技术基础之上诞生并发展的。新媒体技术主要包含采集和生产技术、处理技术、传输技术、存储技术和播放显示技术,涵盖围绕互联网和移动通信的输入、处理、输出的全过程的各项技术。

一、驱动新媒体发展的技术类型

20世纪80年代以来,媒体技术变革加快,新媒体发展迅速。在传统媒体基础上,以最新的科学技术为背景和手段的媒体,主要是指伴随卫星通信、数字化和计算机网络技术的发展而出现的新的传播媒体,比如卫星电视、手机等。联合国规定1983年为"世界传播年",1983年,也被西方各国称为"新媒体纪元年",这表明人类开始步入信息时代。以计算机为工具,以现代数字通信为手段,以网络交换为传播形态,以此构成对信息内容进行采集、加工、处理、应答传输和显示的全过程,并应用于大众传播媒体和行业的技术被统称为新媒体的技术。[1]

(一) 数字技术

数字技术,是一项与电子计算机相生相伴的科学技术,它是指借助一定的设备,将各种信息包括图片、文字、声音、影像等,转化为电子计算机能识别的二进制数字"0"和"1"后,进行运算、加工、存储、传送、还原的技术。数字技术使现代计算和通信综合处理文字、声音、图形、图像和其他信息的技术,使抽象的信息转化为可以感知、管理和互动的一种新兴科技。在数字化时代,比特流、信息流成为生活空间的一部分,人与人的交互以Internet为介质的。人们的学习、生活、工作大量利用互联网,家电会被组织成家庭网络由电脑来管理,人们可以在任何地点与任何时间用任何设备获得需要的信息。

数字技术在新媒体应用中彰显了独特魅力,从信息传递延伸到人类生活的各个方面,给社会经济和社会生活带来了重要的影响。数字信号抗干扰性强、信号质量高、还原效果出色。比如,模拟信号的视频录影带通过以前的线性编辑系统多次反复翻录和编辑,录影带上的信息呈现质量就会大大降低,出现马赛克画面或因磁迹掉落而丢失画面;而采用数字技术设备录制的资料,可以用非线性编辑系统重复编辑多次,且不会降低画面质量,利用率极高。同时数字压缩编码技术极大地增加信息的储存容量和传输数量,而且不影响传输的速度和质量。同时,数字技术可以与移动通信平台、互联网平台进行多个媒体平台之间的信息资源融合,使数字信息在多个平台互相渗透传播。基于流媒体技术的新媒体互联网络传输的数

---

[1] 黄传武等:《新媒体概论》,中国传媒大学出版社,2013年版。

字传输和压缩技术被广泛应用,基于计算机图形、图像技术在数字娱乐产业中动画技术方面广泛应用,以及基于人机交互技术、数字图形和显示技术,广泛应用于娱乐、广播、显示屏和教育领域的虚拟现实技术,都是数字技术的常见类型。

以新媒体、网络技术与文化产业相融合而产生的新媒体产业,正在世界各地快速成长。新媒体产业的迅猛发展,得益于数字技术不断突破所产生的引领和支持作用。以PC客户端为主要传播载体的网络媒体,日益受到以智能手机、平板电脑为主要载体的移动互联网终端的巨大冲击。从数字传播的发展趋势来看,移动化和智能化是未来数字传播的主要特征之一。无线通信技术和移动终端的发展将会带来一个传播无所不在的时代。

数字传播的发展与信息终端的发展密不可分,移动互联技术主要用于智能手机、平板电脑等终端。移动互联技术并不是移动和互联网技术的简单相加,而是在继承基础上的创新。与传统固定端口互联网技术相比,移动互联网技术充分利用了网民的碎片时间,满足了网民随时随地上网的需求,彻底解决了PC只能通过网线才能上网的问题。无线通信技术和移动终端是未来信息传播的重要特征之一,而无线通信技术和移动终端的发展也使得全民参与信息传播的深度和广度不断拓展,给信息传播的方式带来了巨大的变革。[1]

(二) 通信技术

通信技术是指利用有线电路、无线电波、光和其他电磁系统,对文字、图像、声音等信息的传输、发射和接收。地下光缆、地面上的电话线以及空间的通信卫星已经组成了庞大的立体通信网络。我们能自由地通过这一网络进行远距离通话并获取信息。

移动通信是当代通信领域内发展速度最快、发展潜力最大、市场前景最广的技术。1986年,第一套移动通信系统在美国芝加哥诞生,采用模拟信号传输,1G只能应用在一般语音传输上,且语音品质低、信号不稳定、覆盖范围也不够全面。

到了1995年,新的通信技术成熟,完成了模拟技术向数字技术的转变。相比较而言,2G声音的品质较佳,比1G多了数据传输的服务,最早的文字简讯传输从此开始,手机也可以上网了。

随着人们对移动网络的需求不断加大,第三代移动通信网络必须在新的频谱上制定出新的标准,享用更高的数据传输速率。国际电信联盟(ITU简称国际电联)在2000年5月确定WCDMA、CDMA2000、TD-SCDMA等几大主流无线接口标准,写入3G技术指导性文件IMT-2000。3G与前两代的主要区别是在传输声音和数据的速度上的改进,它能够在全球范围内更好地实现无缝漫游,并处理图像、音乐、视频流等多种媒体形式。[2] 由于3G的应用,视频电话和大量数据的传送更为普遍,移动通信有更多样化的应用。

4G是指第四代无线蜂窝电话通信协议,是集3G与WLAN于一体能够传输高质量视频图像,且图像传输质量与高清晰度电视不相上下的技术产品。4G系统能够以100 Mbps的速度下载数据或信息,比拨号上网快2000倍,上传的速度也能达到20 Mbps。[3] 2013年12月,工信部在其官网上宣布向中国移动、中国电信、中国联通颁发LTE/第四代数字蜂窝

---

[1] 张前程:《数字技术发展对信息传播的影响》,《中国科技信息》,2014年第22期。
[2] 吴霞:《第三代移动通信技术及应用》,《通信与信息技术》,2010年第3期。
[3] 邓永红:《4G通信技术综述》,《数字通信世界》,2005年第2期。

移动通信业务(TD-LTE)经营许可,也就是4G牌照。至此,移动互联网的网速达到了一个全新的高度。

5G即五代移动通信技术。国际电联将5G应用场景划分为移动互联网和物联网两大类。5G呈现出低时延、高可靠、低功耗的特点,已经不再是一个单一的无线接入技术,而是多种新型无线接入技术和现有无线接入技术集成后的解决方案的总称。2020年以后,5G技术将会成熟并带来种类繁多的应用体验。[1]

(三)网络技术

计算机网络技术是把处理不同地理位置且具有独立功能的一台或者多台计算机设施以及计算机外部设备,借助相应的通信线路相互连接起来,在计算机网络操作系统当中,在网络通信协议与网络管理软件的相互协调与相互管理之下,实现信息传递以及资源共享的一种技术。换而言之,计算机网络技术是通信技术和计算机技术结合的一种技术,通过网络和资源共享,以达到全面提高计算机的处理能力与利用率。

计算机网络技术组成的三要素为:通信介质和设备、计算机、网络协议。计算机网络的体系具体可以分为七层:物理层负责提供网络中具体的物理设备,向数据链路层提供服务;数据链路层在有差错的物理线路上提供无差错的数据传输;网络层、传输层、会话层、表示层和应用层负责为用户的应用程序提供服务,管理和分配网络资源。

自从1969年ARPANET投入运行以来,计算机网络技术迅速发展,各个国家的计算机网络彼此相联结,形成了全世界范围内的跨国计算机网络——国际互联网(Internet)。目前国际通用的两种最重要的体系结构是TCP/IP体系结构和国际标准化组织的OSI体系结构。

20世纪90年代后,美国于1993年提出了"信息基础建设"的计划,进而掀起了建设信息高速公路的热潮,极大地推进了计算机网络技术的迅速发展,计算机网络技术逐渐向高速化和综合化的发展方向迈进。由于局域网技术发展成熟,出现光纤即高速网络技术、多媒体网络、智能网络,整个网络就像一个对用户透明的大的计算机系统。4G网络的出现标志着互联网与通信网络的完美结合,这种传播载体的不断更新与升级不仅使网络媒体的覆盖范围不断扩大,同时无线设备传递信息的方式开始变得常见。伴随着智能手机的出现,其独立的操作系统以及无线连接互联网等功能都构成了移动互联网技术,这种智能手机安装的客户端使其接近电脑功能,这种互联网媒体传播的载体彰显了手机的移动互联网特点。[2] 互联网得到更加飞速发展和广泛应用,计算机网络呈现高速化、综合化、全球化、智能化的特征。

二、新媒体的技术发展趋势

2014年,国际数据公司会同其他全球知名公司一起提出了未来十年信息传播技术发展的趋势。它们所采用的界定标准有以下几个方面:

(1)技术必须具有颠覆性,也就是说,这些快速发展的技术具有广泛的影响,不仅会创造重要的经济价值,也会对既有的市场形成巨大冲击。

---

[1] 《从1G到5G,看移动通信技术30年的发展历程》,查询于2019年3月15日,http://www.sohu.com/a/128915343_472880。

[2] 项骏:《计算机网络技术对互联网媒体发展的影响》,《新闻战线》,2015年第2X期。

(2) 技术的发展对设计、开发和运用新的数字服务提出了新的专业技能要求。

(3) 这些技术趋势至少得到两家以上公司的提名。

基于以上标准,未来十年新媒体行业会呈现出以下四种技术趋势。

(1) 移动技术和移动应用程序:移动设备和技术会以极快的速度向市场渗透,媒体经营中会广泛使用移动解决方案。

(2) 云计算:基于灵活的、应需而变的商业模式,以颠覆性的方式提供内容服务。

(3) 大数据分析:通过快速抓取、发现和分析数据,从大体量、多样化数据中低成本获取价值的新一代技术和架构。

(4) 以 VR、AR 以及 MR 为代表的用户体验信息技术:用于管理和优化用户体验的技术,以用户体验为中心,开发应用和服务。

(一) 移动性和社交应用程序

1. 趋势描述

移动性是信息技术行业中四大主导趋势之一,其他三个分别是社交技术、大数据分析、云计算,他们合在一起被称作 SMAC 整合方案,会影响未来十年信息技术行业的发展。随着人们对信息技术要求的增多,媒体组织需要应对移动革命的挑战。这种移动革命不仅仅是指用户能够用智能手机或平板设备获取信息,而且意味着移动技术对各种业务流程的深度介入。因此移动设备的兴起意味着移动将成为终端用户接入互联网的基本设计点。截至 2020 年 6 月,我国网民规模达 9.40 亿,较 2020 年 3 月增长 3625 万,互联网普及率达 67.0%,较 2020 年 3 月提升 2.5 个百分点。我国手机网民规模达 9.32 亿,较 2020 年 3 月增长 3546 万,网民使用手机上网的比例达到 99.2%,手机上网已经成为网民上网的普遍渠道之一。

2. 移动设备和应用程序开发

作为移动技术浪潮的一部分,媒体公司除了继续在社交媒体上加大投资,还纷纷开发应用程序,力求在自有平台和第三方平台内容投放上形成平衡,对新媒体公司来说,"两微一端"已经成了抢占移动互联网市场的标配,不少公司正在加速开发第二或第三个移动应用程序,移动解决方案从强调控制和安全,转向建设促进业务发展的平台,展示了一种路径上的变化。大多数开发移动应用程序的公司都支持多种技术方案,超过 80% 的媒体机构开发了两种操作系统,有 70% 的媒体机构计划使用网络开发或 HTML 工具,越来越多的媒体机构选择使用网络应用架构来解决平台碎片化的问题并允许利用既有开发者的资源。

尽管还没有一个普遍适用的方法来指导不同类型的移动应用程序开发,但国际数据公司的研究发现,大多数媒体选择了以下三种战略:

一是多渠道开发。尽管强调移动端优先,但并不意味着网站不再重要。媒体需要一个平台,在此基础上开发到达终端用户的应用程序。

二是建设基于云计算的平台。大部分媒体没有足够的时间、资源或资金对应用程序进行开发和管理,集安全性、App 设计性和开发管理、内容管理、数据分析、数据报告于一身的简单、通用型移动架构的需求,鼓励了传媒公司缩短产品推向市场时间和对基于与计算相关项目的利用。

三是整合多种数据来源。客户端的应用程序一定要与多种后端数据源相连接。

(二) 云计算

1. 发展趋势

云计算是以公开的标准和服务为基础,以互联网为中心,提供安全、快速、便捷的数据存储和网络计算服务。换而言之,在云计算模式下,用户需要的应用程序并不运行在其个人电脑上,而是运行在互联网大规模的服务器集群中。用户所处理的数据并不存储在本地,而是保存在互联网的数据中心里。提供云计算服务的企业负责管理和维护这些数据中心的正常运转,保证足够强的计算能力。

云计算的主要优势在于降低了信息技术成本,同时增强了灵活性。云计算的主要类型:托管的公有云、托管的私有云、内部私有云。所谓私有云是指销售商使用专享资源向每一位客户提供服务。内部私有云是指媒体组织使用与托管的公有云系统/私有云系统相同或相似的结构建立自己的信息技术系统,但主要是在媒体内部提供共享的服务。速度快、成本低的特点吸引了不同规模的组织和公司使用公有云。但是由于不知道数据存储在什么地方,也不知道哪些人能使用到这些数据,很多人对公有云的安全性心存疑虑,且难以支付由此产生的流动成本,因而私有云开始崛起。私有云能够在专有或受防火墙保护的环境中运行,因此托管的私有云成为发展最快的一种模式;内部云见于那些已经具有闲置的数据中心容量或希望对基础设施的运行进行严密控制的 IT 组织。根据国际数据集团的预测,未来私有云普及率将最高。私有云主要搭建在基础设施层面,客户可以按照传统方式执行经过授权的应用,或自主开发的应用。

2. 云计算对新媒体技能的影响

当下传媒业正处在云计算使用的转折点,原来试水的公司现在纷纷转换战略路径,将云计算作为未来信息技术的传送模式,这种转变对新媒体技能发展产生了重要的影响。

传媒组织开始思考更大规模地脱离既有环境,包括关键的传媒业务应用,从而更加重视云架构。云计算的普及更加强调整合。在采用云计算的初期阶段,整合不被重视。但随着为负责流程提供的信息技术走上云端,应用和数据管理之间的整合就变得重要了,大型组织意识到这一点并开始解决这些问题,于是,混合云作为一种新的模式开始出现。

对于中国新媒体而言,云计算带来的最大机会在于建立以人、数据和服务为中心的社会化网络平台,并推出涵盖搜索、广告、社交与商业的多元化应用。

(三) 大数据

1. 趋势描述

大数据出现被誉为第四次工业革命("工业 4.0"),即智能化生产中的关键技术,成为当下产业创新发展的核心驱动力。2015 年 9 月国务院公布《促进大数据发展行动纲要》,使大数据成为中长期国家战略,我国将大力培

拓展资料

育大数据应用新产业,推动经济和社会现代化。大数据当然不是指数额巨大的个体数据,它指的是数量巨大、结构复杂、类型众多的数据构成的数据集合,无法在一定时间内用常规软件工具对其内容进行抓取、管理和处理。一般来说,大数据具有四个特征,简称为4V。

(1) Volume:数量巨大。大数据经常达到TB(1 TB＝1024 GB,一台电脑的容量一般是500 GB)、PB(1 PB＝1024 TB)乃至EB(1 EB＝1024 PB)的数量级。比如截止到2012年,人类历史上生产的所有印刷材料的数据量是200 PB,人类历史上说过的所有话的数据量大约是5 EB。

(2) Variety:多样化。数据类型多,不同的来源、不同的结构、不同的层次的数据具有极大的差异。这就意味着处理大数据的手段非常烦琐和复杂。没有一定的技术手段,是无法对大数据进行处理的。

(3) Velocity:速度快。在信息大爆炸时代,每时每刻都会产生海量数据,所以,数据一直都在飞快地变化着,前一秒的数据已经不能拿来评估下一秒的决策。这就要求处理大数据的速度也要快,否则旧的大数据还未处理完,新的数据又产生了。这样就无法全面挖掘数据的真实价值。

(4) Value:价值密度低。大数据的价值密度低,每个单独的数据看起来没有什么价值。只有将它们整合在一起,才能凸显出巨大的价值。

综上所述,大数据是基于云计算的数据处理与应用模式,通过数据的整合共享和交叉复用形成的智力资源和知识服务能力,这也正是大数据的价值所在(见图1-1)。

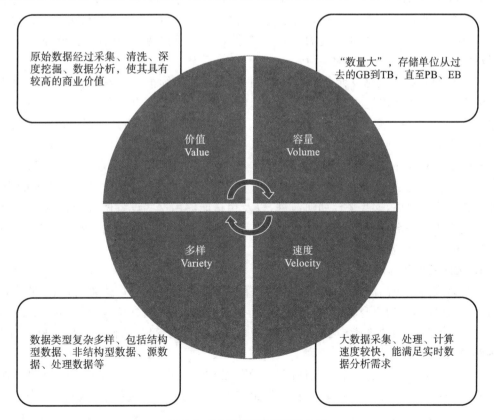

图1-1 "大数据"的特征与价值

2. 大数据分析和运用

从技术角度看，大数据由一整套原创的新技术（如高扩展性的数据库、高级数据可视化技术和高性能搜索引擎）以及更成熟的技术（如事件驱动处理、商业智能和数据挖掘）融合而成。通过数据集中整合、挖掘分析、展示应用，为客户提供智能化、个性化服务。通过挖掘分析，运用数量模型分析方法，发现数据背后的规律，发掘市场机遇和客户需求。大数据创新了商务智能，极大地提升了智能化服务水平。但是大数据的普及和运用还存在不少障碍。

大数据的一个关键要素是采用最新的 Hadoop 技术，这种开源处理框架能将大的分析查询分解为多个平行运行的小的分析查询，然后将结果重组为一个数据集。因为当前这种技术的供应不足，大多数 Hadoop 项目都是实验性的，在国内还罕有真正的生产环境。其次是统计师们技能的缺失，大数据的崛起让统计师们将对业务某种程度的理解等整合到企业中，把自己打造成数据分析师。数据分析师的工作是将来自不同数据集的数据汇聚到一起，从中发现规律、洞察趋势。

（四）虚拟现实

1. 趋势描述

虚拟现实（Virtual Reality，VR）是拉尼尔在 20 世纪 80 年代初提出的一种可以创建和体验虚拟世界的计算机仿真系统。VR 是以采用计算机技术为核心的现代高新技术，生成逼真的视、听、触觉一体化的一定范围的虚拟环境，用户可以借助必要的装备以自然的方式与虚拟环境中的物体进行交互作用，相互影响，从而获得身临其境的感受和体验。[①] 它利用计算机生产一种模拟环境，是一种多源信息融合的交互式三维动态视景和实体行为的系统仿真，使用户沉浸在该环境中。这种技术至今仍处于发展初期，但是很多人相信它们在娱乐、教育以及商业上有着巨大的潜力。

2016 年是虚拟现实爆发元年，国内外产业领先者都陆续推出消费级新产品，同时大量资本涌入。被广泛宣传过的 Oculus Rift 和 HTC Vive 在 2016 年震撼了市场，但除了游戏玩家外，并没有多少人会为如此昂贵的眼镜买单。大多数主流的 VR 体验基本都来自更加廉价的可安放手机的面罩，比如 Google Cardboard 或者 Galaxy Gear VR 头戴设备。

虽然依旧有人怀疑这类沉浸式眼镜是否会停留在一个小众产品的阶段，但 Facebook、三星和 Google 的大力投入，对于 VR 体验的普及和平台的搭建，起到了非常关键的作用。在热潮褪去的反思中，这些平台如何演进，以及用户能够用这些设备做些什么，对游戏不感兴趣的用户需要一个具有足够说服力的动机，来将自己的时间和精力花费在游览这些 360°的视频、新闻和体育赛事中。

2. 技术采用及其影响

虚拟现实解决距离痛点。虚拟现实技术第一个阶段是优化用户体验的过程，将"虚拟"变得更为"现实"，让用户身临其境，从视角、情节、交互方式上全方位构建内容；第二阶段是强化虚拟与现实之间的连接与互动，真正实现对现实世界的模拟，从而极大地缩短人与人之间的距离。

虚拟现实技术中存在两个基础性问题，分别是虚物实化和实物虚化。实物虚化主要包括基本模型构建、空间跟踪、声音定位、视觉跟踪和视点感应等关键技术，这些技术使得真实

[①] 赵沁平：《虚拟现实综述》，《中国科学：信息科学》，2009 年第 1 期。

感在虚拟世界的生成、虚拟环境对用户操作的检测和操作数据的获取成为可能。虚物实化则主要研究确保用户在虚拟环境中获取视觉、听觉、嗅觉和触觉等感官认知的关键技术。

增强现实技术（Augmented Reality，AR）是在虚拟现实技术的基础上发展起来的新兴研究领域，综合了计算机图形、光电成像、融合显示、多传感器、图像处理、计算机视觉等多门学科，是一种利用计算机产生的附加信息对真实世界的景象增强或扩张的技术。[①] 增强现实系统也是虚拟现实系统的一种，亦被称作增强式虚拟现实系统，用户可以在看到周围真实环境的同时看到计算机产生的增强信息，这种增强信息可以是在真实环境中与真实物体共存的虚拟物体，也可以是关于存在的真实物体的非几何信息。增强现实把原本在现实世界的一定时间、空间范围内很难体验到的实体信息，如视觉、信息、声音、味道、触觉等，通过科学技术仿真后再叠加到现实世界被人类感官所感知，从而达到超越现实的感官体验。

对传媒行业而言，VR被看作一个引发共鸣的途径。这个技术可以让用户与新闻或者影片中的事件或人物产生连接感，因为身临其境，所以它作为一种新的叙事工具受到新媒体从业者的青睐，比如BBC和Aardman动画公司合作，将一个叙利亚家族登上前往希腊的船的故事改编成了VR体验；英国《卫报》更是创立了一个VR工作室，组成了一个包含记者、设计师、项目经理和商务主任的多功能团队，进行了多角度的VR报道的探索。

1. 如何理解新媒体的定义？
2. 新媒体的特征是什么？
3. 新媒体技术的发展趋势和存在的问题是什么？
4. 新媒体技术特性有哪些？

---

① 王涌天、刘越、胡晓明：《户外增强现实系统关键技术及其应用的研究》，《系统仿真学报》，2003年第3期。

第二章 新媒体分类

1998年5月,联合国新闻委员会把"互联网"正式确定为继报纸、广播、电视之后出现的"第四媒体"。2006年底,网络新闻作品正式进入中国新闻奖的评选范畴,这种在互联网技术基础之上发展起来的多种媒体形式,被统称为新媒体。至此"新媒体"这一概念将"互联网"上多种形式的媒体均包含在内。彭兰教授认为,"新媒体"一词使用的情境主要包括四个层面。[①] 传播介质层面所反映的是新媒体新的介质,这个层面的含义至今仍然是"新媒体"一词的重要指向。而"媒体"一词通常有两种用法:一种用法强调的是传播主体,即传播机构;另一种用法则强调介质的大众传播属性。无论是传播结构,还是介质的大众传播属性,在媒介深度融合的今天,新媒体可以具体细分为基于新媒体渠道和平台提供信息、服务的机构,以及拥有大众传播属性的各种平台型媒体。回溯新媒体的发展历程,从浏览信息的1.0、交互分享的2.0,到聚合平台的3.0,我们将新媒体分为网络媒体、移动媒体和社会化媒体三大类型。下面将从网络媒体、移动新媒体、社会化媒体展开论述。

第一节 网络媒体

一、门户网站:注意力经济的代表

21世纪网络信息技术的迅猛发展,使得网络成为一种新兴的、普遍的传播媒介。所谓网络新媒体,主要是指依托于互联网技术推动互联网成为独立的各类媒体,其传播过程具有传统媒体无法比拟的优势,体现了网络时代下传播多元化、个性化、交互性、快速性、广泛性、全球性、开放性等特点。这些特点使得网络媒体在短时间内吸引了人们大量的注意力。

[①] 彭兰:《"新媒体"概念界定的三条线索》,《新闻与传播研究》,2016年第3期。

美国学者托马斯·达文波特和约翰·贝克在《注意力经济》一书里指出:"注意力是对于某条特定信息的精神集中。当各种信息进入我们的意识范围,我们关注其中特定的一条,然后决定是否采取行动。"[①]控制注意力意味着控制经验,信息只有在我们注意到它时,才能进入我们的意识。注意力在外界事物和我们的经验之间起一种过滤器的作用。注意力是企业和个人的真正货币,而这种货币本身是有带宽限制的。

现代社会是一个信息极为丰裕,甚至有些泛滥的社会。互联网更是加快了这一进程。在互联网领域,信息不再稀缺,反而出现过剩。相对于过剩的信息,有一种资源却是稀缺的,那就是人们的注意力。

可以说,传媒经济就是以注意力为基础的经济,媒体是注意力的拥有者,也是注意力价值的交换者。在信息过剩的时代,吸引足够的用户注意力能够产生商业价值。在这一意义上,注意力本身成为一种资源,传统的资金和信息不再是最重要的资源,大众的注意力才是最重要的资源。而吸引注意力最重要的手段是争夺视觉,因此注意力经济也被称为"眼球经济"。毫无疑问,门户网站是注意力经济的代表。

(一)门户网站的定义

门户网站来自英文"Portal Site",Portal 意为门户,指入口和正门。从广义角度理解,门户网站是一种应用框架,可以把数据资源和网络资源及应用系统汇集于一身,以信息管理平台的方式及统一用户界面的形式服务用户。从狭义角度理解,门户网站指提供综合性互联网信息资源和信息服务的应用系统。主流门户网站主要提供新闻、网络接入、聊天室、电子公告牌、免费邮箱、影音资讯、电子商务、网络社区、网络游戏、免费网页空间、博客服务等。

(二)门户网站的类别

1. 综合类门户网站

这一类门户网站大多出现于互联网浪潮兴起初期,以信息资讯服务为主,大多定位全国甚至全球市场。从一开始,综合类门户网站就以大而全的形式出现,涉及人们生活的各个领域。因为互联网天然的"聚集效应",大者恒大,一般一个区域只会剩下少数几家综合类的门户网站。例如新浪、搜狐、网易等。

2. 地方生活门户网站

地方生活门户网站以本地资讯为主,它存在的价值在于更加贴近某一具体区域,能够为当地民众提供最鲜活实用的资讯信息。一定程度上,这和报业的发展历程有相通之处,也就是类似地方性报纸和全国性大报并存的格局。地方生活门户网站通常提供本地资讯、同城购物、分类信息、生活社区等服务,目标在于更好地服务当地民众日常生活,网站通常包括求职招聘、优惠券、打折信息等实用功能。比较有代表性的地方生活门户网站有首都之窗、上海热线、广州视窗等。

3. 垂直类门户网站

垂直类门户网站指专注于某一行业或者某一领域的门户网站。一方面,垂直类门户网站的出现是社会化大分工的自然产物,人们相信专而精的东西是最好的,反映在互联网方面,垂直类门户网站很好地扮演了这一角色。另一方面,中国的垂直类门户网站的出现跟某

---

① 托马斯·达文波特、约翰·贝克:《注意力经济》,中信出版社,2004年版。

些行业或领域空前繁荣有关,当一个行业或领域空前繁荣时,人们也就有了互通有无、相互交流的需要。可以说地方生活门户网站是以地域属性来区隔综合类门户网站的,而垂直类门户网站是以功能属性来区隔前两者。比较有代表性的垂直类门户网站有新华网、育儿网、IT网,等等。

(三)主要门户网站简介

1. 新浪

作为中国四大门户网站之一的新浪,创办于1998年11月30日,创始人为王志东。新浪已经成为全球最大的中文门户网站,北京新浪、香港新浪、台北新浪、北美新浪这些子站覆盖了全球主要华人社区。最初,新浪只是互联网上一个类似信息公告栏的站点,随着影响力的不断扩大,新浪逐渐奠定其在中文互联网领域的地位。1999年9月,王志东被任命为新浪总裁兼CEO,一年后,新浪在美国纳斯达克上市。2001年6月3日,新浪网宣布王志东因个人原因辞职,此后新浪长期由职业经理人控制管理层。除提供网络资讯和内容服务,新浪公司还有提供移动增值服务的新浪无线,提供Web 2.0服务及游戏的新浪互动社区,提供搜索及企业服务的新浪企业服务,提供网上购物服务的新浪电子商务。可以说新浪具备了综合类门户网站的一切典型特征。新浪的注册用户超过2.3亿,日浏览量超过7亿次,是中国大陆及全球华人社群中最知名的互联网品牌。

2. 网易

网易在开发互联网应用、服务及其他技术方面始终保持国内业界的领先地位。自1997年6月创立以来,凭借先进的技术和优质的服务,网易深受广大网民的欢迎,曾两次被中国互联网络信息中心(CNNIC)评选为"中国十佳网站"。提供网易新闻、网络游戏、电子邮件、新闻、博客、搜索引擎、论坛、虚拟社区等服务。在三大门户网站中,网易首先全面改版,朝着中文网络门户的目标前进。并于2000年上市。不幸的是上市即遭遇全球互联网经济的泡沫和纳斯达克惊心动魄的动荡。网易在2001年9月一度被摘牌,之后,网易进入深度调整时期,开始着眼于提高网站的浏览量和影响力,继而吸引广告商的注意力。

3. 搜狐网

搜狐网作为中国老牌门户网站,其在品牌认知、网络流量、广告收入等方面都保持着良好的发展,在中国互联网场域中占据着举足轻重的位置。搜狐网、搜狗搜索、搜狗输入法、搜狗浏览器共同组成了搜狐媒体矩阵的协同矩阵,表现出良好的媒体竞争力。当然移动互联网的发展,用户信息获取渠道的多样化也给搜狐网带来了更多的挑战。搜狐网是搜狐公司于1998年推出的综合门户网站,搜狐网已形成富有影响力与公信力的新闻财经中心、引领潮流的资讯中心、深受体育迷欢迎的体育中心、国内权威的科技产业报道平台,搜狐IT,以多中心、全频道的形式为大众提供迅速、真实、权威的资讯,全面影响消费决策,全方位、多维度地打造实力媒体平台。根据搜狐2019年第四季度未经审计财务报告显示,搜狐网品牌广告收入为1.75亿元,较2018年下降25%,搜索及搜索相关广告业务收入为10.7亿元,较2018年增长5%。

不过随着2010年中国互联网从PC互联网正式进入移动互联网时代,大篇幅的文章被碎片化的信息所取代,新媒体时代的繁荣取代了门户网站的鳌头,各大门户网站也纷纷进行架构及理念上的改革,严格的门户网站的发展已经走向了没落。

（四）门户网站的影响力

1. 强势资讯媒体

门户网站是最先出现的互联网媒体形态，有不容忽视的影响力，而影响力的根源来自其强势媒体属性。互联网在本质上只存在两类网站模式：一种是渠道模式，提供产品销售服务，获得相应的渠道收入；另一种就是媒体模式，网站提供各种各样丰富的信息和资讯，获得巨大的流量，然后换取广告收入。从新浪、搜狐、网易三大中国门户网站来看，媒体价值一直是它们的核心，并且在十多年的发展历程中形成了各自的媒体特色。例如，新浪依靠强势的网络编辑团队使其新闻版块形成了一定的品牌效应，"看新闻上新浪"成为很多网民的共识。搜狐走的则是另外一条路线，偏于娱乐和体育，富有个性，得到了大量年轻网友的青睐，从"上搜狐知天下"这一搜狐的口号可以看出，搜狐首要注重的还是自身的资讯功能。对网易来说，资讯也是相当重要的，网易力求打造"有态度的新闻"，凸显自己的价值观，从而增强自己的竞争力。

门户网站的媒体影响力主要反映在聚合性、用户黏性和公信力三个方面。

聚合性指门户网站对于眼球的集聚效应，内容决定媒体影响力，门户网站通过内容资源的建设，聚集了极高的人气、培养了大批忠诚用户，产生了巨大的影响力，影响力资源经过转化，就可以成为重要的营销资源。

用户黏性反映的是网民对网站的忠诚度。互联网的转换成本极低，鼠标轻轻一点，网民可以很轻松地离开某一网站。一家门户网站只有内容足够丰富、氛围足够统一、可使用的功能足够多，才能够留住网民。反过来，如果一家网站对用户有很强的黏性，让用户形成一种不上网站就好像缺了些什么的感觉，这就表明该网站有其独到之处。

公信力的价值在于，它意味着门户网站在用户心里的认知定位。例如，新浪在当年的法国世界杯上以体育报道打下中文门户基础，此后一直坚持客观、公正、准确、全面的新闻原则，服务高端互联网人群，在内容建设上一路领先，经过十年发展，逐步树立起主流网络媒体的品牌形象，新浪的新闻原则及版式成为业界默认的标准，而这一切都是公信力的表现。

2. 中国门户网站的未来走向

虽然门户网站作为媒体有极强的影响力，但正如互联网冲击传统媒体，其他的互联网形态乃至移动互联网方面的应用也在冲击着门户网站。一个明显的例证是搜索引擎出现以后，门户网站的集聚效应不再如当初那般强大，在美国，雅虎的影响力就是很快被谷歌盖过的。对于越来越讲求个性化和互动性的网络需求来说，门户网站综合性的信息内容提供已经不能像从前一样满足网民们不断变化的信息需求。特别是现在年轻的一代已经由从门户网站获取信息转变为从微博、微信这样的平台获取最新信息。在个人的门户网站里，除了具有如写作、上传图片、视频、音频以及交友等展示自己的功能之外，更主要的是给用户提供"实用"和"使用"的功能，其中包括订阅、收藏、通信、交流，等等。

在互联网创新越来越快速的时代，门户网站要延续"门户时代"的辉煌，不让网民从旁绕道而过就必须不断为网民提供喜闻乐见的应用，只有这样，才能为网站带来持续增加的流量。与此同时，一些门户网站也在努力开辟其他的收入渠道，避免网站过于依赖广告业务，如搜狐和网易就先后开发了自己的网络游戏产品，收入结构变得多元，也就降低了自身的市场风险。可以说，随着网站形态的演化，门户网站在未来还有可能发生彻底改变，变成更加综合的网络应用服务提供商。

二、搜索引擎：化芜杂为有序

（一）搜索引擎的定义

搜索引擎是指根据一定的策略、运用特定计算机算法和程序搜集互联网信息，对信息进行组织和处理后将信息显示给用户，为用户提供检索服务的系统[①]。站在用户的角度，搜索引擎是一个包含搜索框的页面，用户在搜索框输入字词后，通过浏览器向搜索引擎发出搜索请求，搜索引擎会返回跟用户输入的内容相关的信息列表。

搜索引擎兴起的背景是互联网信息极度丰裕并且毫无秩序，单纯依靠门户网站对信息进行分类已经无法满足用户精准的信息需求，其工作原理为"抓取网页、处理网页、提供检索服务"，即搜索引擎先通过网页抓取程序连续抓取网页，然后对网页进行预处理（包括提取关键词、建立索引文件、去除重复网页、分析超链接、计算网页的相关度），最后再将匹配用户搜索关键词的网页呈现在用户面前。为了便于用户判断，除了网页标题以外，搜索结果一般还会提供一段来自网页的摘要及其他信息。

（二）搜索引擎的发展历史

世界上第一个网页抓取程序名为"World Wide Web Wanderer"，最开始只是一个用来统计互联网上服务器数量的程序，随后逐渐具备了抓获网页的功能。1994年，杨致远及其创业伙伴创办雅虎后，因为访问量和链接数增长，雅虎目录开始支持简单的数据库搜索。1994年底，加州大学伯克利分校的搜索引擎Infoseek上线，其界面友善，有大量附加功能，成为搜索引擎发展初期的重要代表。1995年，元搜索引擎以新一代搜索引擎的形式出现，用户只要提交一次搜索请求，元搜索引擎就会负责将其转换处理，提交给多个预先设定的独立搜索引擎，从各独立搜索引擎返回所有查询结果，集中处理后再返给用户。1995年9月26日，还是加州大学伯克利分校的研究人员，创立了搜索引擎HotBot，HotBot号称每天可以抓取索引1000万页以上，有远超过其他搜索引擎的新内容，还大量运用Cookie储存用户的个人搜索喜好设置。1997年8月，Northernlight搜索引擎出现，这是第一个支持对搜索结果进行简单自动分类的搜索引擎。1997年，Google出现，以网页级别（PageRank）来判断网页的重要性，使搜索结果的相关性大大增强。2006年4月，Google宣布其中文名为"谷歌"，这是Google在非英语国家起的第一个名字。在中国市场，谷歌的主要竞争对手为百度。Google推出了简体和繁体两种版本的搜索引擎，和百度在中国分庭抗礼，直至2010年退出中国市场，百度开始一家独大，一直到现在。

（三）主要搜索引擎简介

1. 谷歌（Google）

1997年，美国斯坦福大学的博士生拉里·佩奇和谢尔盖·布林一起创立了Google。"Googol"是一个数学术语，表示1后面带有100个零。Google公司对这个词做了微小改变，借以反映公司的使命，意在组织网上无边无际的信息资源。Google目前被公认为是全球规模最大的搜索引擎，它提供了简单易用的免费服务，用户可以在瞬间得到相关的搜索结果。

[①] 张敏生、吴太斌：《信息检索与利用》，西安电子科技大学出版社，2018年版。

作为一个企业，Google通过提供广告服务来获取收入，广告客户能够刊登与特定网页内容相关、重要而又经济实效的在线广告。不过，Google始终坚持将搜索结果与网页广告区分开来，因为Google认为，用户有权利知晓在面前展示的是免费信息还是付费信息。Google区别于其他搜索引擎的特点是速度快、准确度高、内容客观、使用方便，及其首页秉持极简主义风格，搜索结果呈现也简单明了，不会分散用户注意力。

搜索时，Google检查数十亿张网页通常半秒钟即可找到结果，传统搜索引擎依赖字词在网页上出现的频率，Google则使用PageRank检查网络链接结构并确定哪些网页最重要，然后执行超文本匹配分析以确定与所搜索关键词相关的网页，最后结合重要性和相关性，Google将最相关、最可靠的结果列在最前面。Google成功的一个重要原因是对消费者的尊重，其十大价值观为：以用户为中心，其他一切水到渠成；心无旁骛、精益求精；快比慢好；网络的民主作风；获取信息的方式多种多样，不必非要坐在台式机前；不做坏事也能赚钱；信息永无止境；信息需求，没有国界；没有西装革履也可以很正经；没有最好，只有更好。除了搜索这项核心业务之外，谷歌还不断研发新技术，例如2012年谷歌公司发布的一款"拓展现实"的谷歌眼镜，其具备和智能手机类似的功能，能够通过声音控制拍照、通话、辨明方向，以及上网、处理文字信息和电邮等。2015年10月，谷歌母公司Alphabet搜索业务主管艾米特·辛格尔表示，谷歌全球移动设备搜索次数已超过PC搜索次数。比如，Google设计出的Assistant的人工智能助理，可以帮助人们完成许多重复的工作，自动打开出租车网站，用户直接确认信息是否正确，车型是否改变，就可以自动下单了。

2. 百度

百度是全球最大的中文搜索引擎，2000年1月由李彦宏、徐勇两人创立于北京中关村。百度致力于向人们提供"简单，可依赖"的信息获取方式。"百度"二字源于中国宋朝词人辛弃疾的《青玉案》诗句"众里寻他千百度"，象征着百度对中文信息检索技术的执着追求。百度一直以开发真正符合中国人习惯的、可扩展的互联网核心技术为使命。百度以自身的核心技术"超链分析"为基础，超链分析就是通过分析链接网站的多少来评价被链接网站的质量，这保证了用户在百度搜索时，越受用户欢迎的内容排名越靠前。百度拥有全球最大的中文网页库，收录中文网页已超过20亿张，这些网页的数量每天正以千万级的速度在增长；同时，百度在中国各地分布的服务器，能直接从最近的服务器上把所搜索信息返给当地用户，使用户享受极快的搜索传输速度。百度还为各类企业提供软件、竞价排名以及关联广告等服务，为企业提供了一个获得潜在消费者的营销平台，并为大型企业和政府机构提供海量信息检索与管理方案。百度的主要商业模式为竞价排名，即为一种按效果付费的网络推广方式，该服务为广大中小企业进行网络营销提供了较佳的发展机会，同时也引发了一些争议，有人认为该服务会影响用户的体验。

截至2018年12月，我国搜索引擎用户规模达6.81亿，使用率为82.2%，用户规模较2017年底增加4176万，增长率为6.5%。手机搜索用户规模达6.54亿，使用率为80.0%，用户规模较2017年底增加2998万，增长率为4.8%。百度依然是一家独大，占比约72.7%[①]。可见，在中国市场，百度的市场份额占绝对优势。

---

① 《2019年中国搜索引擎行业市场现状及发展趋势》，查询于2019年8月14日，https://www.cneo.com/archives-141559-1.html。

（四）搜索引擎的影响力

1. 改变人们获取信息的方式

在搜索引擎出现以前，人们获取信息以被动接受为主。无论报纸、广播、电视，还是门户网站，信息都是经"守门人"把关以后呈现的，人们接受的是守门人愿意让他们看见的内容。搜索引擎出现以后，获取信息的主动权第一次交到了用户手中，人们可以在搜索框里键入关键词，寻找那些自己真正需要的信息，并且这一过程是快捷免费的。美国知名网络评级机构尼尔森发表的报告显示，通常网民访问某一网站，并不会直接输入其网址打开，绝大多数情况都是通过点击搜索引擎，从得到的搜索结果进入的，该公司对用户的上网习惯展开了为期一个月的调查，结果显示 eBay 和 Google 是最热门的搜索关键词。

2. 改变了互联网网络生态

门户网站是一个信息的分类网站，页面呈现的内容有限。搜索引擎则是一个入口，背后的内容是无限的。因此，搜索引擎自然而然地成了互联网生活的中心，无论谷歌还是百度都只是一个桥梁——连接用户和信息的桥梁——它们并不是要让用户停留在它们自身的页面上，而是要送用户到不同的页面中去。正因为这一近乎无私的举动，用户更加离不开搜索引擎了。搜索引擎出现以后，互联网生态发生了重大改变，大多数信息的传播是以搜索引擎为核心进行的。

传统线下广告在固定的时间和画面内传递商品或服务信息，不能满足人们的需求，因而传统广告逐渐借助网络让消费者不受时间、空间的限制去了解品牌和产品信息，了解更多关心的内容。在线广告就成为传统广告的聚合点，而如何将线上丰富多彩的广告和产品信息传递给消费者，搜索引擎就成为至关重要的一环，进而促使线上广告围绕搜索引擎展开，并达到最佳传播效果，搜索引擎也就逐渐成为媒介的中心。

3. 促进了人类的交流与沟通

搜索引擎切实促进了人类的交流与沟通这一目标的实现。由于搜索引擎的一系列技术创新（多语言、跨国界、精准化），人们有可能找到那些在遥远地域自己感兴趣的内容。一个能够很快被搜索引擎找到的网站，可能在全球范围内迅速传播，这对信息的交流无疑是一个革命性的进步。

一个信息爆炸的时代，搜索引擎扮演了互联网上答疑专家的角色。搜索引擎已经成为互联网上覆盖用户最广的一个互联网应用，扮演着非常重要的角色，中国平均每个网民每天至少会在搜索引擎上搜索两次。搜索内容也很多，除了资讯和新闻，还包括生活中的衣食住行、工作、学习需求，几乎所有信息都可以依靠搜索获得。如在市场营销中，搜索引擎可以完成用户从对产品的了解、感兴趣到采取行动的一个筛选过程。或许某一个搜索公司会没落、会消失，但搜索引擎不会。就算依靠 Facebook、Twitter，或者以后出现的其他新网络服务，但用户要寻找信息时，一样要在搜索框输入关键词，只不过搜索信息来源可能从搜索引擎收录的页面数据库变成 Facebook、Twitter 内部数据库，排名算法从页面相关性、链接变成会员、好友的推荐程度，但数据来源及算法的改变都不能改变用户对搜索的需要，也不会改变搜索的基本形式。

三、网络视频:展示与被展示

(一)网络视频的定义和发展现状

网络视频是指在网上传播的视频资源,狭义的是指网络电影、电视剧、新闻、综艺节目、广告等视频节目;广义的还包括自拍 DV 短片、视频聊天、视频游戏等行为。视频内容来源主要有用户上传原创内容、向专业影像生产机构和代理机构购买版权内容以及网络视频企业自制内容三种主要渠道,涉及电影、电视剧、综艺节目、体育赛事等文化内容产品的生产、传播。传统网络视频领域逐渐形成以优酷视频、爱奇艺、腾讯视频为主的三足鼎立趋势,而新浪视频、芒果 TV、搜狐视频等视频网站为赢得流量,也竞相推出各自主打的原创内容,争夺热播影视剧独家播放权。

在一定的技术平台支持下,允许互联网用户在线发布、浏览、分享视频的网站,一般被称为视频网站或视频分享网站。视频网站一方面聚合了各类专业视频资源(主要来自电视台、影视公司及其他专业制作机构),另一方面吸引大量用户上传、分享视频,此外有的视频网站也会涉足网络视频作品的制作和加工。

根据 CNNIC 发布的第 44 次《中国互联网络发展状况统计报告》,截至 2020 年 3 月,我国网络视频(含短视频)用户规模达 8.50 亿,较 2018 年底增长 1.26 亿,占网民总体的 94.1%。其中短视频用户规模为 7.73 亿,较 2018 年底增长 1.25 亿,占网民总体的 85.6%。①

从视频网站 PC 端用户的重合度来看,用户重合度较低的有:爱奇艺与迅雷看看、乐视网与腾讯视频等,重合度都在 29% 以下,360 影视与多数网站的重合度都较低。重合度低,用户被吸引到对方网站的可能性也相对较低。土豆与优酷的重合度为 59.6%,经过合并整合,资源共享,资源得到了优化整合。其他用户重合度较高的网站有:搜狐视频与优酷、搜狐视频与土豆、搜狐视频与新浪视频。这些网站之间的用户流动性大,用户还未对特定视频网站形成较高的忠诚度,能否找到所需资源是用户选择网站的关键。对于视频网站来说,需要通过丰富网站资源、加快更新速度等方式,提升用户黏性。

当然网络视频也面临不少的问题。例如无序、不健康的视频仍在网络中大肆泛滥,带来了很大的负面影响,必须正确引导和监管,才能更好地营造干净整洁的网络环境。2014 年,快播公司被调查,并被处以 2.6 亿元的罚单,全国"扫黄打非"办相关负责人表示,快播公司利用其开发的播放器和管理的服务器提供视频播放服务,迅速拥有了大量的使用者。然而却不能很好地履行内容安全管理责任,罔顾社会公德,突破法律底线,大肆为淫秽色情等违法有害信息传播提供平台和渠道,严重危害未成年人身心健康,影响极为恶劣,依法必须予以追究。此外同质化现象严重,网络视频的版权问题也不可忽视。

(二)主要视频网站简介

1. YouTube

YouTube 是世界上最大的视频分享网站,2005 年创立。YouTube 集音频、视频、文章与图像为一体,任何人都可以分享自己制作的各种格式的视频文件、观看他人的视频。它创

---

① 《第 42 次中国互联网报告发布:中国网民规模首超 8 亿》,查询于 2018 年 8 月 20 日,http://tech.huanqiu.com/internet/2018-08/12774671.html? agt=15422。

造了一种全新的娱乐方式,引发了社会和文化方面的革命。YouTube 的界面简洁流畅,在国外有广泛的影响力,网友上传视频后,在很短的时间内就可以实现在全球范围的传播。人们可以成立私人影院、影片发布站、新闻站,甚至进一步取代传统影像媒体。除了网友自己制作上传的内容,YouTube 也有专业视频制作机构制作的内容,包括电影、MTV、电视节目等。根据市场调查公司 ComScore 的统计数据,2010 年 5 月 YouTube 有超过 140 亿的影片浏览次数。YouTube 能够取得这样的成就,得益于它所引导的"自下而上"的视频分享策略,这一模式带动了网民传播视频的积极性,使更多的用户参与到视频的创作中,为更多乐于展示自我的人提供了一个很好的平台。

2. Hulu

Hulu 是由 NBC 环球、新闻集团以及迪士尼联合投资的视频网站。Hulu 的目标是帮助用户在任意时刻、地点,用任意方式查找并欣赏专业的媒体内容。其内容包括电视剧、电影和剪辑,主要来自 200 个以上的内容提供商,包括福克斯、NBC、迪斯尼、ABC、华纳兄弟、米高梅公司、狮门公司和索尼等。自 2008 年 3 月在美国公开发布以来,Hulu 已经被业界公认为是最具前途的"在线体验电视的新途径"。仅仅一年时间便实现了赢利,并且成功地解决了内容优化、版权、质量等众多问题,成为众多视频网站规范化发展的样本。Hulu 为内容制造者、分发商到广告商创造了新的在线视频广告平台,已经拥有超过 400 个广告主,它有一个专门的管理团队独立运作,在洛杉矶、纽约、芝加哥和北京分别设有办事处及研发中心。2019 年 5 月 14 日,迪士尼和美国最大的有线电视运营商康卡斯特(Comcast)共同宣布,迪士尼从康卡斯特手中获得对视频网站 Hulu 的"全面运营控制权"。

3. 优酷+土豆

优酷是中国领先的视频分享网站,2006 年由古永锵创立。优酷网强调"快者为王",注重用户体验,其"快速播放,快速发布,快速搜索"的产品特性满足了用户日益增长的多元化互动需求。2007 年,优酷提出"谁都可以做拍客",引发全民拍客文化风潮,优酷网也成为了互联网拍客聚集地。在优酷网,用户可以以关键字、人气搜索榜单、兴趣分类频道、相关项搜索不同的视频。每一个用户可以拥有"我的视频""我的播放列表""我的订阅""我的收藏""我的PK擂台""我的俱乐部""我的好友"等群组功能。此外,优酷网建立了规模庞大的原创联盟,拥有大批忠于原创、热爱视频的用户。2010 年 12 月,优酷在美国纽约证券交易所上市,成为中国第一家在海外规模上市的视频网站,也是全球首家独立上市的视频网站。

土豆作为中国另外一个发展较早的视频分享平台,于 2005 年 4 月 15 日正式上线,创办人是王微。用户可以通过其平台轻松发布、浏览和分享视频作品。土豆网一天的最高视频播放量有上亿次,每天独立用户数超过 1500 万。土豆提供了无限存储空间的个人空间,其口号为"每个人都是生活的导演",其目标是能够让富有创造力的节目的创造者和分享者们自由地将自己的节目展现在其他用户面前,同时也让每一个用户随时随地都能看到自己想看到的任何节目。土豆的视频内容包括三大类:网友自行制作或分享的视频节目,如播客和用户原创视频;来自土豆众多内容提供商的视频节目,如电影、电视剧和 MV 等;以及土豆投资制作的节目,如土豆摄线等日播栏目及系列短剧。2010 年,在土豆网成立 5 周年之际,土豆网推出了为期三年的"全土豆计划",其中包括播客运营计划、热点频道计划、内容正版化计划、摄线计划、整合营销项目计划和土豆自制剧计划六大板块,多线并行发展。2012 年 3 月 12 日,优酷与土豆宣布以换股方式合并,新公司命名为"合一集团",2015 年 10 月被阿里巴巴集团全面收购,成为阿里巴巴的一份子。

4. 爱奇艺

爱奇艺(iQIYI.COM)原名奇艺,中国影视视频门户网站。2010年1月6日,百度宣布正式组建独立网络视频公司。2011年11月26日,启动"爱奇艺"品牌并推出全新标志。爱奇艺在战略布局上借鉴了Hulu的正版高质量视频发布的成功经验,并在此基础上提升原创视频节目的制作。首先,爱奇艺与电视台签订版权合作,发布大量正版、高清的电视节目。其次,在加大影视综艺版权购买力度的同时,爱奇艺积极扩张自由内容制作团队,渗透产业链上游,并不断拓展原创节目的营销价值。2014年11月,爱奇艺上线了马东工作室出品的说话达人秀节目《奇葩说》,该档节目深受年轻人喜爱。同时带来了广告投放方式的变革:《奇葩说》一改扭扭捏捏、遮遮掩掩的方式,直接将广告投放摆在台面上,将品牌信息以逗趣的形式巧妙安插在节目的各个环节上,广告植入融入了节目,而且戏谑、亲民的传播方式更能令受众获得记忆点,也不会感觉到跳戏,甚至成了节目的一大特色。视频网站再也不仅仅是一个集散的平台了,从PC端到移动端再到电视端,爱奇艺跨屏终端矩阵全面形成,多屏时代成为爱奇艺持续高速发展的核心关键词。

(三) 视频网站的影响力

1. 分流电视观众

视频网站的兴起,最大的影响是分流了部分电视观众,也可以说是削弱了电视媒体的控制力。由于视频网站的视频节目可以随时、无限制地、有选择地免费点播,所以越来越多的年轻用户开始将主要娱乐时间从电视转向视频网站。在电视占主导地位的时代,西方学者将那些整天窝在客厅沙发上看电视的民众称为"沙发土豆",而在视频网站兴起的时代,喜欢在互联网上看视频的民众有了一个新的称号"视频控"。视频应用已不再是传统电视媒体的专利,否则比尔·盖茨也不会自信地宣称再过五年人们就不看电视了。随着Google旗下YouTube等视频网站的崛起,至少在年轻人看来,看电视不用再坐在客厅沙发上,边听着父母的数落和唠叨,边忍受那些不是自己喜欢的冗长内容慢慢播完。[①] 自然而然地,随着电视观众的分流,部分广告客户也随之分流到视频网站,这也使视频网站有了足够的发展后劲。

2. 影响社会生活

YouTube建立五年之后,有美国媒体总结了这五年里YouTube对美国社会的影响,其中包括:消费者通过在YouTube上传视频而对相关企业进行投诉;YouTube上的某些视频成为法庭上的定罪证据;一些普通人通过在YouTube上发布一段极受欢迎的视频而一夜成名;YouTube甚至对美国总统大选的进程产生了影响,总统候选人纷纷选择YouTube作为自己的竞选宣传平台。这一切现象反映出视频网站对社会生活的深刻影响。视频网站不只是一个娱乐工具,它还是一个推动社会进步的工具。

3. 开启个人视频时代

随着便携式DV、便携式摄像机、视频剪辑软件和手机摄影的普及,人们有了独立制作视频的机会。有些个人独立制作的视频,画面质量和精美程度不输于专业机构作品。视频网站的分享功能给了这些人充分展示自身才华的机会,由此带来了新闻业和影视业的变革。新闻事件发生以后,很多普通人在第一时间上传了第一手的视频资料,这就是一个很好的例

---

① 杨继红:《谁是新媒体》,清华大学出版社,2008年版。

子,许多刚毕业的大学生可以制作精美的动画片并上传到视频网站上,获得人们的追捧,这些都预示着个人视频时代的到来。

四、网络游戏:第二人生

(一) 网络游戏的定义

网络游戏(Online Game),又称"在线游戏",简称"网游",指以互联网为传输媒介,以游戏运营商服务器和用户计算机或手机为处理终端,以游戏客户端软件为信息交互窗口的,旨在实现娱乐、休闲、交流和取得虚拟成就的。网络游戏区别于单机游戏而言,是指玩家必须通过互联网连接来进行多人游戏,一般指由多名玩家通过网络在虚拟的环境下对人物角色及场景按照一定的规则进行操作,以达到娱乐和互动目的的游戏产品集合。

网络游戏的使用形式可以分为浏览器形式和客户端形式两种。基于浏览器的游戏,也就是通常说的网页游戏,又称为 Web 游戏,不用下载客户端。类型及题材也非常丰富,典型的有角色扮演(如《天书奇谭》)、战争策略(如《热血三国》)、社区养成(如《猫游记》)等。基于客户端形式的游戏,是由公司所架设的服务器来提供游戏,而玩家们则是由公司所提供的客户端连上公司服务器以进行游戏,现在称之为网络游戏的大都属于此类型。此类游戏的特征是大多数玩家都会有一个专属于自己的角色(虚拟身份),而一切存盘以及游戏资讯均记录在服务端。这类型游戏有 World of Warcraft(《魔兽世界》)(美)、《战地之王》(韩国)、《天堂 2》(韩国)、《梦幻西游》(中国),等等。

(二) 网络游戏的发展历史

第一代网络游戏出现在 1969 年至 1977 年,由于当时的计算机硬件和软件尚无统一的技术标准,因此第一代网络游戏的平台、操作系统和语言各不相同。它们大多为试验品,运行在高等院校的大型主机上,如美国的麻省理工学院、弗吉尼亚大学,以及英国的埃塞克斯大学等。游戏一般有非持续性、只能在同一服务器、终端机系统内部执行,无法跨系统运行这些特点。第一款真正意义上的网络游戏可追溯到 1969 年,是一款名为"太空大战"的游戏。

第二代网络游戏出现在 1978 年至 1995 年,一些专业的游戏开发商和发行商开始涉足网络游戏,网络游戏出现了"可持续性"的概念,玩家所扮演的角色可以成年累月地在同一个世界内不断发展。游戏可以跨系统运行,只要玩家拥有电脑和调制解调器,且硬件兼容,就能连入当时的任何一款网络游戏。网络游戏市场的迅速膨胀刺激了网络服务业的发展,网络游戏开始进入收费时代,许多消费者都愿意支付高昂的费用来玩网络游戏。

第三代网络游戏出现在 1996 年到 2006 年,许多的专业游戏开发商和发行商介入网络游戏,一个规模庞大、分工明确的产业生态环境最终形成。人们开始认真思考网络游戏的设计方法和经营方法,希望归纳出一套系统的理论基础,这是长久以来所一直缺乏的。"大型网络游戏"(MMOG,Massive Multiplayer Online Game)的概念浮出水面,网络游戏不再依托于单一的服务商和服务平台而存在,而是直接接入互联网,在全球范围内形成了一个大一统的市场,包月制被广泛接受,成为主流的计费方式,从而把网络游戏带入了大众市场。

随着全球互联网的发展以及电脑、智能手机、平板电脑等电子设备的更新换代,网络游戏载体、类型不断丰富,游戏品质不断提高,各细分游戏类型均有庞大的受众群体,全球游戏市场迅速崛起,市场规模逐步扩大。2016年全球游戏市场规模达1011亿美元,较2015年增长91.50亿美元,增长幅度为10.05%。① 截止到2020年3月,我国网络游戏用户规模达5.32亿,占网民总体的58.9%。在中国,随着移动互联网技术的兴起、智能终端的普及,移动游戏的营业收入开始呈现爆炸式增长。移动游戏的快速崛起一方面得益于移动技术的普及和大规模应用,另一方面顺应了游戏用户对碎片化时间、移动化场所的娱乐需求。未来,代表移动互联方向的移动游戏将继续成为整个网络游戏行业最大的增长点。我国移动游戏市场规模由2008年的1.50亿元增长至2017年的1161.20亿元,市场规模增长超过700倍,复合年增长率高达109.40%,呈爆发式增长态势。②

我国网络游戏早期以代理欧美、日韩的游戏为主。游戏代理商前期投入少,成功运作获利甚丰,《传奇》《魔兽世界》《地下城勇士》便是代表案例。但作为代理商,往往无法控制游戏的更新补丁和后续发展,同时还面临与其他代理商明争暗斗、与开发商合同破裂等各种风险,这都使得游戏运营商处于非常被动的局面。与代理国外游戏相比,走自主研发道路的国内网络游戏企业却拥有很高的自主权,除了能赚取高额的利润之外,还能根据用户需求进一步更新游戏,提升游戏内容和可玩性,让游戏走向良性发展的道路。2017年,我国自主研发网络游戏市场实际销售收入达到1397.40亿元,同比增长18.17%。随着社会节奏的不断加快,玩家游戏时间呈现碎片化特征,需花费大量时间精力打怪升级的MMO(Massive Multi-player Online,大型多人在线游戏类型)网游对玩家吸引力大大降低。大量玩家转向了持续时间短、竞技性强的电竞网络游戏,网络游戏竞技化成为行业未来发展的趋势以及一个新的经济增长点。《王者荣耀》等移动电子竞技产品的爆发,预示着移动电子竞技时代的到来。近年来,游戏开发商大力开发更加智能的人机对战系统。随着互联网大量的数据、强大的运算能力以及深度学习的突破,未来的游戏人工智能系统的"游戏智商"将进一步成长,最终在游戏中会诞生真正意义上的"智能角色",配合玩家的水平进行游戏互动,实现真正意义上的"个性化游戏"。未来,智能人机对战系统将为网络游戏公司的发展提供巨大的发展空间,人机对战的智能化已经成为网络游戏行业的重要发展趋势。

(三) 主要网络游戏简介

1.《穿越火线》

《穿越火线》(Cross Fire,简称CF)由韩国Smile Gate开发,在韩国由Neowiz发行,在中国大陆地区由腾讯公司运营。《穿越火线》是一款玩家以第一人称射击的网络游戏,玩家扮演一名持枪战斗人员,与其他玩家进行械斗。

2016年11月,《穿越火线》荣登2016中国泛娱乐指数盛典"中国IP价值榜游戏榜top10"。2019年3月4号,穿越火线入选WCG2019电子竞技大赛正式比赛项目。2020年12月6日,情久俱乐部获得CFS2020世界总决赛冠军。

2.《魔兽世界》

著名的游戏公司暴雪所制作的第一款网络游戏,属于大型多人在线角色扮演游戏,该游

---

① 《2018年中国网络游戏行业发展现状与发展趋势分析》,查询于2019年2月18日,http://www.chyxx.com/industry/201804/631654.html。
② 《2018年中国网络游戏行业发展现状及发展趋势分析》,查询于2019年2月18日,http://www.chyxx.com/industry/201804/631654.html。

戏以其公司出品的即时战略游戏《魔兽争霸》的剧情为历史背景,是除魔兽争霸资料片以及被取消的《魔兽争霸:魔族王子》(Warcraft Adventures:Lord of the Clans)之外魔兽争霸系列第四款游戏。玩家把自己当作魔兽世界中的一员在这个广阔的世界里探索、冒险、完成任务。作为"大型多人游戏",魔兽世界为成千上万的玩家提供了舞台。新的历险、探索未知的世界、征服怪物,在这个过程中,一个富有献身精神的活跃的队伍能为我们不断注入活力。《魔兽世界》的内容决定该游戏不存在长时段的、枯燥的练级,它会不断地带来新的挑战和冒险。《魔兽世界》于2004年中在北美公开测试,2004年11月开始在美国发行,发行的第一天就受到广大玩家热烈支持。2005年初韩国和欧洲服务器相继进行公测并发行,反应同样热烈火爆。中国大陆亦已于2005年6月正式收费运营。

3.《第二人生》

这款游戏由美国旧金山林登实验室开发,是较为纯粹的数字世界,它提供一个鲜艳的3D世界,一切都由用户自己创造,用户创造他们的虚拟角色,在极度多元的环境中结识,文字信息是交谈的最原始模式,2007年加入了语音对话模式。《第二人生》有自己的货币,可以用现实世界中的美元直接兑换,这个虚拟实境中每天的消费额已经超过100万美元(真实的美元),有将近1000万居民(指真正开通账户并具有一个虚拟角色的人数),超过60家公司,将近305名员工在《第二人生》中办公并且为现实世界中的顾客服务,所执行的项目价值至少1000万美元。利用分散学习地点的优势,在游戏中有各大学及非营利机构设立的学习中心。连美国在线都在游戏里创造了一个互动购物中心,访客可以为他们的虚拟角色购买衣物、滑板及观赏影片等。美国在线将这个动作视为进军3D网站的预演和积累重要的学习经验的活动。

(四)网络游戏的影响力

当有线电视观众群逐渐下降,电影观赏率趋缓之际,网络游戏却成为全世界成长最快的媒体,全球的游戏产业价值预计将超越电影及音乐产业的总和。"电子游戏机正逐渐成为家庭多媒体中心里重要的一部分。电子游戏机直接放置在电视、数字录像机、数字音乐播放器及计算机的旁边。早在2007年,41%的拥有电视的美国家庭会同时拥有一台电子游戏机,50岁以上的美国人中有25%的人会玩电子游戏。将近600万个美国家庭中至少有1个资深玩家:他们平均每周的游戏时间超过20小时,平均每月在游戏上的花费超过50美元。有些不起眼的普通游戏甚至有高达1500百万的活跃玩家(此处指没有广告赞助的游戏,例如俄罗斯方块或贪吃蛇)。"[①]

网络游戏给人们带来的最大影响是其虚拟现实的能力,借助网络游戏,人们可以以角色扮演的形式体验不同的人生,这对青少年群体尤其具有吸引力。与此同时,因为青少年长期沉溺网络游戏,出现成瘾现象,对社会造成了一定的危害。

《第二人生》这类网络多媒体游戏的流行极大地混淆了人们的现实生活和虚拟生活,这种混淆将带来极为有害的影响。虚拟世界成为人们摆脱现实世界压力和困境的避难所。虚拟世界中的用户具有自由的身份,可以做任何事情——包括飞行、变性,甚至可以去杀人却不必负任何刑事责任。因此,对很多人来说,虚拟世界的诱惑是不可抗拒的。英国上议院议员、牛津大学教授苏珊·格林菲尔德女男爵认为,数字技术的广泛应用将改变我们大脑的形

---

① 肯特·沃泰姆等:《奥美的数字营销观点:新媒体与数字营销指南》,中信出版社,2009年版。

态化构成,激烈的视频游戏和高强度的网络互动将导致人们患上精神疾病,症状如孤僻、无精打采、思维混乱和神经过度疲惫等。① 如何利用好网络游戏的娱乐功能,避免成瘾,成为一个新的研究课题。

第二节 移动媒体

　　移动新媒体,就是某一种移动设备,它是接收与交互信息的终端依托于移动通信媒体的一种主要形式,比如手机、平板电脑、移动车载媒体、智能家居设备、无人机、传感器等。经过十多年的发展,我国以快速增长的用户规模、各式各样的业务形态、环环相扣的产业链的多元竞争,与世界上领先的移动新媒体取得了同步发展。

　　随着信息技术、数字技术和通信技术的发展,媒介形式也将不断丰富。由于手机媒体发展程度高、普及率广,我们将首先介绍手机媒体。互联网技术的发展推动了信息时代的来临,固定通信的模式逐渐被打破,在经历了大型计算机、台式计算机、手机不断更新迭代后,日渐成熟的移动互联网技术在信息时代扮演着越来越重要的角色。随着手机功能日益强大,它不再仅仅是一部移动的、无线的电话,当手机上网技术被攻克之后,人们可以使用手机上网读新闻、看视频、发微博,等等,它正逐渐从一种通信工具向信息平台转型。

　　移动网络互联网的形成并非一朝一夕。无线通信最早于1895年产生,电报、广播、手机的产生都与其密不可分,影响人们的日常生活。最先出现的移动通信网络是第一代移动通信系统(1G),即模拟通信系统,手机只可用于打电话。GSM网络开启了第二代移动通信系统(2G)的时代,实现了从模拟信号到数字信号的革命性变革,虽然这一技术解决的核心问题仍然是语音,但为移动低速数据通信提供了可能,短信(SMS)应运而生。这时,终端成本(手机价格)下降,通信话费也大幅降低,手机开始真正广泛普及,并取代固定电话成为人们最常用的通信方式。在2G的发展过程中,还出现了一个被称作2.5代的阶段,即GPRS技术的时代。在GPRS技术中,语音传送和语音业务方式维持不变,但专用的数据信道使手机在数据通信速率上获得较大幅度的提高。与GPRS技术不同,3G技术手机有了高速数据信道,数据通信速率就像从一级公路变成高速公路,可以满足多媒体信息的迅速传播,手机终端也得以成为数字个人多媒体终端②。

　　2007年,随着iPhone的发布,多点触控的大屏幕、高性能的硬件设备以及高度优化的应用软件,使智能手机得到了极大的推广,从而也使移动互联网得到了极大的发展。手机的普及性、信息传达的有效性、丰富的表现手法使得手机具备了成为大众传媒的理想条件③。手机继而成为报纸、广播、电视、网络之外的"第五媒体":短信的出现使手机有了报纸的功能,彩信使手机有了广播的功能,手机电视的出现使手机有了电视的功能,WAP和宽带网络使手机有了互联网功能,同时手机在一定程度上与报纸、广播、电视、网络互相结合、渗透、融

---

① 安德鲁·基恩:《网民的狂欢:关于互联网弊端的反思》,南海出版公司,2010年版。
② 石磊:《新媒体概论》,中国传媒大学出版社,2009年版。
③ 王秋艳、聂晶磊:《手机媒体对麦克卢汉理论的诠释及拓展》,《浙江万里学院学报》,2006年第11期。

合,成为一种"全媒体"。

作为新媒体的手机具有区别于传统媒体的综合特性。

第一,它体积小,分量轻,易于携带。它可能是除了基于 MP3 收音机功能的广播外,受众使用的最小的大众媒体了。

第二,它易于使用,不需要学习就能掌握它的操作方法。它的按键少,菜单设计明确,一般即使不看说明书,用户也可以靠自己摸索就能在几天内掌握使用方法。

第三,它像电脑一样具有应用的可延展性。普通手机如果具有 Java 功能,就可以安装简易的应用程序;智能手机则预安装了 iOS、Android、BlackBerry、Windows Mobile、Symbian 中的一种操作系统,用户可以从网上下载适合自己手机操作平台的应用程序安装,选择丰富,商务办公、通信助手、娱乐游戏等应有尽有。

第四,它仍然在不断进步着,手机的各项技术还有很大的提升空间。2007 年兴起的触摸屏技术令人惊喜,以 iPhone 为代表的触屏手机解放了键盘占用的空间,放大了屏幕尺寸,使手机能更好地为视频观看、网页浏览等媒体属性的功能服务。而凭借手指热感控制手机操作也给用户全新感受,依靠手指滑动完成的放大缩小、文件移动、菜单设置等是前所未有的媒体接触体验,重力感应技术使手机上的页面在无论手机被横置还是竖置时都处于适合用户观看的水平角度,它可能是最友好、用户最愿意把玩的一件大众媒体了。

第五,它的产品层次丰富,价格多样,几乎每个人都可以拥有一部能消费得起的手机。而手机的无线通信功能也决定了它首先是一个人人必备的数码小家电,它不像报纸、电视一样对某些人来说可有可无。当然,具备上网功能和条件的智能手机更接近"全媒体"的新媒体形式,一部只能打电话收发短信(不包括彩信)的手机很难说是真正的大众媒体,但毕竟,随着人民生活水平的提高,将手机同时作为通信和媒体工具的人越来越多了。根据中国互联网络信息中心(CNNIC)2019 年 2 月发布的中国互联网络发展状况统计报告,截至 2018 年 12 月,手机网民规模达 8.17 亿,全年新增手机网民 6433 万,网民使用手机上网的比例达 98.6%,使用台式电脑、笔记本电脑上网的比例分别为 48.0% 和 35.9%,使用电视上网的比例为 31.1%。2018 年,移动互联网接入流量消费达 711.1 亿 GB,较 2017 年底增长 189.1%。[①]

手机是一种"全媒体",它像其他很多新媒体一样具有所有讨人喜欢的特性,比如非线性、使用友好、海量信息、超链接,等等,但是它更为大部分人拥有(普及性)、受众对它的使用更专注(一对一的传播、信息传达的有效性)以及具备更多功能(传播形式的多元化)。

一、移动互联网时代

移动互联网在近几年成为社会的热门话题,业界对其定义众说纷纭。广义的移动互联网是指用户可以使用手机、笔记本、iPad 等移动终端通过协议接入互联网,狭义的移动互联网则是指用户使用手机终端通过无线通信的方式访问采用 WAP 的网站。

(一)移动互联网发展的四个阶段

移动互联网的发展有如下四个主要阶段:

[①] 第 43 次《中国互联网络发展状况统计报告》,查询于 2019 年 3 月 28 日,http://www.cac.gov.cn/2019-02/28/c_1124175677.htm。

1. 第一个阶段(2000年—2002年)

中国移动互联网的初级阶段。2000年11月10日,中国移动推出"移动梦网计划",打造开放、合作、共赢的产业价值链。2002年5月17日,中国电信在广州启动"互联星空"计划,标志着互联网服务供应商和互联网内容服务商开始联合打造宽带互联网产业。2002年5月17日,中国移动率先在全国范围内正式推出GPRS业务。

2. 第二个阶段(2003年—2005年)

WAP(Wireless Application Protocol,无线应用协议)时期,移动互联网的发展更进一步。用户主要利用移动互联网看新闻、读小说、听音乐,使手机逐渐成为娱乐、生活服务的工具。这是一个内容为王的移动互联网时代,该阶段开始出现移动互联网产品经理,如SP(Service Provider,服务提供商)产品经理或WAP产品经理等。他们根据用户的需求推出特定的产品,选择研发技术和商业模式。

3. 第三个阶段(2006年—2008年)

这个时期的中国移动互联网除了内容之外,开始有了一些功能性的应用,比如手机QQ、手机搜索、手机流媒体等,手机单机游戏和手机网游慢慢起步。在这些应用产品中,使用率最高的还属通信类软件,如QQ、微信等。移动互联网开始作为传统互联网的补充,占据了用户大量的碎片时间,这是一个互动娱乐的移动互联网时代。但是这时的用户依旧用流量上网,上网的费用昂贵,网速较慢。

4. 第四个阶段(2009年—2019年)

此为网络G提速时代,由于手机厂商之间竞争非常激烈,智能手机价格下降迅速,特别是千元以下的智能手机的量产,推动了其手机使用人群中的大规模使用和普及。4G网络建设将移动互联网发展推上快车道。4G网络的部署,网络速度的极大提高,使得移动应用场景得到极大丰富。与4G相比,5G的提升是全方位的,5G具有高性能、低时延与高容量特性。5G技术相比目前的4G技术,其峰值速率增长数十倍,从4G的100 Mbit/s提高到几十Gbit/s。也就是说,1秒可以下载10余部高清电影,可支持的用户连接数增长到每平方千米100万用户,并可以更好地满足物联网的海量接入场景。端到端延时将从4G的十几毫秒减少到5G的几毫秒。截至2020年6月,我国手机网民规模达9.32亿,较2020年3月增长3546万,网民使用手机上网的比例达99.2%。(第46次《中国互联网络发展状况统计报告》)网民上网设备越来越多向移动端聚集。移动支付、可穿戴设备、移动视频、滴滴打车等手机应用和商业模式不断涌现,引发了传统行业生态的深刻变革。5G网络的超高可靠、超低时延、超大容量、超高带宽和更快的数据传输速率,可以使许多行业与通信行业相连接,从而引发了VR、工业互联网、车联网和移动医疗等新兴行业技术的创新热潮。

简而言之,移动互联网是移动通信技术与互联网的结合体。用户通过笔记本电脑、手机、平板电脑等移动终端利用无线通信的方式访问采用WAP的网站。移动设备的日益高科技化和4G移动通信技术的规模化发展,为移动互联网的发展注入了新的动力。如今,手机作为移动互联网时代主要的终端载体,通过无线网络不仅能够随时随地浏览网页,还能使用实用性的应用软件。这些应用具有移动终端便携性、私人化、及时性的特性,并为用户提供方便和实惠。

(二)移动互联网时代的变化

移动互联网改变了人们的生活、工作和学习。移动互联网让人们的日常生活变得更便捷、高效,但同时让人们对移动设备更加依赖,减少了现实生活中人与人之间面对面的交流。移动互联网的兴起给人们带来了很多变化,主要有以下几个方面。

1. 传播方式:从 PC 端向移动端转变

很多年前,人们使用电脑的时候还连着网线,按着鼠标和键盘,当时的手机除了能玩简单的游戏、阅读手机报等之外,主要的功能还是通话和发短信。而现在,人们能摆脱网线的限制,能随时随地通过手指操作控制智能手机、平板电脑等移动设备获取信息或满足娱乐需求,更多的个性化服务正在渗透人们的日常生活。另一方面,PC 时期主流的操作系统有 Windows、UNIX、LINUX 等。随着移动互联的更新换代和市场优胜劣汰的规律,Android 和 iOS 已经成为最主流的两大移动操作系统。

2. 传播对象:从泛众传播向精确转变

伴随着智能手机的普及和大数据技术的发展,内容的提供商不再盲目地向受众广撒网,他们根据手机用户的个人信息和搜索偏好,计算出用户的服务需求,这有利于减少无效传播,大大提升用户分众化时代下的传播效果。移动互联使个性化的需求被快速挖掘,比如在一些冷门的服务中也隐藏着大量的商机,大众化的修图软件推出了大量小众修图软件,积累一批忠实的"粉丝",实现小众化传播下的精准营销。移动互联下的传播模式,在增强了用户的黏合度的同时也增强了广告输出的高效性,使得媒体"去中心化"和传播"多层次化"的特征日渐显现。在这样的形势下,今后的互联网行业对就业市场上的人才会提出更趋专业化的需求。

3. 传播形态:媒介形态发生较大转变

随着网络的规模化发展和智能移动终端的普及,PC 用户正加速向移动互联网环境下的"智能移动终端+App"的移动新媒体模式迁移。这种新媒体模式会给人们的政治、经济、社会生活等方方面面带来巨大的变化。

二、移动新媒体的发展

媒介形态的变革是不断在科技、经济、社会制度等因素的影响下进行的,也深刻地影响了媒介产业的结构调整。移动新媒体是新媒体发展进程中的产物,代表着个人媒体时代的来临和传统媒体的式微。作为一类相对独立的媒体形态,移动新媒体借助互联网等各种新的技术手段,几乎可以同时拥有传统媒体的所有功能,进行文字、图片、视频的传播,已经并且还将持续对现有的媒介格局和网络环境产生重大影响。

(一)移动新媒体的特性

1. 便携性

移动新媒体最大的特点是体积和质量小,方便携带。其中,便携性使手机新媒体被称为"未来最有前途的媒体"。从传播者的角度来看,传播者可以不受网线的限制,可以利用移动设备记录所见所闻,发布在网络上。在新闻采访中,以往记者采访时需要带上相机、录音笔、笔记本等设备,而手机新媒体减轻了媒体从业者的负担,如今手机拍照功能可以满足一般性的新闻图片拍摄要求,而手机直播软件的研发也为移动新闻直播提供了技术支持,从而提高了新闻传播的效率。从受传者的角度看,移动新媒体能让人们更快更好地获得所需要的服务。一般情况下,移动媒体不受时间和空间的限制,人们可以随时随地通过移动端上网获取所需的服务和信息,这极大地提升了用户体验。

2. 互动性

在 PC 时代出现了新闻网站、论坛、博客等网络媒体，那时候传播者和受众之间就存在着互动，但是现在的移动设备的天然便携性和无线通信的应用让这种互动性更加明显，不仅表现为人们可以随心所欲地通过社交媒体进行群体间传播，还表现为视听平台的传播双向性。比如人们一边发弹幕一边看视频，一边听音乐一边写评论。互动性还表现为传播主体的去中心化，传播者不再受限于专业的媒体机构，普通民众可以通过互联网发布消息。传播者可以根据用户对服务或者内容的反馈及时调整策略，逐渐形成以用户为主导的传播模式，议程设置的作用在移动新媒体时代渐渐削弱。

3. 私密性

私密性，是指个人或群体可以自由地支配自身的行为，保护自身的隐私不被外界所知，也有权控制外界介入的一种特质。移动设备由于可以随身携带，适合单人使用，在使用上具有排他性。而且大多数移动设备的功能具备私密设置。就拿手机来说，本身作为一种私有物品，再加上服务的个性化，携带方便，具有通话的功能，使其与个人电脑相比更具有私密性的特征。

4. 跨界性

移动新媒体对其他形态的媒体的涉足被称为跨界性，即凭借移动网络的支持跨越了网络、电视、报纸、广播等其他大众媒体的界限。传统媒体的边界是明晰的，报纸的版面和发行范围，广电的上星、转播与否以及覆盖面等都是某种"边界"，更不要说政策法规带来的"边界"；移动新媒体的兴起，最突出的表现就是突破媒体原有的边界（版面、频道限制、媒体形态、传播地域等）。

5. 智能化

智能化是指新媒体在网络、大数据、物联网和人工智能等技术的支持下，所具有的能动地满足人类各种需求的属性，在当前特指从环境中接受感知信息并执行的智能程序。它意味着新媒体通过某种计算技术、网络技术的应用，逐步具备类似人类的感知能力、记忆能力和思维能力、学习能力和决策能力。移动新媒体的智能化主要体现在如下三个方面：

第一，新媒体可以智能化地感知、采集信息和人实现语音互动。比如智能手机、手表和其他可穿戴设备记录的数据，如用户个人运动和健康数据：摄入的热量、行走的步数以及里程数，使用者所在的地理信息；海拔高度、大气压变化等。传感器技术和射频技术的应用，使外部事物具有了人感知和获取外部信息的能力。这些数据和事物通过全球定位系统与互联网连接起来，形成无所不在的物联网，进行信息交换和通信，实现了智能化识别、定位、跟踪、监控和管理。智能自动语音识别技术可以感知人的自然语言，可以把人的语音转换为文字；让机器开口说话，朗读文字，最终实现人机语音通信。生物识别和图像识别技术可以感知和采集人与物体的信息，广泛用于政府、军队、银行、社会福利保障、电子商务、安全防务等领域。比如"虹膜识别系统"可以帮助用户完成身份鉴定，办理业务。

第二，移动新媒体称为智能化的信息生产主体。随着技术感知、采集和存储技术的快速发展，人类各种活动会产生难以数清的海量的数据，人类对它们进行处理显然是非常困难的。机器人新媒体可以应用先进的度量标准，去整理和解释最有力的辅助工具，写稿机器人的出现就是其中最有力的论证。写稿机器人采用了以大数据为基础的人工智能技术，遵循"提取数据—套用模板—生成稿件—人工把关"模式化的生产流程，先将所得数据录入数据库中,再将这些数据按照语句出现频率和新闻关键词加以整合,制作出一个符合该媒体稿件风格的模板,随后带入5W新闻五要素,用时几秒甚至几毫秒,即可以生成一篇完整的新闻稿件。从 WordSmith、Quakebot,到国内的 Dreamwriter,从微软人工智能产品"小冰"吟诗作词,到百度大脑的诗歌创作,我们看到了新媒体的智能化的信息生产,正在一步步代替人类写作的一部分。

第三,新媒体可以进行信息的智能搜索和分发。借助日益精密的机器算法,计算机可以根据用户的行为数据进行相关的职能推荐,极大地减少人们获取信息的时间和人力成本。如今日头条、一点资讯、天天快报等新闻聚合平台,正是通过这种推荐和分发机制进行自动推送,实现了产品形态的智能化,从而获得了用户的青睐。这种深度开发和利用技术,为用户提供精准的智能匹配服务还将会随着技术的发展而得到进一步的广泛运用。

(二)移动新媒体存在的劣势

1. 导致信息泛滥,碎片化信息影响人们的思维方式

互联网的发展使信息呈现出爆发式增长,移动新媒体在降低人们获取知识信息的成本和难度的同时,也带来了许多负面影响。信息环境混乱,逐渐弱化了人们独立思考的能力。人们每天接受来自移动新媒体的信息,由于数量过多,忽略了对信息进行评价以及将信息转换为知识的过程。最后使得人们容易被信息牵着走,缺乏深层次的思考,难以形成系统化的思维。且人们习惯于被动接受信息,看到什么就信什么。网络在让言论自由的同时,也存在信息不准确的缺点,因为使用移动设备的用户在年龄、文化层次、地域等方面各有不同,一条信息的来源及真实性难以界定。比如在微博上,存在一些谩骂、抱怨、阴谋论,也有一些发泄情绪的"键盘侠",对正处于心理发育期、价值观还未形成的青少年来说,容易受到这些不良信息的误导。

知识更新速度过快,人们更倾向于在短时间内掌握越来越多的知识,忽视了学习知识和技能是一个循序渐进、日积月累的过程。同时由于移动互联网上的资源容易获取和保存,导致人们养成囤积资源的坏习惯,简单地收藏、下载、转发让资料储存在移动设备中,成为资料的搬运工,但是这些日积月累的资料实际的转化率并不高。移动新媒体时代,信息过快、流通速度过快,增加了人们筛选信息的难度,新媒体带来的众多诱惑导致娱乐化、视觉化的信息占据了人们的绝大部分时间,而文明的传承和延续则需要达到两者之间的平衡。

2. 真假信息难辨,网络陷阱层出不穷

移动新媒体的兴起让信息的传播速度更快,传播范围更广。但与此同时,信息失真的情况也呈几何级数增长。移动新媒体环境下的假新闻与以往甚是不同。一种是故意失实,捏造新闻源;另一种是非故意失实。有时候同一个事件存在以上两种失实情况。主要原因在于网络的虚拟性缺乏责任约束。为了加强互联网信息内容管理,促进互联网新闻信息服务健康有序发展,国家互联网信息办公室出台和发布了《互联网新闻信息服务管理规定》,规定自2017年6月1日起施行。规定指出,通过互联网站、应用程序、论坛、博客、微博、公众账号、即时通信工具、网络直播等形式向社会公众提供互联网新闻信息服务,应当取得互联网新闻信息服务许可,禁止未经许可或超越许可范围开展互联网新闻信息服务活动。之后,很多平台的自媒体号被封,因为这些自媒体"粉丝"规模大、影响力广,而其发布的内容涉及侵权、炒作、价值取向太过低俗等问题。

3. 个人隐私容易泄露，存在安全隐患

计算机病毒是移动新媒体面临的第一个安全隐患。计算机病毒以其强大的破坏力、传染性一直以来影响人们的生活和工作。移动新媒体相比 PC 端计算机中毒要更为隐蔽，会出现电池寿命变短、通话经常无端中断、话费莫名被扣、手机功能受损等情况。

一方面，病毒给使用者带来了不小的困扰，甚至造成财产的损失。网络攻击、信息泄露勒索软件等安全事件时有发生；网络诈骗也是用户面临的主要安全威胁之一。另一方面，个人信息在遭到黑客病毒的攻击时容易外泄，垃圾邮件、垃圾信息、推销电话不计其数。

这就要求用户具备一定的风险意识。不法分子一般通过发送邮件、短信、浏览网页、软件下载等方式将病毒植入用户的移动端。因此，一要警惕带有链接、冒充银行的诈骗短信；二要警惕卖假发票雇佣"伪基站"发送各种发票信息；三是在公共场合谨慎连接 Wi-Fi，一旦遇到同名的热点就会自动进行连接，存在被钓鱼风险；四是不下载没有经过安全检验的软件，删除有问题的应用程序，仔细检查每一个应用程序的权限要求，限制应用程序的访问权限。

国家计算机病毒应急处理中心发布了第十七次计算机病毒和移动终端病毒疫情调查报告。2017 年我国移动终端病毒感染率为 31.49%，比 2016 年下降 11.84%。在移动终端互联网应用方面社交软件、浏览网页和金融服务位居前三，随着互联网业务向移动端的大面积转移，加之移动终端用户黏性大，实时在线率高等特点，各类安全威胁纷纷向移动终端转移。造成移动终端安全问题的主要有垃圾短信、骚扰电话和钓鱼（欺诈）信息，分别占调查总数的 77.15%、59.25% 和 58.61%。2017 年《网络安全法》正式实施，为打击网络犯罪提供了有力的法律保障。国家层面高度重视打击网络犯罪，维护网络安全，各部委联合组织了多个专项行动全面治理网络乱象，打击网络非法行为，净化网络环境。各企事业单位也通过自身努力积极参与，形成联动，全面治理和打击网络犯罪活动。依法治网进一步走向深入。

三、移动新媒体的类型

我们对于移动媒体的认识，曾经历过由公交类移动媒体（如车载广告）到个体手持媒体（如手机），由处理传统媒体机构制作的内容到处理社会化媒体用户的自创内容，由模拟传输技术到数字译码技术等各种发展阶段。移动新媒体可以简单地划分为两类：一类是传统移动媒体，另一类是当今的正在改变人的生存状态和传播方式的数字移动媒体。数字移动媒体，顾名思义是指由数字移动媒体的技术支撑的移动媒体，其中包括 1G 至 5G 的手机、携带方便的平板电脑及各种能与互联网连接的移动设备。我们也可以把数字移动媒体界定为个人自控的、无时无处不在与外界互动沟通并进行信息处理的移动媒体。

数字移动媒体的无时无处不在性，决定了信息传播的无比快捷。数字移动媒体使用成为时尚之前，PC 端电脑或者笔记本电脑的电子邮件收发并不能保证即时性。移动新媒体的媒体位置和移动方向的共享都存在可能。对移动媒体的关注，不仅仅是对智能手机或平板电脑技术和应用层面上的关注，不仅仅是对终端移动设备个体使用者独特体验的关注，也不仅仅是对数字移动媒体"无时无处不在性"和"信息碎片化和短小化"的关注，还应该时时关注政府、企业等组织是如何使用移动新媒体进行传播和服务的。

（一）手机媒体

朱海松从手机媒体行业应用的角度对手机媒体下了这样的定义——"以手机为视听终

端、以手机上网为平台的个性化信息传播载体,它是以分众、定向为传播目的,以即时为传播效果,以互动为传播应用的大众传播媒介,也叫手机媒体或移动网络媒体"[1]。他提出手机媒体是继报纸、广播、电视、互联网之后的"第五媒体",手机媒体的应用形式主要包括移动互联网门户网站、手机报和手机杂志、手机电视、手机社会网络、手机微博、电子阅读、二维码等。

手机的普及性、信息传达的有效性、丰富的表现手法使得手机具备了成为大众传媒的理想条件,手机继而成为报纸、广播、电视、网络之外的"第五媒体":短信的出现使手机有了报纸的功能;彩信使手机有了广播的功能;手机电视的出现使手机有了电视的功能;WAP和宽带网络使手机有了互联网功能,同时手机在一定程度上与报纸、广播、电视、网络互相结合、渗透、融合,成为一种"全媒体"。

作为新媒体的手机具有区别于传统媒体的综合特性。

第一,它体积小,分量轻,易于携带。它可能是除了MP3外,最小的大众媒体了。它非常适合在户外使用。

第二,它易于使用,不需要学习就能掌握它的操作方法。它的按键少,菜单设计明确,不需要看说明书,用户也可以靠自己摸索就能熟练运用。

第三,它像电脑一样具有应用的可延展性。普通手机如果具有Java功能,就可以安装简易的应用程序;智能手机则预安装了iSO、Android、BlackBerry、Windows Mobile、Symbian中的一种操作系统,用户可以从网上下载适合自己手机操作平台的应用程序进行安装,应有尽有。

第四,它仍然在不断进步着,手机的各项技术还有很大提升的空间。2007年兴起的触摸屏技术令人惊喜,以iPhone为代表的触屏手机解放了键盘占用的空间,放大了屏幕尺寸,使手机能更好地释放媒体属性的功能服务。而凭借手指热感控制手机操作也给了用户全新感受,依靠手指滑动完成的放大缩小、文件移动、菜单设置等是前所未有的媒体接触体验,重力感应技术使手机上的任何页面在无论手机被横置还是竖置时都处于适合用户观看的水平角度,它可能是最友好、用户最愿意把玩的大众媒体了。

第五,它的产品层次丰富,价格多样,每个人都可以拥有一部能消费得起的手机。而手机的无线通信功能也决定了它首先是一个人人必备的数码小家电,它不像报纸、电视一样对某些人来说可有可无。当然,具备上网功能和条件的智能手机更接近"全媒体"的新媒体形式,一部只能打电话收发短信(不包括彩信)的手机很难说是真正的大众媒体,但毕竟,随着人民生活水平的提高,将手机同时作为通信和媒体工具的人越来越多了。

讨论手机作为新媒体的传播特性需要具体结合用户使用手机的哪项媒体功能,就像上文所说,手机是一种"全媒体",它像其他很多新媒体一样具有很多讨人喜欢的特性,比如非线性、使用友好、海量信息、超链接,等等。但是它相比其他新媒体,更为大部分人拥有(普及性)、受众对它的使用更专注(一对一的传播、信息传达的有效性),以及它具备更多功能(传播形式的多元化)。

(二)平板媒体

平板电脑是笔记本电脑和智能手机的融合,是一种小型的、方便携带的个人电脑,以触

---

[1] 朱海松:《手机媒体:手机媒介化的商业应用思维与原理》,广东经济出版社,2008年版。

摸屏作为基本的输入设备。它拥有的触摸屏允许用户通过触控笔、数字笔或手指而不是传统的键盘来进行作业。用户可以通过内建的手写识别、屏幕上的软键盘、语音识别或者一个真正的键盘输入信息。平板电脑并非 2010 年才出现,其发展已有二十多年时间。早在 20 世纪 60 年代末,来自施乐帕洛阿尔托研究中心的艾伦凯提出了一种可以用笔输入信息的叫作 Dynabook 的新型笔记本电脑的构想,业界公认这是平板电脑的原始构想。最先出现的平板电脑是 1989 年 9 月上市的用于商业的 GRiDPad,由 GRID Systems 制造。它的操作系统基于 MS-DOS,但由于技术门槛、成本等原因未能得到广泛应用。1991 年,由 GoCorporation 制造的平板电脑 Momenta Pentop 上市,重达 3.2 千克,价格为 5000 美元。1993 年,苹果公司推出 Newton,定位在 PDA 上,然而,Newton 的销售却不尽如人意;1994 年,在总结其他 PDA 失败教训后,Palm 和 PDA 定位在与 PC 数据交换电子名片功能;1995 年,HP 公司推出 PAQ4700,使这款 PAD 成为当时的巅峰之作,售价高达 7000 美元。2001 年,康柏展示了一款带 Windows 的 PC 原型。同一时期,一系列不同种类的平板电脑产品问世,包括东芝、微软、惠普、优派、宏碁等笔记本电脑厂商纷纷推出相关产品。但因为技术和环境的局限性,并未受到青睐。

2007 年 6 月 29 日,苹果公司正式发售 iPad 平板电脑,在硬件上突破技术限制,再加上续航能力的优势、简易个性的操作界面、良好的用户体验与时尚大方的外观,用户反应强烈,"果迷"的数量剧增,极大地推动了平板电脑市场的发展。2011 年 2 月,谷歌推出了专门用于平板电脑的 Android3.0 系统。2011 年 3 月 11 日,苹果公司趁热打铁推出 iPad2,再一次引发了购买狂潮。除了个人购买的动力,企业购买也成为热点。平板用户急剧增长,引起了各行业的关注,而平板电脑用户对于新闻的态度更是让与平板电脑一脉相承的传统媒体表现出高涨的热情。①

iPad 为纸媒的发展拓展了新的空间。相较于智能手机,iPad 更方便使用,此外,iPad 能够在一定程度上还原纸质阅读的乐趣,能提供包括文字、图片、广告等一系列纸媒所提供的内容,加之 iPad 通过触摸屏的方式让用户享受熟悉的纸媒翻页体验,使得其具备包括报纸、杂志、图书等一切纸媒所具备的版式和内容。同时,除了便捷与独特的阅读体验,其巨大的市场潜能和移动付费阅读赢利模式在一定程度上激发并拓展了纸质媒体的发展空间。iPad 可以将内容呈现方式多样化、个性化及音视频播放立体化,实现用户阅读方式的转变,一方面,iPad 通过增加大量视频、动画、声音等多媒体效果,增添用户的阅读乐趣,融合多种媒体,打破他们之间的界限;另一方面,使用 iPad 文本满足分享喜好,实现互动性和个性化阅读。

(三)移动交通媒体

移动交通媒体是指使用数字传播技术、能在各种交通工具上同步接受广播、电视机构播放的节目的移动新媒体。现在的移动交通媒体通过先进的数字传输技术,将数字电视新型号通过地面数字电视网络传送到移动电视接收终端,方便受众观看②。2001 年移动电视技术首先在新加坡投入商用,2002 年 4 月在上海的公交车上试安装了国内第一台移动电视,随后中国的移动电视网络规模迅速扩大。2004 年,列车类移动媒体以北京、上海、广州为核心,依托贯通全国的铁路网络,在全国近 500 列空调列车上安装了 8 万多台高清晰度液晶电

---

① 王赛男:《纸媒体与平板电脑的融合——以平板电脑 iPad 为例》,苏州大学硕士论文,2012 年。
② 朱亚迪:《新媒体时代下公交移动电视媒体的舆论监督》,2018 年首届全国公交新媒体论坛会议论文。

视,逐渐构建起一个全国性的列车类移动电视媒体网络。① 后来,交通移动媒体拓展至地铁、飞机。

由于移动电视装置是在不同地点之间快速移动,移动电视的接收条件还有待完善。在车辆行驶的过程中,或刹车、或加速都会对电视、视频画面造成影响,如出现马赛克、声画不对位等问题。在车辆加速、拐弯,或者通过隧道等封闭性地段时,信号接收不够稳定,会出现类似碟片卡碟的情况。因此移动交通类媒体技术手段尚需进一步成熟。

内容层面,移动交通类媒体在节目编排上没有很好地考虑受众分散性和短时间接受的特点,无法确保节目的时效性、实用性和互动性,难于满足快节奏的都市人群对资讯和娱乐的需求,加之运营商对节目的策划、研发、创新等不够重视,在国内移动电视中还很难看到,独具魅力又符合公交车载移动电视传播特点的节目形态和样式。

各种交通工具中除飞机外,工具内嘈杂混乱的环境不利于乘客接收信息,尤其是大量的广告信息,效果非常不理想。从视听接受效果看,现在大多数车载移动电视终端都安装在驾驶员座位后方,但由于大部分的乘客都是站在车厢中的,电视屏幕被遮挡的现象十分普遍,这都会影响到影像传播效果,使乘客只能通过声音接收信息。但移动电视自身音响设备的不完美,道路上车辆之间的干扰噪声、汽车的发动机噪声、开关门的声响、车上乘客交谈说话的声音以及车辆报站提示语音等都会直接影响移动电视的传播效果。

(四)可穿戴移动媒体

可穿戴设备是由贴近身体的传感器和驱动器组成的形态微小而功能强大的计算机与服装饰品组成的智能设备。它可以挂在眼镜上、装在口袋里、内置于鞋中,不断地监测用户的生命体征,从而对用户的健康状况及时地提出建议,也可以通过日程表等给用户某些提醒,或将信息展现在用户的眼前。可穿戴设备产品形态主要体现为手表、手环、眼镜、头盔演示器、头箍、服装、手套、鞋子等。可穿戴设备不仅是一种硬件设备,更能够通过软件支持以及数据交互、云端交互来实现其强大的功能。可穿戴设备将会给我们的生活、感知带来很大的转变。②

1. 可穿戴服装

智能服装在 2015 年才起步,很多公司开始尝试使用智能服装这一概念。智能服装不仅仅是将小工具佩戴到手腕、脸部、耳朵和脚部,智能服装还可以不断记录我们的心率、监控我们的情绪,甚至为我们的星巴克消费付款,所有的这些过程无需拿出手机,甚至无需点击智能手表的屏幕。例如,Wearable X 新创公司的 Nadi X 瑜伽裤,穿上它,即可监测移动的身体和姿势正确性。通过在臀部、膝盖和脚踝处轻轻振动来检查和修正瑜伽姿势,感觉就像私人教练在旁指导。该智能服装可修正错误动作,通过蓝牙同步到手机 App,并通过配套应用程序提供回馈讯息。Levi 公司 Commuter Trucker 智能外套 Commuter Trucker Jacket,Levi 的 Commuter Trucker 夹克通过在外套上内建触控和手势感测,用户能够将包括音乐和地图等应用在内的各种服务进行互动,亦包括移动支付。用户可以通过手势滑动关闭电话或双点击启动网络上线,而不需接触手机。

(1)应用领域和场景多元化。

有媒体大胆预言,在不久的将来,数码产品与衣服的界限会越来越模糊,未来的电子产

---

① 王纪伟:《浅析交通移动媒体》,《科技传播》,2010 年第 13 期。
② 周友兵:《中国信息产业简史》,知识产权出版社,2017 年版。

品能完美地"隐藏"在服装里,而未来的服装则会变身为一台能"穿"在身上的计算机。智能服装兼具时髦的设计和超强的功能性,十分符合包括专业人士、年轻族群和运动爱好人士等服装业主力消费群体的未来需求。未来智能服装将会在运动与健康管理、休闲娱乐等领域深耕,如在运动与健康医疗监测方面。智能服装能监测心率、呼吸、血压等数据,监测生命体征,可以在穿衣人体征数据剧烈波动、心脏病发作或虚脱时及时报警,从而降低险情或病情恶化的概率。通过探索和感知自然的变化,进行自动调节温度实现健康护理。休闲娱乐方面,智能服装能播放音乐、收听广播,能将音乐存储在芯片中。能实现地图查询跑步路线,能在网上下载运动训练数据以科学地开展运动锻炼。未来人们穿上用智能布料缝制的裤子后,只要按一下电钮,腰围就会随意加宽或缩小,或者实现服装颜色变换以完成穿着搭配。

(2)产品的微型化与舒适化。

智能设备的可穿戴特性要求其具有微型、轻量、隐蔽性良好的特点。为了使产品真正融入用户的日常生活中,追求设计上的宜人、舒适,避免产品带来的穿着不适感是一大研发重点。在技术方面,智能服装将会更多采用微型化和柔性化的电池、传感器、芯片、屏幕等硬件,研发低功耗处理器的同时提高电池的续航能力。在功能应用方面,将会在丰富功能的同时更加注重整体服装舒适性。通过改善传感器、电源等电子器件与织物结合的方式,提高电子器件的柔软性,使智能服装穿着起来更加舒适。不断研究开发柔性传感技术,使传感器与服装面料巧妙结合,保持服装柔软舒适性的同时提高内、外环境感知的灵敏度。

(3)智能化。

智能服装无论是在硬件还是在软件方面,都还存在很大的提升空间,用户已经不满足于简单的需求,对时尚、独特功能以及个性化的要求越来越高,智能元素的加入无疑契合了当下对服装的众多需求。智能服装一方面需要功能的多样化来满足用户的多种需求,另一方面又需要在其领域做精、做专,真正解决用户关注的核心问题。智能服装将不断整合各种数据、应用与服务,为用户打造一体化、个性化的智能穿戴体验。交互方面,智能服装将采用多样化的交互方式,如语音识别交互、手势交互、生物反馈交互、情景感知交互甚至脑机交互等方式。为持续、稳定地向智能服装提供能源供给,智能服装将会更多采用太阳能、风能、温度和物理能源等可持续能源。

2. 可穿戴设备的七大关键技术

目前在智能眼镜、智能耳机等方面,骨传导技术是比较普遍的交互技术,包括谷歌眼镜,也是采用声音骨传导技术来构建设备与使用者之间的声音交互。

(1)骨传导交互技术。

骨传导交互技术主要是一种针对声音的交互技术,将声音信号通过振动颅骨,不经过外耳和中耳而直接传输到内耳的一种技术。骨传导振动并不直接刺激听觉神经,但它激起的耳蜗内基底膜的振动却和空气传导声音的作用完全相同,只是灵敏度较低而已。在正常情况下,声波通过空气传导、骨传导两条路径传入内耳,然后由内耳的内、外淋巴液产生振动,螺旋器完成感音过程,随后听神经产生神经冲动,呈递给听觉中枢,大脑皮层综合分析后,最终"听到"声音。简单一点说,就是我们用双手捂住耳朵,自言自语,无论多么小的声音,我们都能听见自己说什么,这就是骨传导作用的结果。骨传导技术通常由两部分构成,一般分为骨传导输入设备和骨传导输出设备。骨传导输入设备,是指采用骨传导技术接收说话人说话时产生的骨振信号,并传递到远端或者录音设备。骨传导输出设备,是指将传递来的音频电信号转换为骨振信号,并通过颅骨将振动传递到人内耳的设备。

(2) 眼动跟踪。

眼动跟踪又称为视线跟踪、眼动测量。眼动追踪技术是一项科学应用技术,通常有三种追踪方式:一是根据眼球和眼球周边的特征变化进行跟踪,二是根据虹膜角度变化进行跟踪,三是主动投射红外线等光束到虹膜来提取特征。眼动追踪技术是当代心理学研究的重要技术,已经存在相当长的一段时间,在实验心理学、应用心理学、工程心理学、认知神经科学等领域有比较广泛的应用。随着可穿戴设备,尤其是智能眼镜的出现,这项技术开始被应用与可穿戴设备的人机交互中。眼动跟踪交互技术的主要原理是,当人的眼睛看向不同方向时,眼部会有细微的变化,这些变化会产生可以提取的特征,计算机可以通过图像捕捉或扫描提取这些特征,从而实时追踪眼睛的变化,预测用户的状态和需求,并进行响应,达到用眼睛控制设备的目的。通常眼动跟踪可分为硬件检测、数据提取、数据综合3个步骤。硬件检测得到以图像或电磁形式表示的眼球运动原始数据,该数据被数字图像处理等方法提取为坐标形式表示的眼动数据值,该值在数据综合阶段同眼球运动先验模型、用户界面属性、头动跟踪数据、用户指点操作信息等一起被综合实现视线眼动跟踪功能。

(3) AR/MR技术。

它可以为可穿戴设备提供新的应用方式,主要是在人机之间构建了一种新的虚拟屏幕,并借助于虚拟屏幕实现场景的交互。这是目前智能眼镜、沉浸式设备、体感游戏等方面应用比较广泛的交互技术之一。增强现实(AR),是指在真实环境之上提供信息性和娱乐性的覆盖,如将图形、文字、声音及超文本等叠加于真实环境之上,提供附加信息,从而实现提醒、提示、标记、注释及解释等辅助功能,是虚拟环境和真实环境的结合。介入现实(MR),则是计算机对现实世界的景象处理后的产物。

(4) 语音交互。

语音交互可以说是可穿戴设备时代人机交互之间最直接,也是当前应用较为广泛的交互技术之一。尤其是可穿戴设备的出现,以及相关语音识别与大数据技术的逐渐成熟,给语音交互带来全新的契机。新一代语音交互的崛起,并不是在识别技术上取得了多大的突破,关键是将语音与智能终端以及云端后台进行了恰到好处的整合,让人类的语音借助于数据化的方式与程序世界实现交流,并达到控制、理解用户意图的目的。前端使用语音技术,重点在后台集成了网页搜索、知识分析、资料库、问答推荐等各种技术,弥补了过去语音技术单纯依赖前端命令的局限性。语音交互技术的应用分为两个发展方向:一个方向是大词汇量连续语音识别系统,主要应用于计算机的听写机;另一个重要的发展方向是小型化、便携式语音产品的应用,如无线手机上的拨号、智能玩具等。当然,目前还没有充分普及的关键因素是语音识别的排干扰能力还有待加强,多语境下的识别还有待完善。

(5) 体感交互。

体感交互技术是指利用计算机图形学等技术识别人的肢体语言,并转化为计算机可理解的操作命令来操作设备。体感交互是继鼠标、键盘和触屏之后新的人机交互方式,也可以说是可穿戴设备趋势下带动起来的一种人机交互技术。肢体交流,包括手势交流,是人的本能,在学会语言和文字之前,人们已经能用肢体语言进行交流。其实手势交互技术的存在已经有相当长的一段时间,在过去30年,研究人员一直在研究基于肢体语言的交互系统。因为肢体语言在日常生活中使用最为频繁。只是之前所有基于肢体语言的研究主要以手势识别为主,而对身体姿势和头部姿势语言识别较少。随着可穿戴设备,尤其是智能服饰产业以及体感交互优势产业的发展,可以说体感交互将成为可穿戴设备不可或缺的人机交互技术。其中尤其以手势交互最具代表性,手势识别是利用各类传感器对手部/手持工具的形态、位移等进行持续采集,每隔一段时间完成一次建模,形成一个模型信息的序列帧,再将这些信息序列转换为对应的指令,用来控制实现某些操作。随着各项技术的成熟和传感器的发展,手势识别已经进入可用性阶段,各类产品和解决方案也开始涌现。

(6)触觉交互。

触觉交互是目前可穿戴设备产业中比较新的人机交互技术,对人机之间的信息交流和沟通方式将产生深远的影响。触觉可谓是人体一切的感觉之母,是人类与外界交流,并感受外界的重要通道之一。软硬、冷暖、粗细,以及物体形状等信息,都可以在触摸中感知,人类更复杂的情感交流也可以通过触摸实现。触觉交互研究如何利用触觉信息增强人与计算机和机器人的交流,其领域包括手术模拟训练、娱乐、机器人遥控操作、产品设计、工业设计等。触觉交互在沉浸式智能产品中有一定的应用探索,将会是未来人类在虚拟现实中"真实"地感知外界的一种关键交互技术。

(7)脑波交互。

脑波交互也可以理解为意识控制技术,这项技术已经有了一定的探索,但还没有得到比较广泛的应用。可以说脑波交互技术将会是可穿戴设备产业的终极交互方式,不仅构建了人与设备之间的沟通方式,同时也构建了人与人之间的一种新的沟通方式。未来,我们借助于脑波交互技术,人与人之间将会达成充分的"默契"。同样,人与设备之间也将构建出一种新的人机交互方式,这种交互方式可以说是可穿戴时代的终极交互方式。

四、移动新媒体的发展趋势:万物互联

万物互联定义为将人、流程、数据和事物结合一起使得网络连接变得更加相关,更有价值。万物互联将信息转化为行动,给个人、企业和国家创造新的功能,并带来更加丰富的体验和前所未有的经济发展机遇。

万物互联的应用场景主要如下:

1. 增强型室内无线宽带覆盖

5G将应对为大量建筑物提供持续网络覆盖的挑战,甚至会借助复杂且有时很昂贵的小型基站和无线局域网(WLAN)商用部署。其益处包括在各种规模的建筑物中改善蜂窝网络覆盖,支持面向一系列终端和应用的无线宽带覆盖。在对产业的影响方面,其优势是深远的,这些益处并非只针对特定产业或应用。出于本研究目的,此用例将独立于固定无线宽带来进行分析,而固定无线宽带会在下面进行更详细的讨论。

2. 增强型户外无线宽带

其应用例如向汽车传输高清信息娱乐内容、提高户外活动和密集城市中心的容量。这包括改善公共交通系统的互联网接入,以支持更多用户在交通期间实现在线工作。其益处是提高人口密集城区的覆盖和容量等。通过鼓励市民使用公共交通将有可能减少交通拥堵,并可提高现场活动中的覆盖和容量。类似于室内无线宽带覆盖,其益处并非只针对特定产业或应用,预计它将对广泛产业产生积极影响。

3. 增强现实和虚拟现实(AR/VR)

大规模支持动态AR内容就需要5G空口。低时延和每秒数千兆比特的速度将支持计

算密集型的 AR/VR 用户交互。具体用例包括外场支援和远程医疗，该用例有两大明显益处。

首先，移动化的 AR/VR 可通过在任何环境或表面提供虚拟显示，而无需其他硬件或显示屏，使用户受益。

其次，这意味着降低外场支援工作者的成本，能形成训练有素且经验丰富的核心人员团队，集中组织核心人员为更大规模的外场支援团队提供帮助。从工业、制造业到建筑业和服务公司，甚至社会服务，许多产业都能够从中受益。

4. 海量物联网资产跟踪

其应用将包括人员跟踪和在途高价商品等，但（较）高连接成本限制了该市场的增长。5G 将在深度覆盖、低功耗和低成本（规模经济）以及作为 3GPP 标准技术方面提供额外优势。5G 提供的改进将包括在广泛产业中优化物流，提升工人安全和提高资产定位与跟踪的效率，从而使成本最小化。它还将扩展能力以实现动态跟踪更广泛的在途商品。随着在线购物增多，资产跟踪将变得更加重要。

5. 智慧城市

这是一个移动蜂窝运营商越来越感兴趣的领域，智慧城市将为许多不同类型的应用和潜在的全新商业模式提供机会。智慧城市是一个含义非常广泛的术语，其部分关键技术应用包括照明、安全、能源、公用事业、物理基础设施、环境监控和交通运输/出行。引入 5G 的主要益处是降低成本、提高服务质量与可靠性，并为市场建立标准。关键原因之一是智慧城市应用将能够利用现有运营商的基础设施，这一点与通过更多资本性支出投入来部署专门的专用网络截然不同。通过利用网络切片技术，可为更重要的应用（如路灯）提供有保证的服务质量。智慧城市用例有两个值得注意的要点。尽管出于本研究目的将其纳入海量物联网范围，但事实上在可纳入智慧城市总体类别的广泛用例中，也包括了依赖 5G 增强型移动宽带和关键业务型服务功能的应用。例如，动态交通管理和控制就是利用许多 5G 关键业务型服务特性的智慧城市应用（与交通紧密相关）。类似地，作为城市安全解决方案的一部分，使用安防无人机和固定摄像头将需要 5G 增强型移动宽带。即使到 2035 年，智慧城市仍将处于初级的发展阶段。因此，IHS Markit 基于智慧城市应用将广泛但非普遍部署的事实进行经济影响评估。随着该市场在 2035 年之后逐渐成熟，移动技术和 5G 预计将发挥更重要的作用。

6. 智能家居

5G 能够彻底改变智能家居终端的部署与服务方式，它将解决一些消费者投诉的主要问题，如终端设置困难、设备不可靠等。随着智能家居市场更多地转向 DIY 模式，消费者开箱即能拥有非常轻松的设置与配置体验将变得更加重要。消费者不需再学习如何正确配置家庭无线局域网和防火墙这样的知识，通过 5G 来利用蜂窝连接将带来更流畅的用户体验和更安全的终端。

7. 自动驾驶汽车

基本假设是 5G 将用以支持全部形式的车对万物（V2X），从最初提供更成熟的先进驾驶辅助系统（ADAS）到最终实现完全自主的自动驾驶汽车。值得注意的是，尽管出于本研究目的把自动驾驶汽车总体用例归入关键业务型服务类别，事实上 5G 增强型移动宽带也将发挥重要作用。超低时延、高可靠性及普及易用等5G关键业务型服务特性对自动驾驶汽车市场的成功至关重要,而增强型移动宽带的特性也对许多数据密集但关键业务程度较低的活动很重要。这将包括能够接收和卸载大量地图绘制、传感器和容迟或非时间关键型数据。此外,到2035年,第5阶段具备完全自动驾驶功能的汽车将在发达国家得到普及。由于这些汽车将无人工操作,所以为乘客提供丰富媒体内容显得至关重要。无论从道路更安全的角度,还是从通过运行更高效的车辆来减少环境影响的角度看,自动驾驶汽车都具有显著效益。自动驾驶汽车还将降低车辆碰撞的相关成本,如故障停工时间、损伤/复原、维修和保险。5G技术的加持还将有助于降低成本和基础设施投资。当具体考察商业和行业应用时,我们会看到更大的效益。因为司机越少,运营支出就越少,便能节约更多成本。并且,自动驾驶汽车的预期效益来自更高效的线路、更长的运营时间以及更少的故障。从经济影响评估的角度出发,自动驾驶汽车是具有广泛影响的用例之一,对于商用车辆和非公路用车(耕作、采矿和建筑等)更是如此。以更低的运营成本长时间安全地操作设备十分重要,且将对一些行业产生变革性影响。

8. 无人机

广泛使用商用无人机将有机会使多个产业受益,包括商业运输、农业、建筑业、制造业和公共安全等。随着无人机技术的不断改进,公司和政府对无人飞行器的需求会增加。使用商业和工业无人机有诸多好处,例如最小化时间和风险、提高能效以及降低成本支出(相较于支付给车辆驾驶员的费用)。政府使用无人机的潜在用例包括公安侦破、反恐、防暴、巡逻、搜救、跟踪、公共安全、交通管制、勘探和天气监测等。随着商用和工业无人机越来越广泛的普及,利用诸多5G特性全面满足更广泛的用例需求则很有必要。同自动驾驶汽车一样,IHS Markit把无人机归入关键业务型服务的用例中,因为低时延、高可靠性和普及易用对安全可靠地操作商用无人机很关键。然而,随着在无人机上越来越多地使用高清摄像头和传感器套件,5G增强型移动宽带所具备的处理大量数据的能力十分重要。

9. 工业自动化

5G关键业务型服务能为以下两个特定服务领域提供特定优势:实时闭环通信和免提设备监控。实时闭环通信可支持远程控制设备及制造流程,包括连接机器、机器人和移动设备以便实现整体设备效用最大化。工人可利用5G支持的免提设备监控来监测机器和生产线绩效,同时出于安全和/或无菌目的可保持免提操作。如果时延方面得到充分改善,工人还能利用可穿戴设备和手势控制进行远程操作。

10. 远程病人监护/远程医疗

5G将减少病人、医护人员和监控设备三方对不同连接策略的依赖。高清的图像质量让越来越多的应用得以实现,包括皮肤科和伤口护理。本用例得到广泛应用,例如随时访问影像与病历、先进的远程医学(包括使用机器人和AR/VR技术进行远程手术和治疗),以及远程临床护理。5G也支持医护人员利用可穿戴设备实现管制药品管理(可动态地改善疼痛管理并提供滥用风险最小化的解决方案)。

第三节 社会化媒体

一、社会化媒体的含义

在 2013 年,维基百科关于社会化媒体的词条中提到,社会化媒体的含义包含三个层次:
(1) 它是基于互联网或移动通信的应用,它将传播变成一种互动的对话;
(2) 它是建立在 Web 2.0 的思想和技术基础上的网络应用,它促成了 UGC 的生产与交换;
(3) 社会化媒体是社会性互动的媒介,而社会性互动是社会性传播的一个更广的概念。

借助随时随地互联网可扩展的通信技术,社会化媒体在很大程度上改变了组织、社群以及个体之间的沟通方式。具体可分为协同合作型、部落格和微型部落格、内容社群、社交网站、虚拟世界,等等。

国内有研究者对社会化媒体的界定是:社会化媒体是以互动为基础,允许个人或组织进行生产内容的创造和交换,依附并能够建立、扩大和巩固关系网络的一种网络社会组织形态。它的思想和技术核心是互动,内容主体为 UGC,关键结构是社会关系网络,表现为一种组织方式。① 在概念层面,内容生产与社会组织方式同样重要。因此社会化媒体是指互联网上基于用户社会关系的内容生产与交换平台②。与此同时社会化媒体的定义是一个动态和发展的概念,其中有一些核心的要素与特征,应该是持续存在的,一旦这些核心要素发生了变化,它们将向新的方向转化。

二、社会化媒体的基本特点

尽管社会化媒体各种定义的切入角度不同,但都强调了互动、用户参与和内容生产,并强调了其与传统大众传播模式的不同。

总体来看,社会化媒体的主要特征有两个方面。

首先,内容生产与社交不可分离。换而言之,社会关系与内容生产两者之间是相互融合在一起的,社会关系的需求促进了社会化媒体平台上的内容生产,反过来,这些平台上的内容也成为联结人们关系的纽带。在社会化媒体平台上,人们基于社交互动产生联系,并形成了不同规模、不同层次的关系网络。

其次,社会化媒体平台上的主角是用户和网站的运营者。

三、社会化媒体的涵盖范围

互联网上究竟哪些应用和程序可以算作社会化媒体,研究机构 CIC 从 2008 年到 2018

---

① 田丽、胡璇:《社会化媒体概念的起源与发展》,《新闻与写作》,2013 年第 9 期。
② 彭兰:《社会化媒体:理论与实践解析》,中国人民大学出版社,2015 年版。

年先后发布了十个版本①,具体如图 2-1 所示。

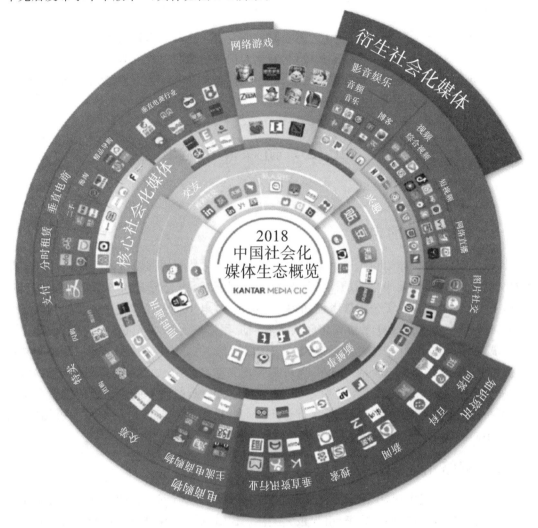

图 2-1　中国社会化媒体生态概览

2018 年的图示版本中被列为社会化媒体应用的有以下几个方面。

1. 核心社会化媒体

其主旨是为增强人与人之间的关系,即帮助用户更好地了解并联结其他用户。在核心社会化媒体之下,用户之间的关系是双向共享的,用户与用户之间更加频繁地交换各自的生活体验或其他信息。如以交友、兴趣、新鲜事、即时通信等为目的的线上平台。

2. 衍生社会化媒体

意在保持或者增加用户黏性,赚取流量。用户通过平台的过滤获得更加个性化的信息,以帮助他们更好地进行决策,在使用衍生社会化媒体的过程中,用户更加偏向使用单向交流的关系模式,即从内容生产者处获取信息,比如公众号自媒体、意见领袖,甚至是平台本身的

---

① 《2018 年中国社会化媒体生态概览白皮书》,查询于 2020 年 12 月 20 日,http://www.l99it.com/archives/761582.html。

算法推荐结果,来获取更符合用户兴趣的信息。可以宽泛地分为影音娱乐、信息咨询、电商购物,等等。

论坛、博客、SNS、微博、微信等作为社会化媒体应用,基本上都达成了共识。电子商务与社会化媒体的关系,一直存在一定的争议,但电子商务包含了社会化媒体的元素是毋庸置疑的。在今天,电子商务与社会化媒体已经深层结合,虽然认知不同,但趋势已显现。

第四节　论坛:新媒体形态的模型

一、网络论坛的定义

网络论坛,通常是指以讨论各种话题为主的BBS。它是利用网络手段开展的一种多对多的交流方式,也是网络中早期的社会化媒体之一。网络论坛起始于BBS。BBS是Bulletin Board System(计算机电子公告牌系统)的缩写,也称为"电子布告栏""电子公告栏""电子公告牌",这是一种基于远程登录协议访问的互联网应用形式。20世纪70年代,BBS诞生于美国,最初用于互联网用户之间的信息交流与网络通信,主要应用于发布新闻、发布交易信息、发布个人感想及互动式问答。随着Web服务的兴起,BBS开始强调主题性和交流性,逐渐发展成为网络论坛。网络论坛一般以公共平台形式出现,围绕不同的话题形成很多微中心。网络论坛日常维护由站长负责,大部分BBS由教育机构、研究机构或商业机构管理。论坛分不同版块,每一版块均有版主负责具体内容的编辑。

二、网络论坛的发展历史

20世纪90年代中期,中国开始出现网络社区。1997年,有网友在四通立方体育沙龙发表一篇《大连金州没有眼泪》帖子,引起极大关注。BBS这一新兴交流平台影响力开始不断扩大,越来越多的民众投身其中。1997年成为中国BBS发展历史上极其重要的一年,拉开了中国网络社区发展的序幕。

到了20世纪90年代末期,中国网络论坛诸侯并起,各式各样的网络论坛不断涌现,有的按地域分,有的按兴趣分。前者如城市论坛、高校论坛,后者如汽车爱好者论坛、旅游论坛。真正大规模的虚拟社区的出现是在1998年,这一年南京西祠胡同创办。紧接着的1999年,大型虚拟社区天涯和全球华人虚拟社区ChinaRen创办。这些大型网络论坛的内容不再局限于某一话题,而是根据用户多样化的需求,同时拥有众多垂直版块,服务群体也进一步细分。

2000年以后,在功能属性上,很多大型社区如猫扑、天涯、西陆除了发帖、回帖这些传统信息传播功能,也开始向平台化方向发展,这些网络论坛具备了社区服务、互动交友、多媒体娱乐、网络游戏、移动增值、网络营销等功能。很多网络论坛在加强自身内容建设的同时开始注重网络人际关系建设,ChinaRen是较为典型的例子,它之所以广受欢迎,正是因为"校友录"这一产品高度人际化。

2006年以后,博客、微博和SNS兴起,网络论坛不再是互联网的热点。网络论坛繁杂无序,就像集市和聚会,人们在新的网络形态出现的时候抛弃网络论坛,因为集市或聚会也是繁杂无序的。在某些方面,论坛还具有自己的优势。根据CNNIC发布的第35次中国互联网络发展状况统计报告显示,中国网民的论坛使用率为19.9%,全年增长率为7.2%。[①] 与博客、微博、微信等平台不同,论坛在很大程度上需要论坛管理者的"经营",否则容易"自生自灭",因此营销对于论坛的经营就非常重要了。从赢利模式上看,在网络论坛,传统意义上的网络广告不再是主流,但病毒营销、事件营销、互动营销、口碑营销及植入式营销等层出不穷,基于网络论坛的营销方式逐渐得到广告主的认可。

三、主要网络论坛

1. 天涯社区

1998年,当时还是海南公共信息网络在线服务公司总经理的邢明,受和讯股票论坛的启发,萌生了自己搞一个论坛的想法。1999年3月天涯社区正式推出,以"开放、包容、充满人文关怀"为特色。主要版块有天涯主板、天涯旅游、职业交流、大学校园、天涯别院、天涯网事等。经过10多年的发展,天涯已经成为以论坛、部落、博客为基础交流方式,综合提供个人空间、相册、音乐盒子、分类信息、站内消息、虚拟商店、企业品牌家园等一系列功能服务,并以人文情感为核心的综合性虚拟社区和大型网络社交平台。所有网络论坛里,天涯最富于人文气质,其"关天茶舍"版块聚集了大批活跃而优质的写手,原本以传统媒体为平台的思想论争转移到了天涯论坛。对于社会热点话题、政治思想流变、民生百态,天涯网友都有积极的发言。2002年,中国互联网络年鉴对"关天茶舍"就有如此描述:"关天茶舍的文章以思想性和学术性见长,由于人气旺,讨论的氛围也不错。尤其值得一提的是,来这里的网友不乏国内著名的作家、学者,他们有些匿名参与讨论,有些就直接真名现身,这无形之中增强了论坛的影响力。"过去十多年里,很多网络热点事件与热点人物的出现,都有天涯社区的影子。比如,2007年重庆"最牛钉子户"事件、2010年的"我爸是李刚"事件等,特别是"华南虎事件",第一个引爆话题的网站就是天涯。尽管天涯是一个网上社区,但是,在一定意义上,天涯已经拥有了如媒体一样的力量。

2. 西祠胡同

西祠胡同创办于1998年,也是华语地区较早的大型综合社区网站。西祠胡同在地区、人群、兴趣三大主类别下,设立了三十余个分类。创立伊始,西祠胡同就开始了"自由开版、自主管理"的开放式运营模式,即站方管理和维护社区平台及分类目录,用户可以自己创建讨论版、自行管理、自由发表、沟通交流,体现了互联网自由和自律的精神,深得网友好评。西祠胡同用户遍布全世界,它积累了不同地区、不同年龄、不同行业、不同兴趣的一大批忠实网友。作为一家发源于南京的论坛,西祠胡同一直保持了草根和平民化的定位。

3. 猫扑

"猫扑大杂烩"社区简称"猫扑",它的名字来源于创始人田哲的外号。猫扑网是中国网络词汇和流行文化的发源地之一,于1997年10月创立。它最初只是一个游戏爱好者聚集

[①]《第35次中国互联网络发展状况统计报告》,查询于2018年12月20日,http://www.cac.gov.cn/2015-02/03/c_1114222357.htm。

的社区,以讨论电视游戏为主,后来不断发展,逐渐成为"中文第一互动娱乐社区",被认为是"BT文化的发源地,中国互联网时尚、前卫、流行的风向标"。它已经发展成为集猫扑大杂烩、猫扑贴贴论坛、资讯中心、猫扑Hi、猫扑游戏等产品为一体的综合性富媒体娱乐互动平台。日平均浏览量上亿,主要活跃人群在18至35岁之间,这些人分布在消费力比较高的经济发达地区,他们是新一代娱乐互动门户的核心人群。猫扑的社区架构里有着明显的游戏式的思维,人们不仅在进行内容的生产,也在进行着虚拟世界的建设。

四、网络论坛的影响力

1. 民众发声的"广场"

从2003年"孙志刚案"开始,许多热点话题"黑龙江宝马案""重庆钉子户事件""华南虎事件"等,都因为有网络论坛的参与,事件的进程发生了改变。

从技术角度看,网络论坛是诸多互联网应用中技术与用户进入门槛比较低的一种产品,也是最符合人性的一种产品,网络论坛天然就是民众发言、发声的一个"广场"。

从表现形式看,网络论坛以公共事件为中心、参与者以各种"帖子"参与讨论,一个个的回帖不但能够将讨论引向一定深度,还能够带出新的事件信息,但凡网络论坛介入的事件,总能得到相当深入的讨论分析,有时甚至到了"人肉搜索"的地步。

从发展趋势上看,网络论坛早期以发布各类观点信息为主,更像是一个观点的集散地。近年来,论坛的议题越来越贴近网民身边事,网友对某些问题集中关注进而引发实际行动比比皆是。从古希腊时期开始,人类就有在广场上公开发表言论的传统,自由言说是人之为人的一种表征,也是人类需要"广场"的原因。一个个论坛就是一个个大广场,论坛里的每一个版块都是一个讨论组。所有在论坛里发帖、评论的人都是广场活动的参与者,只要话题有足够的价值,一定会有人参与讨论。

网络论坛是虚拟广场,有着极其重要的意义。

首先,它可以让许多人畅所欲言,开启了民智,解放了思想。

其次,虽然网络论坛显得嘈杂,但这是一个平等的地方,每个人都有发声的权利,网络论坛有一种共生的氛围。

最后,网络论坛和现实世界的深刻关联使得网络论坛常常成为事件和话语的策源地。

2. 众神狂欢的"乐园"

从"芙蓉姐姐"到"凤姐",这些"网络红人"无不与网络论坛有关。"网络红人"们的火爆表明整个社会已经进入一个众神狂欢的时代,而网络论坛是这个时代的"乐园"。网络论坛聚集人气的强大功能使许多普通人只要敢想敢干就可能出名,这种成名完全不同于借助传统媒体的成名,它更加草根,更加鲜活,也更加花样频出(如"芙蓉姐姐"在水木清华BBS上贴出摆出S造型的照片)。围观"网络红人"成了人们生活的一种乐趣,娱乐至上,一切意义被消解。与此同时,网络推手这一新兴行当开始出现,开始在各大论坛人为制造"网络红人"。

网络论坛集中体现出现代人精神的裂变及文化和信仰危机。互联网本是工业文明发展到一定程度的结晶,正是经济冲动被极大激发,很多人的精力用于商品生产,才有了互联网。在网络论坛,现代人的趣味更多倾向于对平庸无聊事物的关注,因为经济才是社会进步的唯一尺度,发展是一切标准的标准。

第五节 博客 Vlog 与微博：个体走向社交舞台的中央

一、博客的定义

"博客"一词来自英文单词 Blog/Blogger，为 Weblog 的简称。Weblog 指网络上的一种流水记录，简称"网络日志"，这是一种简单的个人信息发布方式，任何人可以注册完成个人网页的创建、发布、更新。最早在 2002 年 8 月 8 日，中国网络评论家王俊秀和方兴东共同提出博客概念，它既可用作具有博客行为的一类人，也可用作博客们所撰写的日志。相比传统网站，博客更加吸引人，博客的互动性更强，内容更加口语化。博客使用快速发布软件进行创作，不需要技术经验，不需要通过电子邮件等形式就可以把更新的内容传递给读者。博客与早已存在的个人主页技术的区别是，利用它进行信息发布的技术门槛非常低，几乎可以认为是"零"，只需几个简单的操作就可以随时发布内容。"博客"一词具有多重含义，它既指博客活动，又指从事博客活动的人，同时还指博客活动的平台，即个人在网络中的信息发布平台。

随着互联网技术的发展和深入，博客在当下出现了多种变体，Vlog 就是其中十分有代表性的一种。Vlog 是 Video Blog 的缩写，可以理解为视频博客。这一视频形式源于海外视频网站 YouTube，走红于美妆博主詹姆 2012 年的一条 Q&A 问答视频。让 Vlog 拥有辨识度、专业性与技巧性的是被称为"Vlog 之父"的 Casey Neistat。他以拍摄"911 事件"出名，专业的拍摄水平、有创意的主题、独具个人风格的剪辑让 Casey 作为职业的 Vlogger（Vlog 视频博主），在 YouTube 上拥有了超过 1000 万订阅者。他的一个 Vlog 的长度在 1—10 分钟，内容多为碎片化的日常记载，没有刻意的故事规划。

二、微博的定义

微博是一种迷你型博客，这是一个基于用户关系的信息分享、传播以及获取平台，用户可以通过各种客户端组建个人社区，在 140 个字符以内编辑文字更新信息，并实现即时分享。微博用户的使用重心，是在内容的传播而非单纯的社交上，且在微博中，具有公共价值的内容更容易得到广泛的传播。因此，它可以被看作一种社交化的大众传播平台。

最早也是最著名的微博是美国的 Twitter。在中国，最早的微博是 2007 年 5 月推出的饭否。它的一条信息的容量是 140 个字符，这也成为后来多数中文微博的标准。2009 年 8 月新浪网推出新浪微博内测版，新浪成为门户网站中第一家提供微博服务的。相对于强调版面布置的博客，微博由简单的只言片语组成，对用户的技术要求门槛很低，语言的组织上也没有博客那么高，打破了移动通信网与互联网之间的界限。

根据新浪发布的 2018 年微博第四季度及全年财务报告，2018 年微博月活跃用户数增长约 7000 万，12 月达到 4.62 亿，12 月的日均活跃用户数突破 2 亿关口。2018 年微博净营收 4.819 亿美元，同比增长 28%。增值服务营收 6490 万美元，同比增长 44%。比起其他社会化媒体,微博作为社会公共信息系统的作用更为突出,尤其是在新闻信息的传播方面,极大促进了人们对社会事务的关注与参与。信息来源多元,质量参差不齐,但很多时候,在某些焦点事件或话题的传播中,不同来源、不同角度的信息,可以构成相互补充或相互校正,有助于提高微博中公共信息传播的质量。

三、博客 Vlog 的主要特征

博客传播是一种以个体为中心的、非制度化的传播,它的传播特点主要是,个体构成传播中心。这种中心地位,可以给博主较大的传播控制权。因为博客传播的内容是博主自己决定的,因此内容自由度高是博客的另外一个特征。博客写作相对封闭,受环境因素的影响较小,因此,作者的想法可以得到充分和自由的表达。长度不受限制是其自由度的第二重体现。

作为一种非制度化传播,博客的写作和录制不需要遵循固定的周期或节奏,博客是个人意志与公共属性的结合体。

博客具体可分为网页博客和视频博客,其中网页博客可以分为托管博客、自建博客、附属博客三种。托管博客指无须注册域名、无须租用空间和编制网页,只要免费注册申请即可拥有的博客空间。自建博客指有自己的域名、空间和页面风格的博客。附属博客指用户只是把博客作为网站的一部分(栏目、频道、地址)。

按照博客的内容,可以分为基本博客、协作式博客、商业博客等。基本博客是最简单的博客形式,博主根据自己的兴趣爱好发表相关文章,可以涉及所有领域。协作式博客的主要目的是通过共同讨论使参与者在某些方法或问题上达成一致。商业博客又分为 CEO 博客、企业博客、产品博客、"领袖"博客等,以公关和营销传播为核心的博客被证明是商业博客的主流。博客通常包含多个日志条目,按反向时间顺序(从最近的日志条目到最早的日志条目)排列,这些条目通常比较随意,没有特定的条理。博客的典型页面除主页外,没有其他内容。每个条目是一段文字,可能有指向其他站点的嵌入式链接。博主更新条目,新增条目将出现在页面顶端,并下推所有旧的日志条目。

Vlog 视频博客的特点有以下几个方面。

(1) 自然平凡的生活记录。

一次旅行、一次展览、一次绘画、一次游戏都可以作为素材,不必追求惊艳与猎奇。

(2) 独特的人格化。

Vlog 的镜头言语、人物的特性和自我表达都很鲜明,既满足了创作者真实记录的需求,又符合受众获得情感联系与归属感的诉求。

(3) 难度较高的创作门槛。

Vlog 需要博主精良的拍摄、规划和剪辑。

(4) 短视频领域的审美区隔。

Vlog 着重于自然、实在的叙述。旅行视频反映出精致充实的生活态度,学习生活视频透露独立自主的奋斗品质,这些都在迎合现代年轻人的审美品位。

私人话语空间与公共话语空间界限模糊是博客渠道的特点。博客兴起的初期,一部人将博客视为自媒体,"媒体"这个偏向,即强调它对公共空间的影响力。但常态下,并非所有博客都具有公共话语空间的"自媒体"的影响力,多数人认为它是纯私人空间,但是在某些因素推动下,被当作私人空间的博客里的内容,可能会越过私人空间的边界进入到公共空间,从而造成影响。

四、微博的主要特征

在免费的微博客服务网站,用户可以通过纯文本形式的短消息互相交流,短信息的长度被限制在140个字符以内。提供了强大的收发工具,使用户可以在各种各样的设备及聊天工具上接收、发送和更新。微博是一种以内容为纽带的社会网络连接,其结构特点是"个人中心＋内容关联"。每一个微博账号就是一个个人中心,个人中心主要是基于内容的,其他的自我展示手段相对不突出。当然这种微博中的内容链接既可以是双向的,也可以是单向的。尽管从理论上看,在这样一种结构中,每个个人中心的起点都是相同的,但有一些用户可以借助其既有的社会地位或影响力,在微博中快速赢得众多的链接,从而变成话语权力中心。而多数用户,其链接主要是基于原有的社会关系,规模有限,话语影响力也有限。

多数关于微博关系的研究,都会强调其弱关系的偏向,但是,对于很多普通用户来说,强关系仍是他们形成自己的微博关系网的基础。传播的移动化、交流结构上的开放性既能保证以个人为中心,又可以将外界的信息随时随地吸收进来,更容易形成持续刺激,使人们处于兴奋状态。这对于吸引更多人参与非常重要。微博作为一种基于社交的信息传播平台,人们的信息传播与社交活动是同一的。社交是信息传播的目的,信息传播是社交的手段。人们的社会关系网络的广度,决定了其获得信息的广度与深度,也决定了其传播的信息能走多远。微博这种以人际关系网络为传播网络,传播结构开放,信息流动容易,因此,一旦微博中出现了刺激性的或者人们关联度很高的话题,这个话题就很容易在整个平台上"引爆",以"病毒式"的扩散路径,迅速成为公共话题。

除了上述特征,中国的微博还有聚焦度高的特点。与 Twitter 不同的是,中国的微博在一开始就设置了评论的功能,这使得BBS式的围绕一个话题的聚焦及深度讨论在微博中也能实现。评论成为微博的重要构成部分,在某些时候,它们的影响甚至要比事实性信息更大。综上所述,微博显现出"微传播"的特质,但同时又具有较强的大众传播属性。

微博的信息传播有自己的特点,如时效性、丰富性。微博常常会比其他渠道更快地发布有关突发事件的信息,来自事件当事人或现场的第一手材料,可以无中介直接到达微博用户。此外,由于微博中有各行各业的专业人士,他们提供一些"内幕消息",往往也是在其他渠道求而不得的选择。

微博传播还有一个重要特点,那就是信息与意见的并行传播,一些专业人士的专业评论也能给用户额外的收获。

五、从创作到呓语

从博客到微博,代表了表达方式质的变化。在博客时代,人们通常以创作者身份出现。很多博客是以长篇文章或者拍摄故事出现的,有标题、开头、中间、高潮、结尾,有段落、主题。即使有的博客在传统媒体前发表了关于某重大事件的消息,通常也是以类新闻体的面貌出现的,只是发表的人员从专业的编辑、记者变成了博客创作者。

微博就不同了,恰恰因为140个字符的限定引发了一场革命。人说话本来就是一句一句的,所以微博最接近人类口语习惯。写作不再有任何负担,微博让每一个"小我"有了展示自己的舞台，引领了大量用户原创内容的爆炸。微博具有信息化的传播价值与个性，任何一个人都可以是某个事件的创造者和传播者。微博让人们不再属于自己，而属于整个社会。与此同时，微博构造的短平快的信息共享和思想交流平台是对社会草根舆论价值的认同，让草根的舆论更加集中化。微博的特点在于简单、高效、以人为中心，简单意味着大众化，高效意味着即时性，以人为中心意味着群体创造力。在强调自我认识和社会认同的双重需求下，微博的崛起让企业看到了网络自媒体的力量，更看到了网络新媒体向社会化媒体的探索之路。微博虽然是一种"呓语"，却是一种有力量的"呓语"，它正在成为企业和个人信息发布的有效渠道，许多公共事件，微博在舆论扩散中扮演了重要角色。

六、微博应用案例

在主流媒体的微博实践中，《人民日报》在新浪的官方微博"@人民日报"是一个代表。"@人民日报"原计划于 2012 年 7 月 26 日上线，不过最终它提前于 2012 年 7 月 22 日凌晨 4 点 58 分正式推出，发布了第一条微博（见图 2-2）。

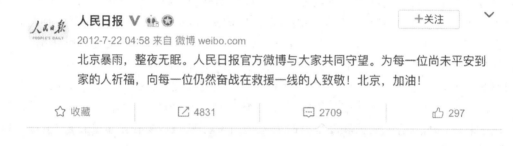

图 2-2 "@人民日报"发布的第一条微博

在很多网民特别是年轻网民心中，《人民日报》是严肃的、正统的，这样的媒体进入微博，迎接它的，也许是各种板砖。它在大雨之夜提前开通的举动，似乎与它在人们心中的刻板印象不相吻合。

"@人民日报"作为主流媒体的"试验田"，其官方微博由人民日报社新闻协调部下属的微博运营室负责。微博运营室由各处室抽调人员组成，属于正处级单位。这些人员大多毕业于北京大学、清华大学的新闻专业或国家关系专业，年龄最大的生于 1979 年，其余的则生于 1981 年和 1982 年。这样一种人员结构，也许是它有更多的探索精神的缘由之一。应该看到，尽管传统媒体涌至微博平台，没有新观念与新思维，这条路未必能走通。

"@人民日报"选择在北京大雨夜提前启动，是其适应新平台的新观念、新思维的体现。选择这样一个时机，使它从一开始就表明一种新姿态，它是与网民同呼吸共命运的。在它推出的前期，"@人民日报"的话题非常多元而且观点也比较犀利，表现出较印刷版《人民日报》更开放的姿态与风格。"@人民日报"多数时候会表现出小清新的风格，某些时候还会卖萌，这与人们所熟悉的印刷版的《人民日报》的风格也形成了强烈的反差。微博上的新风格，不仅是传播语态改革的过程，更是传媒业深层变革的开始，是一块"试验田"。这些变革不能马上改变传统媒体长期以来形成的惯性，但是，如果没有这种媒体内部的"试验"与"分裂"，主流媒体就更难实现其转型。

作为一个基于用户关系的信息分享平台，用户众多，内容丰富。即时通信、游戏、生活服务、视频与直播等延伸功能或附加功能,使微博不断向人与人、人与信息、人与服务的全方位链接方向发展。换而言之,微博的移动化发展、商业模式的多元化探索使得微博营销成为最为活跃的领域。

第六节　社会网络服务(SNS)与平台型转型

SNS是人们基于现实身份进行交流的平台,是现实社会中的社会关系与社交圈的映射与拓展。它使得人们的关系更为多元、紧密,因此在某种意义上,它是六度分割的"小世界"的一个映射。1967年,哈佛大学心理学教授斯坦利·米尔格拉姆提出了"六度分割理论",即"你和任何一个陌生人之间所间隔的人不会超过六个"。按照这一理论,每一个人的社交圈只要不断放大,最后都能组成一个大型网络。社会性网络的互联网服务,最初正是通过"熟人的熟人"进行社交拓展,不过发展到后来,"熟人的熟人"变成了社交拓展方式的一种,一般的SNS不再限于"熟人的熟人"这一层面,人们可以根据话题、兴趣、职业等不同主题聚合在一起。

一、社会网络服务(SNS)的定义

SNS(Social Networking Services),即社会性网络服务,简称"社交网络",专指帮助人们建立社会性网络的互联网应用服务。SNS的另一种常用解释为"Social Network Site",即"社交网站"或"社交网"。SNS鼓励用户实名注册,为他们提供建立自己朋友圈的服务,用户可以通过朋友去认识朋友的朋友。所有用户的朋友圈相互交织,这样就扩展成一个庞大的联系网络,"小世界"也就得以实现。SNS网站也可以为人们提供以兴趣为基础的社群服务。

技术上,SNS是采用分布式技术构建的下一代基于个人的网络基础软件。通过分布式软件编程,每个人的CPU、硬盘、带宽可被统筹安排,这些设备具备了更加强大的能力,如超快的通信速度、超大的存储空间。绝大部分社交网络提供许多互动方式方便用户沟通,如聊天、转帖、发起讨论、发布日志等。社交网站动辄拥有几百万用户,登陆社交网站,享受其服务成了众多用户每天生活的一部分。

二、SNS的发展历史

事实上,无论网络论坛还是即时通信软件都具备SNS的某种雏形。当雅虎等门户网站发展进入高峰期时,一批社交性网站开始出现,其中一个代表是MySpace.com。

MySpace.com建立于2003年9月,由音乐人安德森和商人迪乌夫共同创建。前期用户增长不明显,后来开始线下对洛杉矶地区的俱乐部、乐队和各种派对赞助,逐渐吸引了很多线下社区进入MySpace,并产生滚雪球式的用户增长效果。渐渐地,有很多知名的音乐人和乐队加入了这个网站,他们的粉丝也追随而来。在MySpace,人们可以发布照片、音乐、视频、交友,网站有大量用户原创的内容,完全以人与人之间的连接为基础进行互联网生活。在中国,QQ空间等是这类SNS网站的代表。它们共同的特点是用户圈子贡献海量的内容,

用户组成比较多元,显得十分芜杂。到2007年Facebook出现,SNS进入了真正的爆发期,Facebook明确界定了用户身份(最初Facebook准入机制有验证大学邮箱这一项),越来越多的SNS形成了自己的特色。

SNS从出现到互联网基础应用只经历了短短几年时间,一方面说明互联网创新时间越来越短,一方面也说明互联网正在由工具理性一步步回归人性。本质上,人们使用互联网是为了更好地沟通交流,囿于当时的技术条件,这种沟通交流较为原始,举例来说,BBS和电子邮件永远无法带给人们在广场上大声演讲并与听众自由交流的感觉。SNS改变了这一现状,在SNS上,人们的网络生活被极大现实化,或者说现实生活被最大限度地搬到了网上。

(三)平台型媒体与典型案例

1. 平台型媒体的定义

基于种种网络新技术、新理念、新应用诞生的形形色色的互联网平台,在发展和壮大的过程中,成为一种新类型的媒体,即Platisher。这是Platform(平台商)和Publisher(出版商)两个词合成后杜撰的新词。这个新词是由乔纳森·格利克(Jonathan Glick)于2014年2月7日创造的。乔纳森·格利克在一篇文章中创造了Platisher这个合成词,Platisher指的是平台和发布者之间的混合体。从字面意义出发,平台型媒体最初更强调其基础设施的性质和UGC(用户贡献内容)的内容生产和分发模式。后来,随着内容生产多种平台类型的出现,平台型媒体的外延进一步拓展开来,如社交型平台Facebook的News Feed,智能推荐型平台谷歌新闻、今日头条等。所以平台型媒体(Platisher)有两层含义:第一层意指平台型媒体拥有类似传统媒体的编辑和把关的功能性,第二层则是指平台型媒体拥有面向用户平台所特有的开放性的数字内容实体,即我们所言的UGC(用户贡献内容)的内容生产模式。

平台型媒体自问世以来,与媒体机构构筑了一种复杂而纠结的关系。我们以社交媒体平台为例,传统媒体生产的内容被社交媒体平台广泛传播,而带来巨大的流量,两者共生共荣,互相扩大用户范围和影响;例如News Feed建立初期,很多媒体纷纷进驻平台,从中获得新用户和流量,增加收益。皮尤研究中心的报告显示,到2015年,英国卫报的网站流量中有五分之一来自Facebook。其中,"一站式获取"的便利性,极大满足了用户社交、获取新闻、评论等消费需求,应该是合作共赢局面产生的重要因素之一。

"平台型媒体",是既拥有媒体的专业编辑权威性,又拥有面向用户平台所特有的开放性的数字内容实体。原先技术出身的公司开始把恰当的算法技术与专业的编辑运作结合起来,在内容生产与分发方面都会产生更大的变革。这些互联网媒体公司正在试验将自己的内容关联系统向外界开放,以获取更多的用户生成的内容,向互联网内容平台方向逐步拓展,从而聚集更多的用户,导入更大的流量。这更大的流量和更多的广告收入对平台型媒体的形成有着重要的驱动作用。在移动互联网时代,要把程序化的广告投放和手机小小屏幕有机结合起来,需要巨大的流量基础,需要优质的广告载体,广告的载体只能是内容,而平台型媒体恰好满足了这两个方面的需求。

2. Facebook:平台型媒体的代表

Facebook成立于2004年2月,创始人为马克·扎克伯格。创办Facebook时,扎克伯格只是哈佛大学一名大二学生,网站最初只是为了方便哈佛大学的男孩子们结交女朋友,因此网站注册一开始只限于哈佛大学学生。不过正是这一准入门槛,奠定了Facebook的气质——它是服务于年轻的、受过高等教育人群的网站。随后两个月,Facebook的注册范围扩展到美国波士顿地区其他高校，如斯坦福大学、纽约大学、西北大学及所有的常春藤名校，最终全球范围内有大学后缀电子邮箱的人都可以注册加入 Facebook。从 2006 年 9 月 11 日起，注册要求进一步放宽，任何用户输入有效电子邮箱和年龄段都可以加入了。Facebook 的崛起完全是一出少年天才的完美表演，随着网站注册人数的飙升，扎克伯格也成为美国历史上最年轻的亿万富豪。今天的 Facebook 已经在全球拥有超过 10 亿的注册用户。2019 年 1 月 30 日发布的 2018 年第四季度的财富报告显示，Facebook 全球平均月活跃用户为 23.20 亿，同比增长 2.2%。[1]

尽管有研究者认为，将 Facebook 归为 SNS 应用是一个严重的误读，一个天大的误会[2]，但 Facebook 的起源无疑是社交应用，它在发展过程中，对社会关系网络的意义的挖掘不断深化，这也使得它建构了互联网全新的关系和内容架构。比如 News Feed 建立初期，很多媒体纷纷进驻平台，从中获得新用户和流量，增加收益。皮尤研究中心的报告显示，到 2015 年，英国卫报的网站流量中有五分之一来自 Facebook。其中，"一站式获取"的便利性，极大满足了用户社交、获取新闻、评论等消费需求，应该是合作共赢局面产生的重要因素之一。2015 年，Facebook 在合作中占据了主导地位，开发了 Instant Article 项目，实行的是"邀请制"，只有全球顶尖的媒体（9 家）才有机会进入。作为 Facebook 的内嵌模块，Instant Article 加载速度更快，但同时意味着用户的访问不会被导引至媒体网站而会停留在 Facebook 网站，这个设置的改变不仅仅意味着媒体会彻底失去对发行渠道的控制权，更意味着收入利益的重新分配，这种分配很可能会将媒体置于生死的边缘。其背后的逻辑是"生态的聚合"——力图一站式满足用户尽可能多的需求。这也是平台型媒体的赢利点所在。

与此同时，各种平台型媒体也常常因算法缺陷、虚假新闻和隐私泄露等问题，不断受到社会舆论的问责。如 2016 年 Facebook 的"新闻偏见门"事件，导致扎克伯格决定热门新闻话题的运营，完全由算法承担。但很快 Facebook 热门新闻榜上出现了"世纪惊天阴谋论"，声称纽约世贸中心双子塔不是被飞机撞毁的，而是被埋在塔内的炸弹炸毁的。自 2017 年以来，各个平台型媒体陆续开始反思社交新闻一体化运作模式的问题，他们一方面否认自己的"媒体"身份，认为媒体信息过多会降低用户的积极性，基于上述认知，Facebook 在 2017 年推出了"Explore Feed 应用"独立承载新闻功能，调整了 News Feeds 的算法。2018 年 3 月 1 日，Facebook 新闻业务的主管 Adam Mosseri 在博客中称：人们对分开新闻与社交功能的平台满意度降低，而且这种举措也并未起到预想中提升用户与亲友之间互动的作用。最新数据显示，调整算法之后，Facebook 的用户平均停留时间下降了四分之一。与此同时，专业新闻生产机构也在审视依赖平台的生存模式。《哥伦比亚新闻评论》在调查中发现，截至 2018 年 2 月，与 Facebook 签订提供新闻内容的 Instant Article 服务合作的 72 家媒体中，已有 38 家停止合作，超过 50%，其中包括颇具影响力的《纽约时报》和《华盛顿邮报》。在中国，今日头条、腾讯和各大媒体也上演着同样的竞争和合作。无论是平台的媒体化建设，还是媒体的平台化建设，表面上是为了应对激烈的生存竞争，更深层的逻辑则是信息、新闻的社会供给方式和流通逻辑都发生了质变。他们之间的合作本质上更趋向于一种竞争。

---

[1] 华尔街见闻：《Facebook 用户规模超 23 亿重启增长，营收同比增长 30%超出预期》，查询于 2019 年 1 月 31 日，http://www.sohu.com/a/292559367_100191068。

[2] 谢文：《为什么中国没出 FACEBOOK》，凤凰出版社，2011 年版。

3. 微信：人际传播、群体传播和大众传播的交汇平台

微信是腾讯公司推出的一款社会化媒体产品，它可以跨通信运营商、跨手机操作系统平台进行文字、语音、图片、视频等信息的实时发送。它既可以实现点对点的交流，也可以在朋友圈中进行信息分享，同时支持分组聊天、点对面传播（公众平台）等。信息发送本身免费，但使用微信会消耗网络流量。微信于2011年1月上线，2013年1月注册用户数达到3亿。其积累1亿用户花了14个月，从1亿用户到2亿用户，花了6个月时间，而从2亿用户增长到3亿用户，仅用了4个月时间。①

CNNIC 发布的《2016年中国社交类应用用户行为研究报告》，将微信作为即时通信工具。其调查显示，截至2016年12月，微信在中国用户中的整体使用率为92.6%，手机端使用率是85.6%，PC端使用率是20.1%，如图2-3所示。②

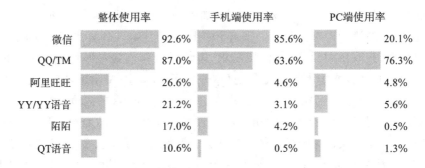

图 2-3　2016年中国主要即时通信应用使用率

微信公众号的迅速崛起，是2013年以来微信发展的主要亮点之一。大批已经开通了微博的知名人士、媒体、企业以及政府机构，也开始探索用微信公众账号的方式开辟新的沟通平台。根据微信官方发布的数据，截至2018年12月底，微信及 WeChat 的合并月活跃账户数约增至10.98亿，每天平均有超过7.5亿微信用户阅读朋友圈的内容。2018年全年总收入为3126.94亿元，同比增长32%；净利润774.69亿元，同比增长19%。2018年第四季度收入为848.96亿元人民币，同比增长28%。③

微信最早是作为社交产品诞生的，无论它后来如何发展，社交都是它最核心的功能，也是支持它的其他功能的基础。

目前，微信的媒体属性日渐增强，成为热点事件传播的重要途径。近一半的微信用户通过社交应用来获取新闻，高于使用手机新闻客户端、专业新闻资讯网站获取新闻的比例。根据 CNNIC 发布的《2016年中国社交应用用户行为研究报告》，网民在微信上使用较多的功能分别为看朋友发表的动态、分享转发信息、上传照片等，使用朋友圈的比例为58.1%、分享转发信息的比例为51.2%、上传照片的比例为49%。④从这些数据中可以看出，社交方面的

---

① 《微信用户增长进入爆发期 增速超新浪微博》，查询于2018年12月14日，http://it.sohu.com/20121214/n360460984.shtml。
② 《CNNIC：2016年中国社交应用用户行为研究报告》，查询于2018年12月29日，http://www.199it.com/archives/669038.html。
③ 《腾讯2018年净利润同比增长19%，微信月活用户10.98亿》，查询于2019年3月21日，https://www.yicai.com/news/100144569.html。
④ 《CNNIC：2016年中国社交应用用户行为研究报告》，查询于2018年12月25日，http://www.199it.com/archives/669038.html。

功能是微信用户的核心需求。

相比短信、QQ空间等社交手段,微信不只具有点对点的交流功能,还能通过朋友圈使用户之间保持除点对点交流之外的更广泛、更密切的接触,具体比较如图2-4所示。微信的即时通信功能,又使它的社交黏性更强。

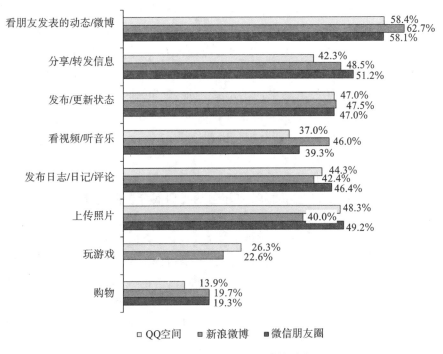

图2-4 典型社交应用使用功能对比

腾讯公司一直在极力避免微信过于"媒体化",但很多媒体、企业、政府机构以及"自媒体人"还是对这个拥有几亿用户的平台的媒体属性寄予了期待与向往,以公众号为基础的媒体化探索,在微信平台上仍是此起彼伏。公众号在微信中最具有媒体属性的功能,其传播特性在某些方面也与传播媒体相似,但微信的媒体属性不只限于公众号这个部分,公众号与朋友圈、群等都是连通的,公众号内容的价值放大,需要朋友圈与群的助推。作为媒体的微信,在时效性方面并没有优势,有时候甚至会与其他网络平台存在较大的时间差。一些陈旧的内容,也容易在微信平台上反复传播。但没有字数限制又为它在深度表达上提供了一些可能。微信公众平台有两种公众号:一种是订阅号,每天推送一次,以信息的传播为主,认证账号可以使用自定义菜单;一种是服务号,每月推送四次,以服务为主,有自定义菜单功能。其中订阅号的传播模式,更接近于传统的大众传播,但它也被微信平台的特点及用户的行为方式所改造。微信公众号上述功能的出现,为自媒体的繁荣提供了平台基础,使得个人以内容生产传播,实现了其独有的价值。

(四) 社会网络服务(SNS)的影响力

1. 人际关系互联化

SNS出现前,人们的很多行为是建立在人际关系基础上的,所以才有亲戚、朋友、同事、同学这样一些称谓。SNS出现后,人们的行为超越了人际关系,所有人可以互联互通,彼此之间直接交流,不必通过第三人介绍。也就是说,互联网使得人际关系网络无限放大了。人与人之间的交流由"点对点"变成了"点对面"。在电脑世界,基于共同兴趣的社区可以融合住在偏远地方的人们。

2. 思维浅层化

由于 SNS 充斥着大量的照片、转帖、网志,还有大量类似"偷菜"和"抢车位"这样的游戏,使得用户的思维流于浅层,这些海量信息通常是不具备任何意义的,很多时候只是为了消遣而消遣。在 SNS 上,人与人之间的关系被重新定义变得娱乐化,如"朋友买卖"这样的游戏就属于恶搞性质。这些娱乐手法作为网络应用没有什么不妥,客观上却谋杀了人们大把的时间。如果时间等同于金钱,SNS 可算金钱的消耗者。现在成千上万的人将他们的相当一部分时间花在一个被称为电脑空间的缥缈之地。① 电脑空间常常被喻为一个新的边疆,充满危险和机遇。我们应该学会如何管理在虚拟世界里的互动和交易,又不至于窒息了吸引世界各地如此之多的人来参与的各种自由和优点。

3. 颠覆传播链

之所以说基于 SNS 的传播颠覆了传播链,是因为它是人类口口相传最好的网络工具。SNS 建立在人与人连接的基础上,传播具有超强的类似病毒扩散的能力。一个人只要发布一条信息,他的朋友会很关注,同理其朋友发布一个信息,他也会很关注。经朋友转朋友,这条消息可能辗转多人到了信息发布者可能并不认识的人手上。这样的传播力度是惊人的,一个个议题不再由其他人制造,而是由自己及自己身边的人制造,信息传播类似核裂变,显现出巨大的威力。一般来说,阅读内容的人远比撰写内容的人多,SNS 的不同之处在于,用户使用 SNS 的过程就是创造内容的过程。SNS 需要参与者创作网页、丰富内容、创造虚拟角色并控制其动作。

1. 如何理解门户网站的影响力?
2. 如何理解视频网站的影响力?
3. SNS 是什么?它与网络论坛有什么区别?
4. 微博的主要特征是什么?
5. 手机媒体如何与传统媒体结合?
6. 如何理解平台型媒体的发展前景?

---

① 罗杰·菲德勒:《媒介形态变化:认识新媒介》,华夏出版社,2000 年版。

第三章
新媒体应用

第一节 新媒体与新闻

　　新媒体语境下,新媒体的运用是方方面面的,它影响着社会的经济、政治以及文化。迅猛发展的新媒体是否在新闻传播领域具有革命性意义?新媒体新闻是否可能颠覆现有的新闻媒体,彻底改变目前新闻传播的范式和图景,成为未来的新闻传媒?也许这样的猜想夸大了新媒体的实际作用,但新媒体新闻的确具备一些特质,与传统媒体的新闻形成泾渭分明的区隔。本节主要是从新媒体对新闻信息传播产生的影响、新媒体在其中扮演的角色,以及起到的正面和负面的作用来分析新媒体对传统媒体的传播内容和形式产生的深刻影响。以互联网技术、移动终端为依托的新媒体,解构了传统的线型信息传播模式,媒体和用户之间的信息渠道变得更加多元化、多样化、多屏化,传播者与受众之间的界限也逐渐消解。在这个"人人都有麦克风"的新媒体时代,众声喧哗的话语平台加剧了传播的娱乐趣旨,实现了话语权的转移。

　　进入21世纪,依托数字化技术、计算机技术、网络技术和移动通信技术的迅猛发展,新媒体作为一个新的传播载体,挑战着传统媒体的地位。新媒体新闻从广义上来说,是指所有通过新媒体介质传播的新闻。传播者不仅包括专业新闻机构,也可以是非媒介组织或个人,传播载体也不仅仅局限于比较成熟的新闻网站或新闻客户端,任何新兴的媒介形态都可以用来传播新闻。新媒体新闻与传统媒体新闻相比较,不仅内容极其丰富,传播范围较广,而且呈现出了个性化传播特点。

一、技术塑造新闻生产传播过程的开放性

新媒体的存在改变了我们对环境的认识。麦克卢汉认为,经验是由无数不同的感觉材料组成,信息媒体的声、色、形、光透过视觉、听觉、嗅觉、触觉、味觉与运动感觉等全身的感觉去感受外物。因此,今日的信息媒体,不仅传达资讯,最重要的是知觉器官的延伸与发展,成为我们体验"环境"的一部分,信息时代的资讯已朝向身临其境的"环境化"发展了。

如果对新闻的传播模式进行简化,那就是信息从传者经处理后到受者的过程。新媒体新闻的传播却是开放性的,也就是说,这样的传播模式随时可能被打破。开放性包含着两层意思:新媒体传受关系走向随机,信息处理权的开放和其引发的"把关人"缺失以及新媒体新闻生产和传播主体呈现出多样化特点。

(一)新闻中传受关系走向随机

受众参与新闻生产的随机性是指受众是在无意间参与到新闻生产中的。随着微博、微信等网络平台的发展,受众在日常生活中将自己的所见所闻传上网络,本意只是与好友分享,却在不知不觉中将自己融入了新闻生产的队伍中。可见,受众是否参与新闻生产,用何种方式参与新闻生产,都是一种随机的事,有些是偶然的机遇造成的,有些则是一时冲动的结果。随着互联网技术和通信技术在传媒产业中的广泛运用,用户已经不再仅仅是传统意义上的"信息接收者",虽然用户在新闻传播中并不能也不会完全取代专业新闻工作者的角色,但不可忽视的是,受众对于媒介使用权有了更高的要求。博客、微博、微信等工具都是他们的"眼睛""耳朵",人们用它们去观察世界,表达思想。

例如,随着博客、微博、微信的兴起,社交媒体已经成为中国新闻从业者工作和生活中重要的媒体工具。社交媒体正在重塑新闻业,中国新闻从业者运用博客、微博、微信等社交媒体开展新闻生产,进行意见表达,乃至引发公共事件。上述传受关系打破了传统新闻媒体少数者发布信息、多数人接受的模式,它的去中心化特性和平民视角使其开创一种新的新闻媒体称谓"自媒体"。

1998年1月18日,美国人马特·德拉杰通过博客发布克林顿总统绯闻的消息,成为世界上第一个报道此事的人,并且他的博客在整整半年时间内影响着整个美国对此事的舆论,传统媒体因为他的报道竞相跟进,这对于曾经骄傲的传统媒体来说,是史无前例的。作为历史悠久的新闻机构之一的法新社将他列为"20世纪最具推动力和影响力的十大人物之一",与CNN创始人泰德·特纳、电视机的发明人约翰·贝尔德、"无线通信之父"马可尼等名人并肩。

中国的第一个新闻博客名人是渤海大学教师王吉鹏。他在博客上发表多篇批评网络色情的文章,社会反响很大。2005年2月18日,王吉鹏在博客中国上以一篇《快讯:盛大参股20%,成为新浪最大股东》首先爆料盛大入股新浪网,从而引发了一场盛大入股新浪事件的报道热潮。当天,因为消息没有正式确认,博客中国发布此消息五分钟后做了隐藏处理。2月19日,博客中国在主流网络媒体中率先以头条方式在首页发布《从传言到现实:盛大联姻

新浪,震惊业界》,揭开了对盛大与新浪事件进行大规模博客报道的序幕。截至3月1日下午四点,博客中国在专栏位置发表的关于盛大与新浪事件的文章一共有359篇,其中来自博客中国独家或者网站注册专栏作家的文章就有329篇,引用其他媒体和信息源的有30篇。整个博客报道的全过程呈阶段性进展:传言阶段(2月18日—2月19日)—消息证实后的初步议论阶段(2月19日)—进一步背景挖掘阶段(2月20日)—事件深入分析阶段(2月21日—2月22日)—高潮阶段(2月23日—2月24日)—落幕阶段(2月25日—3月1日)[1]。这场博客报道事件由一篇小小的博客新闻引发,却立即吸引了其他专家学者、内幕人士的关注和参与,并在短短几天时间内完成造势,这样的速度和规模却完全没有被刻意安排和策划,这个案例是新媒体制造新闻热点的代表性案例。

当新闻的传受关系开放,人们对新闻写作的样式更为宽容,并自由选择自己喜爱的新闻类别。揭露性报道、调查式新闻、体验式采访因其冲突强烈,往往是传统新闻媒体的王牌,但博客的出现成就了个人英雄主义,也使很多事件当事人不知不觉中在记录日志的同时,完成了新闻信息的传播。具有经验的新闻读者不排斥主观性强的报道,他们有甄别"事实性信息"和"意见性信息"的能力。

基于有线与无线互联网终端发布精短信息供其他网友共享的即时信息网络,由于用户每次用于更新信息通常被限定于140个字符以内,故得名为"微"。[2] 随着微博平台的不断壮大,微博新闻也逐渐进入大众的视野,并逐渐代替传统的新闻获取渠道,为用户提供每日新闻信息。

下面我们以"微博新闻"为例,来看看新媒体新闻的开放性特征。在微博上,人人都有麦克风,人人都有发言权,我们可以把微博新闻叫作"草根新闻"。这些新闻并不是专业的新闻生产者生产的,发布微博新闻的水平参差不齐。网民自发挖掘新闻事件的各个方面,使新闻的内容更加丰富和多元。作为一种自发行为,唯一的关于新闻格式和内容的规定,所发布的内容要在140个字符以内,微博用户只要不超过140个字符的发表限制,都可以自由把握。微博新闻没有标题,没有固定的格式,反而在客观上形成了一种去标签化和去中心化的新闻价值。在比较正式的新闻稿件中,一般都会有一个标题,而标题的简短、扼要,很容易给新闻事实贴上标签。但微博新闻的发布者只是在140个字符的范围内阐述新闻事实。

同一个新闻事实,微博新闻发布者可能呈现的是发散的状态,读者可以从一篇微博新闻中提取各种信息。例如,"郭美美事件"中郭美美在微博炫富而迅速成为网民关注的焦点。2011年6月20日,郭美美在网上炫耀其名车豪宅的奢华生活,并称"自己是中国红十字会商业总经理"。年轻的面庞、奢华的名包名车、特别的头衔立刻在网络上引起轩然大波。7月1日,有网友在微博上爆料称:中国红十字总会募捐箱办公室主任张赢方,既是红十字世博温暖基金副主任、红十字传播基金副秘书长,同时竟然也是一家叫作"心动中基传媒"的公司的总经理。有媒体就此向中国红十字总会求证,没有得到回应。与此同时,网友惊奇地发现,这条微博出来没有多久,与"张赢方"相关的一些网页陆续被删。网民通过不断挖掘和爆料,使这一事件跌宕起伏,高潮频起。"郭美美事件"影响力很大,对红十字会的募捐情况造成了极大的影响,民众对红十字会的信任度也急剧下降。

---

[1] 《顺风:从盛大新浪事件报道看博客传播》,查询于2018年12月20日,https://tech.sina.com.cn/i/2005-03-01/1735539085.shtml。

[2] 喻国明:《传媒新视界:中国传媒发展前沿探索》,新华出版社,2011年版。

对于新媒体网民而言,他们更关注普通人身上发生的不普通的事情,更关注身边发生的新闻。相对于传统新闻衡量新闻价值的以重要性和显著性为标准来说,他们并不特别关注权贵,而是更关注自己身边的事。比如,2013年1月12日,"江苏身边事儿"发的一条微博:四代单传南京一儿媳被迫打"生男针"——家住秦淮区的老朱家四代单传,儿子结婚后,朱老太太开始动起了心思,她带着儿媳妇去南京市妇幼保健院询问专家,是否可以通过注射碳酸氢钠,让儿媳妇的体制变成碱性体质,争取一举得男,此举当场被医生严词拒绝了。像这样发生在身边的普通人的稀奇事最能引起民众的关注和转发。

微博发布新闻和转发新闻的人,都不是以传统意义上的新闻把关人的标准来衡量取舍的,而是从直觉上认定这个新闻是值得发布或转发的。这种普通人对新鲜事的敏感,是平凡人在长期生活中积累起来的新闻敏感。这种生活和情感上的接近,特别是发布和转发新闻时,往往会附带自己强烈的主观感受。伴随着强烈主观感受的微博新闻更容易获得读者的相信,让民众感觉到新闻真实可感,有如身临其境。对弱者的同情,对贪官的愤怒,对正义的渴望等,这些情感结构的相似性,是微博新闻迅速集聚人气的重要因素。另外,还有语言上的接近,民众习惯了传统新闻稿件严谨的语言表达,客观的叙述方式,对微博上用口语化、生活化的语言发布的新闻倍感亲切,这种语言方式通俗化、生活化而且流行化,接近民众的语言习惯,所以更容易被认同和接受。

微博的直播式呈现是身处不同环境场所的社会个体,以自己的眼光和感触发布信息,将自己看到的、接触到的世界,用简短的语言、图片或者不加修饰的视频,实时呈现。有人的地方就有微博,有微博的地方就有直播。

微博是一个极度开放的言论市场。对于任何感兴趣或是"有话想说"的信息,网民们都可以加以评论,发表自己的意见。这里面既有正能量的弘扬,如有网友在微博上传的一幅漫画——《世界上最帅的逆行》,感动无数网友,短短一小时,微博被转发近20万次。网友纷纷在留言区给消防员点赞,并祈祷他们平安归来。微博上也有对长生生物疫苗造假、女孩乘坐滴滴顺风车遇害等社会问题的叩问。微博既有社交属性,也有媒体属性,同时也具备渠道属性和平台属性。对不同的人,微博具有不同的属性。对名人而言,其媒体属性大于社交属性;对草根而言,其社交属性大于媒体属性;对企业而言,其渠道属性大于平台属性;对机构而言,其媒体属性大于渠道属性。

这也许就是传统媒体注重与各种新媒体应用互相融合的原因。起初,传统媒体仅把新媒体当成一种新闻线索来源,现在却通过各种方式寻求与新媒体的合作,希望把这种新型独特的传播形态为己所用。这种适应主要表现在传统媒体开始对"微传播"重视上。所谓"微传播",指的是以微博、微信、移动客户端等新媒体为媒介的信息传播方式。[①] 微传播通过及时快速更新信息、利用图片链接多媒体形式推送、转发评论,实现与用户的即时双向互动。

在微传播时代,信息传播更加开放,用户定位更加精准,内容生产更加强调短小精悍、鲜活快捷,因此传播方式更加需要细微化。微内容、微信息、微视频会快速流动、跨平台流动,用户通过不同载体,随时随地实时获取信息。例如,在两会期间,中央媒体采取各种手段方便用户快捷获取重要信息,移动直播室由微视频、微博、微信和微闻天下等"四微"的有机结

---

① 唐绪军、黄楚新、刘瑞生:《微传播:正在兴起的主流传播——微传播的现状、特征及意义》,《新闻与写作》,2014年第9期。

合,对"两会"进行图文直播或实时报道。大型门户网站如新华网等都通过移动端在最短的时间内就两会的信息与广大网民用户进行互动。

(二) 信息处理权的开放

在传统的新闻发布活动中,采集加工处理新闻的每一道程序都有一道关口,即"把关人",一般由编辑担当,对记者的写作进度,对素材使用决定取舍,对一稿进行修改;值班主编或总编辑是更高级别的"把关人",他们有着对稿件审查的最终定夺权。而在新媒体新闻的传播过程中几乎不存在层层审查程序,大部分采用事后追惩的制度,信息是否发布,怎样发布,通常只取决于发布者个人的想法,因为新媒体的目标就是不断深化互动的机制,不断满足人们对现实世界的虚拟体验和仿真模拟的需求。① 信息处理权的开放造成了大众传播时代的权力主流话语体系遭受民间立场话语前所未有的革命性颠覆、分化与消解——尤其是以"华南虎事件""厦门PX项目""东莞扫黄""马航失联""广东茂名PX事件"等为代表的新媒体舆论事件,更是在揭露新闻事实、反映公共舆论、对抗公权力滥用等方面将新媒体的作用发挥得淋漓尽致。同时,把关人的缺失也导致了垃圾信息的泛滥,对适宜的新媒体新闻管制的需要迫在眉睫。

但更多情况下,把关人的缺失使得新媒体传播蒙上了负面效应色彩。

1. 不负责任地披露隐私引发权利侵害

不负责任披露隐私引发的权利侵害在社交网络中时有发生。新媒体开放、共享的特性令用户的个人隐私受到多方威胁,社交网络服务商、第三方机构、其他社交网络用户等利益相关体均会对用户的个人隐私造成潜在的威胁,由此引发的隐私问题已经成为关乎用户切身利益的严峻问题。其中人肉搜索无疑是最严重的一种侵犯表现。

人肉搜索,是一种类比的称呼,主要是用来区别百度、Google等机器搜索,它主要是指通过集中许多网民的力量去搜索信息和资源的一种方式,它包括利用互联网的机器搜索引擎(如百度等)及利用各网民在日常生活中所掌握的信息来进行收集信息的一种方式。比如,我们要了解一个人,那么可以通过在论坛发帖的形式发起人肉搜索,也许正好有个网友认识你所要了解的那个人,那么他就可以通过在网上发帖的形式把该人的信息公布于网上。

人肉搜索的力量是强大的,特别是在当前互联网越来越发达的情况下更是如此。2018年6月,谷歌发布新的内部规定明确禁止"人肉搜索",即未经他人同意就泄露其个人信息或联系方式的行为。

再比如,河南科技服装学院女大学生周玉命丧"人肉搜索"、周久耕的"人肉搜索"等,在这些新媒体新闻事件中,当事人的真实身份、生活细节等个人隐私被公之于众,当事人承受的精神压力从虚拟的网络转移到现实生活,生活秩序被打破,身心受到严重伤害,遭受了"网络暴力"。

2. 散布虚假性信息导致民众恐慌与谣言四起

新闻事件,尤其是热点新闻,因事关老百姓的切身利益更容易引发虚假新闻和谣言的产生和传播。比如2019年10月12日22时55分,广西玉林市北流市发生5.2级地震,震源深

---

① 刘雪梅、王泸生:《新媒体传播》,暨南大学出版社,2018年版。

度10千米。广西、广东两省多地均有明显震感。

地震发生后不久，社交媒体中就有一则谣言流传："10月12日22时55分在广西玉林市北流市附近（北纬22.20°，东经110.53°）发生4.8级左右地震，现提醒广西人民群众做好防震工作，地震卫星监测今日凌晨2点43分至45分左右会发生余震，请广大市民做好防震准备，最好找空旷的地方躲起来，中国地震网报告。"后经调查确定是谣言，广西警方迅速将涉嫌散布谣言的违法人员唐某抓获。

再比如，无锡高架桥坍塌事件中也有多个谣言出现。有人造谣称"高架坍塌已有19人左右死亡"，以及"我们医院来了10个都死了，还有15个去隔壁医院了"。而11日凌晨，无锡发布通报称，事故共造成3人死亡，2人受伤。网络上盛传"四车总重400余吨"压垮高架桥的言论，引发了舆论关注。11日9时，江苏网警在微博通报称：网传"四车总重400余吨"系2012年哈尔滨"8·24高架桥交通事故"一事调查结论，与本次无锡事故无关。

如2011年日本大地震引起的核辐射致海水污染，海盐受到污染，我国的网络媒体就出现"我国食盐资源也受到污染"的虚假信息，致使我国民众疯狂抢盐，一度引起社会恐慌。名人被死亡事件、马云向汶川捐款一元钱事件、老外在街上扶起摔倒的老大妈却遭讹钱等等，给当事人或组织、集团带来了形象、经济乃至于心理上的负面影响。相关媒体在之后虽然进行了道歉，并纠正，但负面的舆论效应却难以一时消退。

3. 商业化操作撼动了新闻的真实性原则，受众被消费

新媒体公关是公关业最新的业务增长点，但付出的代价是损害了新媒体新闻的公信力。例如，癌症患者魏则西在知乎上回答过一个问题"你认为人性最大的'恶'是什么？"，讲述了他在武警北京总队第二医院求医的始末。在短时间内，这个消息通过知乎和微信朋友圈广泛转发之后，在全国范围内掀起舆论风暴，引发网上各界人士的广泛深入的讨论、质疑和呼吁。

2014年4月，魏则西被确诊为腹壁滑膜肉瘤三期。这是一种发病率不高但生存率极低的恶性肿瘤。为了治病，一家人跑了全国各地二十多家医院，魏则西先后做了3次手术、4次化疗、25次放疗。在这个过程中，魏海全（魏则西的父亲）和亲戚通过百度找到了一种名为DK-CIK的生物免疫疗法。2014年9月—2015年7月，魏则西在北京武警二院共接受了4次这一号称源自美国斯坦福大学的全球先进的疗法。网友留存的截图中，当时用百度搜索"软组织肉瘤"，北京武警二院位列搜索结果首页的第二位。

在知乎上那条"你认为人性最大的恶是什么？"的回答中，魏则西写下了被骗的经过：百度，当时根本不知道有多么邪恶，医学信息的竞价排名……这是一家三甲医院，号称疾病治疗有效率达到百分之八九十，保二十年没问题……

2016年4月12日，在知乎上一条关于"魏则西怎么样了"的回答中，魏海全写道：则西今天早上八点十七分去世。将近20天后，魏则西事件引爆舆论。

之后，相关部门组成的联合调查组进驻百度和北京武警二院。2016年5月9日，调查结果发布，认定百度搜索相关关键词竞价排名结果客观上对魏则西选择就医产生了影响，百度竞价排名机制存在付费竞价权重过高、商业推广标识不清等问题，必须立即整改；北京武警二院存在科室违规合作、发布虚假信息和医疗广告误导患者和公众等问题。

移动互联网时代，新闻信息生产和传播如此简捷便利，使得任何一个人都可以很容易地发布新闻信息。"公民是对个体的抽象,是沟通个体和政治的桥梁"①,这句话成为一种可见的社会现实。微传播使普通用户具有表达权,影响力巨大。发端于微博的江西贵溪"背官员事件"使相关人员被免职;"海南灾区棉被和发霉面包事件"将一场对中国慈善机构和地区政府的公信力的拷问推到了漩涡中心;郭美美赌球被抓事件再次引起公众热议;一段网络视频爆出的上海地铁"咸猪手"事件,使当事人被撤职;人民日报新浪官微一条关于麦当劳、肯德基供应商黑幕的微博引起3万余条转发,食品安全引起用户关注……新媒体传播成为一场全民传播。通过简单的操作,用户便拥有话语权,由简单的受众变为传者,由围观变为评论参与,掀起舆论风暴。

拉扎斯菲尔德早就提醒过我们大众媒介是一种可以为善服务,也可以为恶服务的强大工具。而总体来说,如果不加以适当控制,它为恶服务的可能性则更大。② 面对这样的负面效应,政府、公众个体与传统媒体都应有所作为。

首先,政府应当加强处理新媒体新闻事件的能力,对不实信息通过各种手段进行严格监管和惩处,比如开展专项整治行动、出台相关司法解释、加强对互联网和手机的日常管理、研究实施互联网和手机实名制等③。

其次,公民作为信息发布者时应加强责任意识。新媒体是公众行使话语权的宝贵平台,需要广大网民的共同呵护。作为信息发布的个体理应要理性、公正、客观、谨慎,做到不发布、不轻信、不传播没有正式消息来源的传言和侵犯他人合法权益的帖子与新闻信息。

再次,传统媒体应重塑其可信度与舆论引导功能。虽然新媒体的影响力日益扩大,但具备职业操守、专业素养的传统媒体的新闻从业人员对事实的陈述和解读能力却更为公众认可,在与新媒体的融合中,传统媒体的舆论导向作用得以延伸,有利于淡化新媒体新闻中垃圾信息的负面效应④。

(三)新闻生产主体的多元化

在媒介融合和全民传播的时代,"新闻产品不再是生产一次性产品,也不是一次性消费,而是一个多车间的不断被生产、添加、转换、变形和再利用的复杂的生产和消费过程。"⑤。过去的新闻传播教育提倡个人英雄主义,将名记者的光辉事迹作为学生学习、模仿的案例,主要培养学生单打独斗的能力和本领。今天的新闻生产方式正在从传统的单一路径向高度集约化的融合生产路径转变和演化。报纸、网络、电视等不同媒体平台之间人、财、物、信息资源相互渗透、相互融合、相互作用。在这种协作模式中,传播者既可以是传统媒体,也可以是个人。受众不仅仅是信息的接受者,也是信息的传播者。个人可以通过微博发出声音,传播新闻,成为传统媒体和新闻网站的素材来源。新闻受众变成了可以生产内容的用户。"谁在场,谁报道",新闻用户既是新闻信息的接收者,也是生产者(UGC,用户生成内容)和传播者。从受众到用户的转换,是新媒体传播革命所带来的最核心的部分。

---

① 张翠梅:《公民身份认同研究》,中国政法大学出版社,2013年版。
② 邵培仁:《媒体的当下使命及社会责任》,《中国广播电视学刊》,2006年第6期。
③ 《当前互联网、手机等新媒体上不良信息的有关治理情况》。
④ 袁媛:《新媒体新闻事件话语传播价值解读》,《东南传播》,2009年第8期。
⑤ 邵鹏:《媒介融合语境下的新闻生产》,浙江工商大学出版社,2013年版。

移动互联网时代,新闻生产和传播主体多样化表现又呈现出两个新的特征:一是手机移动端成为最重要的新闻客户端;二是社交网络成为新闻重要的接入点,各种社交应用成为新闻搜索工具。

近年来,微博在报道突发事件上的力量不容小觑。例如2015年11月26日下午1点20分左右,成都市区及双流、温江等地的网友纷纷发微博称听到了巨响,事发初期,一些诸如化工厂爆炸等猜测在自媒体平台上快速传播开来。从统计数据来看,截止到11月27日16时,微博平台上与"成都巨响"相关的信息量达到149663条,呈现出较高的舆情热度。从事件的传播路径来看,巨响发生刚刚开始的时候,认证网友@李伯清在下午1时28分发布了一条微博,内容是"天空传来一声巨响,啥子情况!"并标注了自己的地理位置。李伯清的这条微博被转发、评论近5000次,成为事件传播初期最为重要的信息源。微博成为报道突发事件的重要途径。从2012年7月22日开始,人民日报开通了微博,成为全国两会报道等重大时政主题报道重要入口。2017年人民日报微博全国两会报道的阅读量为14.7亿,2018年提高到50.4亿,特别是短视频报道尤其受到用户的欢迎。比如2018年3月17日剪辑的一条《新当选的国家主席、中央军委主席习近平宪法宣誓》短视频,24小时播放量突破1.4亿,网友转发近7万次,评论近3万条,刷新了微博纪录,成为2018年媒体微博全国两会报道的"爆款"视频①。

二、生产与传播行为的网络化

交互性是新媒体新闻的首要特征。交互性就是交流与互动,指传者和受者的双向互动传播。从技术特征讲,它指人们在信息交流系统中发送、传播和接收各种信息时表现出的实时交互的操作方式。网络中实现交互性的元素有电子邮件、在线聊天室、BBS、网站调查、评论、RSS订阅、搜索引擎、多媒体、超链接等,网民们可以直接发布信息并对他人发布的信息进行反馈,他们是传者又是受者,两种角色瞬间交替,并无限接近合一,这就颠覆了基本的传播模式。

新闻传播的交互性是新媒体传播模式的重要特征。在传统的单向传播时代,大众传播媒体凭借自我强大资本做后盾和悠长传播历史控制着新闻信息的传播,接收者得到的是经过选择和加工的信息。但在新媒体信息环境中,用户不用依赖大众媒体发布自我的看法和意见,互动性得到极大的增强。用户可以借助新媒体如微博、微信发出的声音,传播信息,发布新闻。用户通过跟帖、评论,甚或在新媒体上发布信息,提供了一种新闻生产的新方式,某种程度上可以快速还原新闻事件的真相。

通过数据挖掘和社会网络分析,运用社会资本力量和强弱关系假设,刘于思、杨莉明考察了295名记者通过微博链接网络形成的社会资本情况,对记者之间的强弱关系与不同类型社会资本间的关系进行了探讨。研究的结果表明,微博等新兴社会化媒介的使用,对以记者为例的职业群体建立社会网络并从中产生凝聚力,以及对记者个人的信息、权利等重要资源的获得,具有积极意义。比起强联系,弱联系更多地产生在非同事关系中,这为记者个人

---

① 朱智宾、程征:《媒体微博运营策略创新及效果分析——2017年、2018年人民日报微博全国两会报道研究》,《中国记者》,2018年第6期。

扩大网络规模和网络成员的异质性提供了空间。①

数字技术使新媒体新闻的物理限制消失。西方新闻业务中被高度关注并争抢的"新闻洞"(News Hole,意即报纸版面上去除广告剩下的留给新闻部门的空间)在新媒体中不再是个问题。报纸的版面是固定的,多增加内容就要多增加版面,随之而来的是排版、印刷、发行等一系列和放大成本有关的问题。广播电视的传播有着线性的特性,在固定的时间只能传播固定量的信息。最重要的是,广播电视都需占用总量限定的频道资源,因此传统媒体在新闻上的承载量是极其有限的。据统计,美联社只能将收到信息的70%发布给新闻机构,而新闻机构只能将所得到信息的2‰发布给受众。数字化的新媒体将所要发布的新闻信息进行数字化处理,而数字化信息以硬盘存储,一个汉字以两个比特计,一个1000 G的硬盘可以存储5000亿汉字,但1000 G(1 T)的硬盘却只占用一本《辞海》大小的物理空间。因此,新媒体拥有着接近无限存储的功能,而相应地,其中每一条信息被发布时所耗费的边际成本也无限接近于零。这样的特性不仅保证了受众对新闻信息的海量任意获取,而且也方便检索,对同一事件信息的归纳分类变得极其快捷,有利于受众了解事件全貌。

有史以来人们第一次通过互联网而不是报纸广播电视知悉重大新闻事件是在1998年的克林顿绯闻案中,独立检察官斯塔尔将厚达445页的调查报告移交国会,同年9月12日下午2点20分国会通过互联网将报告公开。对于传统媒体而言,445页的调查报告只能以摘要的形式出现,而互联网则毫无删节地向受众呈现了报告的全部内容。②

新媒体对新闻的海量存储不仅体现在信息数量上,也体现在以多少篇幅或数字容量去表现一个新闻事件上。不像报纸只有印刷的文字和图片,电视只有声音和图像;新媒体的信息传递是集成性的。博客新闻报道作为基于互联网技术的信息传播方式是典型的例子,它使新闻内容的表达由图文并茂的二维平面转向视音频多媒同行的三维空间。在博客新闻中,文字、图片、声音、视频、动画等多种媒介信息展示形式得到充分应用,极大地拓宽了新闻报道的表现力和表达维度,增强了新闻报道的艺术性和可观赏性,在受众头脑中形成一种类似新闻图景的思维风暴,无形中吸引了新闻受众投入热情和毅力不断关注新闻事件的后续报道。

以2017年的"8·12天津港事件"为例,爆炸事件发生后的第一时间,现场蘑菇云视频、房屋倒塌、汽车残破、高架断裂的图片,在微博和微信朋友圈疯传。但天津传统媒体却声称公众高度关切的空气质量"未见异常"。网友们大声呼吁天津市新闻办官方微博"天津发布":快醒醒! 13日凌晨3点52分,"天津发布"发布第一条有关爆炸的信息,距离事件发生已过去4个多小时,网上各种不实信息、恐慌情绪已在发酵。最早从天津电视台上看到关于爆炸的报道是13日早上7点钟,天津卫视《今晨播报》栏目中的一条消息,此时距离事件发生已过去8个多小时。之后,天津媒体跟进报道,报道力度仍旧维持在一般事故报道范围内。网友调侃评论:"天津早新闻播报事故新闻1分钟,市长说话占40秒。"

"8·12天津港事件"的新闻发布会集中在现场救援、伤员救治、群众善后安置几个方面;对人们迫切想知道的问题,诸如爆炸源头是否确定,危化品与小区建设距离问题,谁负责统筹指挥救援,现场存在多少氰化物等或置之不理或语焉不详,以致新闻发布会多次在记者

---

① 刘于思、杨莉明:《记者微博使用与职业群体社会资本:社会网络分析的视角》,《新闻界》,2013年第21期。
② 董天策:《网络新闻传播学》,福建人民出版社,2004年版。

提问环节中无端中断。但这并不能阻止媒体和自媒体对有关信息的披露与传播。事故发生后，其他媒体迅速披露了"危险化学品仓库与周边建筑、交通干线至少保持1000米的红线"的规定。14日，腾讯财经《滨海"24小时：曝危险品靠近居民绿色通道"》披露了天津港城市规划中"化工围城"问题，爆出环保局下属机构开出绿色通道，为不符1000米规定的危化品仓库拿下环评。16日，《新京报》率先向公众披露爆炸现场存放700吨氰化钠，其他城市的传统媒体和自媒体也步步逼近真相。①

灵活、主体多元的自媒体有丰富的信息来源，满足了公众对第一手信息的渴求。事件亲历者通过手机拍摄现场图片、视频上传微博、微信，充当天津大爆炸中现场信息报道的"第一人"。微博上一位灾民撰写的长微博《天津塘沽大爆炸后三十小时记》讲述其亲历爆炸的经历，获得了100万+的阅读量。而澎湃的《问吧》栏目让亲历者直接参与问答，成为最可靠的一手信源。而一些专业问题，如危化品危害与防护、城市建设与规划、消防救援、法律赔偿等议题，专业人士通过微信、微博等自媒体平台发布的信息逆袭专业媒体。如"蓝鲸财经记者工作平台"发文详解瑞海物流是一家怎样的公司，自媒体"众和教育司考"从找谁赔、如何赔、保险公司责任等方面详细回答了天津爆炸事件涉及的9大法律问题。自媒体传播主体众多，无事前审查，在时效性、报道内容丰富性上大大超过专业媒体，但自媒体把关人缺失，往往有未经证实的道听途说混淆视听，人们看了往往将信将疑。而专业媒体由于按照新闻专业规范核实求证，一经传播，遂成确信，其深度解读能力值得信赖。比如新华社《起底瑞海公司：谁是神秘控制人？》披露瑞海错综复杂的掌门人；《中青报》的《天津港爆炸事故中的"红顶中介"》，挖掘瑞海安评机构"中滨海盛"与当地安监、消防部门暧昧的合作关系，何以安评"一路绿灯"，等等。面对突发事件现场，自媒体用户拥有可遇不可求的独到优势，但并不具有深入调查、揭示事件的全貌、回答深层次问题的专业能力、水平以及必须具备的资质，这种任务只能也必须由专业的新闻记者来承担。

新闻传播由于传播技术的演进发生着巨大的改变。发布新闻及交互的便捷性开放了传者角色的技术门槛，消解了掌控信息处理权的把关人责任，实现了信息从人与人而非人与大众传播之间的共享。新闻以数字形式储存和传播，扩大了信息的流传边界、改变其保存方式和形式内容，三网融合趋势更将新闻以集成性的面貌最大化其全球性影响。总之，在新媒体时代，我们可以向全世界任意角落的任意单独个体获取任意形式和数量的新闻信息。新媒体令新闻变得触手可及。

三、分发与推荐机制的个性化

空间开放、传播迅速、互动及时、信息多元的传播特性，一方面促成了新媒体用户数量的迅速扩张，另一方面也改变了新闻信息的存在方式与传播形态。微博、微信、今日头条、一点资讯和各种新闻客户端的新闻推送在中国掀起了新闻信息的传播热潮。新闻资讯的数量以近乎爆炸的速度增长，在用户获取信息极为便利的同时，也造成了信息过载的问题。个性化新闻推荐系统可以为用户推荐新闻资讯，因为是基于用户的使用和行为数据，依靠算法而实施的辅助推荐，不仅能够很好地解决信息过载和信息迷航的问题，还具有十分广阔的应用

---

① 魏永征、代雅静：《融合媒体时代突发事件的信息传播模式嬗变——以天津港8·12爆炸事故为例的分析》，《新闻界》，2015年第18期。

前景。

2014年6月，中国手机上网比例首次超过电脑端上网比例，手机网民规模超过八成，App客户端成为新闻信息实现其在移动终端渠道触达的重要工具。人民网、凤凰新闻等各大新闻网站以及央视新闻频道、凤凰卫视等电视媒体均已推出针对不同移动终端的新闻客户端，以适应多元化、个性化的信息需求，及时为用户提供定制化新闻信息。新闻客户端逐渐改变了人们获取新闻信息的阅读和收视习惯，与其他种类的信息抢占用户的碎片化时间，抢夺用户注意力资源的竞争日益激烈。2012年随着微信公众号的上线，微信超越了最初的人际沟通功能，向公众推送各种新闻信息，从而兼具人际传播和大众传播的双重属性。微信公众号的新闻推送每天只允许一次，每次四条左右。偶尔有特别重大的新闻事件，允许有类似号外的新闻推送，同时部分信息需要通过用户回复的方式进行获取。其推送新闻采用图配文的形式，一张大图内嵌头条标题，其余新闻用标题加小图的形式依次排列。这种精选推送的方式改变了以往信息轰炸式的传播模式，不仅尊重用户的信息选择权，也避免了读者因为信息过载而产生抵触情绪，为受众注意力留有空间。建立在大数据基础上的个性化引擎推荐成为选择的必然。

新闻推荐作为个性化推荐的一个分支受到越来越多的关注。新闻作为一种内容丰富的媒体资讯，与其他的推荐实体有两方面的不同。

首先是内容层面。新闻内容一般由词汇组成，与其他的推荐实体如音乐电影相比，新闻的内容形式更为简单，从而可以更方便地进行建模。另外，新闻中往往包含多样化的新闻话题以及不同类型的命名实体，如人名、地名、公司名等，这类信息能够更准确地反映新闻读者的阅读兴趣，对这类信息建模可以为用户提供更加合理的推荐结果。

其次是时效性和地域性。新闻资讯一般具有较强的时效性和地域性。新闻文章的热度及价值一般体现在刚刚发布的几小时之内，而随着时间的流逝，新闻的热度会逐渐降低而最终过时。新闻推荐系统的目的是提供及时的新闻资讯的推荐，因此在推荐时需要考虑新闻的时效性。而其他的推荐对象，比如音乐和电影则不必如此，更新的速度可以缓慢。另外，很多新闻资讯都与地域有关，即新闻一般报道当地所发生的事件，因此在推荐时要对新闻及读者的地域性进行考虑。

例如今日头条以数据挖掘的推荐引擎产品，给用户进行信息分发，其中包括新闻资讯的推荐和分发。它由中国互联网创业者张一鸣于2012年3月创建的，2012年8月发布了第一个版本，截至2015年12月，今日头条称累计拥有激活用户3.5亿，日活跃度超过3500万。其中，"头条号"平台的账号数量已超过4.1万个，各类媒体、政府、机构总计超过11000家，其中签约合作的传统媒体超过千家，"头条号"自媒体自称其账号总数超过3万个。今日头条每天通过6000多台服务器不断计算用户的感兴趣内容，然后对应推荐。这种推送的理念主要在于观察、记忆、理解，观察用户对某一新闻的评论，找到用户的兴趣点推荐相应的新闻。通过用户的好友、历史兴趣、注册信息等，服务器依据算法不断演进，自动撷取规律，并不是个人搜索规律改变算法，而是算法制造规律。同时，随时搜索、阅读时长的增加，技术人员会不断尝试周期的数据，尝试更快的迭代，比如现在需要5分钟才能反馈出用户的个人兴趣倾向以后5秒钟即可反馈出来，从而推荐精确度越来越高，也越能契合用户的需求。

个性化推送和分发主要强调两个方面：新闻信息内容的"个性化"、新闻信息推送的主动性。百度的推送和分发取决于用户搜索的关键词，微博的推送与分发取决于用户关注哪个人,今日头条是把反映用户的信息特征纳入算法推荐中。比如用户从太原来到北京,打开手机就能看到北京的新闻,可能就不是太原的新闻,因为在北京,手机的地理位置定位在北京,甚至精准定位于海淀区。如果海淀区的一个地铁站停用,它会给海淀区或者地铁沿线的附近人群推荐。所以,新闻信息的推送既考虑了地理位置特征,也结合了社交特征。这种推荐和分发机制极大节省了用户的时间、精力和成本。实现了个性化的信息聚合。

对于用户个体而言,常常会遇到很多长尾问题,比如,停水停电的新闻,理论上,停水停电消息很少刊登在传统媒体上,但这种基于用户使用特征的推荐可以充分实现个人新闻信息的聚合。具有时效性的新闻,会弹窗推送,用户可以选择忽略或者查看。所谓人性化的推送是指这类新闻推荐的条数也是个性化的,依据用户对事件的关注程度而略有不同,有的人可能只收到三条,有的人可能收到六七条甚至更多。

新闻以及新闻所处的环境曾经是扁平的,但新媒体赋予它立体的知觉系统。地球是圆的,却因为信息的无疆域传播而好像变得扁平,麦克卢汉1860年关于"地球村"(The global village)的言论即预示了新媒体时代的来临。他认为,地球村是由于电子通信、电子媒体与跨国企业的日益发达,资讯传递方式的改变,资本流动方式的改变,最终改变了人的组织意识,进而改变了人与人、地域与地域、国与国之间的"距离"概念,"距离"已非以"物理距离"来测量,人对世界的观点已非传统的地域概念所能概括。当传播科技日新月异,空间与时间的距离逐渐被消弭后,地球上各分散的区域重新被聚合起来,终究变成一个大部落,形成"地球村"。数字时代中,电子传媒技术发展,新媒体时代实现了麦克卢汉地球村的理想,将远方的人拉近。

案例:腾讯新闻:《一个门户网站类新闻客户端》

(资料来源 郝涛:《大数据技术下移动新闻客户端的传播模式研究——以人民日报、腾讯新闻、今日头条为例》,《新媒体研究》,2019年第5期;手机新闻客户端市场报告:《2019用户规模将达6.93亿,下沉市场觉醒加剧行业竞争》,查询时间为2020年11月,https://www.iimedia.cn/c460/64384.html)

腾讯新闻客户端是基于IOS、Android平台的腾讯新闻服务产品,快速及时提供新闻资讯的中文免费应用程序。2010年10月,腾讯新闻客户端的第一个版本在苹果商店上架,是国内早期推出客户端产品的新闻门户之一。

腾讯新闻客户端设置了新闻、视频、社区、我的等四大功能菜单,在新闻里又下设有精选频道、地方频道、我的频道三个频道菜单,精选频道设置有游戏、娱乐、体育、军事、文化、职场、数码、健康等近60个频道,地方频道按行政区划划分,我的频道可以在精选频道和地方频道里任选所有的频道进行订制。此外,腾讯新闻客户端具有强大的实时推送功能,重大新闻瞬间推送到手机。腾讯新闻客户端的页面简洁、图文并茂,且重要新闻、热点资讯抢眼标注,便于用户选择阅读。

腾讯新闻客户端自上线以来,以快速的推送速度、友好的界面、专业原创内容、视频图片优势得到了用户普遍认可,用户数量、活跃度和口碑都在同类软件中名列前茅,一直保持着在App Store新闻软件排名前三位。具体数据如图3-1显示,2019年第一季度,腾讯新闻客户端的月活量遥遥领先于其他新闻客户端。截止到

2018年12月,企鹅号的注册数量已远超20万,不同标签和类别的资讯分类增长至2000个,客户端内的自制新闻视频每日播放量高达5.4亿,日均视频上传数量也高达4.4万条,足见腾讯新闻移动客户端的用户量之大。

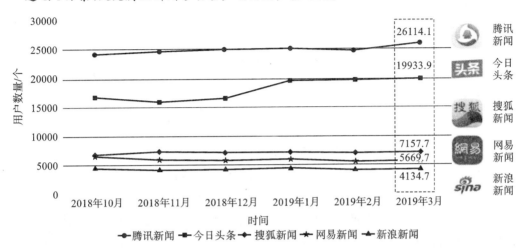

2018年10月—2019年3月中国主要手机新闻客户端月活用户数量概括
(数据来源:艾媒北极星互联网产品分析系统)

腾讯新闻客户端的迅速发展,首先是因为其为手机用户提供了多形式、多产品精华内容聚合的快速阅读体验。腾讯新闻利用其从门户时代延续下来的专业新闻采编团队,为其移动客户端的内容资源的整合和内容生态的构建提供了强大助产力,吸引了不少的用户。从PC端的发展到移动端的"流量王","腾讯棱镜"成为腾讯新闻的标志,坚持"事实的力量",主打"事实派"。腾讯新闻客户端的信息传播,内容更加的多样化、新闻语言也更加的轻松,更加注重自身新闻内容对用户的引导与传播。

其次,紧跟技术发展进行战略布局也是其成功的一个重要原因。2011年8月,在智能手机还未广泛应用时,腾讯新闻移动客户端就已经率先增加新闻消息推送功能;2015年1月,腾讯新闻客户端引入微信订阅号内容,将微信的用户引流到客户端当中;2016年3月,各大媒体平台对外开放,如凤凰新闻的大风号、网易新闻的网易号等,此时腾讯也顺流而上,成立企鹅媒体平台,即企鹅号。企鹅号一向社会公开,就吸引了大批主流媒体和自媒体入驻,丰富和拓展了原有的新闻来源,同时聚集了各大优质媒体的报道。2017年3月,它启动"芒种计划",推出全媒体开放平台。

最后,作为一家巨型科技公司,腾讯在其新闻客户端的打造上也投入了大量的技术力量。与今日头条类似,腾讯新闻客户端也有个性化的分发和推荐机制,但独特之处在于其大数据个性化推荐机制结合了传统媒体的新闻理念。在个性化资讯推荐的技术浪潮中,众多新闻客户端为吸引用户眼球,放低了内容的底线,一些标题夸张、内容低俗的新闻比比皆是,但腾讯新闻始终有绝对数量的用户活跃在客户端中。能够留住用户,一部分原因是腾讯新闻的克制,能坚守媒体属性,报道有价值的信息,传递事实给受众。另外,早在2015年9月,腾讯新闻财经频道就开始使用自动化新闻写作机器人 Dreamwriter,参与财经新闻的撰写,走在了新闻客户端的前列。

第二节 新媒体与社区

一、"社区"和"社群"的界定

国外最早对社区进行界定的德国社会学家腾尼斯,在《共同体与社会》一书中,他认为家族和村庄都是社区的一种代表形态,在这些社区中,父权家长制的性质和结义的性质相互混杂着,统治的性质和志同道合的性质相互混杂着。① 社区强调的是一种基于血缘关系或自然情感的社会有机体——一个有人情味的社会团体。这个"小社会团体"因为血缘关系,成员关系紧密;由于自然情感的介入,富有人情味但与世隔绝和排外。这个社区的概念迥异于我们今天所说的某一个具体的地方社会,只是描述了一种社会关系,表征这是一种具有一定特征的群体组织,其最显著的特性是共同性以及人与人的亲密性、互助性和浓厚的人情味。这与后来构成社会学意义上的社区概念的内涵大不相同。据美国社会学家希勒里(G. A. Hillery)的统计,到 20 世纪 50 年代,各种不同的社区定义已达 90 余种。其中 69 个定义认为,社区的本质因素有三点,即社会互动、地区和共同约束。②

《国际社会学大百科》对社区的解释是"在一个已界定的地域内的一系列社会关系,研究倾向于把乡村地区或地方化了的都市群体作为重点"。③ 邹勇文等研究者则认为,对于社区的界定虽然很多,但总体可概括为以下三个理论角度。

一是从人与社会的关系角度看,社区是指人们在一定位置上的互动和由这种互动产生的群体。这种群体和空间社区的力量能够联合它的成员和引导它的成员的行为,以导致其内部人们的相互依赖以及人们与群体一致的情感。

二是从文化理论的角度看,社区是指一个特定空间的团体中的人们,由重要的社会行动联结而产生的情感上的同一体。

三是从空间理论的角度看,社区是指人们居住的物质空间。空间对社区是十分重要的,因为任何社会体系都是具有一定空间结构的实体。人们之间发生的各种接触、情感和认同都定位于一定社区。④

与社区紧密相关的另外一个概念是"社群"。"社群"(Community)是社会科学中典型"争议性概念"之一。长期以来,社会学家和人类学家一直在对它的定义和意义进行激烈的辩论。滕尼斯在一项颇具创意的研究中,通过人机互动的双重类型学,来解读前工业化社会

---

① 斐迪南·腾尼斯:《共同体与社会》,商务印书馆,1999年版。
② 王卫东:《网络社区》,武汉大学出版社,2018年版。
③ 迈克尔·曼:《国际社会学百科全书》,四川人民出版社,1989年版。
④ 邹勇文、赖晨:《现实社区与虚拟社区》,《贵州社会科学》,2006年第1期。

至工业化社会的变革。他认为,人类社会早期的特点是"礼俗社会",也即地理上相近的人群通过亲密关系和相互团结阐述的情感联系而相互联结。工业化进程推动了礼俗社会向法理社会变革,以理性、工具性和可计算性为特征的人际关系兴起。滕尼斯认为该进程标志着社群的衰落。事实上,哈贝马斯之后对"系统"和"生活世界"两大概念的区分,便是得益于这一理论框架。因此,传统的理念强调地理位置的重要性,认为它是"浓厚的"社群认同感的必要组成部分。但是,虽然在同一地理位置的共同生活经验的确可以产生强烈的认同感,但并不意味着就能推理出地理位置是培养社群精神的前提条件。规则、共同经历和传播互动对社会凝聚力的产生具有同样重要的作用。虚拟社群就是这样一个概念。"虚拟社群"的产生基于互联网信息交换、协商、共同的规范以及互为主体的理解。最初,它被理论家们指代为一种交流方式,比如福斯特就对"虚拟社群"的概念充满怀疑,因为他观察到,互联网使用者对交流个人情况更有兴趣,而不是为"和我们相关的"信息流动。所以区域和地理位置仍然在社群概念中占据重要位置。单独待在家里上网的经历被描述为"缺乏社交的、机械的和自我陶醉的"。

随着互联网社会的到来,基于相似的兴趣和利益形成社群的可能性越来越大,特别是基于时间和空间障碍的不断消除,主体对世界的理解正在经历着根本性的变革。比如"全球化"概念的流行。美国学者托姆林森则将这种认知描述为一种对全球化的理解——信息流动动态的过程。全球化……涉及的是全世界各国社会、文化、体制以及个人之间,产生复杂交互关联的快速发展过程。它是一个牵涉时间与空间压缩的过程……在一定的时间内将距离——物理上的或在线上的——做了极大的缩减,在特定的意义上,使得世界缩小了,人与人之间的距离也拉近了。但是它同时也是一个社会关系伸展的过程,将那些主导我们日常生活的地方性脉络,移动到全球性的层次。这类全球化的话语,精确地强调了人类的互动性,并且可以影响人们对他们和身处不同时空的他者之间的关系的认知。

结合现今的社会发展状况,笔者接受按照社区的现实场域进行划定的标准,认为社区分为基于人们居住或活动的物质空间的现实社区以及基于网络空间的以参与者的心理和情感因素为纽带关系的虚拟社群。在这一节,新媒体与现实社区和虚拟社群之间的关系将是我们探讨的重点。

二、新媒体与现实社区

(一)关于现实社区

现实社区是指根植于城镇现实生活的公共区域,按其属性主要分为生活社区、商务社区和校园社区三大类。

1. 生活社区

生活社区主要是指医院、医药连锁店,住宅小区及商住楼的住宅区域。

2. 商务社区

商务社区主要包括写字楼、酒店、健身会所、商场超市(各类大卖场)、高尔夫会所及娱乐场所在内的区域。

3. 校园社区

校园社区则是以各高等院校为主体的区域。

越来越多的新媒体进入到现实社区之中,新媒体作为社区的终端媒体,它有着丰富的内涵,是新兴的媒体,运营商、广告主、物管公司、居民等对新媒体的认识日益充分。新媒体分布的地点也可以分为生活社区、商务社区和校园社区。

(二) 现实社区中新媒体的种类

随着新媒体技术的广泛应用,越来越多的新媒体被运用、被嵌入到现实社区之中。在居民居住的内部生活区域,比较典型的有社区的闭路电视系统,社区电梯间的视频系统以及楼宇地板动态投影系统。随着互联网的普及,社区成员之间,社区成员与业主委员会和物业公司之间均可以在网上交流,交流的方式主要有微信业主群、水果群、买菜群及社区论坛(BBS)等。

社区网站是指为社区居民及社区周边商家提供全方位服务的社区生活资讯与商务服务网站。社区网站的突出特点之一,是以现实中的社区为基础,实现线上、线下的虚实结合。在功能上与社区居民的生活、工作和学习息息相关,特别具有实用性。社区网站主要面向社区居民(个人)和社区周边商户(商家)两类用户提供相应服务。生活资讯查询,社区交流平台和社区商务平台。特别是社区商务平台是指可以轻松地通过网络或电话向社区周边商家购物,真正的"立等可取";还可进入社区跳蚤市场,与邻居们进行家具、书籍、影碟、玩具等自己闲置物品的交易,甚至开一家社区网上商店。

具体而言,社区电梯轿厢内的广告框图、等候大厅的液晶电视主要运用了闭路电视系统来承载广告,为相关的企业产品进行宣传,只针对小区的居民进行分类,确定目标。在社区里通过编码的媒介内容很大程度上是半强制性的推广(包括阅读和视听),避免了接受者不想译码。其中电梯广告表现尤为突出,"狭小的空间,沉默的环境,有创意的画面,使消费者视觉不自主地停留在广告画面上";同时,在家的氛围中,消费者会比在其他环境中更容易接受产品,特别是像一些诸如楼盘、汽车、化妆品、牛奶等容易和"家"、"关怀"联系在一起的产品;高频次的暴露机会,使正确译码效果大大提升。据测算(以电梯媒体为例),凡居住在高层时尚住宅楼的用户,每人每天平均至少有3.7次乘坐电梯上下,电梯厢体及其装饰附属品不可避免地至少有近四次闯入他们的视线,高频次的接触机会使社区的目标受众和潜在受众在译码过程中有更多的思考时间。① 楼宇动态投影系统,主要由输出画面投影设备、输入相关反馈的扫描系统以及处理的主机组成。处理主机把相关信息或者选项投影在地板上,参与者通过踩踏地板上投射的信息,使得扫描系统获取到参与者的相关活动,传达给主机,主机再次发送并投影出信息,从而实现交互。参与者可以获取衣食住行等相关信息,甚至可以在投影的指导下进行跳舞的练习,与系统进行交互游戏。

即时通信呼叫系统,是以互联网为主干,依托于当前流行的即时通信系统,主要用于居民与物业管理部门的沟通。网络日志,是指物业公司或者其他服务组织通过在网络上开设日志系统每天发布最新的信息,社区居民可以浏览日志获取信息,也可以给管理人员留言,进行更深度的交流。针对性比较强的网络日志,只服务于社区中的特定居民,服务于社区中事务性工作或者近期的热点话题,有局限的地域作用,并非广义上的网络日志。

社区论坛,同样以互联网为依托,是居民自发组织的线上论坛,它针对社区内的活动以及相关事务进行更深层次的讨论,由社区中的居民进行管理,它的高度参与性更有利于提高

---

① 劳丹:《社区媒体:盛开的玫瑰》,《广告大观》,2005年第11期。

社区成员间的凝聚力与共同的责任感。①

在居民居住的室外公共空间,主要分布有平面、视频和互动媒体三种。社区平面媒体主要有感应灯箱、多功能海报栏、多功能广告灯箱等新媒体形式,在很多普通的居民区都可以看到;社区视频媒体则主要安装在各种高档社区的公共区域,其内容是由信息提供商统一控制的,并普遍以液晶电视(LED 显示屏)为载体,信息传输一般采用网络系统传输方式,其中网络亦分为有线网络和无线网络两种类型。社区互动媒体是指通过小区内安装的电子宣传栏等由电脑控制的媒体平台,能实现人机交流互动的媒体形式,操作较好并占有了一定市场。在这三种媒体中,社区互动媒体在社区中具有最高的实用性功能;作为平面与视频相结合且带有互动功能的媒体形式,能带给受众最全面的感观刺激;由于互动媒体并非仅播放广告内容,它与平面宣传栏一样,有实用性的信息内容,因此更具关注度。②

(三)现实社区中新媒体的特性

新媒体进入现实社区,对构筑和谐社区有着极为重要的作用,这主要得益于新媒体自身所具有的互动性、及时性、多样性和外延性等特性。

1. 互动性

由于社区本身就具有互动和协调的性质,因此社区的新媒体技术扮演的并不仅仅是信息传递的工具,它联系了传播者与受传者,使双方参与到传播活动之中。

2. 即时性

社区传播中运用的新媒体也具备即时性的特点,居民之间在社区论坛相互交流,只要提交即可在网络上显示,同时其他参与者也很快对相关信息进行回复、参与讨论,即时的新媒体使人与人之间的沟通更加快捷,提高了办事效率。

3. 多样性

社区传播的多样性主要体现在传播的媒体格式与传播渠道的多种多样上,居民面对新媒体有着自己更多的选择。在获取相关的信息时,可以依照自己的喜爱程度和方便程度去选择适合自己的新媒体。在多样性的新媒体中,居民完全掌握其使用权,而不是像在大众媒介中那样被动接受信息,信息接收与反馈的多样性使社区传播更加的丰富多彩。

4. 外延性

社区传播并不只局限在社区之内,它立足于社区之中,同时也和更广泛的社区之外的地域进行信息的交流,新媒体为社区的信息提供了更宽广的发散空间,使社区传播做到立足于社区,面向社会,利用新媒体,实现社区传播与大众传播的交接,吸引广大受众参与互动。

(四)促进社区融合的新媒体:安康快告 3.0③

安康快告栏最初是为运作和推广中国儿童少年基金会所属大型公益项目"安康计划宣传栏"而组建的。安康快告作为全国化网络的专业社区媒体,它集多种媒体形式于一体,包括平面灯箱、LED 网络 GPRS 发布、广播及配合营销活动的新型户外媒体。其顶部的 LED 快告屏,采用了国内先进的无线即时更新技术平台,只要短短数分钟就可以全国同步更新各

---

① 闫波、郑博:《新媒体在社区传播中的应用》,《新闻界》,2008 年第 2 期。
② 刘慧磊:《社区媒体时代的来临》,《市场观察》,2007 年第 5 期。
③ 陈文丽:《新媒体融入社区生活》,查询于 2019 年 3 月 8 日,https://blog.sina.com.cn/s/blog_4906a4b70100b6yd.html。

类信息。安康快告电子屏上设有天气预报、日历时间、生活贴士、打折信息、租赁转让、警情快告等栏目。

从安康快告栏升级到安康快告3.0,大贺传媒集团只需要安装一个电子交易平台即可,未来可能会实现从传播终端到消费终端的跨越,小区居民按一下电子屏幕,就可以实现购物等电子商务活动。之所以取名为3.0媒体,大贺传媒集团执行董事、安康快告集团董事长杨建良认为,其具有科技领先性、网络覆盖性,同时还兼具着社会公益性。安康快告3.0是一种倡导"健康、安全、便捷"生活方式的新媒体,主要分布于我国的中高档小区的出入口或者居民活动中心附近。作为社区综合传播营销平台,安康快告3.0兼具社区广告、即时资讯发布、生动户外、社区深入推广、消费者互动、语音销售终端、社区缴费一站通、社区惠民榜等多种功能。单是"惠民榜"这一项功能,就牢牢吸引了社区居民的注意。它主要在社区围绕"衣食住行用"等大众需求,提供广泛的便民服务。它操作简单,实惠多多。公众客户只需触摸相应按钮,就可以获取相应商家的打折优惠券。居民只需要轻轻一点需要的优惠项目,就可获得梦寐以求的优惠服务。足不出区,不需排队,随时、随心可获得优惠。惠民榜让居民体验到了便捷,在社区门口即可享受新媒体带来便捷的生活方式体验。

根据央视CTR调研机构的数据显示,有83%的居民愿意选择在社区缴费系统上缴纳水费、天然气费等各种公共事业费用,有81%的居民愿意通过安康快告3.0平台进行银行转账及信用卡还款,有77%的居民喜欢通过该系统进行手机充值。而安康快告3.0的媒体接触率达100%,媒体接受度达90%,吸引度达89%,这使之成为金融、保险等企业媒介投放的新宠。

安康快告3.0主要位于小区出入口或居民活动中心附近,牢牢占据了社区的注意力核心,是一种集合了广告、信息发布、电子商务于一身的户外媒体。社区居民甚至能在安康快告上看到菜市行情和股市变化。资料表明,从2018年1月份以来,安康快告3.0的热线电话和短信SP平台共收到全国居民发布的信息数十万条,发布内容五花八门,涉及求购转让、寻物寻人、祝福信息、出租求租、求职招聘等各种类别。在高峰期,仅北京市每天就有近万条信息[①]。安康快告3.0媒体已经把生硬的单向传播升级为人性化的互动和沟通,在这信息爆炸的时代,安康快告凭着科技的优势、人性化的互动、全国性的覆盖、公益责任的传承,已将社区户外媒体推向更高的台阶。随着全国社区居民对安康快告的忠诚度不断提高,安康快告的影响力势必会不断壮大。

三、新媒体与虚拟社群

"虚拟社群"这一概念最早由莱茵戈德提出,他认为虚拟社群是一群通过网络社会彼此认识并且长期沟通的人们,在固定的网络中分享他们所获得的知识和信息,并在一定程度上有如朋友般彼此关怀,进而形成的社会团体。日渐发展的"虚拟社群",已经慢慢进入了我们的生活,具备形成真实社群的基础条件,他们相辅相成地构成了社群的两种不同模式。与传统社会模式不同的是,虚拟社群中的人机互动是依靠网络技术连接一起的虚拟空间,新媒体使虚拟社群的成员变成平等的主体,虚拟社群是在网络空间中的非固定人群的集合,在这个

---

① 《"安康快告3.0"渐成北京社区传媒新窗口》,查询于2019年3月9日,http://www.chinanews.com/it/kong/news/2008/11-13/1447952.shtml。

群体内的反馈不受限制,使得信息共享和决策的公开成为可能,这些特点构成了虚拟社群独特的结构类型。

随着互联网技术的发展,移动互联网时代的到来,网络传播开始呈现出一种社群化传播的特征。

(1) 线上聊天功能已由公开提供的聊天场所向私人通信工具转变;

(2) 公共的信息交流场所由各种类型的虚拟社群和公共论坛承担;

(3) 聊天工具越来越注重联系人的群体特征,分组、群聊功能的开发成为聊天工具发展的新特点;

(4) 以媒介组织身份传递信息的各类网站(门户网站的新闻、视频网站的视频)纷纷增设评论板块,供浏览者发表意见[1]。这些现象说明了原来习惯线上聊天的网民已经改变了原来的使用习惯,一些新的集聚场所开始出现,这些场所分散了原来集于各大社区的网络使用者,吸纳了更多的网民加入,移动互联网时代出现了一种"分众"的过程。不同的使用者都有自己的网络浏览习惯,并愿意认为自己是某一群体当中的成员。

从网络的技术属性来说,有两个最为重要的层面:一是"多媒体"性质的传播,也就是将各种媒体纳入同一个传播系统当中;二是改变了大众传播时代的"点对面"传播的特征,从技术上实现了任何人能在任何时间用任何方式传播任何信息的可能。由此可见,网络传播的参与者已经与原来的受众产生了根本的区别,"新虚拟社群"自发形成了。

21世纪以后,一大批通过互联网传输信息的新媒体形式从传统的媒介的包围中突围出来,各种媒体的联合和竞争使新媒体不断壮大,促进了基于新媒体技术的众多虚拟社群的出现。经过短短几年的发展,虚拟社群已成为移动互联网业务的新的亮点。相关数据统计表明,虚拟社群网络服务已成为互联网用户增长最快的互联网业务,而移动虚拟社群服务正越来越受到手机用户的欢迎。

(一) 虚拟社群阐释

虚拟社群,也叫网络社区(Virtual Community),是由美国人霍华德·瑞恩高德(Howard Rheingold)在其1993年出版的著作《虚拟社群:电子疆域的家园》(*The Virtual Community: Homestanding on the Electronic Frontier*)首先提出,他将虚拟社群定义为一群主要借由计算机网络彼此沟通的人们,他们彼此有某种程度的认识、分享某种程度的知识和信息,在很大程度上如同对待朋友般彼此关怀,从而所形成的团体。美国学者唐·泰普斯科特从人际关系角度进行定义。他在《数字化成长——网络时代的成长》一书中指出,"Virtual Community"的意义在于"为网络衍生出来的社会群聚现象,也就是一定规模的人们,以充沛的感情进行某种程度的公开讨论,在网络空间中形成的个人关系网络。Balasu bramanian和Mahajan从成员特征角度将它定义为带有以下特征的实体:人群的集合;理性的成员;没有地理限制的网络空间交互;社会交流过程;有共同目标、特性/身份或者兴趣的成员。

所谓"虚拟",在《现代汉语词典》中是指不符合或不一定符合事实的,假设的。但在英文中,Virtual一词,其本意却正好相反,是指"实质上的、实际上的、事实上的"。[2] 因此,在认识

---

[1] 程名:《网络传播的社群化特征与网络民俗的建立——以天涯虚拟社区为例》,《东南传播》,2012年第9期。
[2] 邹勇文、赖晨:《现实社区与虚拟社区》,《贵州社会科学》,2006年第1期。

"虚拟"与"现实"的相互关系时我们应注意到,从现实的角度看,网络社会是虚拟的社会,从虚拟的角度看,网络社会是现实社会中的一种"真实"。基于以上研究笔者认为,虚拟社群是基于新媒体技术的网络环境下,将一群兴趣喜好、经验、专长或背景相似的人群聚在一起进行互动交流、分享信息,进行在线娱乐、沟通和交易,从而对网民线下的现实生活方式(如政治、经济和生活方面)产生重要影响的社区形式。

(二) 虚拟社群的分类

随着互联网技术的发展,虚拟社群的类型越来越丰富,各类社群层出不穷,人们对其分类的标准也不尽相同。当前互联网视频/文字直播技术的深入的发展,比如百度贴吧、爱奇艺、PPS平台均提供了实时讨论的功能,这种产生情感连接的技术基础越来越走向台前。比如弹幕的出现。新媒体比如微博的出现,开始出现各种各样的虚拟社群,比如网络粉丝社群,在新浪微博中,粉丝会在原创微博中添加♯StarLove(发帖日期+类型)的前缀。在新浪微博中,粉丝会在原创微博中添加♯来自星星的你♯等标签。网络粉丝社群高活跃度的成员对于前缀等规则都了然于心。学者们提出的虚拟社区定义中频繁出现网络社会群体、一群人通过电子媒介交流、多人交流与互动空间、聚合一群人、一群人的交互等表达,从中可以看出社群对于虚拟社区至关重要。只有社群不断交互才会产生内容、吸引用户加入、凝聚群体关系,因此社群是虚拟社区的核心要义、产生价值的源泉。

已有许多学者对虚拟社群的类型展开研究,因研究目的和角度不同而采用不同的分类标准,所得出的结论也不尽相同。分类标准主要有社群成员需要、社群目标、社群结构和社群交互模式,等等。

根据社群满足人们的不同需要,将社群分为兴趣社群、关系社群、幻想社群和交易社群四类。

兴趣社群将分散的、有共同兴趣或某方面专业技能的人聚集在一起。

关系社群提供给有相似经历的人们聚集在一起、建立有意义的人际关系的机会。

幻想社群提供给人们探寻新的幻想和娱乐世界的机会。

交易社群则主要服务于参与者之间的资源交换。[①]

有的学者从沟通的实时性角度,把虚拟社群的类型划分为同步和异步两类:同步虚拟社群如网络联机游戏,异步如BBS等。最重要的几种形式有BBS、USENET、MUD,在国内则以BBS(Bullet Board System)为主。有的学者则从价值分析角度,将虚拟社群划分为交易型社区和主题型社区。通常我们把交易型称之为电子商务网站。而电子商务网站从交易角色划分为B2B(企业对企业)、B2C(企业对个人)、C2C(个人对个人)三种。电子商务网站发展到今天,已经演变为混模式交易网站,即网站同时存在两种或者三种交易类型。交易型社区在交易过程中充当中间商或者提供交易平台的角色,中间商收取交易差价,交易平台收取的是交易佣金,如淘宝网、阿里巴巴网。主题型社区则是指由于某些共同主题而引发成员参与、聚集,这些主题因为性质的不同满足了成员的不同需求。

Szmigin 和 Canning 等人根据社群目标是否是利润最大化和社群关注对话还是信息传

---

① Hagel J. Net gain:*Expanding Markets Through Virtual Communities*,Journal of Interactive Marketing,1999,13(1):55-65.

递两个维度,将虚拟社群分为四类①,具体如表3-1所示。

表3-1 虚拟社群的四种类型

维　　度	非利润最大化组织	利润最大化组织
关注对话	帮助社群(重视内容)	价值交换社群(关注顾客)
关注信息传递	粉丝俱乐部(重视兴趣)	防御组织(关注供应商)

1. 帮助社群

帮助社群最重视的是内容,如专家留言板、特别兴趣小组等。这个社群中的人们有共同的兴趣和专业知识背景,分享和交流想法,相互帮忙解决问题,这一社群重视内容而不看重利润。

2. 粉丝俱乐部

粉丝俱乐部和兴趣有关,经常由商业组织经营,但利润最大化不是其目的,主要提供大量的信息、互动游戏和聊天设施。

3. 价值交换社群

价值交换社群的目标是利润最大化,这种社群允许顾客踊跃互动和交谈,不一定由品牌拥有者经营,可能是品牌使用者自发成立的,许多品牌网站都属于价值交换社群。

4. 防御组织

防御组织大多是公司网站,提供信息但提供的互动机会很少。

虚拟社群内部一般以公告栏、群组讨论、社区通信、社区成员列表、在线聊天等形式存在,有些社区同时为用户提供电子邮件、网络硬盘、电子贺卡、博客等各种服务,以吸引和留住用户。虚拟社区的无地域时间限制的特点,主要体现出用户自主性的特点,吸引大量的用户无限制地交流和分享。

虚拟社群的发展很迅猛,各种类型的社区相继出现,并展现出了其巨大人气和强大的生命力。有像天涯虚拟社区这样综合型社区、类似淘宝网的交易型社区、百度贴吧一类的讨论区、腾讯社区类的兴趣游戏区、新浪等网站的名人博客等。

(三) 虚拟社群的特点

一般认为,虚拟社群的特点主要有三个方面:跨地域性、虚拟性和空间性。跨地域性是虚拟社群最重要的特征,这是网络的特点决定的。虚拟性则是以现实社区的实在性为基础的。虚拟社群的空间则指的是借助于电子计算机技术和远程通信技术建立的数字化空间。

第一,虚拟社群是现实社会群体的发展,通常能够保存一些真实社群的特征。虚拟社群既保有大量的传统,也发展出一些创新。保留的是社会成员的互动和信任,创新的则是对陌生参与者的"信任概化"。② 在中国的新媒体社群中,地域扮演了非常重要的角色,以地域为分界,是中国人地缘观念的表现。共同的地域文化背景、大致相同的价值观取向,在虚拟社群中容易形成相对单一的观念。

---

① Reppel A E, Szmigin I, Canning L: *Online Community: Enhancing The Relationship Marketing Concept Through Customer Bonding*, International Journal of Service Industry Management, 2005, volume 16(16):480-496.
② 王贵斌:《Web2.0时代网络公共舆论研究》,中国传媒大学出版社,2015年版。

第二,虚拟性包括空间的虚拟性和身份的虚拟性。虚拟社区中的社群存在于虚拟的网络空间中,没有实际意义的地理位置,因此不受空间约束。虚拟社区中的社群成员通常用虚拟匿名的 ID 参与交互,社群成员并不知道与自己交流、互动的人的真实身份。

第三,实体中的社群是由地缘、血缘、友情等促成的,虚拟社群通常是由来自世界各地的共同兴趣、需要或目标的网络用户自发形成的。共同的兴趣、需要和目标是虚拟社区中社群形成的主要原因。

第四,以社群成员为中心,主要体现在两个方面:一是社群内容来自社群成员,社群具有开放、民主、平等和自治的特点。社群成员产生了话题和内容,为虚拟社区不断作出贡献。任何网络用户都可以比较自由地参与或退出虚拟社群;二是社群交互不受外貌、财力、权力、种族和宗教等因素的影响;社群成员可以真实、自如地表达自己的观点和看法;虚拟社区的建设和管理由社群成员自己完成。

第五,虚拟社群也属于社会群体,社群成员在长期的交流和互动中会建立或强或弱的关系。通常而言,以社交为导向的社群中社会联系相对较强,比如 QQ 群、朋友圈,等等,以内容为导向的社群中社会联系相对较弱。

虚拟社群也有惯例、仪式与表达模式,这些构成虚拟社区与现实社群的相通之处,也有不同之处,有学者从文化角度探讨了虚拟社群的特点:虚拟社群是无时空限制的物理空间;虚拟社群是可以自由表达意愿和进行辩论的场所;在大多数虚拟社群里都可以感觉到民主精神,但是等级也并非不存在。一个有吸引力的虚拟社群应该具有以下几个文化特点:

(1) 多元性:在虚拟社群里多种思潮并存显得非常普遍,体现了网络文化包容、开放的特点。

(2) 多样性:表现为不同性别、不同性格和不同文化背景的人都能够在虚拟社群中找到自己的栖身之处,并且能够找到与自己志同道合的人。

(3) 开放性:开放的环境是一个虚拟社群存在的基础。

有的学者则从虚拟社群经营的角度归纳了虚拟社区的几个特征:清楚的目的和视图;灵活的小地方;成员角色(游客、新手、普通成员、领导者);社区协调和领导(如社区领导)以及在线、离线事件。

笔者根据所搜集到的资料,总结出虚拟社群的特点:它除了要通过以计算机、移动电话等高科技通信技术为媒介的沟通才能得以存在,具有网络的虚拟性特征外,还有超时空性时;交互性、便利性、实时性、私人性、去中心化;低成本、多媒体及无国界;非线性文本等特性。

(四) 虚拟社群的运作机制

互联网发展到今天,经历了产生、发展、普及的过程,从 Web 1.0 时代发展到 Web2.0 时代,再到 Web3.0 时代;与此同步,虚拟社群的发展也从 1.0 时代发展到了 3.0 时代。

互联网 Web1.0 到 Web2.0 的转变,具体地说,从模式上是单纯的"读"向"写"、"共同建设"发展;从基本构成单元上,是由"网页"向"发表/记录的信息"发展;从工具上,是由互联网浏览器向阅读器等各类浏览器发展;运行机制上,由 Client Server 向 Web Services 转变;作者由程序员等专业人士向普通用户发展;应用上由初级的"滑稽"的应用向全面大量应用发展。由 Web1.0 单纯通过网络浏览器浏览 HTML 网页模式向内容更丰富、联系性更强、工具性更强的 Web2.0 互联网模式发展，这已经成为互联网发展的必然趋势。[①] Web2.0 强调的是信息的交互性，互联网用户既是信息的浏览者，也是信息的制造者，不再是被动阅读、接受信息，用户与用户之间，用户与网络之间的双向交流实现了社会化网络的构建。

Web3.0 的虚拟社群发展，不仅体现出"自媒体"特点，更体现出一种信息自由整合、业务极度聚合的"自系统"特点。各种微博粉丝社群和微信社群得到了极大的发展。虚拟社群交互式借助网络实现人与人之间的交流和互动。参与社群交互的目的多种多样：寻找志同道合的朋友；获取信息、娱乐，寻找自我认同感和社会认同感，等等。人们在虚拟社群的行为方式与在日常生活中有很大不同，人们在虚拟社群中并不排斥与"陌生人"交往并建立关系，虚拟社群提供了一种在现实生活中无法满足或实现的互动方式。为什么人们更倾向于在虚拟社群中与"陌生人"交互？

1. 虚拟社群交互的参与动机

一般而言，人们参与虚拟社群交互的动机分为个人动机和生活动机。其中个人动机又分为外在动机和内在动机。社会动机包括社区发展、社会认同、互惠、归属感和群体规范等。

外在动机由外在因素激发，比如奖励、声望和形象等，用户的参与行为是由预期结果激发的。人们之所以参与专业性在线社群，是因为可获得具体领域的信息，如美食爱好者和餐饮业从业者可在网上论坛上分享与食物有关的想法和观点。感知到的价值也是影响参与行为的关键因素。比如维持人际关系、发现自我、实现目标价值。

内在动机与外在动机是相对的，内在动机关注活动本身而非活动的结果，主要来自美好的感觉和享受，感知到社群价值、自我价值，自我效能，学习，帮助他人的愉悦感。人们之所以参与兴趣社群、幻想社群和关系社群，是因为它们能带来分享的兴趣、帮助他人的美好享受、能感知到自我价值。

社会动机是指人们对社群及其他成员和自身的期许和情感引发的行为倾向，包括社群成长、社会认同、互惠和归属感。社群有用，用户从社群中得到帮助，从而形成一种互惠、信任的互动关系，继而影响到用户的参与动机。

2. 虚拟社群的交互模型

持续的互动是维持社群的最重要的条件和因素。随着互联网技术的深入发展，参与社群交互的人数也急剧增长，社群交互拓宽了人们的交流渠道，带来了巨大的商业价值。虚拟社群的交互模型互动具体可以分为四类，如图 3-1 所示。

独白型是一种单向沟通，接收者对谈话的控制能力很低，发送者创建并传播内容、吸引听众、促销产品或服务、创建品牌，大多数企业网站属于独白型。

反馈型是指接收者有限参与。

双向交谈型属于双向沟通，但发送者仍在沟通过程中居于主要地位。比如电子商务发送者可提供产品和服务；接收者挑选产品并下订单。

对等交流型是一种对称的交互模型每个人发送信息与接收信息的机会是一样的。

但是反馈型社群交互中的沟通并不完全是单向沟通，而将沟通方向分为完全单向、一定双向、较多双向、完全双向；将接受这控制水平由低到高分为完全没有、有一定、较多、与发送

[①] 吴清玲：《综合型虚拟社区的发展模式及其商业价值研究》，南京财经大学硕士论文，2006年。

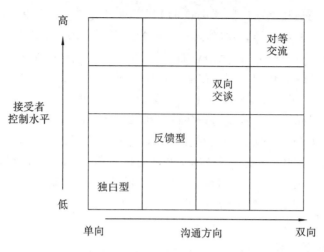

图 3-1　阶梯型社群交互模型

者同等。

3. 新型虚拟社群

在信息碎片化的多屏时代,如何进一步与用户建立深度的情感链接,吸引消费者成为某一种消费品、知识或者某一种观念的履行者是虚拟社群日益繁荣背后的根本原因。传统销售时代,客户与品牌的关系往往只存在于交易过程中,一旦交易完成,两者几乎不再有任何联系。但社群可以做到和客户保持长久的关系,形成自己可以任意支配的流量渠道。

群并不等于社群,比如随便拉个好朋友,建个群,这就是真正的社群了吗?并不是。一群价值观、理念相同的人,为了某个共同的目标聚集起来,建立一个群彼此连接,被称为社群。社群的成员需要有相同的爱好,社群需要有情感连接,社群需要有共同的目标。在目标面前,大家的活动都是围绕目标进行的,持续的"运动"是保证社群生命力的根本因素,没有目标,社群便没有"运动"。比如时下的各种宝妈社群,有照顾孩子的话题,有与老公情感问题的交流,还有跟婆婆相处的问题,等等,这些极有共鸣的问题是妈妈社群的情感连接所在。例如有一位妈妈,她自己十分热爱旅游,自己去过 40 多个国家,带 5 岁多的孩子走过 30 多个国家,在社群中,她愿意和大家分享带孩子出去旅游的经验和游记,包括一些经历的教训,都愿意拿出来和其他妈妈分享,很多喜欢旅游、喜欢亲子旅游的人都加入社群做她的粉丝,她帮助很多带孩子出去旅游的妈妈实现了生活中的目标,同时也赋予了社群某种价值。社群的力量,是每一个社群成员都能够在社群里得到一些帮助,也可以帮助到其他人,这种良性互动是保证社群生命力的根本因素。

(五)虚拟社群存在的问题

虚拟社群的存在和繁荣,给网民提供了极大的自由度和交流空间。从规模上看,网民交流可以突破时空限制,其社会网络中的节点可以超越传统的生活范围;从交流的活跃度上,新媒体技术不断提供各种交流工具与手段供其使用,可以有效提高网民之间交流的频率和深度,从而整体提高交流的质量,带来更丰富的交往体验和报偿,但不可忽视的是,虚拟社群同样有着自身难以克服的局限性。

1. 使用成本高

虚拟社群虽然使人获得现实社会中无法获得的自由和放松,但目前虚拟社群的使用的成本仍是比较高的。我国地区经济和技术发展不平衡,使用虚拟社群者相对都是文化素质较高、收入较高、较具社会影响力的阶层,这一定程度上造成虚拟社群客观上的不平等。

2. 监管难到位

虚拟社群对现实社会网络的复制过程中,会有意或无意删除或夸大一些细节,造成虚拟社群发展的失真和迷乱,虚拟社群管理失范的问题较为突出。

3. 人际关系弱

虚拟社群的人际关系显得比较脆弱,借代号来隐匿部分的身份,虚拟社群的成员每个人都可以自由选择自己的身份、立场、交流方法,并伴随着明确的隐秘性。虽然大多网站已经倡导实名制,但在实施上仍有漏洞,很多人仍然以虚拟的身份在社群里活动。

4. 心态易失衡

网民如沉溺于网络社群的虚拟世界,把虚拟社群当成逃避现实的避风港,自然会冷淡或忽略现实人际关系,造成网民与现实的隔阂,对网民的社会生存造成不良影响。虚拟社区的成员常犯的错误就是,把理想和现实混淆,强烈的反差使他们对现实充满了失望、误解、愤怒,甚至还有几分悲哀和沮丧。

案例:知名虚拟社区和虚拟社群

1. 鹿晗社群

鹿晗是国内新生代偶像中最具有代表性的人物之一,其粉丝社群也是粉丝参与程度最深、粉丝文化较为成熟的典型代表。大型粉丝活动现场,粉丝们都自动有秩序的进场,有规律地统一行动,粉丝的价值观和目标趋同形成了固定的做事风格。这不仅仅是因为他们歌唱得好、舞跳得好,最关键的是他们是一群人的代表。

虎嗅网曾经对鹿晗新浪微博的粉丝做了一次数据分析,对鹿晗的粉丝画像进行了描述。从性别比例来看,男女比例达到1:4;在年龄层的分布上,53%的粉丝是不超过24岁的90后,他们是鹿晗粉丝的主力军,同时有25%的80后和11%的70后粉丝,粉丝的平均年龄不高,以青少年为主。粉丝社群成员之间有着很强的情感凝聚力。这种凝聚力表现在线下的粉丝应援活动中,粉丝们为了偶像相聚在一起,并想把自己心里的祝福送给鹿晗。鹿晗牵绊着粉丝彼此之间的关系,让本来素不相识的分散个体成为因为喜欢鹿晗而结缘的朋友。这种情感的一致性让成员之间更容易建立交往,高度的情感凝聚让粉丝社群的集体化程度更高。鹿晗粉丝社群的另外一个特征是流动性和情绪也非常明显。尽管互联网挣脱传统媒体的角色让粉丝与偶像间形成互动,亲近了的关系,但这仍然是一种在虚拟场景中建立的网络关系,是一种交往幻想。即所谓伪社会关系中的熟悉的陌生人。在这种虚拟关系下,粉丝的流动成为一种必然。

粉丝通过网络实现线上的连通,在以贴吧和微吧等粉丝官方微博、微博站子为平台的虚拟空间中集结,并会有粉丝自发组织成为粉丝团。在社群内,会有核心成员发起线上打榜活动,粉丝们日常会完成一定的任务,这种任务不具有强制性,但成员往往会将这些事情当作每日必做的工作。如果偶像有作品或节目播放,就会有各种微博控评和不同的观看任务。微博热度以及微博超级话题榜是鹿晗粉丝非常重视的工作,2016年♯鹿晗♯超级话题阅读量突破1000亿,问鼎明星话题榜冠军,成为新浪微博第一位话题破千亿的艺人。在2017年,鹿晗新浪微博的粉丝量达到了4000万,还创下了一条微博回复破1亿评论的世界吉尼斯纪录。鹿晗连续多次获得吉尼斯世界纪录,其中连续两次都是"最多评论的博文"记录的获得者,所以其社群被评为国内最活跃、最具商业价值的社群。

2. 天涯社区(资料来源 钟智锦、廖小欧、游宇霞:《网络社会中的情绪感染现象——以环境类议题与爱国主义类议题的实证研究》,《新闻记者》,2019年9月;王艺:《网络虚拟空间的"非理性互动"类型及影响因素》,《现代传播》,2018年第10期;尹章池:《新媒体概论》,北京大学出版社,2017年5月)

天涯社区创办于1999年3月,特色以开放、包容、充满人文关怀而著称,以论坛、部落、博客为基础交流方式,综合提供个人空间、相册、音乐盒子、企业空间、购物街、无线客户端、分类信息、站内消息、来吧、问答等一系列功能服务,并以人文情感为特色,是极受全球华人网民推崇的综合性虚拟社区和大型网络社交的平台。其内容板块上设置了天涯相册、天涯邮局、天涯收藏、天涯游戏、天涯问答、天涯来吧,等等,其中关于茶舍、天涯杂谈、情感天地等版块日页面浏览量超过150万人次,每个版块的影响力都不容小觑。天涯论坛每月覆盖品质用户过亿人,拥有上千万高忠诚度、高质量用户群所产生的超强人气、人文体验和互动原创内容。2008年天涯启动开放平台战略,并开始构建天涯生态营销体系,研发成功了新一代网络广告产品,是中国社区营销的领航者。

天涯社区出现过不少具有社会影响力的注册用户,比如《武林外传》总编剧宁财神、著名网络作家慕容雪村、著名时评家十年砍柴等,还曾多次获得社区大奖:

1999年12月,天涯社区获中国"最有人情味社区"(认定单位:《电脑报》);2004年3月,在互联网实验室发布的研究报告中,天涯社区作为综合社区类网站,成为中国大陆地区唯一上榜的全球500强网站之一(认定单位:《互联网实验室》);2004年12月,在"中国BBS社区100强"评选中,天涯社区获综合排名第一位;2008年10月,获中国商业互联网十年最具影响力社区奖;2009年,获2009网络生活价值榜——"年度最有价值网站(言论类)"(认定单位:《新周刊》)、2009中国互联网经济领袖论坛(i-ChinaForum2009)——最具影响力网络社区(认定单位:《互联网周刊》)、2009年度TOP MEDIA中国互联网市场领先社区论坛网站。

3. 豆瓣网

豆瓣(douban)是一个社区网站。网站由杨勃(网名"阿北")创立于2005年3月6日。该网站以书影音起家,提供关于书籍、电影、音乐等作品的信息,无论描述还是评论都由用户提供,是Web 2.0网站中具有特色的一个网站。网站还提供书影音推荐、线下同城活动、小组话题交流等多种服务功能,它更像一个集品味系统(读书、电影、音乐)、表达系统(我读、我看、我听)和交流系统(同城、小组、友邻)于一体的创新网络服务,一直致力于帮助都市人群发现生活中有用的事物。

在豆瓣上,你可以自由发表有关书籍、电影、音乐的评论。可以搜索别人的推荐,所有的内容、分类、筛选、排序都由用户产生和决定,甚至在豆瓣主页出现的内容上也取决于你的选择。豆瓣表面上看是一个评论(书评、影评、乐评)网站,但实际上它却提供了书目推荐和以共同兴趣交友等多种服务功能,它更像一个集Blog、交友、小组、收藏于一体的新型社区网络。

豆瓣的核心用户群是具有良好教育背景的都市青年,包括白领及大学生。他们热爱生活,除了阅读、看电影、听音乐,更活跃于豆瓣小组、小站,对吃、穿、住、用、行等进行热烈的讨论。他们热衷参与各种有趣的线上、线下活动,拥有各种鬼马创意,是互联网上流行风尚的发起者和推动者。豆瓣已渐渐成为他们生活中不可缺少的一部分。截至2013年9月,豆瓣注册用户已经超过7500万,日均PV为2.1亿。

4. 马蜂窝旅游网

马蜂窝旅游网(原名:蚂蜂窝旅行网)是陈罡和吕刚于2006年1月联合创办的,总部位于北京。马蜂窝旅游网站在自由行消费者的角度,帮助用户做出合理的旅游消费决策。UGC(用户创造内容)、旅游大数据、自由行交易平台是马蜂窝的三大核心竞争力,社交基因是马蜂窝区别于其他在线旅游网站的本质特征。

马蜂窝旅游网的主要功能有酒店预订、当地游、自由行、移动应用、数据研究中心、寻找旅行家、旅行制片厂。社区产品中设有游记、旅游问答、足迹等栏目,社区趣味中设有打卡、照片PK等栏目。线下活动有蜂首聚乐部、撒野行动(撒野旅行团、撒野旅行基金、旅行大篷车、攻略全世界网红墙、旅行人格酒店)。

马蜂窝用户通过交互生成内容,经由数据挖掘和分析,这些内容形成结构化的旅游数据并循环流动。马蜂窝依据用户偏好及其行为习惯,对应提供个性化的旅行信息、自由行产品交易及服务;全球的OTA、酒店、邮轮、民宿、当地旅行社等旅游产品供应商通过马蜂窝的旅游大数据与消费者精准匹配,节省营销费用,并能获得不菲的收入。

马蜂窝旅游网是广受中国年轻一代追捧的旅行网站。2011年10月,马蜂窝获500万美元的A轮融资和200万美元无息贷款;2013年4月,马蜂窝获1500万美元的B轮融资;2015年2月,马蜂窝获逾亿美金的C轮融资;2018年2月6日,"蚂蜂窝旅行网"正式更名为"马蜂窝旅游网";马蜂窝业务范围涵盖自由行、酒店、机票、当地游等领域。2018年12月21日,马蜂窝旅游网在北京召开了以"共创产业新生态"为主题的新旅游电商大会。

5. 磨房

磨房是深圳最大的户外运动网站,成立于2000年6月。迄今已有注册会员五万以上。磨房聚集了众多自助游爱好者在,在圈内影响巨大。但是多年来一直坚持非赢利的模式,其网站收入均来自广告,用以对付网站的运营管理,而不是为自助游者提供收费服务。磨房本着安全、环保、自助的出行理念,在几年运作过程中探索了各种保障网站顺利运转的准则,如:头驴认证制度、活动召集人数上限等。还成立了磨房公益基金,并组织一年一度的深圳百公里徒步活动。磨房的主题包括各类户外运动、活动召集、游记攻略、摄影DV等。

磨房里聚集着一群喜欢自助旅行和户外运动的人。喜欢背了包出去玩的人,先是在圈内再以后被圈外称为驴子。驴子风吹日晒拉磨辛苦,驴子聚集的地方自然成了辛苦拉磨的磨房。磨房的宗旨是磨房不是旅行社也不是俱乐部磨房是个分享快乐的交流平台,发表在论坛上的文章基本上都是与自助旅行和户外运动相关的内容。

磨房社区因其定位特殊,所有活动均需落实到现实中,因此网上网下关联活动远远高于其他类型的社区。磨房的主题是户外运动,因此网友之间的交流一部分是在线上,更多的是在线下一起活动。无论是爬山、穿越都需要有组织者召集、实地参与。几个关键词如生命、金钱、道德在磨房活动中都有涉及;ID不是虚无缥缈的,背后都是鲜活的生命;而此处的身份认同也不同于一般社区的文字表达能力,在此人品和行走能力成为重要指标。

6. 其他虚拟社区

(1) 西祠胡同。

西祠胡同可以说是发展较早的虚拟社区之一,极具个性和人文色彩,网络界人士普遍认为西祠胡同是一个有高度潜力的优质资产。从2003年开始正式发展收费用户,开创了一个互联网时代用新的形式去赢利的模式,但其收入主要来源是短信和广告业务。

(2) 21CN。

21CN社区,明确定位于"中国最具有娱乐特色的综合门户",集合"宽频娱乐""短信""y男女""电子邮箱""企业应用服务""网络游戏""媒体""网络营销"等多种服务,打造娱乐综合门户。

(3) 凯迪社区。

凯迪社区创办于1999年,定位是"三贴近",即贴近生活、贴近现实、贴近政治,其"猫眼看人""笑话人生""甜蜜旅程"版块表现活跃,关注民生、关注社会热点,一直保持着特立独行的风格。

(4) 奇虎社区。

奇虎社区定位于Web2.0时代的搜索引擎,主要业务为社区搜索,目前在国内已经是一流的论坛搜索引擎和技术服务提供商。其力推的"蜘蛛计划"(向广大中小社区免费提供的社区搜索技术)目的在于建立社区搜索联盟,网聚人气,建立广告发布载体,为Web2.0搜索业务铺路。

(5)大旗网。

大旗网,已经跻身全球最大二十家中文网站行列,通过聚合全球数十万个中文论坛的精华内容,将最好的互联网社区原创内容集中呈现给网民,倡导"顶"文化,定位于Web2.0信息聚合,目标成为聚合门户。其采用了"搜索引擎+人工编辑"的双重萃取策略,将有价值的、值得分享的信息呈现在网站页面;同时将对网络社区BBS的聚合经验拓展到包括博客、播客等所有Web2.0原创信息,与合作伙伴分享点击流量,建立双方共享平台,促进聚合模式的发展。

(6)猫扑网。

猫扑网是一个集大杂烩、交友、视频、BBS、音乐等产品为一体的娱乐互动门户。猫扑充分发挥用户自主性,将新闻内容与用户主观能动性结合,交互性大大加强,开创了中国互联网上全新的运作模式。其推广"极客"(Geek)概念,开放的网络文化,音频、视频结合的表现形式的"极客空间"是用户个性化的新体现模式,其立足于全力打造富媒体娱乐互动平台。

(7)百度贴吧。

百度贴吧于2003年12月创建,主要是利用搜索引擎技术提供用户顺畅的网络体验,建立一个在线的交流平台,其主要特点就是任何一个贴吧都可以形成一个社区,形成一个话语村落,每个人都可以成为贴吧主人,成为焦点,形成了贴吧辐射力强、聚合人群的特性。这种用户制造话题,自主管理的开放型网络社区模式,使百度贴吧迅速成为最大的中文交流平台。

第三节 新媒体与营销

一、新媒体营销的概念

新媒体营销指通过新媒体进行的营销活动。听起来似乎仅仅是改变了营销的一个领域或者渠道,但背后却是营销重点的转换,从追求覆盖量到精确获取访问量,还能够收集整理出访问的来源、访问时间、受众年龄、受众地域、生活习惯、消费习惯,相比传统营销,更精准、有效、节省时间。新媒体营销为受众提供了广泛参与的机会,单向传播转为双向传播、多向传播,传者与受众之间地位更为平等,以数字化形式传播,可以轻易复制扩散,容易引起病毒式的传播风暴。

营销的目的是卖出更多的产品和服务,从而产生更多的收入和利润。新媒体营销是营销效率提高的必然结果。使用数字技术可以使得营销预算以最有效的方式得到利用。从大众传播到数字化一对一传播的改变,意味着以往采用的以到达率和频次的广告付费方式的转变。虽然一些基本的营销准则仍会存在,比如产品定位和市场区隔,但新媒体渠道将人们连接起来,营销策划将建构在基于消费者实际行为的实时数据上并不断演化。一个前提是经由新媒体传播的信息通常是可检索寻址的,这也使得营销人员可以与消费者进行持续、双向、个性化的对话。这种信息采集方式,可以像神经网络一样从一个消费者到另一个消费者。与此同时,营销人员也可以持续利用实时信息和用户的响应来完善和优化这种互动。

"通过利用数字技术,设计产品和服务的方式、生产、定价、分销以及促销的方式正在从根本上发生着改变。但这并不意味着在报纸和杂志上做广告的方法过时了,也不意味着直接邮寄广告和电话销售就不存在了,更不意味着对客户按兴趣分类和电话调查之类的市场调研就没有必要了。营销环境会被数字技术所统治,而且变得复杂得多,传统手段会成为它的一个组成部分。"①新媒体营销是基于特定产品的诉求和问题分析,对消费者进行针对性心理引导的一种营销模式。② 只不过借助于数字化技术,新媒体营销变得更为精准高效了。

二、新媒体营销的基本特征

(一)消费者变被动为主动

新媒体时代,消费者不再只是传播对象和旁观者。新媒体渠道给予消费者更多的主动权,消费者之间也有更多关联,加上移动终端的普及(智能手机、笔记本电脑、平板电脑),消费者可以在任何地方参与互动。如今的消费者更乐于参与而不是被动接收,他们会在网站、博客、播客、微博中表达自己的意愿。他们会主动利用各种渠道去比较、判断,甚至向产品及背后的服务人员提出质疑。原本从营销或商业角度都不是制作人的消费者,现在可以代替制作人,甚至把工作做得更好。每个人都是创造者,通过网络发布内容,营销人员也得以通过消费者的创造力,发动大规模的病毒式传播。

新媒体的终极价值在于赋予人类更大的自由度。营销人员必须明白用户哪些方面的自由被放大了,营销活动才能有的放矢。

首先,新媒体的蓬勃发展,使得人们可以随时获得任何想要的信息,越来越多的内容可以被平移,许多人从来不看电视,因为智能手机加上网络,他们可以随时随地获取音乐、新闻等。

其次,空间的自由。新媒体上的内容早已突破国界,一个人可以轻松跨越国界,链接到任何想要链接的网站,所有的信息都具备全球化的潜质。

再次,规模的自由。新媒体营销是目前最灵活的营销模式,可以覆盖所有人群,也可以只针对某部分特定人群。

最后,形式的自由。以往的营销传播形式相当程式化,20秒电视广播广告、报纸杂志平面广告,传播形式相当单调。新媒体营销则不然,视频、博客、微博可长可短,表达方式也千变万化,可以是剧情的短片,也可以长篇阐述,或者语录体的短文。

(二)从追求覆盖量到持续创造参与感

广告覆盖量曾经被视为营销最主要的指标,随着新媒体与消费者接触的渠道与日俱增,覆盖量的重要性也越来越低。新媒体拥有适合病毒式传播的天然环境,有效的新媒体营销

---

① 比尔·毕晓普:《数字时代的战略营销》,机械工业出版社,2000年版。
② 陈子清:《市场营销理论与实务》,上海财经大学出版社,2018年版。

达到率,远远超过它的支出。因此,传播的效果不单指知名度的扩大,也指消费者互动与涉入的程度加深,营销部门必须放弃"每千人成本"的概念,深入洞察哪些渠道可以产生更多的和参与者的互动。参与者的互动不仅要看用户花费的时间,还要看用户是否兴致勃勃地参与其中,做出响应并互相交流。新媒体营销人员需要和用户持续对话,也需要更好的策划与更明确的主张。

新媒体营销可以把数字信息处理成很有趣的形式,让客户们自觉自愿地一而再,再而三地回头来看。在传统的大众媒体广告中,着重注意煽情,因为传达信息的时间很短,或者篇幅很小,但是新媒体营销却不受这种限制。无须增加太多成本就可以在广告中加入任意多的信息。本质上,用户需要的通常是信息,而不是销售时的过分夸张,新媒体营销的促销手段更多地专注于思考与逻辑,因此能够长久地吸引住用户。

(三)并行的而非线性的

信息可追踪,也就意味着即使无数人使用同一种传播工具,营销人员还是可以和每一个用户直接沟通。一个具有互动能力的新媒体平台,人们会自然而然接受,产生互动,这是人类的天性,人天生是为了交流而存在的。传统的大众传媒的营销方式并不适合于新媒体,新媒体营销策划活动中,最重要的是找出适合自己的传播平台,然后构思出一个具有高度互动性的创意以鼓励消费者积极参与,通常消费者会根据他们自己的爱好帮助调整具体内容。

"在传统的营销环境中,各阶段按逻辑顺序实现。每件事都发生得很慢,反馈需要几个月,甚至几年。每做一个决定都需要收集一个阶段的有关信息。如果发生了一件错误,在发现并修正它之前的很长时间里,这个错误不为人所知;如果结果尚能让人满意,则成功需要几个月的时间,但这样浪费了时间和潜在的赚钱机会。相反,数字营销在本质上是并行的——不是线性的。在这种并行的环境中,所有的营销步骤同时发生:市场调研、产品开发以及客户反馈都同时发生。"[①]

三、新媒体营销的主要渠道

(一)微博营销

微博,即微博客(microblog)的简称。经历了微博引入、探索和群雄逐鹿之后,发展到今天,新浪微博一家独大,微博也成了新浪微博的代名词。新浪微博从最初的支持140字符的文字发布,到现在已进化到支持长文字、多图片、短视频和长图文的发布。2019年3月15日,新浪微博数据中心发布2018微博用户发展报告。报告显示,截至2018年第四季度,微博月活跃用户增至4.62亿,微博日活跃用户增至2亿;截至2018年11月,微博头部用户增至70万,同比增长37%(头部用户:粉丝规模>2万或月阅读量>10万的用户);微博大V增至4.73万,同比增长60%(大V定义:粉丝规模>50万或月阅读量>1000万的用户)。相比2017年,微博月活跃用户中,来自四级及以下城市的用户占比上升,继续保持下沉趋势[②]。其庞大的用户群体、活跃的用户状态,使得其在新闻舆论和综艺娱乐等方面有着绝对影响力,成为新媒体营销不可忽视的营销平台。艾瑞调研数据显示,60.8%的新媒体用户将

---

① 比尔·毕晓普:《数字时代的战略营销》,机械工业出版社,2000年版。
② 《新浪微博数据中心:2018微博用户发展报告》,查询于2019年3月15日。https://www.useit.com.cn/thread-22578-1-1.html。

微博、微信等社交媒体作为近3个月内获取资讯的主要方式。

  微博营销是指通过微博平台为商家、个人等创造价值而执行的一种营销方式，也是指商家或个人通过微博平台发现并满足用户的各类需求的商业行为方式。微博作为移动互联网时代新媒体的典型代表，具备鲜明的特点，微博传播模式表现为人人都是发布者和传播者、传播内容碎片化、传播效果裂变化等特征。微博的信息还可产生病毒式传播使微博具有极高的营销价值。对于企业和个人而言，微博的营销价值可分为四点来实现：品牌传播、客户关系管理、市场调查与产品开发推广、危机公关。微博是品牌传播的利器。

  以往绝大多数企业都在以传播的心态运作，有新产品上市就推出某种形式的广告，希望尽快赢得人们的眼球。实际上，相当多的人反感这种广而告之的方式，希望进行一对一的交流。企业开始意识到，在传统的传播方式以外，它们可以找到更加有效的工具。博客出现之前，发布新闻稿是公司传播信息最重要的方式。公司召开新闻发布会，或者邀请媒体记者采访，借助新闻媒体将相关信息发布出去，这是相对低成本的传播方式。但新闻稿及类似的传播方式存在弊端，虽然信息发布出去了，观众的响应却很迟缓。根据相关的研究成果，广播电视广告、报纸杂志广告及新闻稿的反馈率只有1%，广告主支付大量费用，大部分都被浪费了。

  微博提供了另外一种可能，可以帮助企业以超越新闻稿和传统媒体广告的方式来吸引顾客。当然，这种方式不会取代原来的方式，只是一种有效的补充。例如野兽派花店，没有实体店，甚至没有淘宝店，几张花卉礼盒的照片和140个字符的文字介绍，从2011年12月底开通微博，野兽派花店已经吸引十几万粉丝，连许多演艺界的明星都是它的常客。到底采用了什么样的营销方式，让传统的花店生意有如此鲜活的生命力呢？一位顾客在野兽派花店订花，希望能表现出莫奈的名作《睡莲》的意境，可是当时并没有合适的花材进行创作，几个月后，店主兼花艺师Amber想起日本直岛的地中美术馆，从中获得灵感，做成后来野兽派花店的镇店作品之一——《莫奈花园》。所有客人的故事是花束最终的表达，每束花都因为被赋予了丰满的故事而耐人寻味。有结婚周年快乐的，有父母安康的期盼，还有暗恋男同事的，等等，在日复一日寻常生活中，阅读140字符的离奇情节，也成为粉丝们的一种调节剂。针对不同的人群、送花与收花人的心境、文艺范的名字、包装完成的花束，只在微博上出售，顾客也是花店的粉丝，在微博上通过私信下订单，客服通过私信回答顾客的问题最终达成交易。就这样野兽派花店成为了花店中的奢侈品品牌。

  微博营销有着成本、低效果好的特点。140个字符的发布信息，远比博客发布容易，对于同样效果的广告则更加经济。与传统的大众媒体（报纸、流媒体、电视等）相比，受众同样广泛，前期一次投入，后期维护成本低廉。传播速度快是微博营销的第二个特点，微博的最显著特征之一就是其传播迅速快。一条微博在触发微博引爆点后短时间内互动性转发就可以抵达微博世界的每一个角落，达到短时间内最多的目击人数。覆盖面广是微博营销的第三个特点。微博信息支持各种平台，包括手机、电脑与其他传统媒体。同时传播的方式有多样性，转发非常方便。利用名人效应能够使事件的传播量呈几何级放大。微博内容可以方便地通过文字、图片、视频等多种方式展示。从人性化角度上，企业品牌的微博本身就可以将自己拟人化，更具亲和力。

  企业有自己的选择，可以利用微博，可以忽视微博。但假如企业不投身其中，很可能会被顾客忽略。现在的顾客越来越理性，他们要的不只是低价商品，他们还希望能够与企业建立联系,达成共识。持续打价格战、忽略顾客的公司注定会失败;重视顾客,与顾客交流的公司才能赢得未来。

拓展资料

（二）搜索引擎营销

搜索引擎营销是为了提高网站在搜索引擎中的可见度,而吸引更多访问者所做的努力,搜索引擎营销是使网站能够吸引新访问者的重要手段。由于新媒体时代信息大爆炸,人们高度依赖搜索引擎找到自己想要的信息。美国一项调查显示,有超过33%的搜索者在购物,有41%的网民利用搜索为购物做前期调查。如果公司名称或者产品未被列入搜索引擎的前几位,公司可能就会慢慢在商业竞争中出局,因为你不这样做,你的对手也会这样做。就算一个公司的网站并不期望做在线销售,顾客也必须能够找到网站,以便了解产品,下载信息,找到实体零售点的位置。比起那些随机点击广告条的用户,搜索者的目的性更强,对商家来说,这意味着精准营销有可能实现。此外,必须重视搜索引擎的另一个原因是,投入搜索引擎营销将事倍功半,成本较低。实际上,在所有营销手段中,搜索引擎营销产生的每个有效反馈的成本确实是最低的。

自然搜索引擎中绝大部分网页是由搜索引擎蜘蛛程序搜集来的,但这并不是唯一的方法。一些搜索引擎容许网站将数据发给它们,比如雅虎允许网站提供一个可信内容源,一旦收到这些网页,就把它们处理并存储在索引库中。当然,雅虎也会向这些网站收费。而谷歌这样的搜索引擎,因为恪守独特的价值观,从不接受类似的申请。

开展搜索引擎的方式有三种:自然搜索、目录列表、付费位置。自然搜索是指营销人员优化网页,等待蜘蛛程序的造访,然后网页名称出现在自然搜索的列表中。目录列表正是上文提到的雅虎模式,雅虎目录是历史最长的网站目录。付费位置是指谁付钱最多,搜索引擎就会显示谁的网页,营销人员需要和他人竞标,将自己的列表或者广告放在结果页面的最前端。例如,谷歌会将付费位置的列表显示为"赞助列表"。搜索引擎营销要使网页被搜索引擎收录,无论是自然搜索还是付费位置都如此。为了达到这一目标,首先要选择关键词,确定搜索者会键入哪些相关词汇,因为不同的搜索者会通过不同请求来寻找相同的信息。确定关键词后,营销人员就可以调整内容进行匹配了。

搜索引擎营销效用之大,从之前的一个案例就可以看出来,虽然那时候谷歌和百度还远没有现在强大。2000年11月,一家香港著名连锁酒店决定借助搜索引擎进行营销推广,委托专业搜索引擎服务机构对其网站进行优化,了解了客户的需求后,该机构建议先从50个关键词开始,对15家主要全球性英文搜索引擎及目录索引(Yahoo、Google、AltaVista、Aol Search、MSN、HotBot、ODP、Netscape等)进行优化注册。结果大大超出了预期,到2001年6月为止,在该酒店连锁的网站总访问量中,由搜索引擎引导的流量占到了7%—10%,而当期客房出租率与2001年1月相比激增了157%,

其中源自网上的订房率比2001年1月增加了137%。卓越亚马逊和当当网是整个互联网中对搜索引擎营销应用最熟练的公司,他们会动辄投入上百万的广告费用到搜索引擎上,当然搜索引擎也的确给他们带来了良好的收益。他们在搜索引擎领域的投入都在中国的前十名之列。在搜索引擎的选择上,百度是这两个网站的首选,他们都在百度投放了大量的关键词广告。在百度的投放费用上,卓越亚马逊的关键词投入费用大约是当当的1.5倍。当当网相对于卓越亚马逊而言,在这方面的投入较少。如果当当和卓越亚马逊选择同一个关键词,当当一定要占据第一的位置,而不考虑此关键词的成本,这在某种程度上也限制了当当覆盖更多的关键词。换而言之,当当对于关键词位置追求第一的营销目标更为执著。

（三）微信营销

在今天,微信作为一个营销平台的事实愈发明显。微信公众号、微店、朋友圈广告等功能的陆续上线和完善,让"微商圈和微营销"日益受到重视。微信在移动互联网中应用广泛,在移动互联网史上,微信应用拥有强大的用户量基础,是移动端用户使用最广的软件之一。凭借获取信息、沟通联系的方便性,智能手机挤占用户对于传统媒体的关注时间,微信公众号以及个人的微信朋友圈,都能为企业面向目标消费群体进行互动营销提供切入点。随着移动互联网的不断深化,企业营销也不断向移动端转移,根植于移动端的即时通信工具微信成为流量的超级入口。据2019年3月企鹅智酷发布的微信数据化报告显示,截至2019年第三季度,微信月活跃账户数11.51亿,同比去年的10.83亿上升6%,很多企业投入人力、物力、财力系统通过公众号和小程序吸引粉丝,可究竟该如何吸引、维护和管理分析,仍然需要细致探讨。

微信公众平台可以给个人和企业提供一个平台,让企业、商家和消费者实现特定群体的文字、图片和语音的全方位沟通和互动。因为亲密度高,所以其推送和满足需求都是十分个性化。这也就意味着微信营销满足的是企业和商家的信任打造和品牌维护。微信营销应该侧重于吸引更多人关注并通过内容和沟通成为产品和服务的忠实粉丝。这也是营销鱼塘理论的现实展现。早在2013年1月30日,南航微信发布第一个版本,就在国内首创推出微信值机效力。跟着功用的不断开发完善,机票预订、处理登机牌、航班动态查询、旅程查询与兑换、出行攻略、城市气候查询、机票验真等这些经过其他途径可以享受到的效力,用户都可经过与南航的微信互动来完成。

（四）网络游戏营销

网络游戏营销是指,以大型在线游戏的固定用户群为基础,在游戏场景中嵌入广告的传播形式。用户在玩游戏的同时,通过各种各样的方式接触广告信息,以一种无声的方式在不知不觉中接受广告信息,达到广告目标。当品牌形象跟游戏相符时,品牌授权具有很好的价值。如法拉利已经授权System3's公司在赛车游戏中使用自家品牌。在游戏中的静态曝光广告能够增加知名度,并且将游戏本身的价值转移到品牌身上。由静态广告发展到动态互动广告,将更能充分利用这个数字媒体的优势。

2009年中国网络游戏用户规模达2.65亿人,使用率68.9%,是所有互联网娱乐领域中唯一一个用户使用率上升的服务,行业收入也在不断增长,规模为265.6亿元,较2008年增长36%。网络游戏人群大多集中在大中城市,年龄分布在16岁至30岁之间,男性为绝大多数,用户每天玩游戏时间平均为6小时,每天花费3—6小时玩游戏的占整个游戏玩家的

28.17%。越来越多的人把更多的时间花在游戏上，对游戏用户来说，网络游戏的吸引力要远远大过电视。

与此同时，网络游戏是一个蕴藏巨大品牌推广机会的途径。游戏用户有很大的消费潜力，例如，20世纪80年代后出生的群体在手机等产品的更新速度上超越了其他年龄层次的人群，网络游戏者中有很多高收入者。此外，网络游戏广告以一种更自然、更亲和的方式出现，干扰性弱于其他各类媒体广告。广告价格也相对低廉，广告方式也更加灵活多变。

通常网络游戏营销有以下几种方式：

一是在网络游戏中将广告商品变成游戏道具，增强虚拟社会的真实感，使用户在娱乐互动的同时潜移默化地接受产品，产生很高的认知度。

二是将产品或品牌信息嵌入游戏环境。

三是将现实的商品与游戏内部的活动结合。

四是游戏品牌与广告主的品牌双方资源共享，流程包括：游戏形象授权、发布大型发布会，购买产品凭积分换游戏道具事件，品牌利用游戏道具、游戏时间等有效的利益回馈来吸引消费者。

通过道具与产品的关联，最大程度让用户认知产品的相关特性。道具植入与品牌植入两种形式最大的区别是品牌植入为静态，道具植入可以提升玩家在游戏中的某些属性，让玩家了解到更多的产品的功能。将产品或品牌信息嵌入游戏环境，则让受众更全面地认知品牌以及产品，比如匡威与中国女性玩家最钟爱的劲舞团合作，玩家在电脑上会感受到穿着匡威服装的游戏人物充满青春气息和时尚元素。

可以说，新媒体的平面化、破碎化使得企业必须投放各类型媒体才能有效影响受众，网络游戏最大的优势是聚集了品牌需要的受众，在他们玩游戏的时间里，他们心无旁骛，网络游戏营销可以巧妙地把品牌以及产品信息植入受众内心，品牌如果洞察了这一批人的行为习惯，把握受众需求，掌握适当的沟通方式，就能出奇制胜。简单来说，游戏植入"是将游戏当作电影或流行的电视节目。游戏植入广告具有所有电影植入广告的价值，例如知名度、建立品牌、游戏品牌对产品价值的增强等。而游戏植入广告的优势在于，消费者跟产品的互动是在一个长期的、动态的、专注性高的、有意义的环境中展开的。游戏让营销人能够同时展现产品的优势，这有时候在电视广告中是无法做到的"①。

网络游戏对于营销来说是新媒体之一，在这个新媒体中，有独特的营销环境。虚拟实境不仅是提供广告及建立品牌的场所，也可以销售商品，创造虚拟世界中的消费行为。当越来越多的消费者习惯于在虚拟及现实间游走，这两个世界将会互相冲击，彼此的界限将会越来越模糊。

（五）其他社会化媒体营销

社会化媒体营销是指人们利用社会化网络信息交流空间所进行的多种交流和表达，具体通过在线社区、博客、微博、微信等渠道传播和发布资讯，从而形成营销、销售、公共关系处理和客户关系服务维护及开拓的一种方式。社会化媒体引发了消费者行为改变。消费者行为是 AISAS 模式：从创意吸引了受众的关注和注意；创意的互动性激发了受众产生参与兴趣；然后受众开始搜索与诉求相关的品牌信息；在对品牌或者诉求有了足够了解之后，产生

---

① 肯特·沃泰姆等：《奥美的数字营销观点：新媒体与数字营销指南》，中信出版社，2009年版。

互动参与行动或者购买行动；最后分享产品的消费体验，形成口碑传播。①

社会化媒体营销的优势主要体现在以下几方面。

其一，社会化媒体使人们重新发现内容。正确的内容可以很自然地展示给数以亿计的访问者，访问者可以浏览不一定和商业有关的内容，如果他们喜欢内容里新颖、有趣、实用的营销信息，他们就可能利用社会化媒体站点告诉其他人，在不需任何营销力量介入的情况下，这些内容能够迅速散播到新用户那里。

其二，社会化媒体里的关系是稳固的。这种关系既存在于用户与用户之间，也存在于用户与企业之间。因为社会化网络具有人际关系网络的特征，许多社会化网络站点是以同事、朋友、同学这些关系为基础建立的，人与人之间的联系相对固定，信息的传播方向也相对固定，基本上以人际圈为单位传播。用户与企业之间则是一种长效的联系，一个企业如果真正重视网络社区成员的意见，必然会花费大量时间和资源在回答问题和反馈上，如果给那些定期交流的人留下了好印象，他们信赖企业的产品和服务，就一定会推荐给寻找相关产品和服务的朋友。

社会化媒体营销是一个长期的工程，需要循序渐进，持之以恒。对本土品牌来说，应该顺应中国的互联网环境，更懂得自己的目标受众的网络生存状态。中国目前有几亿网民，中国网民对于互联网的认知最大的属性是"资讯获取"而不是"讨论交流"。中国的互联网社会化，很多时候体现在社会新闻事件上。社会新闻事件发生后，散落在各个平台上的人的积极性会空前高涨，人们喜欢发言、谈论，甚至谩骂，也有深刻的思考。围绕"事件"的社会化媒体营销似乎成为主流。国外的例子有所不同。2008 年 3 月，星巴克推出了第一个社会化媒体网站："我的星巴克点子"（www.MyStarbucksIdea.com）。消费者可以提出各类针对星巴克产品和服务的建议，对其他人的建议进行投票评选和讨论，也可以看到星巴克对这些建议的反馈或采纳情况。星巴克从消费者那里获得了一些极具价值的设想和创意，用来开发新的饮品、改进服务体验和提高公司的整体经营状况。更为重要的是，通过"我的星巴克点子"网站与消费者交流，强化了顾客与星巴克的关系和归属感，提高了在广大消费者心目中关注消费者和悉心倾听消费者心声的形象。"我的星巴克点子"由四个组成部分：Share（提出自己的建议）、Vote（对各类建议进行投票评选）、Discuss（和其他读者以及星巴克的"创意伙伴"进行在线讨论）、See（了解星巴克对一些建议的采纳实施情况）。创建之日起，网站就产生了巨大的流量，前六个月，收到了约 75000 项建议，后面可以看到成百上千的相关评论和赞成票。星巴克派驻有几十名"创意伙伴"在"我的星巴克点子"上，他们是咖啡和食品、商店运营、社区管理、娱乐等领域的专家，负责在线听取消费者的建议、代表公司回答问题、交流星巴克采纳实施的消费者建议和正在进行的其他项目。

四、新媒体营销的基本原则

（一）放弃"控制权"观念

企业首先要承认不能再轻易控制用户的消息了。营销者可以通过新媒体渠道制造影响，用户也可以发表自己对公司和产品的看法，营销者应该倾听这些消息，因为这些消息的存在是客观的，是不以企业意志为转移的。透明变得很重要，新媒体营销的精髓就是公开，

---

① 李红新：《网络营销与策划》，西安交通大学出版社，2017 年版。

如果你将企业的主要目标和核心价值告诉听众,让他们知道哪些是公司认同的,哪些是公司不认同的,就完全不用害怕新媒体上的草根力量。正如英国《泰晤士报》说的,"虚伪的博主最终将被揭露并蒙羞"。

如果营销活动不能真实透明,最终一定会露馅,导致企业声誉受损。这方面的负面例子很多,试举一例。2006年,沃尔玛设计了一个名为"Wal-Marting Across America"(沃尔玛美国之行)的博客,这个博客记述两位美国工薪阶层的人环游美国,他们每天在沃尔玛停车场过夜。不过,此博客并不是沃尔玛的作品,实际上,它是由沃尔玛的公关公司爱德曼公司策划的。之后,很多博主和新闻帖子对参与者表示怀疑,并引述与口碑营销伦理有关的问题,这些指责最后都转移到了沃尔玛和爱德曼公司身上。两家公司不得不出面道歉。

放弃控制权还意味着营销方要主动调整自己的位置,顺应新媒体用户的普遍民意,两家航空公司的遭遇恰好说明这有多么重要。

第一家航空公司是美联航。2008年3月,加拿大乡村歌手卡罗尔乘坐美联航(美国联合航空公司)航班从加拿大哈利法克斯前往美国内布拉斯加,抵达芝加哥的奥哈雷机场时,行李工将他的行李随便乱扔。当卡罗尔拿到行李时,发现自己的吉他被摔坏了,这把吉他价值3000美元,为修好它,卡罗尔花费了1200美元,但是修好后的吉他无法弹奏出以前的音色。卡罗尔先后向美联航的服务部门投诉,总是得不到解决。于是卡罗尔将一首《美联航弄坏吉他》(United Breaks Guitars)拍成MV放在YouTube上。10天时间,这首歌的点击量接近400万次。美联航为此付出了巨大代价——股价暴跌10%,相当于蒸发掉1.8亿美元市值,还被数以百万计的网民指责。最终,不得不一改过去的冷漠和推诿,付给了卡罗尔赔偿金。

第二家航空公司是捷蓝航空,2007年2月,跑道结冰造成了捷蓝航空大面积的航班延误和部分旅客被搁置在飞机上10多个小时,捷蓝航空CEO通过YouTube发布视频进行真诚道歉。消费者原谅了捷蓝航空,许多人留言:"我确实很尊重这家伙。他们犯了错误,但是他们仍然是我所喜欢的一家航空公司。他们的服务一直很不错,这次确实做得很不好,但是你不能仅仅通过这一次去下结论。""这是他们第一次犯错误,在这之前和以后也许还有些小错误,但是你必须要犯错误才可以长大。他们并不是完美无瑕的,所有的航空公司都会犯错误。人们从错误中学习,Neeleman在很真诚地对受影响的人们道歉,并给他们退款,他告诉客人他们将如何改变。"捷蓝航空的危机应对表明,在新媒体时代,公司不应该对自己的错误保持沉默,透明度意味着从一开始就要保持公开,如果犯错了就要勇于承认,并承诺不再犯同样的错误。

(二) 营销即服务

营销即服务,是新媒体发展所催生的科技革命,将颠覆传统的经济增长模式和商业模式。消费者的需求正在向更加个性化、差异化与情感化方向发展,其需求不仅包括有形商品,还包括有形商品所带来的一种情绪上、体力上、智力上以及精神上的体验。由此,企业的经营将发生重大转变,为消费者提供更加周到、个性化的服务将成为企业生存的基础与核心使命。3D打印的普及将使个性化的私人定制成为制造业的主要业态形式;电子商务、移动支付的全面普及将使实体店转变为体验店、服务店,零售业的业态形式将发生巨大变化。与此同时,企业形态也将发生巨大变化,企业发展更加取决于其异质性、专业性的知识创造与服务创新能力,企业组织架构、生产运营能力通过云计算根据市场需求实时搭建起来,更加柔性化、专业化的企业组织结构将成为主流。

(三)找到"引爆点"

美国作家格拉德威尔在《引爆点》一书中提出:"当我们试图使一种思想、一种观念、一个产品为别人所接受,我们实际上是在改变我们的听众,虽然是从小的方面,却是很重要的方面在改变他们。这个目的可以通过特殊人群,即那些有着非凡人际关系的人的影响力来实现。"也就是说,只要接触到了信息的守门人,就能够接触到其他更多的人。

通常来说,新媒体世界里的三种人可能成为意见领袖,找到他们,就找到了营销的突破口。

其一,生产消费者。生产消费者会参与到产品的设计和生产过程中,以其对新产品的狂热和对新思想的积极接纳而闻名,他们聪明、活跃、精通技术。从营销的角度看,他们与早期使用者非常相似。他们通常是第一批对产品做出评价的消费者,决定该产品是否受欢迎,并且举出各种理由和事实来支持他们的决定。对企业来说,赢得他们是一场至关重要的战役。

其二,自媒体从业人员。自媒体账号,按照粉丝规模可以划分为头部、中腰部及长尾三类;按照创意内容的深度可以划分为垂直类、泛娱乐类。随着用户对于内容质量的要求提升,垂直类账户的价值逐步凸显,品牌方在进行账号选择时通常也会更偏好垂直类账户,垂直领域账户品牌复投比例相对更高。他们在某些方面有相当的专业能力和个性化的展示,集聚了大量粉丝。如淘宝主播薇娅就有很强的号召力,粉丝数量甚至达 1700 多万,2016 年 5 月,薇娅正式成为淘宝直播的一名主播,四个月后引导成交额达到了 1 个亿。2018 年 9 月 27 日,薇娅直播 5 小时 38 分钟,销售额达到 1.02 亿,再次创造单场直播奇迹。11.11,她的销售额,高达 2.67 亿。到了 2019 年 3 月,薇娅去韩国做了一场直播,观看用户达到 458 万人次,销售量 85 万单。

其三,那些活跃用户,善于反馈意见的人。他们在微博、微信等各种互联网应用上是重要的发声者。

一些微博大 V 也是营销人员需要重点关注的对象。2011 年 9 月开始,老罗英语培训创始人罗永浩连续发布微博,指出西门子冰箱存在"门关不严"问题。罗永浩的微博很快得到众多西门子用户的响应,最终引发西门子用户集体维权行动。

案例:招商银行:西红柿炒蛋[1]

招商银行:西红柿炒蛋

(资料来源 金定海:《批评是有边际的,从招行广告"番茄炒蛋引发的批评谈起"》,《声屏世界 广告》,2018 年 9 月;李蒙、王艺潼:《基于4P理论看刷屏视频广告的营销》,《传播力研究》,2018 年第 23 期;《番茄炒蛋的营销套路》,查询于 2020 年 11 月,https://www.sohu.com/a/202947981_549062)

该广告是招商银行为推广其留学生信用卡而推出的案例,不过随着广告的刷屏,网友们也提出了质疑,如存在过度煽情嫌疑,广告内容跟品牌相关度差,等等。

2017 年 11 月 1 日,招商银行在朋友圈投放了一只名为"你的世界,大于全世界"的视频广告。随后这只广告就像火点一般,在社交媒体中引发了裂变式传播,

---

[1] 《阿迪达斯:一场持续 3 天的全息营销战》,《中欧商业评论》,2009 年第 10 期。

成了无论是网友用户、意见领袖转发、评论,营销大号都在讨论的"热点"。

转发的朋友们纷纷表示:"看到飙泪,不知不觉就泪目了。"故事内容相信大家都已经知道了,就是一位出国在外的留学生,想在同学面前露一手,于是向大洋彼岸的母亲求助,最后留学生做出了满意的西红柿炒蛋,然而让留学生忽略的是,中美两地的时间差,留学生的母亲是深夜为儿子教学,感动满满。

这则广告以孩子不会做"西红柿炒蛋"为品牌故事的场景线索,参加聚会的留学生忘记时差向母亲咨询做菜方法。睡梦中的母亲收到孩子的消息当即就起床拍视频给孩子直播做西红柿炒蛋。有头有尾,将整个情景真实化,像看影片一样,让消费者成为观众;视角平民化,没有明星,没有大牌,平凡的素人成为故事主人公;探讨男主角是否是一个"巨婴"和"妈宝男"的话题,引发了争议和讨论。其中视频的情景再现不仅能够生动、深度地传达信息,并且给受众留有想象的空间,11月1日在朋友圈首发后,人们在浏览视频之后纷纷转发、评论。引发了朋友圈的病毒式传播。

招商银行在发布这则广告的第二天,《人民日报》就以图文的形式转发了这则广告,也收到了上千条的转发、评论和点赞。作为金融机构,银行总会给消费者以严肃、固化、传统的刻板印象,而招商银行这支《西红柿炒蛋》广告,选择通过朋友圈进行广告投放,创新传播方式改变消费者对品牌的认知,让人们看到招商银行在广告营销方面的创新和年轻化趋向。

一个刷屏式的营销,带来了高流量,但是高流量也带来了一个尴尬的处境——流量的转化。西红柿炒蛋视频的疯传强化了用户对招行信用卡的认知吗?强化了对留学生信用卡的认知吗?其实并没有,关联度不够,是这次营销事件的弊病所在。

用户感兴趣的是营销的内容,抢夺用户注意力的也是内容,而非是背后的品牌,品牌植入和内容创意之间的矛盾始终是存在的,二者并不太能统一,必须要有所取舍,为了更广泛传播必然要牺牲品牌植入深度,为了品牌植入深度必然要弱化品牌。

第四节 新媒体与娱乐

互联网和手机终端的兴起,催生出衍生于传统而又迥异于过去的新的娱乐方式。这种新的娱乐方式不仅吸引了新媒体用户的大量注意力,而且创造出了别样的娱乐新样态。在新媒体娱乐功能中,网络游戏、音乐、新媒体视频是三项使用率很高且具有代表性的娱乐应用。也因此,新媒体娱乐文化成为颠覆传统媒体统治地位的最有力的文化武器,甚至可以说是新媒体生存和发展的核心。①"娱乐集体主义"将会变成为"娱乐个人主义",娱乐方式也因此而发生变革,新媒体的数字娱乐平台将使娱乐活动变得更方便、灵活、快捷、多变、不稳定和随心所欲。

一、新媒体娱乐产生的背景

现代生活中,不管是生活或者是工作中的各种压力和紧张,都会导致人们常常想要脱离这个现实世界。《论娱乐的社会心理》论释道:"文化、技术和现代社会都将我们推到同一方向——娱乐。"而随着社会多元化和民主化进程的加快,网民的民主意识逐渐消解了单一媒介的权威性,多元化、互动化的个性信息成为信息传播的主流,传播环境从"我们"时代走向了"我"时代。

（一）传播主体走下神坛

数字化时代的传播环境已不同于过去,曾被传统媒介牢牢控制住的话语权开始从精英向大众释放。普通民众包括弱势群体和边缘群体也拥有了某种话语权,新媒体语境下受众的主观能动性大大提高,个体不仅是媒介内容的用户,更是媒介内容的创造者。

民主化、个性化的传播环境成为新媒体获得生存理由的重要因素:

一方面,媒介的迅速膨胀使得一切没有个性的东西都被人们忽视;另一方面,受众个性化程度的迅速提升,也使得人们对一切人云亦云的东西不屑一顾。借助网络的无碍空间,信息传播变得肆无忌惮,而这正好成就了渴望已久的民声。社会百态经由网络的力量变成了社会话题,民间的声音经由网络的传递变成了社会的主题。不同的呼声开始鹊起,真正的草根个性传播经由新媒体登上历史舞台。② 比如杨笠,2020年8月19日,在《脱口秀第三季》的一期节目中,杨笠因为一句"男生为什么明明看起来这么普通,但是他却可以那么自信"而引发热议。最终杨笠全场票数最高,在场外也得到了许多女性网友的支持,还有一群网友则认为杨笠的举例站不住脚,有故意贬低男性的嫌疑,只是为了取悦女性占比更大的观众,收割更多票数晋级,而非所谓的为女性发声。界面新闻评论道:在段子里讲到了女脱口秀演员很少,调侃了黑寡妇的超能力是衰老速度慢,讽刺了女性用"敲门"换取成功的现象,并把所有这些串成了一条关于女性困境的主线,段子里有她个人经历的投射和观察。

（二）新型受众的产生

在传统的传播观念中,信息传播者不仅是控制信息的"看门人",而且也是解释信息的"审判人",而传播的受众则只是信息的被动接受者。当时几乎所有的媒体信息传播,在受众选择上主要是追求一体化,以"所有"受众为假想受众。

受众对迎面而来的大量信息有了更大的选择权,点对面的传播方式将逐步分化,点对点的沟通方式已成为信息传播的主流,新媒体创造了与传统媒体不同的受众。

一是"主动的受众",由媒体给什么信息接受什么信息,变为想要什么信息去找什么信息。

二是"互动的受众",由单纯接受信息,变为可以参与信息加工和及时反馈。

三是"能动的受众",由受众身份变为受众、传者一体的身份,可以制作、传播、发布信息,

---

① 李建秋:《新媒体传播与娱乐形式》,《新闻界》,2008年第2期。
② 周敏:《新媒体娱乐"冲击波"》,《传媒》,2008年第5期。

而且这种主动的、热烈地参与成为一种特有的文化现象——粉丝经济。粉丝的生产力成为消费社会市场经济发展的重要推动力量,促成了一个又一个的经济神话。①

（三）受众需求急需满足

1. 受众的现实需求

与前几年相比,人们的生活节奏加快,受众处于不断移动变化之中,这导致了受众需求会发生较大的变化。现今,主要的传媒消费群体作为社会主流人群,更多地处在为生活而不断奔波的状态中,同时有强烈的信息和娱乐需求,这导致人们更多是在活动状态下接触传媒,而不再只是在安静状态下接触传媒;或更多是在边处理其他事物边接触传媒,而不是专门从传媒获取信息;或更多是在时间缝隙、时间碎片中从传媒获取信息。

这些都要求接收载体便携化,即信息接收载体和处理工具的便携化、小型化,它们既适应人们生活方式的变化,也推动人们生活方式的变化。它促使人们牺牲一部分对音质、对声场、对视觉享受的要求,选择了车载广播、移动电视和手机之类的移动信息接收工具,作为获取信息的工具。它促使人们更多地选择移动上网,推动互联网加快与移动通信的融合。

2. 受众的心理需求

新媒体技术的突飞猛进,物质生活的极大改善,都为网络娱乐文化提供了现实的生存土壤,合流形成了一股强大的文化娱乐消费潮流。张扬个性、追求时尚、崇尚快乐的时代已经取代了以往单调、个性被压抑的时代。娱乐本是人的天性,再加上现代生活的快节奏、激烈的竞争环境、巨大的工作压力造成了人们的精神压力普遍增大,促成了一种普遍的社会心理紧张,他们急需精神上的释放和休息,需要用娱乐来放松自己、摆脱压力感。

在这样的现实需求下,披着匿名的外衣,在网络这样一个最少受到管制和惩罚的自由世界里,充分张扬个性的网民找到了释放现实生活压力的最佳狂欢场所。人们借助网络"这一平台抹去历史的凝重感、现实的社会责任感,暂时抛弃庄严的理想和对终极意义的追求,在一个个直观、感性的网络娱乐作品之中,得到心理的置换和满足"。②

（四）新媒体自身发展的需要

生活方式和心态的变化,使得大众的选择越来越倾向于娱乐化。美国未来学家约翰·奈斯比特曾经抨击消费科技:"我们把科技当作玩具玩。"情况的确如此,"玩"的心态,娱乐的方式正在越来越快地渗入我们的生活之中。

在今天这个变幻莫测的世界上,娱乐被认为是日常生活中必不可少的一个因素。《哈佛商业评论》上发表的一篇文章也赞同这个观点:"公司本质上就是一个舞台,你要在这个舞台上,为你的客户、员工,也为了你的潜在客户,'秀'出你要卖的东西。"③新媒体自身的生存与竞争,迫使其去主动选择娱乐性的内容作为自己的内容支撑。新媒体娱乐整合成文字、图片、影像、音响等多种元素,这种立体化的给用户带来了逼真而生动的体验。

二、新媒体娱乐主要样式

信息社会之后将是娱乐社会,我们的所有生活都是为了娱乐,这是一个"生活的定律",

---

① 蔡骐:《大众传播中的粉丝现象研究》,新华出版社,2013年版。
② 王翠荣:《另类网络娱乐文化现象形成的原因探析》,《新闻传播》,2008年第10期。
③ 斯科特·麦克凯恩:《商业秀——体验经济时代企业经营的感情原则》,中信出版社,2003年版。

一切事物都将从生活走向娱乐、战争、电脑游戏、有线电视新闻网……那将是迪斯尼拥有世界的时代,这是"Linux之父"李纳斯·托沃兹做过的唯一预言。新媒体所提供的不同于传统的各种娱乐方式,恰恰成为人们能聊以慰藉、躲避压力的避风港。人们渴望通过网络娱乐新闻获得娱乐化的信息等内容,窥探到名人的隐私,获得某些娱乐刺激的内容,作为茶余饭后的谈资,从而获得愉悦的满足和自我减压,成为泛娱乐化现象风靡的一个缩影。

（一）聊天

网上聊天,在我国20世纪90年代出现,经历了文字、语音和视频聊天等发展阶段,QQ、MSN、微博、微信等聊天软件开始成为首选。最初,网上聊天只是极少数人掌握的尖端科学技术,后来逐渐平民化,成为许多人日常生活的一部分。

作为一种全新的生活和娱乐方式,网上聊天已不仅仅是一种个体行为,也是一种社会行为。它不需要现实生活的场景,不受时空、社会地位、现实身份的限制,具有跨文化、跨层级传播的特征。网上聊天为网民提供了同形形色色的人们直接交流和对话的机会,轻轻按动鼠标、敲打键盘,或者是戴上耳机、插上麦克风,不仅可以自由地向远方的陌生人倾诉我们的故事、表达我们感受,还可以让他们分享我们的快乐和忧伤,排解我们的烦恼。

当然,网上聊天激发的是一种人际交往的生活需求,人们可以畅所欲言,通过人与人之间的互相关注、评论、点赞、回复等网络交际行为,产生情感共鸣和一种自我展示意识的满足。

（二）音乐

音乐,是大众娱乐必不可少的休闲方式,在网络技术出现之前,传统的音乐传播方式为定时单向传播,音乐受众除了自己购买磁带、CD等欣赏外,还可以通过电台、电视台欣赏到喜欢的音乐。但个人的购买和收藏量是有限的,电台或电视音乐的选择性也很狭窄,欣赏者不能随时随地随自己的喜好去选择,很难形成与音乐之间的互动交流。

网络音乐,是一种依托于互联网技术发展起来的极具魅力的新型音乐形式,形成了数字化的音乐产品制作、传播和消费模式。这种通过电子信息网络传播和交易的电子化音乐,包括网站背景音乐、网络邮件音乐、网上点播音乐、FLASH动画音乐、贺卡音乐、网络游戏音乐、网络广告音乐及网络歌曲等。而根据其创新度的不同,也可将其分为三大类型,即原创歌曲、翻唱歌曲和改唱歌曲。

网络具有双向甚至多向交流的功能,使原有的人类交方式产生了重大的变革,音乐传播方式也转变为立体式发布,即时双向互动传播。网络音乐带给人们的是优越的选择,欣赏者地位由被动晋升到主动,甚至还可以将自己创作的音乐或演唱的歌曲放到网上,让大家评论。① 在这种平民化的创作和欣赏中,创作者只体验"我言故我在"的生存快感,受众也无须思索作品的微言大义。网络音乐创作者常以谐趣幽默、充满个性的语言,以明快的节奏和一目了然的结构建构作品。大多听众希望在有限的时间里宣泄情绪、放松身心,获得令自己愉悦的审美快感。于是,在线浏览这种无负担、无压力的轻松欣赏便给他们提供了愉悦的体验。网络音乐用率真、感性、碎片式的声音消解着审美领域中既有的话语权威,带给进入虚拟审美空间的人们最简单的快感式审美体验。②

---

① 丁波：《网络音乐的发展及影响研究》，《作家杂志》，2010年第9期。
② 陈辉：《新媒体时代网络音乐文化传播特征解析》，《中国音乐学（季刊）》，2009年第3期。

（三）网络游戏

网络游戏（Online Game），又称"在线游戏"，简称"网游"，是指以互联网为媒介依托，以游戏运营商服务器和用户计算机为处理终端，以游戏客户端软件为信息互动平台，来实现娱乐、休闲、交流和取得虚拟成就的具有相当可持续性的个体性多人在线游戏。网络游戏以空前的互动性和完整的虚拟社会架构，强势点燃了一个新型的娱乐狂潮。① 比如《赛博朋克2077》是知名游戏《巫师》系列开发商CD Projekt RED（简称CDPR）开发制作的一款角色扮演游戏。故事设定在黑暗腐败、科技高度发达的未来世界中，并且兼有开放世界元素与RPG机制。游戏支持包括波兰语、汉语、英语、法语、德语、葡萄牙语（巴西）、日语等10种不同语言的配音，所有配音都有相应的口型动画。在《赛博朋克2077》中，玩家被丢入了一个黑暗的未来社会。故事发生在一个叫作"夜之城（Night City）"的大都会，以它为背景游戏讲述了这样一个人挣扎的故事，他从小在街头长大，一直试图在贫民窟中间找到自己的出路，在帮派和产业巨头的无尽斗争中生存下去，在这个充满污垢和罪恶的城市中成长。毒品、暴力、贫穷和专政并没有在2077年消失，几十年过去了，人们仍然保留着那份贪婪、狭隘和懦弱。但是不断困扰人类的并不只有来自过去的幽灵，还有来自当代的新问题。

网络游戏对人具有"心理抚平"和促使"自我幻想"的娱乐功能，现代社会意识形态对人产生的文化与心理上的压力和控制在虚拟世界的游戏中被颠覆和解构。玩游戏或许是大众娱乐中最令人"心醉神迷"的"狂欢节"，也是自我快乐的"乌托邦"，它消除了人类现实生活中的"苦海"，带给人类幻想生活中的"快乐"。"游戏是亲密而安全的——我们分享着自己最深层的幻想，却没有人知道我们究竟是谁。总之，这种使人产生幻想的驱动力是一种非常人性化的驱动力。互动游戏允许我们做的就是分享我们自己的幻想（匿名而且安全），在它们上面构造幻想并且实施它们。"②"在电子游戏中心，正常的权力关系——在其中，现实/社会控制支配快乐/自我控制（从字面上说是被自我控制，而非控制自我）——是暂时的，但重要的是它是被逆转的。""玩游戏时的那种身体的紧张状态产生了享乐的时刻，这也是规避意识形态控制的时刻。"

下面我们重点介绍一下游戏的未来趋势——"体感游戏"。

体感游戏（Motion Sensing Game），顾名思义，用身体去感受的电子游戏。突破以往单纯以手柄按键输入的操作方式，体感游戏是一种通过肢体动作变化来进行（操作）的新型电子游戏。

拓展资料

网络游戏的种类繁多，智力游戏、动作游戏、体育游戏、冒险游戏、模拟游戏、谋略游戏，等等，网络游戏在给人身心带来极大的欢乐和放松的同时，也带来了一些问题。社会对网络游戏的评价一直是毁誉参半的，甚至更多

---

① 费菲：《瞬息万变的网络先锋》，山西经济出版社，2017年版。
② 摩尔：《皇帝的虚衣——因特网文化实情》，河北大学出版社，1998年版。

的是负面评价。在一定程度上,网络游戏自身的娱乐性本质,成为吸引青少年的沉溺其中的根源。部分网络游戏中的暴力、色情等不良因素,诱使一些未成年人误入人生的歧途。"网游猛于虎",是一些人形容网络游戏对青少年毒害时的叹息,"网瘾"已成为新时期较为流行的心理疾病。

（四）新媒体视频

我国最早的视频网站出现于2000年,当时被称为VOD,即在线视频点播。2006年,中国出现了大大小小200多家视频网站,其中既包括原有门户网站创建的视频专区和绝大部分自创的商业视频网站。2007年中国宽带用户接近6000万,成为新媒体网络视频发展最重要的推动力,2006年网络恶搞片《一个馒头引发的血案》和2008年北京奥运会的网络视频直播掀起了网络视频观看的热潮。2009年末,国家电视台CNTV正式上线,代表主流媒体声音进入网络视频传播领域。同年,湖南广电旗下的官方正式媒体芒果TV获得了该集团11个电视直播频道的直播、点播授权,参与竞争。2012年,优酷、土豆宣布结盟,合并成一家推出网络视频联播模式。短视频是指在各种新媒体平台上播放的,在移动状态和短时休闲状态下观看的、高频推送的视频内容,时长从数秒到十几分钟不等。内容融合了技能分享、幽默搞笑、时尚潮流、社会热点、街头采访、公益教育、广告创意、商业定制等主题。2020年10月13日,《2020中国网络视听发展研究报告》发布。报告显示,网络视听用户规模突破9亿,新增用户主要来自低线城市,其中五线城市用户增长33.6%。这些用户里,看短视频的占比为15.2%,网上看影视剧、综艺的占比为7.9%,看直播的为0.7%,网上听书/网络电台的占比为0.1%。短视频成为仅次于即时通信的第二大网络应用,短视频用户规模达8.18亿,近九成网民使用短视频。①

随着"三网融合"打破了过去电信和广电独立发展的格局后,新媒体影视呈现出一种杂糅的存在状态②,不仅包括互联网电视、广电新媒体影视和IPTV终端,等等。

网络影视,又称IPTV(Interactive Personality TV),它将电视机、计算机作为显示终端,通过机顶盒或计算机接入宽带网络,实现数字电视、时移电视、互动电视等服务,网络电视的出现给人们带来了一种全新的电影或电视观看方法,它改变了以往被动的影视观看模式,实现了影视以计算机网络为基础按需观看、随看随停的便捷操作。

"中国电视观众的互动性、个性化消费需求在逐年增强,据麦肯锡提供的数据,年轻人在互动媒体上的消费时间是成年人的5倍。"IPTV的互动特性正好契合了年轻观众的个性需求。IPTV可以提供时移功能、视频点播、信息浏览查询等互动服务,使电视观众随时收看自己喜欢的内容,让大众的电视成为"我的电视"。"现在很多人把IPTV称为TV2.0,它代表着下一代电视的发展方向。"从已开通的网络电视提供的节目单来看,电视频道和网民需求都大大集中在娱乐节目的选择上,音乐、电影、电视娱乐节目和娱乐资讯的互动点播占了80%以上的播出和收视份额,网络电视所呈现的是家庭娱乐的新平台与新世界。

在网络电视提供的娱乐节目中,电影、电视剧成为网民休闲娱乐的首选。一些网络视频

---

① 新京报网 https://baike.baidu.com/reference/20596678/ef76F_azAbZPfUbeIfuKZ1wE2kJLPAQBC0kLXP2RVd8CjDYfmy34W-QuPE3b4mRAxDDcbvxEEJ2zfNgGubTDCCLltu1pvJqPi4YUFGFrILk.

② 《OTT TV +IPTV冲击下,广电企业现在"卖身"还来得及吗?》,查询于2019年3月20日,https://baijiahao.baidu.com/s?id=1612808874101875450&wfr=spider&for=pc.

服务商开始高价购买影视剧的首播权,对传统电视播放平台直接发起了挑战。在 CR 尼尔森的监测数据中,有 64% 的用户表示主要通过网络看一些在电视上热播的剧目;在线观看的用户中,30% 的用户只在网上看,证明在人群覆盖上视频已与电视形成有效互补。传统电视由于其本身属性和播放模式的局限,无法做到"有求必应",而网络电视恰恰能够满足观众一口气看完整部剧集的心理诉求,从而获得极大的愉悦性满足。

(五)新媒体娱乐资讯

网络娱乐新闻,就是指以网络为平台,运用各种网络传播手段进行报道的娱乐新闻。网络娱乐新闻突破了过去传统报道中的限制,在高度自由的舆论环境中呈现更加多样化的娱乐内容。传统的娱乐新闻仅仅是围绕着具有娱乐话题的知名人物进行,在网络世界中,越来越多的普通人都可以借助网络媒体的娱乐报道成为娱乐红人。

网络娱乐新闻的出现突破了传统严肃和呆板的新闻报道模式,展现出更加贴近老百姓心理需求和多面化观念的一面。这种挣脱束缚,将五光十色的华丽领域引入日常生活,带来一种全新体验、自我消遣和狂欢情绪。正如学者所说,"娱乐新闻是传媒对于世俗人生和现实生活的关注,客观上释放了人的欲望,是对于此前物质贫乏、精神扭曲时代的一种反驳,正是这一点赋予了娱乐新闻获取眼球经济最大利润的力量"。[1]

三、新媒体娱乐的特点

新媒体为生产信息和消费信息的合一提供了技术平台,它解除了传统媒体对人的各种束缚,依托于新媒体的娱乐活动自然也形成了独有的特点。

(一)互动性娱乐

新媒体所具有的互动性,打破了传统媒体单向传送信息的格局,信息传播者与接收者之间的互动变得真实可行。尼葛洛庞帝在《数字化生存》一书中说:"从前所说的大众传媒正演变为个人化的双向交流,信息不再被'推给'消费者,相反,人们将把所需要的信息'拉出来',并参与到创造信息的活动中。"

新媒体双向互动的传播特点可以使传统媒体及时获得用户数据,这些数据比传统收视率采样调查更快速、更经济、更准确,可以为传统媒体了解受众特点、把握市场需求提供依据。对新媒体环境下的受众而言,他们对娱乐的方式不仅有选择权,还有控制权。他们可以定制娱乐服务,可以通过选择来改变信息的内容和形式。或者可以说,新媒体的互动性可以立刻、即时地调动用户的行为,并使之瞬时产生选择意向和娱乐冲动,甚至可以激发用户在娱乐行为上和新媒体的互动潜能。如《奇葩说》是一档由爱奇艺出品,米未制作的说话达人秀,也是中国首档说话达人秀,节目自 2014 年 11 月底上线后,总点击量已经破亿,微博话题阅读量也轻松突破 10 亿大关。节目组会通过百度知道、知乎、新浪微问数据后台,在民生、人文、情感、生活、商业、创业等领域,选取网友关注最多的问题,发动网友参与调查投票。互联网上投放的问题能否成为节目中的辩题,取决于网友参与这道题的积极程度。网友参与最多的题目,才能进入节目选题。

(二)立体化娱乐

随着新媒体技术的完善,用户认知的不断提高,各种新颖的新媒体服务进入到人们的视

---

[1] 彭祝斌、李成家:《关于娱乐新闻定义的新思考》,《新闻知识》,2008 年第 5 期。

野当中,新媒体娱乐整合了文字、图片、影像、音响等多种元素,用户的使用实际上是一个多媒体传播过程,这些具有立体效应的娱乐服务,给新媒体用户带去了逼真而生动的体验,手机上网、网络视频通话、实时影像记录更是能为不同需求、不同终端的用户提供不同的内容,满足其不同的娱乐需求。

同时,新旧媒体互相联合,还可以构建起立体化的播出平台和组织构架,为客户提供多通路、多形式的营销服务。上海文广传媒集团在《舞林大会》节目的运作中,充分运用了传统电视、IPTV、网站、手机电视和短信等方式:由东方卫视和本地频道进行现场直播,覆盖数亿受众;在宽频网络上建立《舞林大会》官方网站,集成在线直播、节目点播、幕后花絮、选手博客、投票、论坛等方式;在使用手机进行同步短信投票、节目信息定制的同时,利用手机流媒体实现在线直播、视频点播、独家花絮等内容。在《舞林大会》等品牌的统领下,多媒体渠道建立立体播出平台,整合在一个活动方案中共同赢利,这种方式已经成为上海文广整合营销的通用规则。①

(三)个性化娱乐

新媒体传播中的受众可以更主动积极地寻求自己所认同、所需要的娱乐,以更为个性化的、分散匿名的姿态出现,他们完全可以以"自我"为核心,对各类娱乐活动进行接受和再创作。

未来娱乐行业将是互动的、个性化的,而且会更加具备沉浸感。传感器和硬件上的研究突破将会让VR虚拟现实技术、触觉技术和机器人助手走近每一位用户。用户将与智能娱乐系统交流互动,娱乐会表现出情感、同理心以及适应周围环境的能力。

各种社交平台也会通过在使用模式和偏好上收集的大量数据,组装成个性化的娱乐频道,继而史无前例地提高了个性化娱乐的水平。

四、新媒体娱乐存在的问题

美国作家波兹曼在其《娱乐至死》一书中说道:"一切公众话语都日渐以娱乐的形式出现,并成为一种文化精神。我们的政治、宗教、新闻、体育、教育和商业都心甘情愿地成为娱乐的附庸,毫无怨言,甚至无声无息,其结果我们成了一个'娱乐至死'的物种。"虽然波兹曼说出这番话的时代是美国的20世纪80年代,但毫无疑问的是,在当下的中国,这本书还是很流行,令波兹曼先生没想到的是,娱乐仍在朝"至高至死"的方向发展。

现代传播环境和传播技术的发展,又将娱乐推向了以新媒体为载体的征程。新媒体为受众提供了更多表达其内心真实想法的输出端口,打破了传统的限定表达模式。无论是在微博上,还是短视频中,都能看见每个个体自我情绪和态度的表达,这种自主性和便捷性却让内容受到的限制变得很少。因为在匿名以及社会约束力缺乏的状态下,受众容易产生无拘无束的尽情宣泄的心理,以致失去了社会责任感和自我控制能力,在一种法不责众心理的支配下,做出种种宣泄原始的本能冲动的行为。IP争夺的热潮带来了负面效应,在一定程度上暴露了中国产业,尤其是影视产业缺乏原创能力的问题,而更深层的原因则在于国内对于原创作品的尊重度不高。

网络文化具有非常明显的娱乐性特征,新媒体的大量运用把网络文化的娱乐性推向了

---

① 王虎:《媒介融合背景下传统电视与新媒体的整合营销策略》,《视听界》,2009年第1期。

新的高度。尼尔·波兹曼在《娱乐至死》中做出过警示，"到了这个时候，如果你还不能意识到技术必然会带来社会变迁，还在坚持技术是中性的，仍然认为技术始终是文化的朋友，那么你实在是太愚蠢了"。① 技术低门槛、上网低成本、信息获取便捷使网民克服技术恐惧的同时获得对技术操控的愉悦感。人类文化和思维被这种构建在技术垄断上的会话工具引导，个体间的网络联结、自媒体的发展让人人成为了信息生产者、发布者或评论者。众多新媒体用户开始用各种娱乐方式消磨时间。一天不上网，人们就会陷入信息缺失的焦虑之中，点击、输入、浏览以及蜂鸣、闪烁、震动成为人生的技术呼唤。

注意力被吞噬、记忆力被消磨、创造力被抑制、阅读能力被扼杀，新媒体娱乐使用户沉迷于网络而不自拔。自然语言的严肃性在新媒体娱乐中被淡化，例如"Duang！不动产登记开始了，对你我买房有啥影响？""Duang"音是生造的，是典型娱乐的网络语言现象。言辞的出轨、观念的破解与新奇的表达是网民惯用的炫耀性的社会互动方式，试图达到一种精神愉悦或智力较量。网络语言的使用使得语言符号与非语言符号的嫁接与搭配开启了一场全民的"集体语言戏仿"浪潮。这种戏仿被不断衍生，例如"拍照消毒""厕所社交""长发及腰""不明觉厉"等这类仿四字格成语的形成机制亦有别于旧的缩写造词法，不符合语法规范，亦无规律可言，仅仅是网民们打破传统语言规范的一种语言游戏，通过对传统的反叛表达自己的情绪和感受。继而带来的是生活的支离破碎。

1. 新媒体新闻有哪些特性？
2. 新媒体如何影响社会生活？
3. 新媒体营销的基本原则有哪些？
4. 新媒体娱乐的特点是什么？存在哪些问题？
5. 新媒体娱乐产生的原因是什么？

---

① 尼尔·波兹曼：《娱乐至死》，广西师范大学出版社，2011年版。

第四章 新媒体与社会

作为社会生产力发展的结果,以互联网为代表的新媒体对社会传统的生产、生活方式以及社会关系产生了革命性的影响,它加快了人类生活的节奏,改变着人们的思维方式、交流方式、学习方式、娱乐方式以及消费方式,推动着社会向前发展。因此,我们研究新媒体,不仅要深入探究到它在传播学和技术论上的价值,还要看到它在推动社会经济发展、影响社会文化以及加快社会民主政治进程等方面所发挥的作用。

第一节 新媒体与社会经济

一、新媒体重构实体经济

2017年10月11日,阿里研究院与德勤研究联合发布了报告《平台经济系统治理三大议题》。报告指出,随着数字技术和新媒体的飞速发展,互联网平台成为新经济的引领者。以谷歌、苹果、阿里巴巴等为代表的科技型跨国公司聚焦建设平台、培育生态,持续强化平台型发展模式。2017年7月,全球十大平台经济体市值已经超过十大传统跨国公司。

新媒体技术的发展,不仅带来了人类沟通交流手段和信息处理方式的深度革命,而且催生了新兴的新媒体产业和B2B、B2C、C2B和O2O等新型商业模式。迅猛发展的物联网、移动互联网、云计算和大数据技术,不仅被广泛地应用于第三产业,而且正在向第一和第二产业渗透,并推动了传统产业经济的数字化、网络化和智能化转型。

(一)为经济发展提供便捷的信息服务

从1.0的工业互联网转型到2.0的以生活娱乐为主的移动互联网。"互联网+"提出,互联网是服务实体经济的工具。信息就是财富,时间就是金钱。从宏观的层面看,一个社会生产计划的组织实施和运行,需要国家相关的产业政策、行业政策和经济政策的大力支持。社会生产经营者需要及时了解政府的宏观经济政策导向,及时地改变和校正自身的经营行为,使其更加适应市场需求,实现行为的长期化、合理化、有效化。新媒体的出现,为生产经营者及时获取相关信息提供了便利,同时也促使政府的公共服务和市场监督更加透明和高效。反过来,新媒体也为国家及时了解和掌控市场宏观经济运行情况提供科技手段,提高了决策的即时性和科学性,从而促进生产的不断发展。从微观的层面看,生产经营需要根据市场需求来进行科学的组织和运营,若想实现经营利润的最大化,就离不开对市场信息的掌握和决策,谁掌握了信息谁就占据了市场先机。新媒体可以及时提供市场的资源状况,为企业最经济地组织和配置资源提供信息,也可以为生产产品的销售提供更多的渠道和更广阔的市场。①

(二)为产业结构的调整提供助推力

新媒体的出现,可有效提高资源的利用效率,缓解中国越来越大的资源环境压力,促进经济增长方式由粗放型向集约型的转型。新媒体可以加快全国统一市场的形成和与国际市场的接轨,冲破传统的部门间和地区间的分割和障碍,促进中国经济体制改革的不断深化。

新媒体提升了农、林、牧、渔产业的信息化水平。农业的根本出路是现代化,新型农业的现代化是农业的信息化,包括农、林、牧、渔业的防灾减灾、市场的需求、产品的深加工,等等。只有农业真正实现了信息化,才能实现农业生产组织的现代化、农业生产经营手段的现代化,才能最终实现农民生活的现代化。

我国拥有相对比较优势的轻工、纺织等劳动密集型产业和部分资本密集型产业,可以与信息技术有机结合,增强国际竞争力;在交通运输、电力、钢铁、有色金属、汽车和机械装备制造,以及金融、保险、贸易及大多数服务业,都存在新媒体推广和应用的广大空间。企业生产、经营和服务等方面势必会发生重大变革,跨地区、跨行业、跨国界的大型企业集团才能出现。这有助于提高中国企业的整体素质和国际竞争力,推动我国早日由制造大国变为智能创造大国。

每个传统行业都有自己的痛点,传统行业想要在互联网时代不被淘汰,就要拥抱互联网并找到这些痛点,并利用网络空间进行颠覆和创新。移动互联网正在全面系统地重新定义生产力,传统行业需要拿出全部的热情去拥抱这个新的时代。

(三)重塑社会生活消费服务链

截至 2018 年 12 月,我国手机网民规模达 8.17 亿,网民通过手机接入互联网的比例高达 98.6%②,这就意味着新媒体技术已经成为经济和社会发展的重要变量。随着新媒体社会的到来,个体与个体之间,个体与组织之间,组织与组织之间的合作和交流方面的能力在不断增强,他们之间的区域和地理相近的重要性在逐步降低。新媒体使得高校、企业、客户、政府部门共同组成了一种价值增值网络,这种新型的网络组织不仅会促进产学研合作、加快知识扩散过程,在降低交易成本、增强相互之间的合作、提高生产主体的竞争力方面也都有着重要的作用。新媒体营造了一个更加开放的商业生态。

服务区别于产品最大的特征就是,服务的生产过程就是其被消费的过程,所以服务被提供时,需要消费者参与到服务供给的过程中。因而新媒体的存在使得使用者构造了一种全

---

① 郭鹏程:《论新媒体与社会再生产》,《科技传播》,2009 年第 3 期。
② 《CNNIC 发布第 43 次〈中国互联网络发展状况统计报告〉》,2019 年 2 月 28 日,https://tech.sina.com.cn/i/2019-02-28/doc-ihrfqzka9929357.shtml。

新的生活方式。比如新媒体的使用者可以利用互联网了解信息资讯,参考其他旅行者的意见,继而做出详尽的旅游计划或者是出行攻略,安排好自己的休闲时间。这种以最低的成本获取最大收益的方式极大提高了生活的便利性和工作的高效性。传统经济学中,消费者与生产者对立而言,消费者的行为是一种对价值的消耗,因此消费者的参与空间极其有限。随着新媒体的技术赋权,消费者的权利不断增加,消费者相关的行为也日益得到企业的重视,而消费者参与的途径与方式也日益多样化。服务业消费者的参与势必会对服务效果和绩效产生影响。可以提高服务人员生产效率,也能降低消费者的价格敏感度,互动的过程也促进了关系价值的建立,从而最终提升服务质量感知和顾客满意度。从普通消费者到产销者身份的转变,重塑了服务和产品的研发、创新、宣传和营销等整个服务产业价值链。

在体验经济被大力推崇的时代,如何使消费者获得良好的品牌体验已经成为市场各个主体企业或者生产主体关注的要点所在。而与消费者频繁互动,以期待获得理解支持和加强双方情感联系的服务就表现得更为突出。

二、新互联网经济的兴起

新媒体每一次新技术的诞生,就意味着新的经济热点一定随之产生。例如,各种各样的移动端的程序应用带动了社会经济的发展,具体包括付费游戏、付费信息、新闻、搜索引擎等等;比如涉及媒体自身产业,比如硬件供应商行业的发展,比如手机、相关配件、电脑机器相关配件,等等;这也使新媒体的硬件和软件设备等相关产品和服务价格下降,而相关的专业杂志、饰品和玩具等衍生产品开发及其他增值业务在内容丰富性上、在表现形式和服务方式上赢得了受众,刺激着消费的持续增长。但移动互联时代,新媒体的出现不再是单单涉及一个领域的问题,而是重构了整个社会经济。

(一)平台经济

1. 平台经济的内涵

2015年以来,随着"互联网+"行动计划的启动和发展,很多互联网平台企业迅猛发展和壮大,激励了互联网平台经济的高速增长。最初,平台经济是互联网时代的一种经营行为,后来这种经营行为被扩展至互联网时代的商业模式,平台模式是一种新的经济形态和商业模式,具体指一种虚拟或真实的交易场所。平台自身不生产一件产品,却促成买卖双方或多方完成大规模的产品交易,而平台自身则向多方收取恰当的服务费或赚取差价而获得收益。在中国比如阿里巴巴、京东、腾讯,等等。所谓平台,就是连接双方或者多方供求或虚拟或真实的交易场所。单单就功能而言,作为一种交易场所,这并不是一种新的概念,但平台在互联网时代,对于地理空间和时间的取缔极大激发了传统交易各个环节的连接点。任何供给和需求,无论分散在哪里,标的有多大,只要你能够上网,交易都有可能发生。大量长期被闲置或者被困住的长尾被激活,价值能量被释放,平台经济升级成为一种极具魅力的新的经济增长方式。例如,淘宝和天猫的店主和消费者可以在平台上自由交易,平台提供产品展示的阵地、信用保障、支付服务;微信提供包括信息接收、发送和存储的服务。

在工业化时代,产品和服务都是一种标准化的工业生产,这种标准化生产,随着生产力的提高就会形成产能过剩。资本市场的快速发展,产能常常呈现出一种集中的过度发展,导致供给的发展快于需求的发展,产能过剩、资源闲置成为常态。平台经济可以通过聚合广泛的甚至是离散的行业资源,在供给方和需求方之间实现高效的匹配。供应商、服务商、物流和消费者在同一个平台上形成了网络状态的协作生态,平台是中介,但更是基础。为供应商、服务商、物流和消费者等参与各方提供信息、支付、物流等服务,将工业生产和商业服务从标准化时代推进到个性化时代。海量的供应商和消费者在平台上直接完成信息交换、需求匹配、资金收付、服务约定、货物交收等交易活动,闲置的产能和资源被激活,平台经济模式激活了供求双方交易的内在需求。

最后是否会演变为一种生产生活方式,快速有效且深刻透彻地嵌入到当下每一个社会个体和团体的思维和行动中,我们尚不得而知。当前互联网平台经济的深度和广度已经遍及社会生活的方方面面,尤其是在关乎国计民生的基础领域或公共服务领域,水电煤气缴费、公共交通出行、在线知识教育,等等。

2. 平台经济的内在逻辑

平台经济越来越多出现在生活的各种场合中,并被人们所熟知,从 Uber、Airbnb、Saleforce、滴滴、优酷、美团等一系列企业的崛起使得平台经济作为一种产业组织模式引起业界和学界的瞩目。那么究竟什么样的产业组织模式被称为"平台经济"?这种组织方式又是怎样重构传统产业的价值的呢?因此理解平台经济运行的基本逻辑,对于理解新媒体对经济的影响,无疑具有非常重要的意义。

苹果应用商店和 Uber 都被视为"平台",但两者却存在非常明显的差别:苹果应用商店中,开发者可以对其所开发的应用程序自由定价,而优步平台上司机却不得不接受系统预先设定好的价格标准。这差异明显的两者,是否都可以称为"平台"?

在 2014 年诺贝尔经济学奖获得者 Tirole 与其合作者共同撰写的开创性论文中,对"平台经济"的三点要素进行了总结:存在两组或多组顾客(例如司机与乘客)、不同顾客间存在网络效应(例如某平台上的司机越多,乘客越容易在该平台上打到车)、需要中介参与(也即需要平台来撮合司机与乘客)。这种思想后来被称为平台经济的三点要素。因此平台具有一种"非中立性特征",卖方不能像传统农贸市场一样,将房租等其他固定费用包括在产品的价格中转移给买方。换而言之,平台对于卖方和买方都产生交易,并且与两者的价格并不相同。这种市场因其典型特征被称为双边或多边市场,不同于传统古典经济学笔下的"单边市场"。因此对于平台经济而言,重要的不再是价格和边际成本,而是价格结构。

价格结构,是指平台向卖方收取的费用,与平台向用户收取费用相对的比例。以应用商店(App Store)为例。开发者上传应用程序至平台,用户在平台上购买相应程序。应用商店既可以向开发者(卖方)收取费用,也可以向用户(买方)收取费用,二者之和构成了平台的"价格水平",而二者的相对比例则被称为"价格结构"。Tirole 等人的分析表明,在平台利润最大化的情况下,对任意一边(买方或卖方)所收取的价格并不直接取决于可变成本(因而与传统经济学不同),而是与双边的需求弹性比例成正比。由此,我们得到了平台经济(以及双边市场)的一个重要特性:间接网络效应(有时也被称为"交叉网络外部性")。

间接网络效应,是指一边(如买方)的网络规模将对另一边(如卖方)的需求大小产生影响。举例而言,应用商店中的应用程序越多(卖方规模),用户的需求就越大;反过来,某应用商店的用户量越大(买方规模),愿意在该应用商店平台上开发应用程序的程序员就越多。但需要指出的是,双边(买方和卖方)的间接网络效应大小(也叫"交叉需求弹性")可能是不同的。换句话说,"卖方对买方的影响力"与"买方对卖方的影响力"可能是不同的;也正因为如此,平台对双边所收取的价格便可能不同。网约车平台也是如此,乘客出行存在多种选择,因而乘客对于网约车的需求弹性小于网约车对于乘客的需求弹性,因而平台往往通过大量补贴乘客以吸引买方加入平台(这也就意味着平台对乘客施以"负定价"),同时对网约车施以高价;伴随着用户习惯的形成,乘客对于网约车的需求弹性逐渐变大,因而平台便可以逐步取消补贴(相当于平台逐渐对乘客提价)以获取更多利润。

3. 平台经济的未来

随着互联网各种新兴技术的发展,很多新的媒体,如今日头条、抖音、快手都以一种平台的形态出现。这些平台不仅整合内容的生产者和内容的消费者,还整合了内容的推广者。平台以其服务能力为中介,将内容生产、推广和使用者结合到一起,给他们都带来更多的价值,平台成为整个产业链的关键连接。中欧国际工商学院陈威如教授指出,平台经济成长速度非常快,已经影响了各行各业,包括大量的传统行业。"平台经济"崛起的冲击绝不仅限于产业组织领域,其对社会政策、税收政策、竞争与反垄断政策都将产生同样深远的影响。

以反垄断政策为例。传统反垄断政策遵循着"界定相关市场,判定被诉企业是否在该相关市场范围内构成支配地位,如果构成支配地位该企业是否滥用其市场控制权"这三个阶段。平台经济的崛起首先挑战的便是对于相关市场范围的界定。同时,在传统反垄断政策中往往被视为"不正当竞争"的"定价为负"的情况,在平台经济中反而可能是实现社会最优的常态。如何对此进行重新判定,仍然是摆在监管和规制机构面前的难题。

需要指出的是,平台经济崛起的挑战还远不止此。除开颇具专业性的反垄断领域,包括劳工政策、税收政策在内的诸多领域都将面临极大挑战。和任何一次经济转型一样,平台经济的破坏性创新总会同时带来胜利者和淘汰者。那么,谁能参与竞争、如何创新、如何创造价值、谁来获得价值、如何保护社区和工人权益、如何引导剧烈变革过程中所出现的大量创新机会,都将成为日益尖锐且不可回避的问题。《外卖骑手,困在系统里》就是一个典型的代表案例。

事实上,不存在没有规则的市场,胜利者和失败者往往决定于谁能以何种方式参与竞争。既然如此,那么当非常重要的游戏规则都由平台所有者以毫无异议的方式制定时,权力结构将会发生什么样的变化?

换句话说,平台经济时代,规则的制定权可能正在从政府手中转移至平台以及支撑平台的算法手中,而所有的政治斗争都将围绕这些规则的制定而展开,这些斗争也将反过来成为定义市场和社会的一部分。一些斗争将围绕保护数据、消费者和工人权益而展开,另外一些斗争则将围绕如何规制进行制度套利的商业模式而展开。

案例:一站式视觉内容服务平台——视觉中国(Visual China Group)

(资料来源 穆婷钰:《媒介融合与网络舆情的多维生成》,《视听》,2020年6月;刘彤:《版权蟑螂式维权:视觉中国系列网络事件反思》,《传媒》,2019年第23期;《腾讯云+未来峰会互联网专场对话视觉中国创意社区总裁王钧:AI+云释放创意潜力》,查询于2020年11月 https://m.sohu.com/a/233140916_407895.)

2000年12月,视觉中国网站China Visual.com由雷海波创立,这是一家在线视觉影像内容和服务提供商。其全资子公司汉华易美(天津)图像技术有限公司负责在线视觉影像网站"汉华易美"(CFP)和"视觉中国"的运营,由柴继军、李学凌、陈智华创建，2006年，视觉中国获得一笔战略投资，并收购了雷海波创立的名为视觉中国的设计师社区；2014年，视觉中国借壳位于江苏宜兴的远东实业股份有限公司，成功在深圳证券交易所A股上市。

视觉中国通过互联网版权交易平台，提供并每日更新超过2亿张摄影图片、设计素材及超过1000万条视频素材和35万首音乐素材，并且与腾讯、百度、阿里巴巴、华为、文化和旅游部、2022北京冬奥会组委会等在内容生态建设、人工智能、大数据等领域建立了战略合作伙伴关系。同时，视觉中国与Getty Images、BBC、ITN等国外机构达成了版权合作协议。

聚集了众多国内外顶级签约摄影师和艺术家，与Getty Images、法新社、路透社、BBC、华纳兄弟、CCTV等海内外著名图片社、影视机构、版权机构广泛合作，为媒体、企业、广告公司、制作公司等各类客户提供专业的图片、影视、音乐、特约拍摄、创意众包，及以视觉为核心的整合营销等一站式服务。

视觉中国不生产一张图片，已经发展成为中国最大的视觉内容互联网版权交易平台。提供优质正版图片、视频和音乐素材，为内容生产者与使用者提供全方位的版权交易和增值服务。在视觉中国可以率先体验全球高端摄影师的高品质作品，完成独特的视觉创意。视觉中国与Getty Images、法新社和路透社等密切合作，数十名专业运营团队24小时在线，为用户提供纪实、体育、娱乐和相关内容。视觉中国整合了全球优质视频资源，提供数百万条的编辑和创意类食品素材，同时视觉中国与全球知名唱片公司、音乐制作机构合作，代理数十万首在线单曲，数万首在线音效。曲风多元，包括流行、电子、爵士、摇滚、民谣、拉丁等数十种流派。

视觉中国拥有国内优秀的以视觉为兴趣的设计师社区和专业摄影师社区（500px.me），其中Shijue.me这个社区专注在平面和产品设计领域，拥有超过280万注册用户，举办过1600场创意众包设计大赛，其中2000多名会员成为视觉中国签约插画师。500px.me是一个国际知名的线上摄影社区，2009年创建于加拿大多伦多，拥有超过1300万个注册会员，汇集了全球超过195个国家和地区的优秀摄影专业人才、摄影爱好者，图片数量超过一亿两千万张，是国内专业摄影师垂直领域的著名品牌。

视觉中国网站违规使用了人类首张黑洞照片，而关于这张隶属于全人类的黑洞照片，视觉中国明确表示要进行收费。这个事件引起了网友，尤其是很多自媒体用户的不满，微信公众号"三表龙门阵"的文章《天下自媒体苦视觉中国久矣》揭开了视觉中国以保护知识产权为由头，通过法律诉讼来牟取暴利的非法行为。该文章引起了众多自媒体运营者的共鸣，很快收获了10万+的阅读量。2019年4月11日下午3点51分，视觉中国发布声明称："黑洞图片由欧洲南方天文台ESO提供，视觉中国已获得编辑类使用授权。"然而，欧洲南方天文台回应称其并没有接到有关视觉中国的任何信息。4月12日11点51分，新华网锐评发布《莫把版权变霸权》，希望视觉中国把视线聚焦在为用户提供优质服务上，同时告诫国内其他图片网站要引以为戒；事件的反转和演员、名人的加入，引起了此次事件的再次发酵，最后，天津互联网信息办公室约谈视觉中国网站，罚款30万元，视觉中国关闭网站进行整改。

视觉中国引发"黑洞照片网络事件",让版权归属、钓鱼版权和版权蟑螂的争议层出不穷。这种行为固然是利益驱动导致的,但这种行为的背后究竟存在何种深层次的社会动因,又应该如何去规范、治理此类行为,成为互联网新型治理需要思考的重要方面。

(二) 网红经济

"新经济"在经济全球化的条件下,以一种新的形势将技术创新、资本市场、宏观政策结合起来。在网络信息等新技术推动下,创造出一种高速增长且低通货膨胀和低失业率的经济。这是以网络为龙头的信息技术为媒体经济带来的一场产业革命,其中报刊、广播、电视、电影等传统媒体和网络等新媒体在先进技术的基础上进行的产业内融合,同时与各种电子商务形成了全新的产业群落。这些新型产业、新型业态的影响力和辐射力正在不断增强,在国民经济特别是服务经济中的贡献度不断提高。①

1. 网红经济的概念与分类

网红经济是依托网络红人在社交媒体上聚集人气,依托庞大的粉丝群体进行定向营销,从而将粉丝转化为购买力的一种经济现象。网红通过自己在粉丝中的效应,将生产商、销售者和消费者用户紧密连接在一起,设计者、服务者、生产者、销售商和用户之间形成一个全新的链接,展现了一种前所未有的经济模式。

网红是互联网运营的产物。与传统媒体"中心化"的造星方式不同,网红是通过社交平台收获粉丝。从网红本人输出的价值和粉丝的覆盖范围上看,网红大致分为"大众网红"和"垂直网红"。前者多为粉丝提供娱乐或心灵慰藉,如 papi 酱、回忆专用马甲号,等等;垂直领域的网红,比如美妆、音乐、体育等,因为覆盖面没有那么广,因此在整个传播中处于相对滞后阶段,代表网红如李佳琦和薇娅。

网红经济已经粗具规模。从淘宝网红到电竞主播再到移动视频,网红经济衍生的产业链越来越长。从资本市场角度看,有服装类电商平台、视频直播平台、电子竞技及美容医疗版块等类型。网红经济极大改善了供应链效率较低以及客户精准营销的问题。

2. 网红经济的支柱力量——关键意见领袖

被称为"网红电商第一股"的如涵控股(美股 RUHN)已完成 IPO,首日交易完成后,其股价大跌超 37%。即便如此,这个依靠网络红人运营的电商公司,已然是在当下中国"网红经济"环境中诞生的最成功的产物。

网红经济的火爆依赖于网红个人独特的个性和明星的个人特色,某种程度而言,网红实际上是一种"文化符号"。网红走红的基础是特定的粉丝群体,而获取粉丝的根本则是个性鲜明、持续稳定的优质内容。比如 papi 酱,她之所以能够从单纯拼颜值的淘宝网红中脱颖而出,正是凭借其对社会现象的精准分析和表达,在粉丝心中激起了强烈共鸣。网红个人的内容产出能力是火爆持续的很重要的一个方面。网红必须具备既持续稳定又新意迭出的创作能力。

网红经济的核心是注意力经济,微博、微信、短视频、直播平台的日渐兴起,为自媒体提供了多元化的平台和丰富的展现机会。由网红带动的网红经济催生了特有的商业赢利模

---

① 陈旭洲:《新媒体经济迎来产业革命》,《浙江经济》,2009 年第 15 期。

式。最初的网红形象常被赋予负面的含义,比如郭美美、凤姐,她们的出现都被人作为一种谈资,但今天网红人群却更为广泛,也更加垂直和细分化。她们中间有女主播,有网红店主,有"国民老公",也有获资本青睐的papi酱等。

3. 网红经济的运作模式

网红经济的市场规模已经超过千亿元。在如此庞大的市场规模中,电商、打赏、广告、线下活动和付费服务成为网红变现的集中模式。无论是淘宝电商、新浪达人通、微卖小店,其运作机制和经营模式都不同于其他经济形式。

网红经济的运作模式基本是股份制。其运作模式是40%的毛利润率和30%的净利润率,另外10%的费用则包含6.5%的运营费用、3%的行政费用和0.5%的流量营销费用。最后的利润和网红平分,当然个别包括一些股权上的合作。

从供应链端,网红作为一个重要的引导者,通过自身对时尚和潮流的理解把握对接供应链厂商,向粉丝主动推荐经过筛选的商品,增加粉丝的购买率,提高生产供应价值链的效率。网红生产的内容要能够吸引粉丝的注意力,视频直播就是一个重要的展现方式。

专业化也是网红生产内容需要具备的一个基本要求。papi酱走红的视频拍摄,拍摄和剪辑是很专业的,因为她是中戏导演系研究生,所有的机位,所有演的方式、拍的方式、剪的方式,包括表演都很专业。因为用户的口味在不断地进化,做同样的东西要比过往这个品类的内容做的要好得多,要非常专业。网红经纪公司就是其中一个重要的环节。网红经纪公司寻找签约网红并组织专业团队维护网红的社交账号。公司会定期更新内容,并与粉丝保持互动以维持黏性,从而引导粉丝点击相关的店铺链接或者关注网红推广的产品。

平台的开放性和多元化,网红经济的兴起和发展一定是基于平台的。根据淘宝平台的数据,网红店铺的女性用户占据71%,其中76%是18—29岁的女性用户,她们集中在上海、北京、杭州等一线城市。这个平台的规模和技术基础都为网红经济的火爆奠定了良好的基础。此外,淘宝平台为网红店铺提供一系列服务和技术支持,专门配合网红店铺的产品研发,比如平台的广告频道、淘宝达人的广告销售,还为店铺与厂商洽谈提供平台,达到强强联手的目的。

当然,现在网红内容的分发是多平台的,并不依赖于单个平台,他们可以入驻多个渠道平台,如秒拍、优酷、B站、微信、今日头条、微博,在每个平台上都可以获得粉丝。平台多元化,分发多元化。

网红经济的持续发展得益于其持续性产出好的内容如何满足用户不断提高的期望值,持续性地生产好的内容,对网红本人而言是一个不小的挑战。拍一个短视频容易,拍一天或者几天还可以,但要围绕主题持续生产就会变得不容易。因此在组建一个团队时,这个团队的策划能力、配套制作能力都变得更加重要。未来,网红经济必须不断升级,组建团队,生产更有价值、更加专业的内容产品,唯有如此,网红经济才会成为一种真正可持续赢利的经济模式。

(三) 共享经济

2016年初,共享经济被正式录入牛津英文字典,定义为在一个经济体系中,通过免费或收费的方式,将资产或服务在个人之间进行共享。信息一般以互联网的方式进行传播。因为共享经济,互联网个体可以在自我需求得到满足的情况下,将闲置的资产如汽车、公寓、自行车,甚至无线Wi-fi网络出租给他人。预计到2025年,这一数字将达到3350亿美元,年均复合增长率达到36%。新媒体在推动社会经济发展的进程中,传统经济中的一些概念会在新的经济环境中衍生出新的意义,就像一把双刃剑,在促进新媒体和新媒体经济发展的同时,如果运用失当,则会产生消极的影响。网络口碑营销和网络知识产权保护在新的经济环境中,将面临自身身份的尴尬。

1. "共享经济"的内涵

共享经济,是指通过新兴媒体和技术平台分享资产、技能、时间以及生产装备、生产能力等闲置资源和能力,在满足社会需求的同时,提高社会资源利用效率的一种经济发展模式。其中,闲置资源和能力、共享平台、多方参与是共享经济不可缺少的三个要素。

(1) 闲置资源和能力。

闲置资源和能力指社会上闲置和使用不充分的资产、资源和能力。界定明晰的所有权是市场经济秩序的保证,个人对私有物品的占有排斥了他人对该物品的使用,但是所有者并不一定能够充分使用该物品,从而产生资源的闲置。共享经济理念促成了私有物品所有权和使用权之间更大的分离,通过让渡私有物品的使用权,共享双方都获得了福利的增加。滴滴打车等车辆共享平台提高了已有车辆资源的利用效率,增加了人们乘车的渠道和途径,小猪短租等房屋共享平台有助于盘活房地产库存,家政服务网络平台把更多的闲散劳动力配置到有需要的家庭。就在共享经济所涉行业不断扩展的同时,共享经济的层次也在不断深化。如果一个人可以从共享自己的闲置资源中获得利益,那么一个商业组织、一个政府的闲置资源共享也可以收到同样的效果。而公共资源和准公共资源的共享,其规模更大,对人类生产、生活方式的塑造也更具有变革性的影响。

(2) 共享平台。

共享平台是指利用电子终端设备及通信网络搭建的虚拟平台,其功能在于完成信息的交换。

首先,共享经济是信息技术进步的产物,它有一个逐步演进的过程。虚拟平台几乎不占用更多的土地,它为商品和服务的供求双方提供了无限广阔的交易空间,节省了地租成本。

其次,随着手机、电脑等电子消费品的普及,互联网的利用率越来越高,供需双方很容易与共享平台对接,降低了准入成本。

再次,共享平台能够促成供需双方的迅速匹配,从而降低搜寻成本。通过精准匹配,共享平台释放出隐藏在闲置资源中的价值,包括资产、时间、专业知识以及创造力。

最后,上述因素把数以亿计的分散个体聚集到共享平台上进行交易,形成规模经济,爆发出巨大的商业价值。

(3) 多方参与。

多方参与,既是共享经济形成的条件,又是结果,如果没有人参与或者很少人参与,就难以形成支撑共享经济存在的规模,而当共享经济一旦达到一定规模,累积循环效应会吸引越来越多的人参与其中。商品和服务的供应者可以不是组织严密的厂商,而是许许多多分散的个体,像租房、租车等服务的提供,没有广泛的个体参与根本不可能达到便捷、及时、降低成本的效果,因此共享经济也是规模经济,以往分散的、微不足道的个体通过共享平台聚集到一起就会产生客观的经济和社会效益。

作为互联网时代新型的经济模式,其最大的特点在于利用信息技术加速知识、资源的共享与流通,提高了资源利用和配置效率。共享经济本质上是"合作式消费"。当今社会,共享经济就是整合线下的资源,以较低的价格出售这些资源。当手中有一定的资源时,可以通过分享这些资源获得一定的报酬。如打车使用的滴滴、住宿时选择的蚂蚁短租,等等。共享经济颠覆性模式已经渗透生活的多个领域。这种理念革新了传统的产权观念,提高了社会闲置资源的使用效率,增进了消费者福利,因而具有强大的活力和广阔的发展前景,对解决我国目前产能过剩问题,推进供给侧改革,激发社会创业、创新活力,促进经济实现可持续发展,具有重要的现实意义。将来,共享经济模式还会逐渐渗入公共资源和准公共资源领域的供给,比如对区域产业发展至关重要的物流、金融、人力资源等领域。在共享经济模式下,商业资源将以互联网和大数据为基础重新进行连接,从而构造新型的产业生态系统①。

2. "共享经济"作为双刃剑

共享经济的兴起产生了熊彼特所说的"创造性毁灭"。熊彼特强调,创造性毁灭是经济内部的突变和革命,它是不断破坏旧结构与建立新结构的过程。② 也就是说,共享经济一方面开创了新的商业模式,另一方面也打破了原有的经济秩序,造成一定的破坏性。每一次大规模的创新都会淘汰旧的技术和生产体系,建立起新的生产体系。共享经济模式给需求方带来了更多的选择余地,无疑提高了整个社会的福利。但共享经济模式会进一步压缩许多行业的利润空间,使传统企业暴露于转型压力之下,甚至使企业的生存遭受威胁。比如对于住宿共享市场的研究显示,美国德州 Airbnb 客房数量每增加 1%,当地酒店季度收入就会下降 0.05%。相应地,由于 Airbnb 无需雇佣劳动力,社会整体失业率有可能会因为 Airbnb 对低端酒店的挤压而提高。③ 再比如近年来多起出租车司机围堵专车司机的冲突和游行示威抗议活动,都对社会稳定造成了不利的影响。

共享经济平台搭建初期往往需要投入大量的资金,比如滴滴打车平台前期每年的补贴高达数十亿美元,显然只有实力雄厚的大企业才负担得起这样的巨额投资。而当前期的用户聚集完成后,平台的规模效应就会显现,此时优胜劣汰的市场竞争机制会使"赢者通吃",整个市场份额最终被两三家大企业瓜分,它们对主体、资源、信息、交易、数据等要素具有绝对的掌控力,很容易利用垄断势力攫取高额利润。④ 滴滴后来收购了 Uber 的品牌业务,使得滴滴在网约车市场的占有率超过 90%。⑤ 当然随后而来的便是滴滴司机补贴的削减以及平台使用用户支付费用的提高。

在劳动关系方面,共享经济带来了极度灵活的用工方式。个体劳动者没有固定的办公场所,可以选择自己感兴趣和擅长的任务,自主选择工作的时段和长度以及收入水平。原先的资本方和劳动者之间的关系不再是传统意义上的雇佣与被雇佣的关系。劳资双方的相关组织承诺在新劳动关系之中并不存在。与陌生人之间大量的接触使得安全成为一个大的社会问题。交易双方信息上的不对称会使得共享过程变得不再确定。而共享平台现阶段无法做到严格审查,会对人们的人身和财产安全造成威胁。网约车司机对女乘客实施的性侵犯

---

① 《共享经济:撬动经济社会发展新动能》,查询于 2019 年 4 月 6 日,http://finance.people.com.cn/n1/2016/0706/c1004-28527614.html。
② 赵振:《"互联网+"跨界经营:创造性破坏视角》,《中国工业经济》,2015 年第 10 期。
③ 宋逸群、王玉海:《共享经济的缘起、界定与影响》,《教学与研究》,2016 年第 9 期。
④ 李凌:《平台经济发展与政府管制模式变革》,《经济学家》,2015 年第 7 期。
⑤ 《罗兰贝格:2016 年中国专车市场研究报告》,查询于 2019 年 4 月 21 日,http://www.199it.com/archives/451262.html。

等等社会重大事件时有发生也是共享经济模式双刃剑的体现之一。共享经济模式自身无法构建整个社会的信用体系。在共享经济模式下,陌生人交易、短期交易、一次性交易增加,为你提供服务的司机很可能不会再遇上,在这种情况下如何保证其服务的安全性、可靠性是一个难题。这些特性使传统的组织内治理模式不再适用,信用变得空前重要。

3. "共享经济"的发展趋势

互联网社会的协同和共享模式使得社会的创新和创造力得到了极大提升。共享经济的发展不可阻挡。面对共享经济浪潮,新经济既需要政府的支持和鼓励,也需要对共享经济发展过程中的问题进行监督和管理,从而保障公众利益和新兴产业和行业的健康发展。可以预见,共享经济将成为一种最重要的经济力量。在住宿服务、交通服务、教育服务、生活服务以及旅游领域,优秀的共享经济公司还在不断涌现,新模式层出不穷,在供给端整合线下资源,在需求端不断为用户提供更为优质的体验。

当然,共享经济作为一种新的理念,在不同行业深入发展时会产生许多的具体问题,呈现不同的特征。如金融领域和公众出行领域的共享经济,其商业模式和影响范围都有深刻的行业烙印。管理部门应深入了解、研究共享经济在各行业触发的变化和未来的发展趋势,按照各行业特点做出准确分类和实施精细化管理,通过制度层面的积极调整予以回应和因势利导,鼓励创新。此外,在共享经济模式发展的不同阶段,也有不同的特点,初期处于探索创新阶段,政府可以在建立和完善原则性、底线性和保障性的制度和规范等方面多做一些工作,尽快建立适应新经济模式发展的基本监管体系。发展成熟后,再完善相关的法律法规和市场规制。

共享经济带来的失业问题、垄断问题、劳动保障问题等,是新旧经济模式转换不可避免的短期摩擦,政府应该做好基础性的配套工作,如提供社保、法律、税收、治安等政策,来减缓转型带来的冲击,而非禁止创新。创新性的商业实践总是领先于法律与制度进程,如果用传统的监管模式来规范创新行为,新经济模式将寸步难行。政府部门在监管时应考虑到共享经济平台的创新型产业特征,审视已有制度框架的合理性,创新监管方式,为共享经济发展创造宽松的制度环境。应该以负面清单和底线监管为原则,既要"放得开",促进创新经济模式发展,又要"管得住",一旦共享经济平台危及公众利益,应及时采取行动,控制创新所带来的法律风险。如有些金融平台利用"庞氏骗局"非法敛财,对社会造成了恶劣影响,必须严厉进行惩处。

案例:滴滴共享

(资料来源 贺明华、梁晓蓓:《共享经济模式下平台及服务提供方的声誉对消费者持续使用意愿的影响——基于滴滴出行平台的实证研究》,《经济体制改革》,2018年3月,《滴滴2015成绩单:年订单14.3亿打破Uber累计订单》,查询于2020年11月,http://it.people.com.cn/n1/2016/0111/c1009-28038959.html;《滴滴出行正式对外宣布与Uber全球达成战略协议》;查询于2020年11月,https://xueqiu.com/5557079529/72965289?from=singlemessage;《深扒滴滴:出行背后的秘密》;查询于2020年11月,https://baijiahao.baidu.com/s?id=16062044644480181 26&wfr=spider&for=pc)

滴滴出行是中国共享经济当之无愧的代表。滴滴出行，以前曾用"滴滴打车"这个名称，是中国基于共享经济而能在手机上预约未来某一时点使用或共乘交通工具的手机应用程序，由北京小桔科技有限公司设计开发。起初只能预约出租车，后来发展到可以预约专车、搭顺风车（后下架）、代驾、试驾，甚至还可以拼车出行。其与多个第三方支付提供商合作，用户可以方便地在手机上实现打车并付款。2015年2月14日，滴滴打车和快的打车合并。同年9月9日，滴滴打车更名为滴滴出行，并启用新Logo。2016年1月1日，滴滴公布了2015年的订单数，在过去一年里，滴滴出行全平台订单总量达到14.3亿，这个数字相当于美国2015年所有出租车订单量。2016年8月1日，滴滴出行通过换股方式收购Uber中国的品牌、业务、资料等全部资产。Uber新公司估值将达到350亿美元（约2715亿港元），交易完成后，Uber（全球）将持有滴滴5.89%的股权，相当于17.7%的经济权益，Uber中国的其余股东将获得滴滴合计2.3%的经济权益，Uber（全球）将成为滴滴最大的股东，滴滴将以680亿估值，向Uber（全球）公司投资10亿美金，若按此估算，持股比例在1.47%。截至2018年，滴滴出行用户达5.5亿人，是世界上最大的出行服务平台。

滴滴每天处理70TB的数据，每天90亿次的路径规划，每秒钟有上千次的用车需求，大数据直接支撑了滴滴出行每天1400万张的日完成订单，聚合了1500万的专兼职司机，其中约有200万司机将滴滴作为主要收入来源。

共享经济模式下的滴滴出行，本质上是一个双边交易市场，需要基于海量用户去吸引车主入驻平台；而车主的增多，必然给用户带来更好的用车体验，进而产生更大的订单数量，正向激励车主源源不断地加入，形成良性循环。很多人对供给的理解停留在司机、车主，但除了人之外，供给成本还包括汽车本身，以及汽车生命周期所产生的费用，规模化成本以及对未来的绸缪。滴滴平台是靠着烧钱补贴做大的，此后"免费出奇效"的打法也被视为平台的核心竞争力。2018年上半年网约车报告，94.6%的用户选择滴滴。

滴滴作为网约车第一平台，其日单量保持在2600万单至2700万单，高峰期突破3000万单，同时在智能技术层面拥有丰富积累，更沉淀了巨大的用户出行高价值数据，包含出行区域、经济实力、消费偏好以及城市运力分布等核心数据，对大出行生态链有着强大的塑造能力，可谓厂商转型发展的理想合作伙伴。滴滴作为智慧出行的领导者，其平台用户规模、数据技术等核心优势无疑能成为车厂的外援主力，具备重构大出行生态链的潜力。

共享经济模式下，产品或服务的交易大多借助在线共享平台，且在匿名环境下完成。由于共享产品或服务的质量预期评估含糊不清，共享平台和产品、服务提供方的声誉就成为产品或服务质量的替代指标。因此，以滴滴共享经济为代表的新型模式下，消费者面临的经济损失风险、人身安全风险都是未来共享经济模式思考的重要方向。

第二节　新媒体与社会文化

一、新媒体文化发生的背景

文化是人类的精神食粮和民族之魂。党的十八大报告中指出,要加强党对意识形态工作的领导,十八大之后,党的理论创新全面推进,马克思主义在意识形态领域的指导地位更加鲜明,中国特色社会主义和中国梦深入人心,社会主义核心价值观和中华优秀传统文化广泛弘扬,群众性精神文明创建活动扎实开展。公共文化服务水平不断提高,文艺创作持续繁荣,文化事业和文化产业蓬勃发展,互联网建设管理运用不断完善,全民健身和竞技体育全面发展。主旋律更加响亮,正能量更加强劲,文化自信得到彰显,国家文化软实力和中华文化影响力大幅提升,全党全社会思想上的团结统一更加巩固。要"运用高新技术创新文化生产方式,培育新的文化业态,加快构建传输快捷、覆盖广泛的文化传播体系"。数字化时代推动了新媒体发展,新媒体带来的绝不仅仅是一场技术革命,它还意味着一代人的生活习惯、文化消费状态乃至行为方式的改变,意味着我们以文化为中心的文化建设思路、国家文化发展战略必须有新的调整。

中共中央政治局2019年1月25日上午就全媒体时代和媒体融合发展举行了第十二次集体学习。中共中央总书记习近平在主持学习时强调,推动媒体融合发展、建设全媒体成为我们面临的一项紧迫课题。要运用信息革命成果,推动媒体融合向纵深发展,做大做强主流舆论,巩固全党全国人民团结奋斗的共同思想基础,为实现"两个一百年"奋斗目标、实现中华民族伟大复兴的中国梦提供强大精神力量和舆论支持。哈罗德·英尼斯在其著作《传播的偏向》中曾说过:也许我们可以假定,一种媒介经过长期使用之后,可能会在一定程度上决定它传播知识的特征,也可以说,它无孔不入地影响创造出来的文明,最终难以保存其活力和灵活性。因此,一种新媒介的长处,将导致一种新文明的产生。[①]

随着现代人在精神消费方面对大众传媒的依赖越来越大,新媒体文化内容开始成为人们精神消费的主要供应源头。在当今"媒介即讯息"的"地球村"时代,无论是精英文化还是大众文化,都无法避免地要依赖于新媒体文化的传播,二者已在新媒体文化的强大气场下出现了形式上的统一,两种文化及其传播已没有决绝的分界,在新媒体文化中更多的是"你中有我、我中有你"的融合。加之全球化了的后现代语境,使得二者在内容和形式上有着千丝万缕的联系,文化已卸下过去只有知识群体才能赏玩的贵族式光圈,而变得越来越大众、平民。[②] 另外,随着高等教育的进一步发展普及,高雅也正在成为多元文化中的一种显性追求。这一切都充分显示了新媒体文化不可抗拒的发展趋势。同时,大众参与程度的不断扩大,使社会文化的更新换代速度明显加快,这将对社会发展起到重要的推动作用。

---

① 哈罗德·伊尼斯:《传播的偏向》,中国人民大学出版社,2003年版。
② 唐大麟、王文宏:《浅谈新媒体文化的建构》,《新闻知识》,2010年第9期。

二、新媒体文化的内涵与特点

新媒体文化以新媒体技术手段为载体,最大程度反映了大众日常生活实践、观念、经验、感受,因而能够成为在社会大众中广泛传播、为大众所广泛接受和参与的文化形式和内容。概括地说,新媒体文化是随着新媒介的出现,以新媒介为载体、以新媒介的表达方式为特征的当代社会特有的文化现象,具有强烈的草根性价值取向、感性张扬的精神特征以及双向互动的传播特点。新媒体文化中存在着许多非主流文化和隐性文化现象,其外延包括网络媒体、手机媒体、互动性电视媒体、户外媒体、楼宇电视、车载移动电视等。

新媒体文化的迅猛发展使其已成为社会文化生活的重要组成部分,大量用户自创内容的出现推动了文化的多元化发展趋势。在此基础之上,新媒体对社会文化的渗透机制逐渐演变为一种协作的创新体系,呈现出多样化的形态。

(一)新媒体文化由社会文明发展的程度决定

新媒体文化样式的多样性发源于其技术的多媒体化。这种"多媒体最重要的特征,乃是多媒体在其领域里以其各式各样的面貌,容纳了绝大多数的文化表现。它们的降临形同终结了视听媒介与印刷媒介,通俗文化与精英文化,娱乐与信息,教育与宣传之间的分隔甚至是区别"[①]。从新媒体的媒介属性来看,新媒体的文化样式主要分为以下三种。

1. 网络文化样式

在国家数字版权保护力度进一步加大的环境下,我国网络文化发展势头迅猛。根据CNNIC统计,截至2017年6月,网络文学用户规模达到3.53亿,较2016年底增加1936万;网络音乐用户规模达5.24亿,较2016年底增加2100万;网络游戏用户规模达到4.22亿,较2016年底增加460万人[②]。随着网络对人们生活方式的影响不断加深,网络游戏、网络剧、网络文学、网络音乐等网络文化产品用户数量日趋庞大,在文化消费品中占主流。网络文化成为文化产业的重要发展力量,推进我国国际影响力的提升。

随着Web2.0和3.0技术的全面应用,以往仅以网页形式呈现的网络文化又涌现出了博客、播客、电子杂志等新形式,在网络信息技术基础上形成的这种富有精神性的文化形态,开始呈现出多样的文化态势,如播客文化、微传播文化。无论形式如何多样变化,从广义上说网络文化都是指"伴随网络技术的普及、人类高度参与网络传播而形成的一种全新的数字生活方式"[③]。

作为新媒体文化重要组成部分的网络文化,不仅是人、信息、文化三位一体的产物,也是人类社会发展的产物。与传统媒介一样,网络文化承载着传递知识、信息服务、宣传教育、娱乐消遣、舆论引导等功能,而商业功能较之以往更加突显,市场管理、产业价值的实现成为网络文化的附属标签之一。

2. 影视消费文化样式

新媒体技术也影响了文化内容,出现了新的制作方式,所以有了3D电影、高清电视、家

[①] 程曼丽:《从历史角度看新媒体对传统社会的解构》,《现代传播》,2007年第6期。
[②] 《CNNIC发布第40次〈中国互联网络发展状况统计报告〉》,查询于2019年4月24日,http://www.cac.gov.cn/2017-08/04/c_1121427672.htm。
[③] 李良荣、方师师:《网络空间导论》,复旦大学出版社,2018年版。

庭录影制作室。此外也出现了一些新的文化产品，比如专门为手机、移动终端制作的视频。

新媒体内容正实现着对消费主义文化的大力张扬，主要表现为内容重点向娱乐消遣的转移，新媒体运作上的拜金主义，即传媒为利润而生产，它们正越来越多地以经济利益为奋斗目标。新媒体一方面通过对生活类商品的大量报道，打造流行、引导消费；另一方面通过媒体节目，特别是电视娱乐性目，为受众提供消遣。以这样两个途径为主要载体，融市场、媒体、文化受众为一体，当下中国社会文化消费急剧扩张。在这个意义上，媒体文化就是消费文化。因此，要警惕新媒体文化对受众灌输消费主义文化，尤其是西方发达国家利用先进的媒体艺术产品向中国受众特别是青少年灌输消费主义文化，消弭青少年的积极进取精神。

在影音质量、类型拓展、人才培养等方面，新媒体影视早已经超越传统影视作品，但新媒体影视必定将为更多有志于电影和影像的个体提供表达自己和成就自己的机会，也将为网络受众带来新的内容。如网络自制剧的繁荣，综艺节目的火爆，以及网络原创短片的兴起等等。充分发挥视频应用互动性、传播性、娱乐性等特点，推出影视综艺产品，更具观赏性，更符合网络传播特色。

伴随着广电局"三网融合"工程的全面铺开和影视新媒体化的推进，新媒体影视文化成为新媒体文化的一员。相较传统影视文化，新媒体影视文化最大的不同就在于其直接互动性和受众自主选择性，这决定了它是一种新兴的、分众的文化。

3. 短视频文化

手机文化传播的渗透性强，在于手机作为全新业务的新媒体已经实现移动电话媒介身份的突破，正在以人的随身独立信息终端的存在演绎麦克卢汉的观点：媒介的发展史同时也是人的感官能力"统合"—"分化"—"再统合"的历史。这一过程也是人体的信息功能日益向外拓展的过程。可以说，手机媒体的出现是已有的多种媒介形态相互融合、演进的结果。互联网可以看作手机媒体化过程中的资源基石和支撑。

近年来短视频蓬勃发展，平台迅速崛起，用户规模飞速攀升，社会影响力与日俱增，掀起了一股短视频文化热潮。作为网络文化的新形态，短视频文化已经逐渐渗入社会文化的许多方面，在社会文化中扮演着越来越重要的角色。不知不觉间，短视频已成为展示日常生活的新窗口，记录时代风貌的新载体，塑造社会文化的新工具。表达自我是人类与生俱来的需求，短视频的出现为用户打造了一个展示日常生活的新窗口。悄然之间，用户展示日常生活的窗口发生了重要变化，从主打文字和图片的传统社交平台，逐渐转移到了抖音、快手等主打短视频的新兴社交平台。在市场的倒逼下，传统社交平台也纷纷开始在短视频业务上重金布局。与此同时，用户展示日常生活的介质也发生了较大变化，从过去的"拍照片"变成了现在的"拍短视频"。

秀文化是短视频文化的重要组成部分，"秀"源于英文单词show，短视频中的秀文化主要是指张扬个性的自我展示，包括秀才艺、秀容貌、秀装扮、秀技能、秀学识等各种内容，从这个意义上来讲，短视频发挥着和真人秀类似的功能。秀文化容易引发大规模的模仿行为，进行病毒式传播，迅速从线上扩散至线下。

无论是抖音的口号"记录美好生活"，还是快手的口号"记录世界记录你"，无不在强调短视频的记录功能。从这个意义上来讲，短视频具有和纪录片类似的功能，是记录时代风貌的新载体。纪录片通常是专业团队对于某些事件相对完整的记录，而短视频则通常是普通个体对于某些生活瞬间的捕捉。从微观视角来看，短视频记录的只是一些碎片化的内容，但是从宏观视角来看,短视频记录的却是一个时代的整体风貌。不同于纪录片,短视频的记录是一种拼图式记录,它聚合与拼贴了普通个体对生活瞬间的碎片化记录,以其丰富多样的视角合力记录了一个时代的整体风貌。

短视频文化是主流文化、精英文化、大众文化的交汇融合。短视频是新时代传播正能量和弘扬主旋律的利器。目前,各级政府部门和各大主流媒体纷纷在短视频平台开设账号,"青微工作室""北京SWAT""四平警事"等政务短视频号,"人民日报""新华社""央视新闻"等媒体短视频号,受到了年轻用户的普遍青睐。随着短视频文化生产主体的逐渐多元,精英文化开始在短视频文化中占据重要位置,雅俗共赏、老少咸宜的短视频精品内容越来越多。目前短视频平台已成为大众文化的策源地,"来了老弟""我们不一样"等网络流行语都发源于短视频平台,并由此向线下扩散至更广阔的社会文化空间。

（二）新媒体文化的特点

1. 平等性

多种新媒体文化样式的出现,极大丰富了人们的日常生活。网民不仅可以通过手机来观看电视节目或是读新闻,发送微信微博进行投票,还可以通过网络对某一事件发表个人观点,进行搜索,选举网民自己心中的人大代表,或是通过网络视频点播个人喜欢的文娱节目;也可以在数字电视平台上,选择付费电视节目、参与游戏、点播歌舞等。在多重文化样式交互结合时,所谓的大众与精英、文教与娱乐都被置于一个平等的平台上。

2. 开放性

新媒体文化的开放性和多重包容还表现在娱乐功能与教育引导、公益传播功能的兼容。网民的恶搞视频或调侃式言论,票选"网络红人"或手机"拇指一族"中创造的搞笑信息传播等娱乐表现形式,似乎将新媒体文化的娱乐功能充分挖掘了出来。同时,新媒体文化在传递信息、教育引导、公益传播、文化交流等方面也展示出自身的魅力。

从新媒体上可以及时搜集到大量信息,使得少数人对信息和知识的垄断难以为继。人们不再仰视专家和学者,而是将他们的观点与自己掌握的知识进行比较、进行分析,从新的角度提出自己的看法。在传统媒体上,普通民众缺少话语权。只有在网络上,他们才能畅叙胸怀、指点江山,表现出对传统的颠覆和对权威的挑战。之前一批受到广大群众喜爱的网络歌手及其成名歌曲,成为很多著名音乐家的批评对象,甚至有人称,"网络歌曲的泛滥成灾让内地流行音乐倒退15年"。专家的评价和普通大众的评价有着很大分歧。许多网络歌曲没有经过任何宣传,迅速唱遍大江南北,达到家喻户晓的地步。它们曲调欢快、语言诙谐、比喻奇妙,符合当前普通大众的审美标准。不可否认,大众文化中确实存在着一些低级趣味的东西。但是,它们只占很小比例,而且经受不住时间的考验。

3. 补偿性

由于人们乐于在网上反映自己的喜怒哀乐,倾泻积累的不平和怨气,对社会、文化、经济等方面的话题发表自己的看法,网络成了反映民情的最好渠道,成了社会的晴雨表。政府部门不但可以从网上看到民众的基本心态和社会的主要问题之所在,还可以有意识地利用网络,针对关系到国计民生的重大事件,广泛征求民众的意见,使决策更具科学性,有着更广泛的群众基础。互联网是有着巨大吸引力的虚拟空间。在这里,人们可以大胆发表自己的意见,贡献自己的聪明才智,充分展现自己的闪光点,并相互交流、相互帮助,获得尊重、友情和自我价值的实现。对于很多人来说,现实生活中难有这样的机会,因此,网络文化具有"补偿性"特征。既然是补偿性文化,就必然夹带着很多牢骚和不满。网络上出现的很多问题,其根源在现实生活中。人们通过在网上发泄,以补偿难以实现的愿望。正是由于这种原因,网络成为一种社会安全阀,为社会各阶层的利益诉求和情绪宣泄提供了一个很好的渠道,客观上起到化解情绪、缓和矛盾的作用。社会上的不公平、工作中的重压、怀才不遇的感慨,都可以通过网络进行发泄,并得到呼应,从而获得心理上的平衡和满足感。

(三)新媒体文化的圈层

1. 段子文化

一个事情成为一个事件的判断标准。你可以不懂任何的流行文化和流行审美,但段子文化你一定要懂。因为当一个文化、审美或者事件被大众广泛关注的时候,段子手们一定会第一时间开始基于此来创作,而"段圈"的属性和激烈的竞争又要求段子的时效性极高。

所以当你关注到"段圈"开始出现大量基于同一个内容创作的段子,也就意味着这个内容已经成为大众普遍关注的事件。同样,很多从业者都在说自己在做事件营销,如何判断你的营销真的从一个事情爆炸成为全民关注的热点事件,观察是否有段子手在基于你的营销进行二次段子创作,是一个最简单的方式。段子圈遍布于互联网的各个角落,从你自己的朋友圈到各种群里搬运的小视频到微博热门话题,很少有人能完全脱离于"段圈"。以戏谑、分享、二次创作乃至成为社交货币(有些时候搭讪和引起话题就是靠创造或者搬运几个段子)为特征的段子文化已经慢慢成为一个全民舆论、流行、审美浪潮来临的必经环节。

2. 潮流文化

潮流文化追求个性和独立的本质,这个文化的追随者往往都是朋友圈子和流行文化中的意见领袖角色,进而导致太多主流审美和文化往往来自潮流文化。看看《中国有嘻哈》的暴火到各大厂的跟风说唱营销,从 Kanye 的一张 ins 图片到满街真真假假的老爹鞋,ABC (American Born Chinese,出生在美国的华裔)、野鸡大学(又被称为"文凭工厂",指虽然是合法机构,但不被所在国社会、用人企业认可的学校)留学生、火不起来的酒吧艺人(大众潮流文化的主要构成人群)将抖音带火,使其成为全民社交软件,潮流文化不再小众,不能够再去忽视。潮流文化是不是来自街头已经不再重要,现在的大众潮流文化已经与说唱、街舞、滑板、街球、涂鸦文化渐行渐远。

3. 二次元文化

二次元文化是大部分不懂年轻人的互联网人脑海中,对于年轻人的印象:弹幕、宅舞、鬼畜表情、番剧。二次元文化太过于独立,独特又融入各种亚文化当中。

纯粹的二次元文化永远走不出二次元的圈子,但是二次元文化延伸出的泛二次元文化却又出现在亚文化的各个片段当中。

二次元文化的本质是什么,就隐藏在这个名字当中。二次元就是二维的世界,意味着逃离三维的世界,在二次元中追求理想的自己、生活和理想乡。二次元文化的本质就是逃离真实世界。

这个逃离的本质从热衷于二次元文化的主流人群属性可以看出来,讨厌社交的宅男、被学业压得喘不过气的学生、满身才艺但不屑于去向不懂的人展示的艺术家。他们花很多的钱去装扮自己的虚拟形象,Cosplay 梦想中应该是自己的漫画角色,沉浸在虚拟世界中和虚拟的偶像、对象、敌人一起,离主流社交媒体远远的,在自己的圈子里面分享自己的作品。

真正的二次元核心圈层和文化永远是独立、完整和闭环的,语言模式、社交场景、服装风格、娱乐方式、流行趋势变迁都是自成一套,不沾染其他文化一丝一毫。不是放几个动漫形象就是二次元了,不是穿上一套洛丽塔就是二次元了,不是在图片上加日文就是二次元了。为什么二次元的应援现场这么疯狂,因为他们不只是在追星,他们是在追求梦想生活的所有。

二次元圈层向来比较平和,没有潮流圈的鄙视链文化,所以这个圈层受到冒犯也往往少见反抗而是通过戏谑自嘲来化解。二次元文化是紧密围绕 ACG(动画漫画游戏)衍生出来的,因为这些就是最直接构建理想生活的方法,也是唯一最纯粹的二次元世界。然后通过 ACG 作品衍生出的审美和流行,形成了泛二次元文化。一切来源于二次元 ACG 的再创作内容以及其追随者,都属于泛二次元的范畴。

基于抓住大众审美和流行趋势的目的,研究泛二次元文化具有更深刻的意义。泛二次元文化由于其来源于充满着人类理想的二次元作品,有太多美好的东西可供二次创作,所以往往被各种流行文化切取其中部分进行借用,进而发展到现在二次元文化的碎片充斥于各种流行文化当中。但二次元文化从来没有被整体发扬过,泛二次元的文化,也不是经由真正的二次元核心圈层扩散。想要切入泛二次元文化也很容易,在各大社交平台寻找二次元相关的话题、社群和版块就可以看到大量内容,B 站和 QQ 群是目前泛二次元人群最主要的社交渠道,用这些内容创造作品去感动广泛的泛二次元人群。而真正的二次元,不懂别打扰。

以上的三个文化圈层,实际就是新媒体最主流的三个流行文化圈层,基本上能够从其中找到任何一个流行浪潮的原点,建议重点研究。而这些文化近些年结合着我国经济发展、文化开放、国民审美的提升又延伸出了一些亚文化圈层,也有各自的独特风格,也常常诞生一些全民流行浪潮。

(四)新媒体文化的精神特征:感性娱乐

1. 新媒体作为催化剂

随着经济的发展,技术的进步,当今社会的消费文化与新媒体正在走向共谋。新媒体通过源源不断生产出的各种符号,持续刺激着人们的物质欲望,引诱人们接受各种消费文化的传播形态,使人们体验各种消费主义的快感。网络消费文化是一种依靠新媒体技术上的数字化与传播上的互动性,传递人际间数字化信息及自身个性化因素与复合观念的媒介文化。它包含在媒介文化之中,是媒介文化的一种新表现和新拓展。

毫无疑问,网络消费文化是人类共同需要的文化产品,跟其他许多文化形态一样,是建立在物质基础上的消费文化形态,这种消费文化又与网络所有上下游厂商及消费者相联系,消费衍生出网络消费文化产业和商业,包括网上购物、网络游戏、网吧、网络动漫、在线点播、网络聊天视频、网络培训、网络教育等内容。

2. 消费文化个性化

网络消费文化是与消费个性化相结合的文化,它的发展构成了网络消费文化的一大特色。网络为人的个性化发展提供了前所未有的一个空间与平台,只要有一台可以上网的电脑,消费者就可以根据个人的兴趣爱好挑选自己钟情的产品,搜索加工、发布烙上个性化印迹的信息,选择交流的伙伴。在网络世界中,网络消费者足不出户即可实现对各类精神文化产品与精神文化性服务的占有、欣赏和使用,使人们在网络消费过程中享受个性化消费的乐趣。

网络世界拓宽了私人空间,也使公共领域的权力结构发生了变化。网络交往的高度随意性与隐匿性决定了网络主体可以"随心所欲"地进行交易活动,这无疑强化了消费的个人选择和知识创新。从一定意义上说,网络消费使人变得更自由、更富有个性和智慧。当然,对于网民而言,能够自由自在地消费,那将是一件相当愉悦和幸福的事。但可以选择的信息越多便越难做出选择,这也增加了网络消费者的消费决策难度,并促使其提高信息消费能力。

3. 消费文化便捷性

网络消费文化导致消费观念的转化,体现了超强的跨时空性。数字化网络所产生的知识经济合力,缩短了生产和消费之间的距离,使网上消费变得更加直接、更容易使买卖的双方能在一种近乎面对面的、休闲的气氛中达成交换的目的。同时,由于网络消费不受时间和空间限制,消费者可以随时随地坐在电脑前,以自己最舒服、最灵活、最自由的方式进行各种消费。

网络消费已成为追逐时尚的体现,从而形成一股汹涌的购物潮流。"今天在网上败的啥?""团购不?""逛淘宝了吗?"……成为人们网上网下关于消费问题的聊天的主要话题。

在网络上,消费者通过网络图片、顾客评价等信息,可以对要消费的对象进行更直观、更形象的把握,同时网络的快捷、及时、无边界传输和极庞大的信息量,使得消费者更容易获得有关消费的信息,这些极大提高了消费者消费的准确性和有效性。

4. 消费文化互动性

在网络消费文化中,信息传递从单向走向双向、多向互动交流;受众参与性增强,将受众从被动的接受者变成主动的参与者。消费者可与企业展开富有意义的交流,企业通过聆听消费者的回应可以迅速、准确、个性化地获得信息,连同网上监测机制所提供的对数据、网络浏览路径、点击后行为等的分析,勾勒出较清晰的个别消费者图像,然后就可以将这些宝贵的关于目标消费者的个人信息集成资料库;消费者在获得发言机会的同时,还可以作为特定的目标获得量身定做的个性化信息,从而得到更好的服务。

网络消费文化的互动性特征,导致消费价值观念的转化,人们对物质的关注,尤其是对精神享受的获取,成为网络消费中最吸引人的热点与焦点。在网络消费中,人的尊严往往得到充分的尊重,人的心灵和价值得到最大的关注,心理或情感上的满足,产生愉悦心理情感反应,充分体会到"顾客就是上帝"的享受。

三、新媒体与传统文化

在网络时代,越来越多的快餐式文本铺天盖地地袭来,越来越多的媒体人开始推崇技术,越来越多的前沿和热点都聚焦在新媒体的石榴裙下,而传统文化似乎与这个时代渐行渐远。但即便如此,也没有人能够抹杀传统文化曾与日月争辉的光华。因此,在媒体不断商业化的现实境遇中,如何让传统文化在新媒体一统天下的趋势中绽放出绚丽之花,如何让新媒体在传统文化的涵养中永葆青春,这是学界和业界应该共同思考的重要议题。在新媒体时代,传统文化的传播面临着新的机遇与挑战。如何更好地将二者的优势进行融合,实现多媒体与传统文化的共同繁荣,这是学界和业界共同的期待。

在几乎已经到来的移动互联网时代,微信这一传播平台已经"进一步聚合了人与人、人与信息、人与服务的关系,创造了一个规模空前的新平台,如何利用这个平台进行信息传播,成为传统媒体的新挑战"。而如何弘扬传统文化并加以新的传承,则必须从正视这一挑战开始。因为新媒体在社会的变革中已经扮演了越来越重要的角色,在这一过程中,它们"自身也超越了单纯的媒体而演变为新的社会形态。这个社会形态与现实社会形态的交互,也进一步影响到人们的生存状态"。

当然,这种新常态要以传统文化为根基,并把传统文化的精髓融入新媒体的传播,以此酝酿一场新媒体文化。而所谓的新媒体文化,本质上则"是一种竞争性的'江湖式'文化,表现出较强的开放、分权、共享、容错、戏谑、多元等特点。开放性不仅带来了内容的多元,也提高了用户的参与度,更改变了整个传播的格局"。这也是传统文化之所以在新媒体时代落寞的软肋。当内容不再是唯一的"王"时,媒体人就必须用更加开放的姿态和眼光去寻求业界之中可能的合作伙伴,形成共谋,实现共赢。

想要让新媒体真正为我所用,首先就必须清楚何为新媒体。实际上,它主要是指基于数字技术、网络技术及其他现代信息技术或通信技术的,具有互动性、融合性的媒介形态和平台。新媒体的主要特征就是数字化、融合性、网络化和互动性。而且"互动性成为区分传统媒体与新媒体的主要特征之一",这是因为传统媒体与新媒体相比,前者的受众反馈机制较为被动和微弱。而且,纸质媒介的传播范围十分有限,读者与作者之间的距离相当遥远。

在网络无处不在的社会生活中,要想让信息实现更持久、更广泛的传播,就必须充分利用新媒体。更何况,国家所大力倡导的"互联网+"时代,"是一个去中心、去垄断的时代,是一个参与、互动与分享的时代"①。这样一种时代既是新媒体文化应运而生的大环境,也是传统文化走向新常态的时代契机。这是因为"新媒体文化具有一定的平民性与非主流性,对过去一直占据主流地位的主流文化、精英文化形成了一定的冲击"。正是这种冲击,使得传统文化的主流特质和精英气质遭到冷遇。

传统文化在新媒体时代依然可以保留贵族气派和精英气质,只是一定要以一种平民化和非主流的方式,并辅之以新媒体的思维加以传播。这就要求"媒体人需要有正确的价值观",而且要利用好自身的经验。尤其是在如火如荼的自媒体时代,"人的经验有着不可替代的作用和力量,关键是要珍惜、充分运用并聚合这些宝贵的经验"。

第三节 新媒体与社会政治

新媒体不再仅仅涉及传播技术本身的更新,它更体现了新兴传媒力量与社会关系变革、政治势力角逐之间的深刻变化。这就要求我们深入检视更为宏观的国际政治和社会领域,重新看待新媒体技术变迁中所蕴含的复杂背景,作为一种生产力的变革,新媒体的出现无疑对上层建筑产生了巨大而深刻的影响,把人类带入了"电子民主"的新时代。

新媒体时代的政治是一种公民政治,与民主政治的代议制形式下公民间接参与政治生活不同,公民政治使得每一个公民都成为政治生活的直接参与者,从而最大限度上、最有效

---

① 陈昌凤、吕婷:《"互联网+"时代的媒体创新与产业融合》,《新闻与写作》,2015年第7期。

地保护了每一个公民自身的利益诉求,而这一巨大进步则明显得益于新媒体技术的出现。①

一、新型主体——网络公民

(一) 传媒接近权的突破

新媒体的出现造就了新型的公众——网络公民。传统媒体时代,大众媒体与公众的关系是生产与传播的线性关系,虽然相比以前,媒介已经带来了很大的自由,但以互联网为基础的新媒体的兴起,为公民实现这一基本权利提供了新的空间。

广义的传媒接近权包括在媒体上刊发新闻作品、文艺和学术作品、在广播电视媒体上参与娱乐节目和媒体发起的社会活动等。而狭义的传媒接近权则是指作为信息接收者的公民有权接近和利用媒体发表自己的主张、意见,有权要求媒体刊登或播放意见、广告、声明,有权要求媒体刊登自己想要传播的信息。

1967年,美国学者J. A.巴隆在《哈佛大学法学评论》上发表了《接近媒介——一项新的第一修正案权利》一文,首次提出了"媒介接近权"的概念。1973年,他又出版了《为了谁的出版自由——论媒介接近权》一书,对这个权利概念进行了系统论述。巴隆认为,美国宪法第一修正案规定的"出版自由"所保护的是作为一般社会成员的受众的权利,而不是传媒企业的私有财产权;在传播媒介越集中于少数人手中、广大受众越来越被排斥在大众传播媒介之外的今天,已经到了"必须把第一修正案的权利归还给它的真正拥有者——读者、视听众"的时候了。媒介接近权的核心内容是要求传媒必须向受众开放。从传播学角度,受众接近权的强调意义深远。一是将人自身权利引入传播学当中,体现一种文化进入大融合时期的人文主义原则,做到了传播以人为主体为起点向整个传播过程扩散,使得传播过程人性化。二是有利于提高传播效率,加强了反馈这一环节,提高了传者与受众之间的信息互动,使传播者的传播更好地满足需要,更充分地被接受。要建立畅通的反馈渠道,就必须保证受众的媒介接近权,使受众可以对媒介的报道进行纠正或补充。三是推动媒介环境的自我完善。

新媒体的出现为媒体接近权的实现提供了全新的契机。传统媒体时代,无论是报纸的版面还是栏目资源的稀缺,决定了只有极少数公众来信和来电才能被传统媒体采纳并刊播。新媒体则依靠数字化平台,克服了原先的容量和空间的限制,使得信息得以海量传播,冲破了广播电视的单向传播与不可重复性,使得公众广泛参与和交流成为可能。国外一些学者用Technological Empowerment一词来分析互联网使用的政治社会影响,国内学者郑永年首次在其著作中将这个英语翻译为"技术赋权"。他们研究的焦点在于互联网对国家、政府和公民权利的影响。

(二) 公民记者与公民新闻的兴起

新媒体的出现,为公民记者和公民新闻的兴盛提供了史无前例的基础和便利。任何人只要能连接到网络,他的声音就可能被全世界听到,甚至成为全世界的舆论中心。换而言之,人人都可以是记者,人人都可以生产新闻。每个人都可以成为信息的生产者和传播者。

所谓"公民记者",是指在新闻事件的报道和传播中发挥记者作用,却非专业新闻传播者的普通民众。"公民记者"背后所体现的是"参与式新闻"的理念,即"民众在收集、报道、分析

---

① 郭人旗:《后喻文化与"新媒体政治时代"——2008美国大选观察》,《新闻世界》,2009年第7期。

和传播新闻和信息的过程中发挥主动作用"。公民记者的概念，国内认为始于1990年代的美国，伴随公民新闻概念的传播而诞生。1998年，美国人德拉吉的个人网站先于所有传统媒介曝光克林顿性丑闻事件，这使得德拉吉获得全球最早的"公民记者"称号。德拉吉的影响也因此深入政坛，克林顿的太太希拉里在参与2008年美国总统大选活动的时候，毫不顾及克林顿的感受对德拉吉礼遇有加，其目的无非是希望他"网下留情"，多帮忙，少添乱。公民记者在美国的地位可见一斑。另一个和德拉吉不相上下的美国公民记者是嘉勒夫，他善于写博客，并能通过博客影响成千上万的美国人，美国白宫不敢小觑他的影响力，为他颁发了全美首个博客记者采访证。中国被冠以"首位公民记者"的周曙光，持续追踪中国"最牛钉子户"，比任何一家媒介都更具耐心。因为他的坚守，不少人看到了公民记者在中国发展的潜力，甚至有企业通过向其捐赠器材和钱，鼓励他继续关心公共事务。事实上，按照目前任何一家媒介的招聘标准，周曙光都很难成为一名记者，因为他没有接受过系统的专业训练，和德拉吉一样连一张合格的大学文凭都没有。但是，这样的背景却使得"公民记者"这一名词更具激动人心的力量，因为草根也可以成为握有话语权力的群体。

公民（非专业新闻传播者）通过大众媒体、个人通信工具，向社会发布自己在特殊时空中得到或掌握的新近发生的特殊的、重要的信息，或者把它称为"来自业余新闻工作者的第一手新闻报道"。公民新闻相较于传统新闻的优点在于可以更容易地在第一时间在现场进行实时报道。在突发事件的报道中，它正在发挥越来越重要的作用，同时也促使传统主流媒体对公众议程设置的重新思考。"议题设置"理论提出"媒介报道什么，公众便注意什么；媒介越重视什么，公众也就越关心什么"，那么公民新闻的出现，表明受众已经不太愿意被动地去接收新闻，他们更倾向于自己能够选择新闻。而这也为主流媒体应该怎样选择新闻开拓了新的思路。

公民新闻的诞生，打破了"传播者"与"受众"之间的传统界限，从根本上改变了受众群体在传播中的地位，传播者和受众群体不仅完全处于平等的地位，而且在意义上可以互换，实现了传播主体的位移。建立在双向传播基础上的公民新闻促进了民间话语体系的崛起，颠覆了"舆论一律"的传播格局，是一种民主化的媒体形式。新闻将不再是几家媒体的发言，而是全社会共同的声音。也因为有了大众的声音，政府的工作才能更加民主，更加完善，社会也会变得更加和谐。因为有了大众的参与和影响，主流媒体的报道将会变得更加客观，更加理性，公民新闻势必会带来新闻业的一场革命。

二、新型场域——网络公共空间

新媒体为网络化公共空间的产生创造了先决条件。因为在网络化公共空间中，我们开始关注不同尺度的互动如何开始彼此交织融合。新媒体有希望在市民、城市公共空间甚至是不同城市的市民之间建立起新的关联。新媒体的四个特征——无处不在(ubiquity)、地理定位(Positionality)、实时反馈(Realtime Feedback)和多元融合(Convergence)，它们是网络公共空间构筑的基础所在。

（一）网络空间发展的三个阶段

依据新媒体技术和新媒体平台的发展历史，当前网络公共空间的发展可以大体分为三个阶段：第一个阶段是门户网站时代，第二个阶段是博客时代，第三个阶段是微博微信社交媒体阶段。

1. 门户网站时代

中国四大门户网站指的是新浪、网易、搜狐、腾讯四大网站。其四家几乎已经占领了中国整个门户网站的市场。

新浪,是一家服务于中国及全球华人社群的领先在线媒体及增值资讯服务提供商。拥有多家地区性网站,以服务大中华地区与海外华人为己任,通过旗下五大业务主线为用户提供网络服务。主要产品服务:新浪新闻、无线增值服务、博客、播客、邮箱、UC、爱问搜索、微博等。

搜狐是中国一家领先的门户网站,搜狐庞大的社区体系,包括中国最领先的门户网站sohu、华人最大的青年社区、中国最大的网络游戏信息和社区网站、北京最具影响力的房地产网站、国内领先的手机 WAP 门户、具有最领先搜索技术的搜狗、国内领先的地图服务网站图行天下七大网站。主要产品服务:搜狐新闻、搜狗输入法、校友录、房产网、图行天下等。

网易是一家中国的主要门户网站,和新浪网、搜狐网、腾讯网并称为"中国四大门户"。网易在开发互联网应用、服务及其他技术方面始终保持国内业界的领先地位。自 1997 年 6 月创立以来,凭借先进的技术和优质的服务,网易深受广大网民的欢迎,曾两次被中国互联网络信息中心(CNNIC)评选为中国十佳网站之首。提供网络游戏、电子邮件、新闻、博客、搜索引擎、论坛、虚拟社区等服务。主要产品服务:网易内容频道、网易社区、电子商务、即时通信(网易泡泡)、在线游戏、邮箱等。

腾讯公司成立于 1998 年 11 月,是目前中国最大的互联网综合服务提供商之一,也是中国服务用户最多的互联网企业之一。腾讯公司主要产品有 IM 软件、网络游戏、门户网站以及相关增值产品。通过 QQ、微信、腾讯网(QQ.com)、腾讯游戏、QQ 空间、无线门户、搜搜、拍拍、财付通等中国领先的网络平台,腾讯打造了中国最大的网络社区,满足互联网用户沟通、资讯、娱乐和电子商务等方面的需求。截至 2019 年 8 月 14 日,腾讯公布 2019 年第二季度财报,财报显示:QQ 月活跃账户数为 8.08 亿,智能终端月活跃账户数为 7.07 亿,QQ 空间智能终端月活跃账户数为 5.54 亿。腾讯的发展深刻地影响和改变了数以亿计网民的沟通方式和生活习惯,并为中国互联网行业开创了更加广阔的应用前景。

2. 博客时代

英文名为 Blogger,为 Web Log 的混成词。它的正式名称为网络日记;又音译为部落格或部落阁等,是使用特定的软件,在网络上出版、发表和张贴个人文章的人,或者是一种通常由个人管理、不定期张贴新的文章的网站。博客上的文章通常以网页形式出现,并根据张贴时间,以倒序排列。博客是继 MSN、BBS、ICQ 之后出现的第四种网络交流方式,现已受到大家的欢迎,是网络时代的个人"读者文摘",是以超级链接为入口的网络日记,它代表着新的生活、工作和学习方式。许多博客专注在特定的课题上提供评论或新闻,其他则被作为个人性的日记。一个典型的博客结合了文字、图像、其他博客或网站的链接及其他与主题相关的媒体,能够让读者以互动的方式留下意见。大部分的博客内容以文字为主,但仍有一些博客专注在艺术、摄影、视频、音乐、播客等各种主题。博客是社会媒体网络的一部分。

博客按照存在的方式分为托管博客:无须自己注册域名、租用空间和编制网页,只要去免费注册申请即可拥有自己的 Blog 空间,是最"多快好省"的方式。自建独立网站的 Blogger:有自己的域名、空间和页面风格,需要一定的条件(例如自己需要熟悉网页制作,需要懂得网络知识,当然,自己域名的博客更自由,有最大限度的管理权限)。附属 Blogger:将自己的 Blog 作为某一个网站的一部分(如一个栏目、一个频道或者一个地址)。这三类之间可以演变,甚至可以兼得,一人拥有多个博客网站账户。独立博客:独立博客一般指采用独立域名和网络主机的博客,即在空间、域名和内容上相对独立的博客。独立博客相当于一个独立的网站,而且不属于任何其他网站。相对于 BSP 下的博客,独立博客更自由、灵活,不受限制。

博客,之所以公开在网络上,就是因为它不等同于私人日记,博客的概念肯定要比日记大很多,它不仅仅要记录关于自己的点点滴滴,还注重它提供的内容能帮助到别人,也能让更多人知道和了解。博客永远是共享与分享精神的体现。

3. 社交媒体时代

微博(Weibo)是一种基于用户关系信息分享、传播以及获取的通过关注机制分享简短实时信息的广播式的社交媒体、网络平台,用户可以通过 PC、手机等多种移动终端接入,以文字、图片、视频等多媒体形式,实现信息的即时分享、传播互动。2009 年 8 月新浪推出"新浪微博"内测版,成为门户网站中第一家提供微博服务的网站。此外还有腾讯微博、网易微博、搜狐微博等。但如若没有特别说明,微博就是指新浪微博。有鉴于此,当今世界政治名流中无论是美国前总统奥巴马,还是俄罗斯总理普京,以及德国总理默克尔、越南前总理阮晋勇等,纷纷借助网络塑造亲民形象。2014 年 3 月 27 日晚间,在中国微博领域一枝独秀的新浪微博宣布改名为"微博",并推出了新的 Logo 标识。

微博提供了这样一个平台,你既可以作为观众,在微博上浏览你感兴趣的信息;也可以作为发布者,在微博上发布内容供别人浏览。发布的内容一般较短,例如 140 字的限制,微博由此得名。也可以发布图片、分享视频等。微博最大的特点就是:发布信息快速,信息传播的速度快。例如你有 200 万听众(粉丝),你发布的信息会在瞬间传播给 200 万人。

其次,微博开通的多种 API 使得大量的用户可以通过手机、网络等方式来即时更新自己的个人信息。微博网站即时通信功能非常强大,在有网络的地方,只要有手机就可即时更新自己的内容。类似于一些大的突发事件或引起全球关注的大事,如果有微博客在场,利用各种手段在微博上发表出来,其实时性、现场感以及快捷性,常常超过其他媒体。

微博草根性强,且广泛分布在桌面、浏览器和移动终端等多个平台上。传统媒体拥有较大的经济规模和"巨大、傲慢的组织机构"。而微博这种"草根媒体"则没有任何"门槛",任何享有公民权的人都可以加入。微博有多种商业模式并存,或形成多个垂直细分领域。服从公共性逻辑的微博属于免费浏览,更加偏重微博的内容与影响,因此在信源的选取、关注的话题和个人叙事框架的构建方面,都可以保持一定的独立性,从而改变了媒体发展的动力模式。在微博,信息获取具有很强的自主性、选择性,用户可以根据自己的兴趣偏好,依据对方发布内容的类别与质量,来选择是否"关注"某用户,并可以对所有"关注"的用户群进行分类。微博宣传的影响力具有很大弹性,与内容质量高度相关。其影响力基于用户现有的被"关注"的数量。用户发布信息的吸引力、新闻性越强,对该用户感兴趣、关注该用户的人数也越多,影响力越大。微博信息共享便捷迅速,可以通过各种连接网络的平台,在任何时间、任何地点即时发布信息,其信息发布速度超过传统纸媒及网络媒体。

微信是腾讯公司于 2011 年 1 月 21 日推出的一个为智能终端提供即时通信服务的免费应用程序,由张小龙所带领的腾讯广州研发中心产品团队打造。微信支持跨通信运营商、跨操作系统平台通过网络快速发送免费(需消耗少量网络流量)语音短信、视频、图片和文字,同时，也可以使用通过共享流媒体内容的资料和基于位置的社交插件"朋友圈""公众平台""语音记事本"等服务插件。微信公众平台主要有实时交流、消息发送和素材管理。用户可以对公众账户的粉丝分组管理、实时交流，同时也可以使用高级功能-编辑模式和开发模式对用户信息进行自动回复。数据显示，截止到 2019 年第三季度，微信月活跃账户数达到11.51亿，与 2018 年同期相比增长 6%。其中，微信活跃的高峰期主要集中在两个时间段：一个是午饭前，另一个是在下班后。①

（二）网络空间的特征

公共空间既要做到兼容并包，技术上容易接入，也要做到行动上自主独立，交流上双向互动，探讨时理性思辨。网络空间的特征表现出以下几种特征。

1. 去中心化

去中心化（Decentralization）是互联网发展过程中形成的社会关系形态和内容产生形态，是相对于"中心化"而言的新型网络内容生产过程。去中心化，不是不要中心，而是由节点来自由选择中心、自由决定中心。简单地说，中心化的意思，是中心决定节点。节点必须依赖中心，节点离开了中心就无法生存。在去中心化系统中，任何人都是一个节点，任何人也都可以成为一个中心。任何中心都不是永久的，而是阶段性的，任何中心对节点都不具有强制性。从互联网发展的层面来看，去中心化是互联网发展过程中形成的社会化关系形态和内容产生形态，是相对于"中心化"而言的新型网络内容生产过程。

"去中心化"不是不要中心，而是由节点来自由选择中心。比如微博，微博上有很多大 V、明星们拥有很多粉丝，一条短短的微博可以产生巨大的影响力，甚至左右舆论的风向。这是中心么，是的。但是每个人都有成为大 V 的机会，每个人可能晚上发一条微博后睡觉，第二天早上发现几万条甚至更多的评论、转发，这就是由节点选择中心。

网络空间去中心化的特征有效促进了网络公民参与上的兼容并包，为网络公民参与提供了对等的对话博弈场所。网络公民个人自由进入自主对话，每一个网络用户都是网络信息或网络活动参与者或贡献者。话题建构和议题设置多对多切换。

2. 匿名性

匿名性（Anonymity）是互联网的重要的情境特点，也是影响互联网上行为的重要因素，关于什么是匿名性，本研究将其定义为："在一定的情境下，行为者对于自身是否被他人所知觉情况的感知"。这个定义强调三个方面：第一，匿名性是相对于一定的情境的；第二，匿名性是行为者的一种主体知觉；第三，匿名性是行为者自己和他人之间的一种关系特征。另外，关于匿名性的概念需要说明两点：首先，作为一个变量，匿名性不是一个两分变量，它不是只有"是"和"否"两种状态，而是在"是"和"否"中间的一个连续的轴线上，它取决于行为者对于他人对自己的信息掌握程度的感觉，也就是说，是认为别人对自己有多大程度的了解。其次，匿名性不同于伪装性，伪装性是想让别人对自己做出错误的知觉，在这个概念里，行动者的主动性很强，其伪装是有很强的目的指向的；而匿名性只是行为者对于别人对自己知觉情况的一种感知，其并不带很强的主动性、目的性和指向性。如果行为者有意想处在一种匿名的状态下，他所采取的措施应该是尽可能少的暴露自己和掩蔽自己，而不是采取伪装的形式。对于与行为者相对的他人来说，匿名性是对于行为者的信息的缺乏而无法作出有效的

---

① https://baijiahao.baidu.com/s? id=1655246360805843028&wfr=spider&for=pc，查询于 2020 年 12 月。

知觉和判断,是一种不确定性;而伪装性是由于接受了行为者的误导性的信息而对其做出了错误的知觉和判断。在某些情况下,匿名性是伪装性的必要条件,在互联网中,由于匿名性所导致的身份的弹性,人们可以自由地选择想呈现给他人的东西,在他想表现的自我与真实的自我不同的情况下,他就采取表演的形式来伪装自己。近年来国家互联网信息办公室正在逐步推动完善后台实名、前台资源的网络注册原则,随着实名制的普及,或许能够对匿名性的缺点有所限制。

三、新型民意——网络舆论

新媒体时代,个体的公众以网络为平台,通过网络语言或其他方式对某些公共事务发表意见,塑造了网络时代的新型民意——网络舆论。以网络为核心的新媒体,为普通民众行使知情权、参与权、表达权和监督权提供了重要的渠道。当现实的参政渠道不通的时候,网络参政发挥重要的作用,许多重大的公共决策,正在不断通过网络了解民意、汇聚民智。网络参政在中国的政治、经济和社会生活中扮演着不可或缺的角色,已经成为我国民主政治的重要组成部分。

(一) 舆论与新媒体舆论

舆论有狭义和广义之分,狭义的舆论是指在一定社会范围内,围绕某一事件或者焦点,能够反映某种社会知觉和集体意识的多数人的共同意见。广义的舆论是社会中种种意见的总和。

舆论是集合化了的公众意见,是社会意识形态的重要组成部分。但舆论是属于浅层次的社会意识形态,它有别于高度抽象化、系统化、理论化的其他层面的社会意识形态。舆论学专家认为,舆论是"公开的社会意见",舆论在表现形式上必须是冲口而出、公开表达的意见。舆论具有天然的大众性,这是舆论得以快速和广泛传播并易于被大众接受的根本原因所在,这是舆论的优势。但反过来讲,舆论的这种天然的大众性是建立在意见内容具有理性和非理性内容高度混杂的基础之上的。舆论与舆情是一定要区分开的。公权力运行必然产生特定的具体事件,如目前,老百姓对房价过高这一现象形成大量的意见和态度,但这些意见和态度只能是社会舆论,不属于舆情的范畴。

现实中,一些民间的声音无法得到相关部门的重视与反馈,他们只能通过网络途径来反映或者发泄;他们的举报信如石沉大海杳无音信,只能通过网络曝光;实名举报担心遭到报复伤害,只能通过网络匿名检举。事实上,当现实中无法实现这些权利时,他们才不得不另辟这块虚拟的权利疆土。民众民主权利的实现,更需要在现实中发力。①

参政议政是每个社会公民的权利和义务。民众可以通过访问政府网站了解相关的政策信息,通过微博、微信或者短视频发表政务评论,通过相关部门的政务新媒体加强与决策者的沟通,通过参加"网络听证会"来监督政府的施政方针,使得民众接受、处理信息的能力增强。网络也使得民众参与表达的费用极为低廉,"理性无知"的对象越来越少,使得集体决策参与范围扩展到所有能使用网络终端的民众,大大强化了民众参政的广度和深度,拓宽了民众民主参与的渠道。

与此同时,公众从虚拟社会走进现实也渐成趋势。吉林、福建、湖南三省的9个试点县

---

① 陈方:《为什么公众不得不通过网络参政》,《理论与当代》,2010年第5期。

建立了"村委会电脑选举系统",秘密投票,公开唱票,不再由上级政府指派,而由村民按自己意愿选举社区负责人。此举大大激发了农民参政的热情,90%以上的选民参加了投票,甚至许多外出打工的农民也长途跋涉返乡投上自己神圣的一票。

得益于新媒体传播的即时性、互动性、开放性、便捷性特点,政务微博受到了政府和公众的共同关注,开始在公众的政治生活和社会生活层面扮演着重要的角色。一方面,政务微博能够及时倾听来自民众的声音,扩大政府服务内容的覆盖范围,提高政务信息的公开透明度,另一方面有助于提高公众对于政府的满意度,达到消弭社会矛盾的目的。

无论是网民线上讨论所产生的网络民意,还是网民通过线上手段和政府进行的互动,都对政府的决策产生重要的影响。比如在新型冠状病毒引发的疫情背景下,互联网舆论的矛头指向了病毒进入人类社会渠道之一的非法野生动物交易,一时间谴责非法野生动物交易,呼吁全面禁食野生动物的声音充斥网络空间。2020年2月24日,第十三届全国人民代表大会常务委员会第十六次会议通过了《全国人民代表大会常务委员会关于全面禁止非法野生动物交易、革除滥食野生动物陋习、切实保障人民群众生命健康安全的决定》,这个决定的通过被认为是对于大势的积极回应。

(二)新媒体语境下舆论的特点

随着互联网的应用和普及,信息传播方式发生了彻底的改变。网络开放度高、信息量大、及时性、互动性强的特点,为公众获取信息和发布信息带来了前所未有的便利。移动互联网社交媒体的广泛使用,让用户可以随时随地关注最新消息,表达个人意见,各种各样的社会热点话题呈现快速爆发的趋势,网络成为集中反映民意和社会动向的场所。同时,公众对国家和社会公共事务的知情权、参与权、表达权和监督权的诉求更多地通过网络渠道加以表达和实现,网络舆论的晴雨反映的是社会的情绪和民众思想的变化。

1. "情感诉求"取代"理性至上"

在开放的网络环境中,网络事件多由网民自发进行爆料,通过平台以在线留言的形式发表个人真实的意见,维护自己的利益。但网络信息的庞杂,网民不同的受教育水平、年龄、思维方式、个人价值观等因素,都会影响意见表达及其社会效果。许多网民容易被情感所调动,在对事件还未进行全面了解的情况下就急于下结论表达立场,越来越多的"评论党"和"键盘侠"开始涌现。新闻标题是他们判断的依据和下结论的来源。盲目轻信他人的观点和未经证实的信息,容易被各种观点左右。2016年10月一则《惊了!宁波游客在日本拿走酒店马桶盖,查证后酒店要求导游寄回……》消息一经发布便迅速在网络中引发热议,网民一股脑地对事件当事人进行辱骂和人肉搜索,舆论一边倒地认为事件当事人不可原谅,应该予以严惩,然而实际上当事人早已在事件发生第一时间就将马桶盖归还并进行了诚恳道歉,也得到了相关方面的原谅,群极化的行为却将该事件无限放大,使得事件当事人

拓展资料

个人隐私信息泄露,丢掉了工作,人身安全也受到了极大威胁。

2. 突发性和动态性兼具

舆论爆发的突发性表现在新闻冲突事件和舆情爆发的不可预测性。新媒体信息传播的即时性使得信息传播和更迭极其迅速。一个媒体事件所产生的网络舆情可分为潜伏期、成长期、成熟期、衰退期四个阶段。① 新媒体时代,这四个阶段的持续时间同时在缩短,信息更迭,新事件不断代替旧事件对人的吸引力,热点话题来去匆匆,公众对某一个事件或者某一时间段发生事情的关注度持续周期越来越短。对突发性事件形成一种固定认知,要么一窝蜂地关注、充满感性地评价;要么就是十分健忘,旧的舆论消散得十分迅速。在这样的模式下,公众没有充足的时间去梳理事实的真相,更别说对于事件有一个理性的认知,因而容易导致极化舆情的出现。信息的传播不再仅仅由社会主流和精英阶层所掌控,舆论的主体实现了从主流媒体、政府机构到普通民众的实质性转变。

3. 戏谑和狂欢式的娱乐化表达

近几年来,网络公众拒绝用严肃的话语方式,更喜欢以戏谑式和狂欢为主的情绪化表达,在舆论场中扮演着推波助澜的角色。这种表达方式使得人们在发表言论时候,更愿意凭借自己的主观臆断去判定新闻事实,这在很大程度上是对新闻事实的"曲解"和"重塑"。在新媒体的碎片化信息和快节奏的生活中,公众倾向于在各种新闻事件中提取娱乐性的内容进行讨论,娱乐成为新媒体使用的重要目的和动机。比如奥运会中对运动员的关注很快被王宝强离婚事件的热度所取代。公众更加偏爱采用讽刺性的段子或者娱乐性的流行语来表达他们的情感和思想,也是值得关注的一种特点。对名人明星八卦引发的道德伦理批判也呈现出明显的上升趋势。

这种舆论环境中,虽然传统媒体依旧可以设置议题,但因为察觉不到网络公众对于信息诉求的改变,网民的肆意言语推进着热点不断转换,舆论引导的缺位使得事实真相让位于公众的"狂欢",戏谑和狂欢成为网络舆论的一种常态化表现。

处于转型期的当前社会,各种矛盾、问题正处于高发、多发时期,尤其是有些地方由于历史、现实各种矛盾未能很好解决,引发各种各样的新问题,基层群众的各种诉求很多,急于找到更为有效、更加快捷、更加通畅的反映渠道。公众的诉求绝大多数是基于自身利益维护的动机,比如经济和安全等。调查显示,网络公众对涉及切身利益和公共利益的事情的时候,如果政府相关部门未能及时通报信息,他们最容易感到不满。比如天津爆炸案发生后的谣言和猜测,就是官方信息不公开所造成的,也是舆论讨伐的焦点所在。社会共识本身就十分难以形成,再加上社交媒体言说和传播权力的赋予,网民群体更关心的是自己的观点会不会被听到,而不是客观事实是如何的,自己的主观感受、个人经验、知觉情感才是更为重要的所在②。

在技术乐观主义者看来,新媒体展现出来一种天然的民主色彩,新媒介的去中心化的特征,赋予了每一个网民平等参与社会公共讨论的机会,也必将带来民主政治的进一步深化。然而,另一种观点却对上述观点提出了质疑,网民与非网民之间存在着数字鸿沟,这决定了互联网政治参与的不平等性,日趋商业化和娱乐化的新媒体不断侵蚀着日常的公共领域。

---

① 燕道成、杨瑾胡、江春:《网络舆情新特点及应对策略》,《党政视野》,2016年第3期。
② 王秋菊:《后真相时代的舆论特点、引导难点及建议》,《青年记者》,2017年第16期。

尽管如此，无论乐观主义者还是悲观主义者都一致认为，新媒体极大影响了当下的政治参与和公共决策。

对于政府来说，一方面要依照《政府信息公开条例》，进一步推动政务公开，为政府与民众的沟通交流创造一个透明的环境，这是"网络问政"走向制度化的前提所在。另一方面，要把网络民意切实纳入决策中，并以相关的制度将这种做法固定下来，使之常态化，以创新的方式加快"网络问政"制度化建设。旅居加拿大的学者陶短房曾经形象地说，"听"仅仅是一小步，"听见"才是一大步。今天民众所要求的"听见"，是有关领导、部门真正把网络平台所反映的民意当一回事，择其善者而从之，其不善者而改之，并通过各种适当方式，让诉求人和旁观者真切地体会到，领导们不仅仅是"听"了，而且"听见"了，尽管"听见"后的回应未必是所等待的那一种，但已足够让社会产生对网络问政的信任感。

拓展资料

在新媒体环境下，传统的方式容易"失灵"，如何将民意控制在管理部门可以接受的程度上，在实现民意充分表达的同时，避免因新媒体的过度表达而冲击政府权威、引发政治冲突，是管理部门必须考量的事情。

思考题

1. 新媒体如何适应和改造实体经济？
2. 新媒体对政治形成影响的过程是什么？
3. 新媒体文化的特点有哪些？

第五章 新媒体产业

第一节 新媒体产业概述

一、新媒体产业的概念

新媒体产业的发展离不开整个社会生态环境的发展。我国居民人均可支配收入的增长和中国中产阶级的不断形成,为新媒体产业的发展奠定了坚实的基础。网民和手机的普遍使用总量在逐年增加,我国宏观政策进一步支持新媒体产业的发展。《中共中央关于制定国民经济和社会发展第十三个五年规划的建议》指出,到 2020 年文化产业的发展目标是成为国民经济的支柱性产业,文化产业的整体规模将超过 1 万亿元。为了顺利实现该目标,2016 年国家出台了一系列具有重大指导性的政策文件,如《国家新闻出版广电总局办公厅关于加强网络视听节目持证机构参与"全国中小企业股份转让系统"管理有关问题的通知》《关于进一步加快广播电视媒体与新兴媒体融合发展的意见》等,为新媒体产业进一步突破体制机制障碍、焕发活力提供了新机遇。

新媒体的概念包含三个层次:底层是互联网媒体技术;中间层次是新媒体应用和各种新

媒体产品,即运用相关技术构建的特定应用软件,如新浪微博和腾讯微信等;最高层次是新媒体平台,即某个产品及其用户和运营者所共同组成的媒体生态环境。新媒体产业是指以数字技术、计算机网络技术和移动通信技术等新兴技术为依托,以各种平台媒体、网络媒体、手机媒体、移动性媒体和楼宇电视媒体共同组成的平台,按照圆形产业价值链和工业化标准进行生产、再生产的产业类型。

二、新媒体产业的构成

媒体有两大构成:渠道/平台和内容。而新媒体作为一个产业,还应该把媒体运营的商业和赢利模式加上。因为没有赢利模式,媒体是无法在市场经济中存活的,更谈不上产业发展了。因此新媒体产业的构成,应该包括渠道/平台、内容和商业模式。

平台/渠道是由各种互联网技术、通信技术或者计算机技术所支撑的。最典型的代表是平台型媒体。平台型媒体是指既拥有媒体的专业编辑权威性,又拥有面向用户平台所特有的开放性的数字内容实体。简言之,这种平台性的媒介不是单靠自己的力量做内容和传播,而是打造一个良性的开放式平台,平台上有各种规则、服务和平衡的力量,并且向所有的内容提供者、服务提供者开放,无论是大机构还是个人,其各自独到的价值都能够在上面尽情地发挥。现在比较成功的平台型媒体有 Buzz Feed、Gawker、Vox、Medium、微信、微博,等等。平台型媒体则侧重于在一个媒体平台内部实现各种应用、功能、服务、信息的聚合。目前来看,平台型媒体可以分为两类:单一性平台型媒体和综合性平台型媒体。单一性平台型媒体聚合的媒介内容较为单一,如聚合各大媒体新闻资讯的今日头条,聚合视频YouTube、优酷等。相比较而言,综合性平台型媒体的功能则较为多样,其既包括媒介内容的聚合,也包括各种应用的聚合,如百度便聚合了信息检索、资讯提供、公共讨论、导航服务、社区服务、移动服务、娱乐游戏、软件工具等多种应用样式,其全覆盖式的功能结构囊括了用户绝大部分需求。微信也属于这类平台型媒体,或者说其正在朝向平台型媒体的方向发展,在微信这一平台中,用户可以进行社交、获取新闻资讯、订阅信息、娱乐游戏、购物等多种活动。这种综合性平台型媒体可以为用户提供多种样式的体验,带有一站式服务的性质。从某种意义上说,这种综合性的平台型媒体才是真正意义上的平台型媒体。

新的媒介技术决定新的媒介形态,而新的媒介形态又决定新的传播内容。通常所说的媒体平台和平台媒体两者之间存在着重大差别。媒体平台是指媒介机构搭建的,以信息传播技术为支撑的,供媒介机构向受众传递信息的一种媒介形式。随着传播技术的不断发展和创新,媒体平台在不断发展变化。媒介技术的发展进程加快,出现了类型多样、功能各异的媒体平台,如广播、电视、PC、移动互联网等。与此同时,媒介机构为了扩展自身信息的传播渠道,保证信息的到达率,吸引更多的受众,总会跟随媒介技术的前进脚步,调整自身的发展战略,纵向或横向地延伸信息传播渠道。

媒体平台是媒体内容的传播渠道。跨平台的媒体平台策略在媒体融合及转型过程中,是一种常用手段,即通过跨平台的横向发展,扩大信息的传播渠道,从而实现信息的多渠道流动。媒介机构试图通过跨平台的传播方式,适应受众媒介使用方式的转变,从而延续媒体原有的影响力,增强媒介内容的到达率、接受率。同一媒体在不同平台中的内容几乎无太大差别,在多渠道的媒体平台战略中,"内容为王"依然是传统媒体的核心价值理念。"全媒体"的发展方式对于大多数传统媒体来说只是面对技术发展而被动采取的一种简单粗暴的发展模式。

三、新媒体产业的发展态势

从产业视角动态研究新媒体早已成为国家层面的重要主题,新媒体也日益广泛地渗入人类社会生活,成为人们的生活方式,国家相关主管部门早已从战略布局上确立了新媒体的相关主流地位,这是一种交互性的全媒体融合形态。新媒体逐渐发展成我国传媒产业领域的新发之力。

(一) 国家政策引导愈发细化,由宏观逐渐转向微观层面

继"互联网+"受到国家政策的支持后,中国媒体的融合发展如今已经逐步来到深化中坚阶段。政策引导层面,诸如《国家网络空间安全战略》《"十三五"国家信息化规划》《关于促进移动互联网健康有序发展的意见》《信息通信行业发展规划(2016—2020 年)》《"互联网+政务服务"技术体系建设指南》等文件对我国的互联网发展引导和管理起到了逐步推进作用。

2017 年 1 月,中共中央办公厅、国务院办公厅印发了《关于促进移动互联网健康有序发展的意见》。面对快速演进的新技术、层出不穷的新平台及新应用组合而成的新媒体,党中央意识到移动互联网发展管理工作还存在一些短板,如体制机制有待完善、政策扶持力度不够、自主创新能力不足、核心技术亟须突破等问题。[①] 与此同时,国家对媒体融合、移动互联网在产业发展层面的引导逐步加强,如引导多元化投资市场发展、积极稳妥推进电信市场开放,推动形成多种资本成分和各类市场主体优势互补、相互竞争、共同发展的市场新格局。

2017 年 1 月印发的《"互联网+政务服务"技术体系建设指南》是继"互联网+"之后又一落实到具体业务层面的引导。以"坚持问题导向、加强顶层设计、推动资源整合、注重开放协同"为原则,以服务驱动和技术支撑为主线,围绕"互联网+政务"业务支撑体系、基础平台体系、关键保障技术、评价考核体系等方面,提出了优化政务服务供给的信息化解决路径和操作方法,为构建统一、规范、多级联动的"互联网+政务服务"技术和服务体系提供保障。随着互联网行业垂直领域、媒介融合生态环境的逐步细化,国家在政策引导方面的工作也逐步从宏观到微观。

(二) 互联网资本化程度加深,内容生产形式多样化

2015 年末,内容资源再度成为新媒体平台上的重点发展对象。2016 年被称为"内容创业元年",移动资讯媒体平台在 2016 年密集出现。今日头条、腾讯、阿里、百度、搜狐、网易、新浪、一点资讯、凤凰等纷纷推出自媒体平台。以今日头条为首的平台,在算法和推进机制上不断更新迭代。在技术机制逐渐完备的情况下,优质内容成为各大平台争相追逐的稀缺资源。门户网站、科技公司开始了吸引内容创作者的"补贴战"。如今日头条的"千人万元"计划、腾讯推出的"芒种计划"、一点资讯推出的"点金计划"等。

除却资讯媒体平台,直播平台也为内容生产者提供了分发渠道。直播平台以游戏解说和秀场主播两大类为首,靠观众打赏、品牌合作等渠道拉动了行业发展。据统计,截至 2016 年 12 月,PC 端直播平台用户数超过 9500 万人,移动端设备数超过 8700 万台。其中,

---

[①] 《中共中央办公厅 国务院办公厅印发〈关于促进移动互联网健康有序发展的意见〉》,查询于 2019 年 5 月 1 日,http://www.xinhuanet.com/politics/2017-01/15/c_1120315481.htm。

43.6%的用户每天至少使用一次直播平台。寻求陪伴型、电竞游戏型、放松消遣型用户均属于高频次高付费群体,在总用户群中占比共计56.6%。直播平台辐射到电子竞技、服饰美妆等现有产业。

除了开发自己的产品外,以BAT为首的互联网巨头开始将目光放到资本市场上。由于移动互联网及新媒体与医疗、外卖、出行、教育等各个领域合作程度加深,加之技术进步使得人们在分享经济领域进行投资。阿里巴巴投资滴滴打车、58同城、百城旅游、淘宝教育等;腾讯投资饿了么、新美大、艺龙、京东等;百度投资有信二手车、美味不用等、去哪儿、蜜芽、沪江网,等等。2016年,我国分享经济市场交易额约为34520亿元,比2015年增长103%。分享经济平台就业人数约585万人,比2015年增加85万人。① 2017年我国共享经济市场交易额约为49205亿元,比上年增长47.2%。2017年我国共享经济平台企业员工约716万人,比上年增加131万人,占当年城镇新增就业人数的9.7%,这意味着城镇每100个新增就业人员中,就有约10人是共享经济企业新雇用员工。2017年我国参与共享经济活动的人数超过7亿人,比上年增加1亿人左右。参与提供服务者约为7000万人,比上年增加1000万人。② 2017年的政府工作报告,提到了要将分享经济作为提高社会资源利用效率、便利人民群众生活的途径之一,并指出要支持和引导分享经济发展。

(三)直播与IP相结合,成为新媒体产业的新风向

截至2016年11月,国内针对文化娱乐产业领域的投资额已经达到7032亿元,国家政策支持以及年轻受众的消费热情让泛娱乐类IP获得较大的发展空间。用户购买正版手游、观看正版影视作品的仪式加强。2015年,由小说、动漫、影视等IP改编的手机游戏占据了游戏畅销榜中的半壁江山。世界排名前100的手机游戏中,49款IP游戏来自中国,IP游戏收入占比达到了59.3%。2016年,移动端游戏收入超过了PC端游戏收入,实际销售达到819.2亿元,同比增长59.2%。③ 以各类IP为核心的产业链发展模式逐渐成熟,并形成了文字、视频、游戏、电商等多个领域的转换循环。

直播作为近两年互动形成较为新颖的行业,平台上产生的新晋IP数量越来越多。以游戏直播为例,据统计,2017年1月,直播平台前十类用户类型中,重游戏和轻游戏分别位列第四和第十,一共占据了56.1%的比例。④ 斗鱼、虎牙、战旗等平台上的游戏主播通过线上游戏解说积累粉丝,主播本身即可成为新的IP。2016年上半年,视频直播领域融资超过10亿大关,直

拓展资料

---

① 《中国分享经济发展年度报告2017》,查询于2019年5月2日,http://www.sic.gov.cn/archiver/SIC/UpFile/Files/Htmleditor/201703/20170302125144221.pdf。

② 《中国共享经济发展年度报告(2018)》,查询于2019年5月2日,http://www.sic.gov.cn/archiver/SIC/UpFile/Files/Default/20180320144901006637.pdf。

③ 《DataEye:2016年中国移动游戏行业年度报告》,查询于2019年5月3日,http://www.199it.com/archives/563028.html。

④ 《Trustdata:2016年移动直播行业分析报告》,查询于2019年5月18日,http://www.199it.com/archives/573466.html。

播开始进入泛娱乐时代。除游戏直播之外,综艺、电商等垂直领域的主播数量增多,用户黏性进一步增强,逐渐从 IP 产品过渡到 IP 人物,新媒体领域中不同平台的内容和人物相互融合,形成了以主播为核心的 IP 经济链条。

通信技术在过去 20 年经历了突飞猛进的发展,从 2G 时代的语音,到 3G/4G 时代的数据,发展到万物互联的 5G 技术落地商用。2019 年 6 月 6 日,随着 5G 牌照的发放,我国正式进入 5G 商用元年。

四、新媒体产业的代表类型

新媒体产业作为文化创意产业的重要组成部分,是第三产业的重要分支,也是经济发展不可分割的有机成分。新媒体产业涵盖的范畴极其宽广。传统的四大媒体是电视、广播、报纸、网站和户外媒体,但近几年来,这些媒体形态和内容传播日益融合在一起,媒介融合日益在深化。新媒体产业的类型,可以按照形态来划分,分为以网络、手机和互动电视为代表的三种新兴媒体产业,其中网络游戏产业、直播、短视频和知识付费成为近年来令人瞩目的产业级现象。

(一)游戏产业

2016 年,国家新闻出版广电总局、工业和信息化部等出台《网络出版服务管理规定》《关于移动游戏出版服务管理的通知》。其中,《网络出版服务管理规定》厘清了网络出版物的概念表述,强调游戏是网络出版物,明确了管理职责。《关于移动游戏出版服务管理的通知》则要求实施移动游戏分类审批管理,特别是对数量众多的休闲益智类国产移动游戏,采取游戏出版服务单位负责内容把关、出版行政管理部门对把关结果进行审查的措施,有别于其他类型游戏的前置内容审查,最大限度压缩时限,提高审批效率。

2019 年中国游戏市场实际销售收入 2330.2 亿元,增速为 8.7%,较 2018 年增速有所回升,这主要受益于移动游戏市场实际销售收入增速保持平稳,而客户端游戏市场实际销售收入同比下降幅度收窄。中国移动游戏市场实际销售收入突破 1513.7 亿元,较去年同比增长 13.0%,继续保持增长势头。其中端游市场与 2018 年持平,单机游戏市场实际销售收入大幅上涨达到 6.4 亿元。① 2020 年 12 月 17 日,中国音数协游戏工委(GPC)与中国游戏产业研究院发布了《2020 年中国游戏产业报告》,2020 年游戏收入为 2786.87 亿元,增长速度超过 20%,移动游戏增长高达 32%。其中中国游戏用户总量达到 6.65 亿人,同比增长 3.7%。2020 年,中国自主研发游戏海外市场实际销售收入达 154.50 亿美元,比 2019 年增加了 38.55 亿美元,同比增长 33.25%,继续保持稳定增长。

(二)直播业稳定增长

2018 年,我国已经有 200 家左右的直播公司,网络直播的市场规模约为 90 亿元,用户数量已经达到 2 亿人,同时在线 400 万人,同时在线直播房间数量 3000 个,基本覆盖了直播的各个领域,而在所有的直播当中,咨询直播正在成为直播行业的重要方向和新热点。互联网直播的在场感、互动性、实时性强,能够提供更好的用户体验,其高速发展的直接原因则是技术进步、游戏娱乐推动以及资本大量涌入等。2018 年中国在线直播用户规模达 4.56 亿人,

---

① 参见 https://xueqiu.com6677862831/137715609。

增长率为 14.6%。① 在线直播平台发展进入下半场,"直播+"模式推动直播平台向产业链各端渗透,促进平台内容创新和产品创新,直播平台的传播能力和即时、透明、互动特点为其他行业带来新的增长点,"直播+"纵深发展为直播平台及合作行业带来双赢机会。直播企业迎来上市热潮将推动行业商业模式走向成熟。虎牙作为国内游戏直播平台,结合电竞领域拓展游戏市场外延,在电竞项目纳入亚运会的背景下,虎牙进一步完善电竞专业化布局,通过签约职业战队、抢占赛事版权、自制赛事 IP 增加媒体曝光度,增强用户黏性,打造线上线下联动的电竞社区,催化多元化的商业变现模式,比如虎牙直播。

花椒直播在原创内容、赛事组织和红人计划的策划实施均具特色。从直播竞猜答题《料事如神》到明星躺播的《一起睡 Bar》,再到竞猜抢购栏目《剁手吧!老铁》,花椒在打造主播 IP 方面不遗余力,通过"赛事+盛典+广告"的全链路造星模式不断为自己培养超高人气主播,提升在行业内的名气,占据头部市场。其中,"巅峰之战"由半年模式举行改变为春季赛+秋季赛+总决赛模式,并增加"新秀之争"品类,为新人主播提供自我展示的舞台。"巅峰人气盛典"则为优胜主播提供全站资源的全方位扶持,助力优秀主播追逐梦想。据统计,"巅峰人气盛典"赛事第一天收入便破 1.5 亿元,为盛典开局打下基础,赛事全程收入 3.5 亿元。此外,赛事中的获胜主播还登上了 2019 年 1 月 17 日的"花房之夜"年度盛典的舞台,与明星同台表演。2018 年下半年,花椒推出户外街头音乐综艺《花椒 K 歌夜》,让主播突破直播间限制,得到更多曝光机会;对外花椒推送主播登上大品牌节目,2018 年 9 月,花椒主播"单良"参与了爱奇艺青年合宿真人秀《Hi 室友》,作为首期嘉宾跟金星、陈立农等明星艺人成为合租室友,表现亮眼的他更是获粉无数。

(三) 短视频成为重要风口

从 PC 端视频网站主导的拍客短视频模式出现起,以及 2008 年汶川地震等社会突发事件所展现出的短视频及时、快速,是短视频所展开的第一阶段的发展和探索。随着 4G 和互联网技术的成熟,以快手、秒拍、抖音为代表的短视频企业、平台、媒体开始崛起,吸引了大量的资本关注。目前短视频市场正处于高速发展期的初级阶段,在用户数据、资本吸附力、平台竞争、内容发展、商业变现等核心环节都有不俗表现。但市场要想进一步发展,监管、内容、技术、赢利等多个层面还有大量需要提升的空间。

2017 年短视频处于高速发展时期,截至 2018 年 2 月,短视频综合平台与短视频聚合平台活跃用户规模分别达到 4.035 亿人与 1.655 亿人。② 在腾讯、今日头条、新浪微博、阿里巴巴、百度等给予内容创业者提供补贴等各种资源的支持下,短视频创业迎来有史以来最好的时代。

快手和抖音作为短视频行业的两大代表型平台,截至 2019 年 2 月 28 日,抖音日活超过 2.5 亿,快手日活超过 1.6 亿。每天亿级流量的涌入保持了平台强大的生命力。从接单最多的红人类型上来看,无论是抖音还是快手,搞笑、剧情类的账号都是接单最多的红人。但是不同的是,快手搞笑类接单红人在平台接单 TOP10 红人类型中占比达到 37.16%,音乐类达到 25.68%,这两类的占比就已经超过了 60%,而抖音接单 TOP10 的红人类型分布相对则

---

① 《2018—2019 中国在线直播行业研究报告》,查询于 2019 年 5 月 25 日,https://baijiahao.baidu.com/s?id=1623627535979438919&wfr=spider&for=pc。
② 《2018 短视频行业年度盘点》,查询于 2019 年 5 月 8 日,http://www.199it.com/archives/707472.html。

是比较均衡的。具体比较如图 5-1 所示。

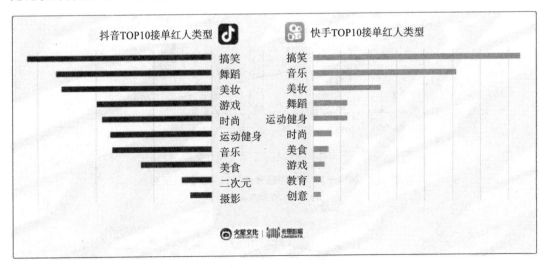

图 5-1　接单红人类型比较

(数据来源：卡思数据。数据截止日期：2019 年 3 月 31 日)

从图 5-2 图中来看,接单红人最多的粉丝量级来看,两平台都是腰部接单红人最多,其次是尾部。其中抖音腰部账号在总接单红人数量中占比达到 40.04％,快手上这个数据更高,达到 45.97％。

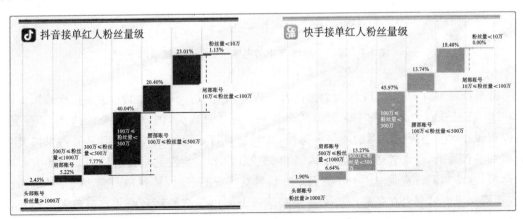

图 5-2　接单红人分析数量比较

(数据来源：卡思数据。数据截止日期 2019 年 3 月 31 日)

(四)知识付费产业规模化

近年中国移动支付用户规模均以较高的速度增长,2017 年中国移动支付用户规模达 5.60 亿人(如图 5-3 所示),中国移动支付技术已趋成熟。同时,近年中国内容付费用户规模呈高速增长态势,具体规模预测见图 5-4。近年移动支付技术逐渐成熟,为各 APP 在移动端实现打赏、付费等功能提供便利;而为优质内容付费观念的形成,也促使大批优秀内容提供者开始进驻各大知识付费平台。付费技术和付费观念逐渐普及,知识付费时代即将到来。

图 5-3 2014—2019 年中国移动支付用户规模预测
（数据来源：艾媒北极星）

图 5-4 2015—2018 年中国内容付费用户规模预测
（数据来源：艾媒北极星）

喜马拉雅 FM 曾在 2016 年发起国内首个内容消费节——首届"123 知识狂欢节"，而在 2017 年 12 月 3 日的第二届"123 知识狂欢节"上，在 3 日当天，内容消费总额达 1.96 亿元，接近首届狂欢节当天销售额的 4 倍。此外，知识付费行业内知乎、豆瓣、网易云课堂以及内容消费平台腾讯、爱奇艺等均跟进加入"123 知识狂欢节"，激发起全民对优质知识内容付费的热情，推动知识付费观念进一步普及。知识付费行业的兴起，从对知识劳动成果的尊重出发，让原知识内容平台在依靠广告支撑赢利基础上开辟了新的赢利模式。消费者对高质量知识产品的强烈需求为知识付费行业发展提供用户基础，而付费群体支付能力相对较高则显示出市场的巨大发展空间，国家对于知识产品保护加强又为知识内容提供者给予了保障。整体驱动下，未来知识付费行业发展会保持良好态势。

数据显示，34.8%的知识付费用户月收入在 5001—8000 元；81.0%的知识付费用户年龄层分布在 21—40 岁，即 80 后和 90 后人群；同时来自一、二线城市的知识付费用户占比达 76.4%；此外，中国知识付费用户较为偏好金融财经（46.2%）及教育培训类（40.1%）内容。艾媒咨询分析师认为，80 后和 90 后群体基本属于企业中层和职场新人，这部分人群对于提升自己知识储备及学习技能有较高需求，而时间的限制往往使他们难以通过线下培训班等渠道充实自己，线上知识付费产品能较好满足他们的需求，且这个群体的消费能力以及新鲜观念接受能力较强,是知识付费的主力用户。[①]

2020年,将知识和信息包装成产品和服务的行为逐渐成为一种常见的现象,这种现象被称为"泛知识付费"。由于音频独有的伴随性特征,喜马拉雅、得到、樊登读书等平台在知识付费领域做出了最为深入的探索。用户付费和广告收入共同构筑了知识付费的营收体系。

目前,知识变现阶段的商业模式可以分为平台型知识付费平台和独立知识付费平台两种,平台型知识付费平台的典型代表是喜马拉雅FM、得到等,这些平台直接生产相关知识产品;独立知识付费平台的典型代表是知乎等,这些平台不生产内容,而是通过C端的互动完成生产、消费,平台从中抽取一定比例的收益。这种模式越来越具有规模化发展的趋势。

五、新媒体产业存在的问题

(一)假新闻泛滥,在世界范围内产生恶劣影响

信息呈几何式增长、信息过载现象出现,以及社交媒体逐渐成为获取信息的主要方式,这些为假新闻的泛滥提供了潜在的机会。人工智能的发展既能够催生出自动抓取内容的算法,为机器新闻提供可能,也为"僵尸号"和假新闻带来可乘之机。2016年美国总统大选期间,Facebook上甚至出现了专门发掘并制作、传播假新闻的账号。由于社交平台允许在阅读量高、粉丝数量多的账号页面上投放广告,一些账号专门靠收集并传播假新闻来赚取高阅读量和粉丝数。

对海量信息进行专业事实核查的必要性由此凸显,一些专业的事实核查机构随之兴起。谷歌开始在新闻搜索中强调新闻是否经由事实核查,用户对某个关键词进行搜索时,搜索结果会显示消息源,并由专业事实核查机构进行标注。Facebook在推文平台中对假新闻进行识别,并根据情况给出不同标签;用户对不实信息进行分享动作时,平台会给出相关提示,并给出相关事实链接。与专业核查机构或联盟进行合作之外,包括美联社、法新社、法国世界报、ABC新闻等机构,向传统新闻业吸取经验。

(二)营销号违规操作增多,扰乱自媒体平台健康生态

品牌凭借优质文案和专业营销手段赢得粉丝注意力,本可以形成行业内的良性循环,但自媒体平台仍然存在灰色利益链条,甚至有产业化趋势。内容受到重视既为一些优质的原创者提供了平台与机遇,也因为一些监管漏洞和不成熟的条款规范招来一些不速之客。

各大内容平台大打补贴战的同时,一群紧盯着平台补贴的"羊毛党"应运而生。购买点赞数、阅读量、雇佣网络水军炒作、刷流量、耗费预算资源成为行业内"公开的秘密"。一些自媒体账号对其他作者的原创内容进行变相抄袭,通过保留文章基本结构、撤换文章所举事例等动作"洗稿",以逃脱机器审查。据《南方都市报》报道,抄袭、标题党及伪造事实成为"羊毛党"在短时间内炮制爆款文章的要诀,有些文章仅用极低的时间成本就能获得十万加阅读量,由此带来巨大的经济利益,有些运营靠"洗稿""整合原创"等行为甚至能够保障每月3万元的收入。一些营销号脱离基本道德束缚,对虚假信息没有进行事实核查的自觉,反而跟风炒作,从而赚取更多阅读量和转发量。平台补贴无法到达真正的内容创作者手中,原创者的

[①] 《2017年中国知识付费市场研究报告》,查询于2019年7月30日,http://www.ganfund.com/UploadFiles/20180730/5322a06f-daef-4ab4-9d27-984d52cb9553.pdf。

积极性被打击、内容平台的生态被破坏,可谓百害而无一利。

(三)群控、薅羊毛等技术型违法犯罪现象出现,打击难度加大

除了内容生产环境中,为账号刷粉丝、刷阅读、从"认为营销"变成"机器营销"的现象外,还存在不法分子靠模拟器软件、多台移动端建立群控设备盗刷火车票、骗取平台抽奖活动礼品等违法犯罪行为。但因为涉事范围不仅仅局限于内容创作平台,此类技术应用氛围之广,难以靠某个单独平台或系统的力量进行约束。机器算法目前也不易做到大规模、长时间、持续追踪的精准打击。

以 QQ 和微信公众平台为例,2017 年 2 月,腾讯展开了"网络有害信息专项清理整治"行动,针对刷阅读、垃圾营销、假货微商等违法违规现象对大批 QQ 号和微信号进行了封禁处理,共关停违规 QQ 群 1500 余个、账号 1300 余个。其中一些账号的违规操作已持续一段时间。在 P2P 网贷平台中,靠相对较低风险获取实际理财实惠的行为被称为"薅羊毛",并且有不法分子在社交媒体平台中传播类似"经验",长此以往对整个网络环境与生态的影响会愈发恶劣。若非平台展开专项清理工作,此类灰色产业链仍有缓冲时间。单凭用户监督及平台自觉,难以彻底打击类似灰色产业链的形成。

第二节 新媒体产业的经济特征

新媒体产业是以数字技术为支持、相对于传统媒体而言的。总体说来,它是在信息产业、互联网产业、电信产业等新兴技术产业发展的基础上,结合内容产业、大众媒体产业等传统文化产业形成的一个综合的产业。在数字信息技术的推动下,数字内容通过更多的传输渠道,传播到广泛的数字信息终端产品中,使得更多的受众能够接收到数字内容。这些生产、销售、传播内容产品以及提供技术、网络和终端设备服务的企业汇集成一个崭新而独立的产业,即新媒体产业。因此,新媒体产业就不可避免地延续了相关产业的特点。新媒体产业又因其与大众广泛而密切的互动、与政府职能部门重要而紧密的关系,深受社会文化和政府政策的影响。基于以上各方面的因素,数字新媒体产业在其成长过程中逐渐形成了自己独立的经济特征。

外部性是指经济主体(包括企业或个人)的经济活动对他人和社会造成的非市场化的影响。外部性经济又分为正外部性和负外部性。正外部性是指某个经济行为个体的活动使他人或社会受益,而受益者无须花费代价;负外部性是指某个经济行为个体的活动使他人或社会受损而造成负外部性的人却没有为此承担成本。

新媒体产业的外部性经济特征具体表现为以下两个方面:

首先,新媒体产业是其他产业发展基础上形成的后续产业,因此,数字新媒体产业的发展严重依托于其他产业的发展状况。如电信产业的网络架构范围和传播技术,会极大影响数字新媒体产业的渠道资源,信息产业的宽带技术、计算机存储技术也在很大程度上左右着数字新媒体产业的发展速度等。

其次,新媒体产业的发展也影响了其他产业和社会文化的方方面面。如一部电视剧或

一部电影甚至是网民的博客,它们所宣扬的文化内涵和承载的道德伦理对社会舆论、社会化文化的形成都会产生一定的作用。当新媒体产业中的某一种思想形成潮流之后,会对整个民族尤其是青少年群体的价值观、人生观、世界观产生影响。

当新媒体产业的某个外部经济特征日益显著之时,就会使新媒体产业出现企业合并或企业分离的经济现象。渠道和内容共同构成了新媒体产业,因此有时候渠道或者平台会联合内容运营商发展内容产业,当然,内容提供商也会联合渠道或者平台运营商。

案例:爱奇艺打造自制剧,打造娱乐内容生态圈

(资料来源　蒋晨辉:《中国互联网视频网站运营模式探析——以爱奇艺为例》,《新闻传播》,2020 年 9 月;张璇:《国内视频网站付费盈利模式分析——以爱奇艺为例》,《新媒体研究》,2019 年第 2 期)

2019 年 5 月 27 日发布的《2019 年中国网络视听发展研究报告》指出,网络视频用户的规模已经高达 7.25 亿,高于搜索和网络新闻成为仅次于即时通信的中国第二大互联网应用。而爱奇艺则是最有代表性的一家,尤其是近四年开始兴起的自制内容和内容付费都由其发起。

爱奇艺的前身是 2010 年以"奇艺"为名投资组建的视频公司,2011 年 11 月 26 日启动"爱奇艺"品牌,其品牌理念为"悦享品质"。2018 年 3 月 30 日在美国纳斯达克上市,虽然上市第一天跌破了 18.2 美元开盘价,但是之后股价稳步上涨,截至 7 月 18 日,爱奇艺股价为 37 美元,市值也从刚上市的 110 亿美元最低点飙升到 263.8 亿美元。从 2015 年,自制剧《盗墓笔记》首创会员付费抢先看排播模式,到 2018 年初,爱奇艺会员收入突破 21 亿元人民币,首度与广告收入持平。在 2018 爱奇艺世界大会上,爱奇艺创始人、CEO 龚宇首次提出,"用科技创新助力构建共赢生态"。言下之意,一直以来以视频播放平台自我定位的爱奇艺,要从"单一"向"生态"转型。

2018 年,爱奇艺落地爱青春、奇悬疑两大剧场,垂直细分市场。2020 年长剧疲软,短剧爆发了活力,爱奇艺开创了自己的独特品牌——迷雾剧场,专供快节奏强情节的 12 集标准类型片,热门网剧《隐秘的角落》就是生产于这种背景下。目前,迷雾剧场已经释出四部悬疑短剧,在 2020 年上半场豆瓣短剧高分榜上,迷雾剧场占据两席,分别是 8.9 分的《隐秘的角落》和 7.4 分的《十日游戏》。

除此之外,爱奇艺以潮流、文化、消费为主题打造的自制综艺 IP,比如《青春有你 2》《乐队的夏天 2》《新说唱 2020》等,使得爱奇艺上半年综艺正片播放量达到 51 亿。而围绕聚焦潮流文化的头部综艺 IP,爱奇艺继续探索会员专享和衍生节目。从《乐队的夏天》第一季开始制作的《乐队我做东》也随着第二季回归。除了衍生节目,与用户互动的《中国新说唱 2020》打 call 权益活动等,也满足了会员用户的多元观看和互动需求。爱奇艺致力于构筑平台内容矩阵,深挖 IP 产业链价值,扩展了付费蓝海。

爱奇艺视频起步较晚,但发展后劲足,目前已成为行业最具创新力、综合实力领先的在线视频平台。2017 年,爱奇艺提出"大苹果树"模型,"树干"是 IT 技术平

台支撑,"苹果"是各种业务类型,包括影视、综艺、游戏、漫画、文学、游戏、电商、直播等多个领域。爱奇艺初期业务战略主要聚焦以影视剧作为视频网站内容的切入口,爱奇艺注重采购大量的正版版权,积累大量优秀的影视剧作品资源;秉承"悦享品质"的品牌口号,为用户提供丰富、高清、流畅的专业视频体验,致力于让用户获得更多更好的视频。

爱奇艺基于百度搜索指数主打品质、青春、时尚的品牌,打造涵盖电影、电视剧、综艺、动漫在内的中国正版视频内容库,爱奇艺建立了基于搜索和视频数据理解人类行为的视频大脑——爱奇艺大脑,用大数据指导内容的制作、生产、运营、消费。并通过强大的云计算能力,以及领先行业的带宽储备、全球最庞大的视频分发网络,为用户提供更好的内容视频和服务。

爱奇艺成功构建了包含电商、游戏、电影票等业务在内,连接人与服务的视频商业服务设施,还搭建了可以赋能合作的生态关系。

二、平台型经济特征

随着数字化技术与互联网时代的飞速发展,"平台"已经成为新媒体产业最重要的经济特征之一,这种新的思维模式,是一种经济、社会与生活中新的资源配置与组织方式,最终在生态协同中实现价值共享。

平台经济指的是依托平台进行交易的商业模式。所谓平台,就是连接多方供求或虚拟或真实的交易场所。相对于传统封闭的线性交易结构,平台经济的水平交易结构是开放的,只要你有价值交换的需求就可以参与进来,而且在技术的约束下自觉地协同。因而,买卖双方成为一个平台上点对点的水平网式结构,从而产生更高的效率,降低更多的成本并获得更大的收益。

陈威如教授曾经指出,平台型经济最主要的特征是成长速度非常快,甚至会形成"赢家通吃"的超级垄断格局。特别是一些平台型企业从创业诞生到成长为具有世界影响力的大型企业,市场份额占到80%—90%只花了5—10年的时间。第二个特征是超额利润经济属性,当平台规模越来越大,平台所带来的价值越来越高的时候,平台价格不仅可以不用下降,还可以越来越高。平台经济最重要的功能是凝聚资源,将传统经济链条式的上中下游组织重构成围绕平台的环形链条。平台将原本线性经济链条的上中下游组织重构成围绕平台的环形链条。企业端用户通过平台直接触及消费者,节省的各个环节都提高了产业效率。也正是我们所说的"互联网+"模式。"互联网+"的模式是打造平台经济,这些第三方平台并没有参与贸易,只是促进了交易双方,所以这种利他的模式,才是"互联网+"。

案例:15秒音乐短视频,抖音撑起一个多边混合商业平台

(资料来源　李宏、孙道军:《平台经济新战略》,中国经济出版社,2018年版;吴佳妮:《音乐社交短视频软件何以走红——以抖音App为例》,《新媒体研究》,2017年第18期)

抖音,是一款音乐创意短视频社交软件。该软件自2016年9月以来,迅速成为许多用户中炙手可热的 App。在抖音上,用户可以通过软件选择音乐,拍摄 15 秒的音乐短视频,形成自己的作品上传。其他用户可以通过软件推送,观看别人的视频,截至 2018 年底,日均 VV(视频播放量)过亿,多位明星网红纷纷转发,甚至酷我音乐等在线音乐软件上已经出现了抖音热歌榜,抖音 DAU 已在数百万量级。研究者发现,抖音 App 凭借其精准的定位,满足受众在音乐方面的媒介使用需求,其中包括社会互动的心理需求、心情转换的心理需求,同时结合富有时效的线上线下推广策略,使其在上线半年后成为日均视频播放量过亿的应用。

互联网时代,注意力资源永远是商家、媒体必争之地。在这个娱乐至上的时代,抖音、快手都成为一种引人注目的娱乐方式和欲罢不能的生活习惯。普林斯顿大学心理学博士、纽约大学斯特恩商学院营销学副教授亚当·阿尔特(Adam Alter)在他的著作《欲罢不能:刷屏时代如何摆脱行为上瘾》中指出,社会互动日益成为一种令人痴迷的行为上瘾。诱人的目标、无处不在的记录、数字的激励和反馈、一点一点的进步、激励人心的掌控感、未完成的紧张感、强大的社会关联,上述种种因素,都打造了抖音视频这个平台的用户体验。

抖音从一开始就运用了今日头条的算法推荐,在保障分发效率的同时,带给用户无法预测的新鲜刺激,体验到注意力机制中"无法预知"的视频体验,或者用户不喜欢这一推送,因为 15 秒在人类可忍受范围之内,以后不看即可。抖音上的世界流失非常之快。

抖音上各种各样有趣、生动、搞笑的内容聚集了大量的抖音用户,占用了他们大量的时间。而内容制作者或者因为观看者众多而得到了极大的心理满足,或者因为点赞功能激励了他们对于自我价值和成就的认同感。这些都极大激励和鼓舞着内容创作者的创造。除此之外,抖音视频上的物质激励也是内容创作的另一重要动因。视频创作者通过音乐、创意、表演等,吸引用户前来观看,拥有足够的观众,就会产生注意力变现,或者做微商,或者得到广告主的青睐,或者开直播,并最终实现赢利。

可见,抖音视频并不生产产品,它只是一个平台,平台上有视频观看者、视频创作者以及广告品牌商。三者共同组成了一种自主、和谐、稳定的三边关系。观众享受到了娱乐,创作者获得了收益,品牌商提高了传播和影响力。而抖音则通过对软件界面的美化、平台算法的优化、用户诉求的满足,起到了黏合观看者、发布者、广告商三边的作用。这正是抖音作为平台最成功的地方。

抖音平台为内容创作者提供的功能越多,抖音对于潜在用户的价值就越大,比如平台所提供的服务为妈妈们提供 15 秒可以介绍和学习的菜谱,这样就会创造出更多的网络效应,形成一种平台的混合能力。而这种混合能力会产生更多的用户群体,为平台用户创造更优质体验的同时,可以良好应对竞争,最终向自然化的生态圈发展。

三、规模经济特征

规模经济是指企业或组织在生产量达到一定规模的时候,能够随着产出的增加降低平摊固定成本,最终降低单位成本、实现经济效益提升的一种经济现象。随着互联网技术对社会生活的进一步渗透,新媒体产业呈现出规模经济特征。互联网社会到来后,不同人群的需求表现出一种需求中介化趋势,即人们通过媒体来呈现需求。加强在新媒体产业里面的布局,最重要的经济驱动力就是追求一种规模经济。

新媒体经济中的主要组成部分即互联网经济,通常初始投入较高,但是作为数字经济和虚拟经济的互联网产品能够大规模地生产、复制和传播,使得其拥有较低的边际成本。所谓边际成本,在经济学和金融学中,是指每一单位新增生产的产品或者购买的产品所导致的总成本的增加数量。在原子经济中,产品的边际成本即使在规模经济中也无法无限制地接近零,因为原子经济中的产品成本不可避免地需要客观存在的物质资料成本、存储成本、运输成本,这些无法忽略不计的成本对传统经济的增长程度产生限制。

在新媒体经济中占有重要地位的信息产品,因为其产品的特质以比特经济为基础,数字音乐、视频、游戏在开发时可能初始成本较高,但是随着复制生产中不占有实体物质资料成本、空间存储成本以及物流成本,随着生产的增加,其边际成本能够无限制地接近零,这种成本结构产生了巨大的规模经济。所以在新媒体经济时代,甚至出现了崭新的免费形态。

互联网经济是规模经济效应极其显著的行业,近些年,阿里巴巴、腾讯和百度通过投资和并购大力开展战略性布局,尤其是通过在优势领域的收购来提升自身的市场占有率,行业集中度快速提升。例如在网络游戏产业领域,基本形成了腾讯和网易的双寡头市场结构;在互联网广告领域,阿里巴巴、百度、腾讯和今日头条成为主导;在数字阅读领域,阅文集团处于领先地位;在音乐领域,已经形成了以腾讯音乐、阿里音乐和网易音乐为主导的市场结构。

以网络游戏为例,中国游戏市场规模保持高速增长,行业销售规模突破2000亿元,复合增长率达到21.2%。2018年中国游戏市场实际销售收入2144.4亿元,同比增长5.3%;用户规模达6.26亿人,同比增长7.3%。2018年,中国自主研发的网络游戏实际销售收入1643.9亿元,同比增长17.6%。截至2018年末,中国上市游戏企业数量199家,其中A股上市游戏企业151家,港股上市游戏企业33家,美股上市游戏企业15家。①

案例:腾讯以QQ、微信成就用户超级入口,展开大文娱布局,追求规模经济

(资料来源 罗仲伟、任国良、焦豪等:《动态能力、技术范式转变与创新战略——基于腾讯微信"整合"与"迭代"微创新的纵向案例分析》,《管理世界》,2014年第8期;李宏、孙道军:《平台经济新战略》,中国经济出版社,2018年版)

移动互联网时代中,时长和注意力成为新媒体产业竞争的关键所在,腾讯公司通过QQ和微信,占领了社交入口。微信成为当今的超级App,用户在现在的高数值下,绝对值仍然在持续增加,核心社交时长总量在2018年9月同比增长达到了20%,现在腾讯已经成为一个拥有近10亿用户的超级企业,不仅汇集了大量的用户,成为巨大的流量入口,同时还在培育众多微信旗下的小的流量入口,进行社交导流,因此构成了腾讯的流量生态根基。

---

① 《2018年中国游戏产业报告》,查询于2019年7月22日,https://baijiahao.baidu.com/s?id=1620531864248617284&wfr=spider&for=pc。

小程序的出现,使得微信发展有了更大的跨越。小程序团队隶属于微信组织架构中的微信开放平台。这个平台旨在帮助合作伙伴提升使用微信的能力,包括微信账号的注册与登录、微信支付、分享等。微信的小程序主要有五大类,包括零售、电商、生活服务、政务民生和小游戏。关于产品理念,微信团队这样描述小程序,"无须安装,无需卸载,用完即走"。小程序的关键指标不是粉丝留存率,而是用户回访率。小程序的真正意义在于,打通线上与线下的壁垒,将微信变成了工具之王,免掉了众多 App 的作用,线下的实体是微信小程序应用的土壤。

微信一端是 10 亿的用户,他们可以互联互通,之间的关系呈现一种圈层化的螺旋式的强关联,而公众号、订阅号、H5 发布使得信息在社交中快速流转。另一端,微信通过小程序,连接了线下实体,线上线下无缝对接,给人们衣食住行带来了极大的便利;既维护并扩大了流量,又给需要流量的商家带来了便利的接触方式。

受益于大规模的用户,腾讯音乐、视频、文学等数字内容业务快速扩张,并在各个领域处于龙头地位。据不完全统计,腾讯投资的大文娱项目有 38 个,投资的细分领域包括动漫、短视频、媒体/自媒体和知识付费等。其中在动漫领域投资的公司超 10 家,包括徒子文化、铸梦动画、从潇动漫、糖人动漫等;在短视频领域,腾讯领投了快手的 3.5 亿美元 D 轮融资;在媒体/自媒体和知识付费领域,投资了知乎、新榜、毒舌电影等;在游戏领域,投资了西山居、掌趣科技、Pocket Gems 等。腾讯近期进行的第三次架构调整,从 C 端向 B 端转型,依托微信入口,腾讯逐步完善金融全牌照布局,支付业务也成为其重要的利润来源。腾讯在游戏行业领先优势较大,2018 年第二季度,腾讯作为发行商的市场份额已经超过 55%,成为当之无愧的游戏行业头部发行商。

研究者通过对腾讯所进行的"微创新"进行了案例研究,发现腾讯在强大的动态能力支撑条件下,抓住了技术范式变化的战略机遇,通过有效的组织学习和知识管理,基于用户信息体验消费对创新活动进行快速、反复、精确迭代,领导竞争对手、合作伙伴、先导顾客进行开放式的系统创新,成为支撑移动互联网时代第三方服务的平台级产品,最终实现了颠覆式创新和规模经济的价值创造。

四、长尾经济特征

长尾理论是在 Web2.0 所兴起的一种新理论,由美国《连线》杂志主编克里斯·安德森于 2004 年 10 月提出。长尾理论认为:只要存储和流通的渠道足够大,且商品成本急剧下降以至于个人都能进行生产时,需求不旺或销量不佳的产品所共同占据的市场份额可以和那些少数热销产品所占据的市场份额相匹敌甚至更大。简单来讲,长尾理论就是众多小市场汇聚成可与主流大市场相匹敌的市场能量,如图 5-5 所示。

在长尾理论的应用中,Google 是一个非常典型的案例,其成长历程就是把广告商和出版商的"长尾"商业化的过程。以 Google AdSense 为例,它面向的客户是数以百万计的中小型网站和个人。对于普通的媒体和广告商而言,这类群体的价值微小,根本不值一提,但是 Google 通过为其提供个性化定制的广告服务,将这些数量众多的群体汇集起来,形成了非

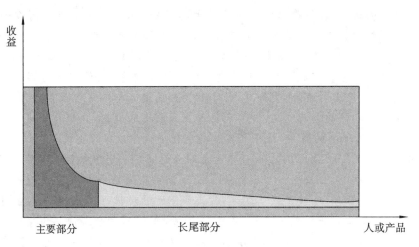

图 5-5　长尾理论模型

常可观的经济利润。①

在长尾的世界,商品储存展示的场地和渠道足够宽,以前看似需求极低的商品都有购买者。商业和文化的未来不再只盯着传统需求曲线那个代表"畅销商品"的头部,还有代表"冷门商品"而经常被人遗忘的长尾。在亚马逊网上书店,畅销书的销量并没有占到 80% 以上,非畅销书反而由于积少成多而占据了销量的一半以上;任何一本冷门的书,互联网的另一端都会有一位潜在的需求者。在中国,网红歌曲可以和粉丝疯狂刷榜的"偶像音乐"平起平坐,很多年轻人支付很少的金钱下载歌曲(这些歌曲可能相当冷门),滴水汇成大海,最终形成了庞大的音乐产品需求。

长尾理论的主要特点如下:

首先,长尾理论的基本原理是积少成多创造市场规模。长尾价值重构的表现是满足了个性需求,通过创意和网络提供了更具价值的内容、更个性化的产品,得到人们认同的同时,激发了人们隐性的需求,从而开创了一种与面向传统大众市场完全不同的、面向细分市场的、个性化的商业经营模式。长尾市场是对以往需求方规模经济的扩展,也是对传统学院派经济理论的补充,在理论和实践上更新了微观经济学的传统观点和方法,在新环境下指导市场执行者获取真正的效益。要而言之,长尾理论的基本原理就是通过价值创新,创造新的市场规则并挖掘传统边界之外的潜在需求,然后提供个性化产品和服务。

其次,长尾理论实现了边际效应的递增。价格决定需求是传统经济的特征,表现为商品价格越高,需求越少。长尾条件下则相反,一种商品或服务的价格随着用户数量的增加而剧增,这种价格的剧增又吸引了更多的用户,从而产生了多重效益。长尾产品的许多创新往往针对消费者的心理需求,因为生活节奏越来越快,人们追求自身快乐至上的诉求越来越强烈,长尾产品通常保持了与众不同的差异性,给人们以焕然一新的感受,不断提高着消费者的满足程度。

最后,长尾理论是范围经济与规模经济的完美结合。长尾理论通过摆脱现有市场中与对手的竞争和博弈,在现有产业之外开创蕴含庞大需求的利基市场空间,进入全新的领域,

---

① 《长尾理论》,查询于 2019 年 7 月 25 日,https://wiki.mbalib.com/wiki/长尾理论。

商品或服务所蕴含的效用价值成为影响需求的决定性因素,价格蜕化为次要因素,在长尾市场里,消费者更多关心的是效用价值。长尾理论通过在大众化产品之外提供众多的个性化定制,区别对待每一位个体的客户,兼顾了广泛性与个性化口味。

案例:亚马逊的长尾实践

(资料来源　洪亮、任秋圜、梁树贤:《国内电子商务网站推荐系统信息服务质量比较研究——以淘宝、京东、亚马逊为例》,《图书情报工作》,2016 年第 23 期;刘磊:《中美互联网企业发展过程中的制度因素比较——以阿里巴巴和亚马逊为例》,《广告大观(理论版)》,2020 年第 4 期;贝索斯:《亚马逊是第一个大规模实践"长尾"的案例!》,查询于 2020 年 11 月,http://blog.sina.com.cn/s/blog_4cd035a10100fx8o.html)

亚马逊网上书店成立于 1995 年 7 月 16 日。Amazon.com 正式开通的时候即有 110 万种图书,而通常美国大型书店单店只有 15 万种图书。开张后仅一个月,接到的网上订单就遍及全美和 45 个国家。美国之外的人们发现,这是一个订购英文原版书籍的好地方。1998 年亚马逊实现收入 6.1 亿美元,较上年增长 312.7%;1999 年实现收入进一步提升至 14 亿美元。贝索斯成功地引导投资者关注另一个数据,这就是客户规模,用户数达到了 1200 万。

1988 年 6 月,亚马逊开始了书籍之外谨慎的扩张,这次选择了 CD,只用了半年的时间,亚马逊就赶超了当时最大的在线 CD 销售商 CDNow,随后录影带、礼品、卡片、宠物用品、玩具,越来越多的商品开始出现在 Amazon.com。2004 年 8 月 19 日,亚马逊宣布以 7500 万美元收购卓越网。卓越网成立于 2000 年 5 月,是当时中国最大的网上书籍与音像零售商,同时也在网上销售软件、化妆品及礼品玩具等。收购后,卓越网成为亚马逊的第七个全球站点。

亚马逊是全球电子商务的成功代表,读者可以在亚马逊网站上买到近 150 万种英文图书、音乐和影视节目。在亚马逊网络书店的销售的图书,有大量来自排名 10 万名以后的书籍。这些"冷门"书籍随时可能在网络上被"挖掘"出来,经网络迅速传播,销售高速增长。

亚马逊创始人一开始就预言这类书籍将会占到整个图书市场的一半。这意味着消费者在面对网络所提供的无限选择时,多样的需求都能得到满足,也意味着商品品种将越来越分散。事实上,亚马逊的壮大正是得益于对长尾市场的发掘和满足。亚马逊投入了巨资建立自己的仓储物流系统,凭借先进高效的物流体系、超大的商品容量及集散能力,提供了品种最为齐全的商品,极大限度地降低了成本。

现在,除了图书和音像影视产品,亚马逊同时在网上销售服装、礼品、儿童玩具、家用电器等商品。亚马逊的销售模式其实与大多数其他大型网上零售商没有什么不同,只是所售商品的种类非常多,有美容产品、服装、珠宝、美食、体育用品、宠物用品、书籍、CD、DVD、电脑、家具、玩具、园艺用品和床上用品等。消费者几乎可以在这里买到所有商品。成为电子商务巨头的秘密在于细节,亚马逊除了提供品种齐全的商品外,还尽可能为顾客提供个性化的购物体验,比如送货上门、货到付款。

亚马逊在线一直以来都坚持从自己的仓库出售商品。不过，无论零售商还是个体卖家都可以利用亚马逊在线的平台销售商品。许多大型零售商（如Nordstrom和塔吉特）通过自己的网站销售其商品的同时也会利用亚马逊进行销售。这些销售活动只是将亚马逊在线作为中介，实际的销售处理和订单执行最终还是由这些大型零售商自行完成，亚马逊实际上是在向这些将亚马逊在线用作网上销售补充途径的零售商出租其网络空间。

亚马逊已经是世界上销售量最大的书店，它可以提供310万册图书目录，比全球任何一家书店的存书要多15倍以上。实现这一切既不需要庞大的建筑，不需要众多的工作人员。

长尾实践背后的机制是亚马逊的推荐系统。亚马逊利用一定的方法技术，为用户开放了部分人性化的推荐系统设置，例如，选择不作为推荐依据的项目、设置隐私商品、查看推荐解释等。相对于淘宝和京东，亚马逊推荐系统的推荐信息服务在各方面都显得较为均衡。基于项目的协同过滤推荐算法的应用和对于推荐业务规则及场景的探索，为亚马逊的推荐系统积累了十分丰富的用户经验和庞大的用户数据，因此，无论是准确性还是时效性，亚马逊推荐信息服务都具有良好的表现，特别是其为用户的推荐系统使其推荐信息服务更人性化和尊重用户差异，提高了用户体验，极大激活了长尾经济。

除此之外，美国政府具有引领性的云计算制度让亚马逊成为最大受益者。这些制度性因素也促进了亚马逊电子商务的快速健康发展。

第三节 新媒体产业的赢利模式

一、广告营收

新媒体虽然具有互动性、原创性、分众性和智能性特点，但新传播特征并不必然带来媒体的赢利。若缺少赢利模式的支撑，新媒体的生存将难以为继。传统媒体和新媒体的商业模式存在着根本性的区别，但广告却是它们共同拥有的赢利模式。广告是传统媒体主要的赢利模式，也是新媒体最重要的赢利模式之一。互联网新兴产业广告主类型增加，传统"媒体"的定义被打破。线上线下广告的界限也越发模糊。新媒体产业中，网络广告收入的集中度提升，百度、今日头条、腾讯等媒体的广告收入占总体的60%以上，2017年移动广告规模已经达到2549.6亿元，原生广告的高速发展成为行业的共同关注点，其扩充了广告资源，提升了广告转化率，也带来了更好的用户体验。而中国网络广告市场规模达到3750.1亿元，同比增长 32.9%。①

广告的发展总是跟随着用户注意力的转移而变化,这在新媒体产业也不例外。场景上,以 OTT、户外大屏、智能音箱等为代表的万物互联使得新媒体融入了用户的多元生活场景中;小程序、短视频等新载体也不断出现。上述发展都进一步深化了新媒体互动广告,从传统的广告形式不断走向智能融合,新颖有趣的广告带给用户不一样的体验,这其中,数据和算法的运用使得广告投放更具有针对性和精准性。

人工智能技术未来将在广告赢利模式中扮演更为重要的角色。精准投放、反作弊,既可以作用于新媒体决策、素材生产、投放、监测等不同流程的不同环节中,又通过各环节的影响和反馈,提升广告收入的持续增长。随着广告投放成本的精细化,广告主对专业广告优化师的需求也大大增加,不断催生系统与服务的升级。

CNNIC 数据显示,截至 2020 年 6 月,中国搜索引擎用户规模达到 7.66 亿,较 2020 年 3 月增长 1539 万,占网民整体的 81.5%;手机搜索引擎用户规模达 7.61 亿,较 2020 年 3 月增长 1542 万,占手机网民的 81.6%。搜索引擎后来居上,以其精准化传播日益得到广告主的青睐。有数据显示,百度在中国搜索引擎市场的份额达到了 70% 以上,在中国搜索引擎市场遥遥领先。百度推出了百度大脑,通过 AI 技术实时捕捉用户行为,智能推荐创意,自动根据内容追投广告,精准的用户画像使得广告主和消费者之间的需求高度匹配。

爱奇艺、腾讯视频、搜狐视频等一大批中国视频网站的崛起使视频行业也开始了品牌化进程。某种意义上,一个个视频网站就是一个个的互联网电视台,被电视媒体证明是有效的广告形式,在视频网站上都能得到应用。并且视频网站的广告呈现形式更加灵活,可以是片头广告,可以是原生广告,还可以是植入式广告。例如,搜狐视频利用长效扶持机制出品人圈层。目前建立了由金牌出品人、普通出品人、实习出品人构成的橄榄型出品人体系,在娱乐、知识、民生三大内容体系建立了超过 39 个垂直品类的 PGC 视频内容。搜狐视频人均单日使用市场在视频业已经成为中国视频行业规模最大的领先平台,走出了一条正版视频营销的路子。借助广告这一形式,实现了网民、版权方、广告主、网站的四方共赢。

在现代数字广告投放系统中,最关键的一个功能是"人群定向",它的实现是通过"聚类"算法实现的。正是这种算法的出现,使得广告营销进入了精准营销时代。广告的受众从大众变为自然人个体,是坐在每个一个浏览器、终端和屏幕前的个体。每一位个体上网的痕迹和记录,就是 Cookie。广告受众行为分析就是建立在 Cookie 的数据基础上,具体包括浏览、点击、搜索、注册、购买等行为的网页地址。这些信息能够很细致地刻画出广告受众对某个领域或者某个事件的兴趣程度,从而使得广告投放更加精准,转化更高,赢利更好。

站在广告主的立场,广告主的主要需求是品牌推广、产品促销、消费者关系维护。站在用户的立场,用户上网最基本的需求是获取资讯、娱乐、交友、实用解决方案(网络购物)。无论是投放门户广告还是做关键词搜索,实际上都是要在广告主营销需求和用户上网需求的各种情景之间建立一种联系。随着广告市场的完善和成熟,新媒体产业的广告追求品牌和效果合一。随着移动互联网时代的到来,广告营收在原先的资源、渠道、内容的基础上增加了技术和数据。比如在 2018 年初火爆的直播答题,花样植入各种广告品牌,获得了较大的

---

① 《中国网络广告市场年度监测报告(2017—2018)》,查询于 2019 年 8 月 2 日,https://max.book118.com/html/2018/0917/8122122016001124.shtm。

收益。一个好的故事成为获得广告营收的重要途径。新媒体产业开始注重讲好故事，利用整合营销的手段引起用户的情感共鸣。比如知乎联合北京青年人聚集的潮流地标三里屯太古里，面向青年人群打造了一间"知乎创意体验馆"——不知道诊所。开诊 34 小时，就有10000 多人排队。

为了满足广告主的综合需求，门户资讯网站广告、搜索广告、视频广告、信息流广告和社交网络广告市场都成为广告主的多元化选择渠道。以专业媒体资讯为核心的综合资讯平台、以原创新闻为主体的专业新闻媒体以及聚合类资讯平台的增长速度仍然维持在较高的水平。社交网络给内容营销和原生营销提供了一个活跃的平台，社交媒体广告规模不断扩大。

整合营销是最为复杂的广告形态，不仅把多元化的广告形式和沟通方式结合在一起，实现跨媒体整合的二次传播，还将线下活动与线上活动结合在一起。新媒体具有分众性、实时性、交互性、碎片化、个性化、多元化这六大特性，这些特性导致全球迎来了一个新营销时代。新媒体可以通过正确的渠道、在正确的时间、利用正确的形式向受众传达想要传达的信息，营销变得无缝控制、简易操作、随时随地应用。与此同时，广告主每年网络广告投放的过程中，能够选择的网络媒体数量也在快速增长。许多广告主明显感觉如果要对目标受众进行很好的覆盖，就需要进行多媒体、多渠道、多形式的组合投放，才能达到一个比较好的效果。

就实现形式上，整合营销可以跨互联网媒体，也就是在搜索引擎、门户、社区、垂直这一层级或范围的整合。也可以在一个网站里面进行多种形式、多频道的整合探索，可以有新闻公关、社区互动的结合应用。通过多形式、多频道进行成规模整合的目的只有一个，就是尽可能多地接触目标受众。

案例：谷歌：最大的"广告公司"

（资料来源 Zenithmedia：《全球广告收入最大的 30 家公司排行榜》，查询于 2021 年 1 月，http://www.199it.com/archives/589399.html；《揭秘世界上最大的互联网印钞机——Google 广告系统！》，查询于 2021 年 1 月，https://baijiahao.baidu.com/s?id=1620430997252417708&wfr=spider&for=pc。）

谷歌每日的搜索量是 35 亿，其中谷歌 90% 的收入来自广告业务。比如谷歌搜索、谷歌地图、谷歌邮箱，支撑谷歌运转的是搜索广告和与网页内容相关的广告，搜索广告是谷歌的主要收入来源。但广告用户的体验却觉得广告很少，这是什么原因呢？

Google 现有广告体系 Ads 分为 AdWords 和 AdSense 两大部分：Google Adwords 计划可协助广告主制作广告，以便显示在相关的 Google 搜索结果网页和联播网伙伴网站上。Google AdSense 是一个不同的计划，它的作用是将 Google AdWords 广告放进个人网站。依照广告类型，Google 会根据广告的使用者点击或曝光次数，付费给网站刊出广告的网络发布商。

AdWords 这一服务依据客户购买的关键字，以纯文本的方式把广告安置在相关搜索页面的右侧空白处，每个页面最多放置 8 个这样的文字链接。因为只有在有人点击广告时才付费，所以谷歌的这种广告连接系统非常受广告客户的欢迎。

谷歌广告系统的数据表明，谷歌广告的点击率高达2％，超出传统条幅广告的5倍。针对那些点击率低于0.5％的广告，Google将采取暂停登载的做法。Google认为，如果继续登载这些点击率很低的广告，等于是在浪费广告客户的资金以及Google搜索用户的宝贵时间。对低点击率广告采取暂停登载的措施后，Google会给被暂停登载的广告客户发送一封电子邮件，让客户自己考虑变更该广告，或者修改一下该广告中的关键词。

可以说，谷歌的崛起不同于一般的网络公司，谷歌的关键字竞价广告不是直接瞄准所有的受众，某种程度上是用户自己选择了广告。谷歌不制造新闻或者娱乐内容，网页上也没有五颜六色的设计来。相反，谷歌一直奉行简约的"禅宗"美学，它的搜索引擎页面总是尽可能快地将用户传送到别人的网站上去。谷歌对吸引用户的眼球从不感兴趣。

谷歌利用用户在搜索引擎中输入的信息来了解受众的需求，根据关键字来确立相关的分类广告，由于这些广告与用户的搜索内容密切相关，因此，和那些弹出式的广告相比，谷歌的广告很少会让人感到讨厌。而且，Google的广告是以文字的形式出现的，体积也很小，它们不会跳动或者发出声响，基本上用户可以忽略这些广告链接。

为了确保它的广告对消费者有用，谷歌出台了自己的财务激励机制，广告商不是一次性付给谷歌多少广告费，而是根据用户点击率来支付费用。那些获得很高点击率的广告会出现在谷歌页面的显著位置，而点击率少的广告则出现在不起眼的位置，利用这种方法，用户本身就可以决定他们喜欢的广告。由此，用户不再是被动的广告接受者。

谷歌的这种广告模式对商家来说非常有好处，因为，它能够让广告确实地抵达那些真正希望了解信息的受众面前。广告商可以将钱花在刀刃上。谷歌找到了一条网络界前所未有的赢利模式。

$CPM = Coverage * Depth * CTR * CPC * 1000$ 这个公式就是谷歌广告收入的计算公式。具体而言，是指每千次展示所产生的收入是由广告覆盖率、平均每页广告数、广告点击率和每次点击产生的费用决定的。谷歌的广告覆盖率大约是三分之一，另外三分之二的页面是一个广告也没有的。每个页面展示的广告条数是1—3条，数量少，这些都是谷歌搜索在广告运营中的展示策略。谷歌去预测和分析用户的行为，使广告与用户的匹配度更高，价值更高。比如搜索"廉价的机票"，广告里直接展示了一家航空公司的打折机票，是搜索用户需要的。

谷歌的商业模式选择的是竞价排名模式，但不是我们通常理解的公开竞价模式，而是第二私密竞价模式，广告主并不知道别人的出价是多少。同一个时间，一起报价，报价更高，就会获得广告位，但实际支付的广告额度是在第二高的价格上，再加一个最小单位。比如，有人出价10万美元、30万美元、80万美元，出80万美元的广告主获得广告权，但最终支付的不是80万美元而是31万美元。这个方式非常高效，它会激励所有人出一个自己心目中的合理价位。并且，最后的成交价总是会低于赢家能够承受的最高价格；广告质量得分也是谷歌防止广告主垄断广告位的一个有效方法。广告排名分数越高，广告的排名就越靠前。整体而言，上述种种算法表明相关性越强,质量越高的广告,就越能获得更低的价格,在谷歌就会变得越有竞争力。广告主也就有动力不断优化自己的广告质量,以期获得更高的排名。

二、内容付费

新媒体的兴起、发展和深化是建立在互联网技术的基础之上,而用户在过去的产业发展中常常免费获得大量网络内容。这种习惯曾经使很多研究者认为"内容付费"在互联网的世界里是不可行的。但是,免费、丰富的互联网内容,为用户提供获取信息便捷性的同时,也降低了用户选择合适内容的有效性。随着各个平台优质内容产出的增多,各个市场平台和主体开始探索会员订阅模式。新媒体产业中的付费模式也开始兴起。用户为新媒体使用付费,可以大致分为基本的网络接入和基础内容包付费,另一类是为特定的内容的视听、阅读、下载、高品质观赏、点播、互动等付费。前者主要表现为手机流量、宽带和有线电视等;后者则是网络游戏、影视剧、数字音乐、文本阅读和小额打赏,等等。其中,影视剧成为继网络游戏之后最大的付费试听项目。2015年6月,视频网站爱奇艺带头进入视频付费领域,探索月度、季度和年度收费模式,年底会员突破千万。2016年,腾讯视频、搜狐视频、优酷视频快速跟进。统计数据显示,2016年底,国内视频有效付费用户规模已突破7500万,2017年在线视频用户付费规模已经达到217.9亿元。

用户出于明确求知目的的付费购买在线碎片化知识服务,被称为"知识付费"。2017年中国知识付费产业规模约49亿元。通过付费,用户可以获得常规的公开、免费渠道难以获得的信息和服务;出于对KOL在专业领域权威性的信任,通过付费获取他们对于相关领域的内容输出。这种便捷接触领域翘楚,快速获取某一个行业中的核心内容,被称为知识付费的核心价值需求。

目前知识付费产品主要可以分为内容方自主生产、平台方与内容方合作打磨以及平台方自营三大类别。其中,自营类产品大多来自由内容平台转型而来的知识付费平台。知识付费平台及部分头部内容方的发展路径大致包括三个步骤:

(1) 通过免费内容广泛获取用户关注。

(2) 通过小额付费服务(如问答、听书等)在关注人群中筛选出具有潜在付费意愿的用户。

(3) 不断拓展内容覆盖领域的同时,通过分层次的差异化知识服务类型满足付费用户从浅层焦虑到深度学习等不同层级的需求,形成阶梯式产品矩阵。

目前,内容方生产在线知识付费产品的标准化流程已基本形成,大致可分为选题、打磨、渠道选择、运营及复盘等几个环节,其中,产品打磨和渠道选择的相对顺序较为灵活,主要包括问答/Live、听书、专栏/课程、社群及咨询等。

案例:得到

(资料来源 宁馨怡:《知识付费时代"得到"App运营策略研究》,2018年;王润:《知识付费产品发展反思——以"得到"和"喜马拉雅"App为例》,《中国出版》,

2019年第22期。《得到产品分析报告：得到前世今生》，查询于2020年11月，http://www.woshipm.com/evaluating/4127295.html）

互联网时代，免费信息的泛滥与优质内容的匮乏之间的矛盾愈演愈烈，由此催生了互联网知识付费时代的到来，各大知识付费平台和产品纷纷涌现。得到App于2015年11月上线，由罗辑思维团队出品，主打头部作者、专业生产内容的差异化定位，为用户提供高效知识服务，凭借高质量严把关的持续运营，赢得了不少用户的青睐，逐渐成为知识付费行业的领军者。

2016年5月，得到App上线，发布首款订阅专栏《李翔商业内参》。2016年9月，每天听本书版块上线，开启每周例会直播。2017年11月，得到App订阅专栏《薛兆丰的经济学课》订阅量突破20万。2017年12月，得到App主办《时间的朋友》跨年演讲第三场。得到App持续挖掘并邀请各领域优质内容生产者入驻，不断发布包含订阅专栏、每天听本书、大师课、精品课、电子书、知识新闻等形态在内的知识服务产品。通过对用户行为的深度洞察，得到App快速迭代其产品形态，逐渐建立起以订阅专栏和每天听本书模块为核心，其他在线内容为补充的、跨领域、多形态精品付费内容生态。其中，订阅专栏是得到App打造版权级内容的重要布局之一。得到App以交付体验为导向，通过辅助讲师进行从内容到形式的多维度产品打磨，提升知识交付效率。

另一方面，每天听本书则成为得到App建立知识转述版权库的核心产品模式。通过专业讲师的人格化转述，帮助用户快速扫描书本核心内容。目前每天听本书产品数量已超过2300个，覆盖历史、文化、经济、商业、心理学等40余个类别。

得到App核心功能是一种用来提升效率的工具型服务平台。在这个平台上，根据用户内容偏好及付费行为，结合站内的内容更新情况，为用户规划每日学习进度，并且基于用户所处场景，结合大数据积累及AI技术，为用户智能推荐学习内容。打造学习小组，基于订阅专栏形成社群关系，组内通过打卡、发帖、评论等参与课外互动，辅助以趣味性阶梯式勋章获取机制，引导用户保持积极主动的学习行为与学习兴趣。

研究者从知识类型、传播主体、用户接受三个方面对得到付费课程进行内容分析后，发现当前知识付费产品提供的是泛化知识，具有商业化和实用化倾向，知识付费产品运营的实质并不是知识思维，而是产品思维。

三、免费增值模式

免费经济是通过提供免费产品或服务来实现获利的一种经济手段，其实质在于以免费吸引力为基础，建立其他的获利方式。正如《免费：商业的未来》一书所说：20世纪的经济主要是一种原子经济，而21世纪的经济则是一种比特经济。在原子经济中，想要得到任何免费都需要换一种方式把钱给付了，这也是为什么很多传统的"免费"优惠让人看来像是诱饵，你最终还是要付钱。而在比特经济中，真正的免费是存在的，账单上的钱真可以一笔勾销。人们对于原子经济中的"免费"自然心存怀疑，而对于比特经济中的免费则觉得可以信任。人们从本能上明白这两种经济之间的区别，也明白为什么在网络上"免费"可以畅行无阻。① "免费经济"的体现形式多种多样，可以是传统产品的自然延伸，如买吉利剃须刀很便宜，更换刀片比较贵；买惠普打印机很便宜，更换油墨比较贵。此外，还可以交叉补贴，如看电视是便宜的，但电视里插播了广告。电视台免费提供节目，广告对电视台来说就是一种交叉补贴，这也是传统新闻媒体的模式，传统新闻产品之所以免费，因为成本会由广告主来补贴。

"免费经济"可以是之前收费，后来随着成本越来越低，最终成本消失。成本每年在减少，当成本接近于零时，可以最终将之视为免费。例如，Hotmail 最开始尝试一小部分服务免费，用户为剩下的一部分服务付费。从 2000 年到 2002 年，用户得到的免费服务越来越多。直到 Gmail 表示即将推出一个容量为 1000 兆的免费服务，市场发生了革命性变化。雅虎的策略是提供给用户无限的存储服务，通过这些加强雅虎和用户的联系，然后通过别的方式赚钱，可以是雅虎新闻频道的横幅广告，也可以是通过掌握用户行为信息，进而吸引广告投放。

在用户眼中，便宜与免费之间有着质的区别，"免费经济学"给我们的启示是，零价格也是一种市场，其他价格的则是另一种，很多时候甚至是广阔市场与毫无市场的差别，因为"差不多免费"和"零"之间有巨大的心理落差，因为如此，微小的收费也常常导致失败，除非生产者确信它的产品是独一无二的。

免费并非全然"无私"奉献，免费只是价值的转移。最广为人知的是"免费增值模式"，首先用免费服务吸引大批量用户，然后让其中的某些人升级为付费的"高级"用户，换取更好的产品和更好的服务。比如，Skype 免费提供基本的互联网通话服务，互联网之外的网络通话需要付费。事实上，网站只有能够收到少数人的钱就可以了，一个典型的网站通常遵循 1% 法则，即 1% 的用户支撑起其他 99% 的人免费享受基本服务。

增值服务是指在产品本身价值的基础上提供额外的优良服务给用户。新媒体增值服务是一个相对概念，基于某个平台的功能，在不影响主业的前提下，提供有偿服务，如电信提供的语音信箱、来电显示等。新媒体的增值服务是指基于新媒体的平台，并在不影响主业运营的同时向手中提供有偿服务的一种方式。根据新媒体的属类不同，增长服务的增值方式也不尽相同，主要有虚拟道具、定向服务、个人网络出版、代收代付等多种形式。

增值服务类模式的背后逻辑是，使用免费的功能或内容吸引足够多的用户和流量，比如得到 App 上，罗振宇的专栏内容《罗辑思维》只需要 1 块钱即可订阅，基本上是免费的。这个 App 中最基础的内容是免费的——这是增值服务，用免费的《罗辑思维》吸引大量的用户和流量，然后想办法让他们购买增值服务，即各类其他大咖的专栏。这些专栏都是要付费的。

案例：腾讯微信的免费策略和游戏的增值服务

（资料来源　李宏、孙道军：《平台经济新战略》，中国经济出版社，2018 年版；《营收超预期，利润不及预期！腾讯 2019 年财报》，查询于 2020 年 11 月，https://xueqiu.com/8152922548/144394334；微信 http://www.wanweibaike.com/wi-

---

① 克里斯·安德森：《免费：商业的未来》，中信出版社，2009 年版。

ki-%E5%BE%AE%E4%BF%A1)

微信是腾讯于2011年1月21日推出的一款支持安卓以及iOS等主流操作系统的即时通信软件。主要面对智能手机用户。用户可以透过客户端与好友分享文字、图片以及贴图，并支持分组聊天和语音、视讯对讲功能、广播（一对多）消息、照片/视讯共享、位置共享、消息交流联系、微信支付、理财通，游戏等服务，并有共享流媒体内容的Feed和基于位置的社交插件"摇一摇""漂流瓶""朋友探测器"和"附近的人"快速新增好友。

微信支持多种语言，以及手机数据网络。用户可拍摄照片和增加装饰艺术滤镜、字幕，发送到个人照片日志，并发送至朋友圈。用户可在联系人列表中选择联系人，使用云端服务将数据备份和恢复，以保护用户通讯录数据。微信中还有订阅号、服务号、企业号等功能，可以供用户订阅他们喜欢的公众号，也提供了一个良好的自媒体平台，每个人都可以申请个人订阅号发布个人的文章等，用户可以透过订阅或者搜索获取微信公众号的文章。用户使用微信大部分功能都不会被收取费用。

不同于QQ，微信具有更强的手机操作性和更具有隐私性的分享功能。微信好友一般基于用户本人的手机通讯录及QQ导入，也可通过搜一搜和扫一扫进行用户添加，这使得用户本人可以控制自己的人脉关系和隐私，分享时只有本人的好友可观看。因此，微信的分享和社交性，更具有亲密属性。

朋友圈的隐私性极高，除非用户开启非好友可浏览最近10条朋友圈动态，否则只有好友才能浏览用户朋友圈内容。只有好友可以评论、查看互为好友用户的赞和评论。例如，A用户在B用户发表的朋友圈动态下发表了评论，B与C是好友，但如果C用户与A用户并非好友，则无法看到A的评论。发布朋友圈前，用户还可以设置可见范围，决定某些好友或分组是否能看到这条朋友圈动态。用户发布的图片可以随时设为"私密"，只供自己浏览。微信会在用户朋友圈中插入显示广告，每日最多两条。

微信不断发展，添加了公众号、小程序、购物、游戏、看一看、搜一搜等功能，这些应用的设置将人的生活中的衣食住行加载在手机中的微信客户端中。许多自身已有App的应用，如大众点评、京东、滴滴等公司，仍旧需要与微信合作，在微信的开放平台上进行加载。微信的免费服务带来了强大的用户群。

微信紧紧抓住免费社交的红利，通过语音、视频、文字、分享等方式，在强大的社交体系中，进行信息的传播。更通过小程序等开放式的平台，聚集了更多需要流量的企业，为用户和企业都带来了便利。

2019年，腾讯全年收入为3772.89亿元，同比增长20.65%；全年净利润为933.1亿元，同比增长18.5%。其中，增值服务收入为1999.91亿元，同比增长13.2%，占总收入53%。

四、平台获利

这种赢利方式，主要存在于腾讯、阿里巴巴和百度等大型的互联网企业中。它们不约而同地选择了一种"平台型高转化率"的赢利模式。所谓"平台型高转化率"主要是基于基本应用免费,比如腾讯的微信、QQ和阿里巴巴的淘宝、支付宝,它们具有大规模用户、应用开放、服务多元,试图打通生活、工作等上下游环节。百度的搜索、地图、导航等应用及腾讯的安全管理、浏览器等各种应用和程序都不需要用户付费。同时平台向其他线上和线下应用提供多样化的服务,都提高了平台的黏性,扩大了用户规模。当平台运作稳定之后,平台们一方面向线上和线下应用开放,制造业、流通业、各种组织、公共服务业和政府各种端口都可以接入平台,从而为用户提供多样化的服务。这种平台获利的背后旨在建立一个市场化、数据化和主体多样化的社会商业生态系统。这种生态系统满足了用户一站式信息获得、比较、购买和支付所有的环节。从吸引用户的注意力,到完善用户需要的产品生产线和服务线,提供产品和服务的评论口碑,提供比较筛选的社交渠道,优化用户新媒体使用体验,最终推动用户做出购买的决策,并通过便利的支付方式与高效的配送和售后服务,获取赢利。

这种平台获利的模式并不仅仅存在于互联网巨头公司中,有些新媒体公司选择在细分领域建立垂直型平台赢利模式。所谓垂直型平台赢利模式是指具有用户聚合、垂直细分、整合上下游环节,管理相对闭合的管理特点。比如乐蜂网(主要经营化妆品),原本隶属于东方风行集团,这个集团原本以节目制作、发行和广告经营等业务为主的传统媒体机构,拥有《超级访问》《美丽俏佳人》《非常静距离》《我爱每一天》等多档品牌电视节目,依靠电视节目和明星主持人李静共同积累的用户资源建立了主营化妆品的乐蜂网,一年之后就迅速实现了上亿元的销售额,建立了垂直型高转化率赢利模式。

推动新媒体为大众广泛接受取决于三个因素:新媒体技术、用户需求和企业商业利益诉求。新媒体技术是最根本的驱动因素,直接导致新的媒体形态的出现。用户需求是新媒体应用得到普及的前提条件,体现出新媒体的传播价值。企业的商业利益诉求既促进了新媒体的繁荣,又进一步提升了新媒体的商业价值。这三个因素环环相扣形成了一个良性循环,新媒体经济的低投入高产出令用户、新媒体、企业实现了多方共赢。

第四节　新媒体经济的内在逻辑

互联网技术搭建起一种关系,这种关系包括人与人之间、人与物之间,以及物与物之间的关系。这种关系纵横交错包含着"连接"和"协同"。这种关系逐渐重塑了新媒体产业发展的社会环境,去中心化、分布式、零距离和低成本是新媒体经济的基本特征。

一、跨界融合

在以互联网为核心的新媒体出现之前,劳动是单向度的、任务下达式的,互联网出现之后,大众的力量被聚合成为一个旺盛发展、无限强大的肌体。互联网能够将一个整体的工作化整为零,将一项繁重的任务分解成足够小的部分(如编写一部详尽的百科全书、翻译一部厚重的著作),完成它们就不但是可行的,而且很有趣。

人类进入个人电脑时代后,最强大的超级电脑可能不是存在于某个机构的实验室,而是存在于每一个人家里或者办公室。全球科学家曾经联手测试人类的DNA序列,但这样的分配计算的模式还来自学者或机构组织有意识的构想。"互联网上的合作则是偶然出现的,它不是某个经济学家的创造,它产生于成千上万人的非组织行动,他们做自己喜欢的事情,特别是和别人合作完成,在此过程中建立友谊。互联网为他们提供了一个共同追求兴趣的方式——无论是喜爱摄影、小说、有机化学、政治、喜剧、鸟类学,还是喜爱卡通、T恤设计、经典电子游戏、无调性音乐、业余摄影。在做的过程中,他们不经意地创造信息,在信息经济的时代这是有巨大价值的。"[①]

新媒体组织从内部发展到一定程度必然走向外部去寻求更多的支持和动能,跨界融合正是新媒体产业从内到外的连接和协同过程,体现的是新媒体产业之间异质相关的不同产业环节之间的合作和互补。这是一种能量的溢出,所谓溢出是指新媒体组织在进行某项活动的时候,不仅会对组织自身产生活动所预期的效果,而且会对组织之外的人或社会产生的影响,即对社会产生了经济外部性。与多元化之间有着本质的不同,跨界不是领地的跨界或者行业的延伸,而是组织系统间的跨界重组,是组织便捷的突破和系统重构,跨界融合是一种关键能力。

在这一意义上,跨界融合中的合作与传统的流水线精神是对立的。汽车制造商这样的工业企业代表了工业时代的流水线精神,而互联网的合作则提供了一种可能:每一个人都是创造者,每一个人都可能是科学家、音乐家、画家、设计师,甚至是这些角色的结合。

跨界融合为人类的创造性提供了新的表达途径,释放出新的潜力。从人类最深层的社会属性看,人是一种社会动物,协同合作是人类的天性,原始部落时期人类合作狩猎表明这一天性有多么的根深蒂固。互联网虽然从为孤立的个体服务开始,但事实上,利用各种新媒体技术,合作和融合表现在各个层面上。有时候,这种合作甚至到了无私的程度。这改变了人们对自身的一贯认知:人类大多时候是比较自私的。那些通过互联网合作并作出贡献的人,大多数不取分文,他们不知疲倦地工作,不介意是否有经济回报。以传统眼光看,这种行为似乎不怎么符合逻辑,但如果换一种角度,回报并不一定等于金钱,有的人希望创造出让更多人受益的东西,有的人仅仅是为了体验一展所长带来的纯粹的快乐。可以说,种种跨界融合的合作让人们看到了更好的自己,这个自己比原来认为的更加聪明,更具创造性,也更有才华。

案例:新华智云——媒体大脑

(资料来源 彭东浩:《媒体大脑:打造深度融合的MGC新闻》,《今传媒》,2018年第5期;商艳青、张瑜、骆蓓娟:《5G时代媒体融合的AI路径——以新华社"媒体大脑"为例》,《传媒》,2019年第22期)

新华智云由新华通讯社、阿里巴巴联手打造,致力于通过大数据及人工智能技术,为内容生产者提供涉及内容采集、编辑、存储、分发等全新闻链路的专有技术,重新定义大数据时代内容生产者的核心竞争力。

所谓的"大脑系"发展路线,关键在于要通过大脑扮演基础建设角色,进而让特

[①] 杰夫·豪:《众包:大众力量缘何推动商业未来》,中信出版社,2009年版。

定场景领域的应用更为智能化，这其中融合了云计算、物联网、AI等多项技术，而不论是城市大脑、媒体大脑，强调的都不只是单一技术功能，而是作为改变特定场景、行业运行模式的平台型应用。媒体大脑是专为媒体机构打造的大数据＋人工智能的新闻生产与分发平台。

新华智云媒体大脑所生产的产品包括自动采集新闻的天成智能媒体生产平台，提升记者采访与新闻产制效率的语音识别实时转写工具"采蜜"、直接将文字内容转为音频内容的语音合成工具，辨识率已可达到95％—99.9％的人脸识别工具，可从视频与照片中进行人脸识别辨识身份。另外，媒体大脑也提供全网涵盖自媒体的版权监测，掌握原创内容在不同形式平台上的引用转载状况。

天成智能媒体生产平台1.0是通过视频摄像头、传感器自动采集、自动发现线索，然后通过新华智云的媒体大脑进行智能生产、智能审核、智能发稿、智能分发，这其中牵涉的关键功能包括了摄像头、传感器以及数据监测，从采集得的数据中识别异常的新闻事件，进行是否值得报道的新闻价值判断，之后启动数据新闻写作。而在写作过程中，不只应用先前采集而得的数据，而是进一步扩大调用与此一新闻事件相关的数据，并获得突发事件报道的线索，进而完成新闻写作产生。

主要功能是从媒资库调取内容、渲染、配音合成出一条视频内容，根据内容生产者的主题需求，将涉及的所有关键要素从智能媒资平台中抽取出来，按照事物发展的因果关系和算法逻辑进行顺序排列。基于Google开源的容器集群管理系统Kubernetes(k8s)，是一个分布式系统支撑平台。在这个平台上，你可以管理集群、安全、注册准入、数据支撑都可以在这里完成。智能生产功能的服务性和扩展性从1.0到2.0，有了不小的提升，最大可调度节点有2000多个，具体来说就是，一条3分钟的短视频，自动生成时间不会超过20秒，且MAGIC平台目前能同时生产1万条作品。智能主题集市，是更前端的一项产品，供内容生产者下任务、定制短视频。

新华智云除了既有的与新华社的媒体内容合作外，也会积极与不同领域行业别的媒体合作，希望以此累积取得更多不同类型的用户阅读内容偏好需求，成为另一种形式的数据沉淀积累。新华智云试图突破原有媒体内容展现的常态形式，不只是电视、电脑、手机移动端，还包括智能音箱等智能家居产品，甚至互联网汽车，等等，都会是未来媒体内容交付展现的载体。智能音箱会是新华智云积极接触合作的交付载体，天猫精灵、Rokid的智能音箱都已经将新华智云的新闻源导入。反过来，这些智能音箱和互联网汽车，它们不只是新闻的出海口，也会是新的数据积累沉淀设施。这种具有聊天会话功能的机器人，用户除了被动接收新闻，也可以主动向机器人提出要求反馈关于新闻的更多数据资讯，因此数据展示的不仅是对于个别用户喜好的了解掌握，而且用户提出要求的数据资讯，可以让媒体大脑了解更多的关于用户延伸性的背景资讯，进一步融合，成为媒体大脑庞大数据库的一部分。

新华智云的发展重点，不只在于用新兴技术改变传统新闻的产制流程，而是要从数据作为根本基础，以新兴技术为工具，进一步彻底改变媒体行业价值链。因为，这其中牵涉到的不只是机器人写稿的快速反应，也包含积累沉淀大量数据之后,可以提供给记者更具效率的工具,针对特定议题进行深度的追踪报道,甚至是改变过去新闻源与新闻选题的思维模式。

二、创新驱动

创新驱动的实质是科技创新。换而言之,当我们谈论创新驱动的时候,我们指的是技术创新。美国国家科学基金会在其报告《1976年:科学指示器》中,将技术创新定义为"将新的或改进的产品、过程或服务引入到市场"。① 而科技创新取代技术创新,变得更为常用,实际反映的则是创新源头的改变。以前的技术创新来源于生产中经验的积累、技术的改进、企业内的新技术研发。而现在,技术进步的源泉来自科学的发明。毕马威2018年度全球科技创新报告显示,美国仍然是技术创新中心,但其他地区正在崛起。在创新方面,上海已一跃而上,成为除硅谷和旧金山外的排名第一的城市,紧随其后的是东京、伦敦、纽约、北京、新加坡、首尔、班加罗尔、特拉维夫和柏林。

科技创新驱动新媒体产业的发展具体表现为科技对新媒体内容、服务手段、设施装备、系统等诸多相关机制等多个层面的推动和发展。2016年兴起的人工智能技术引领新媒体产业技术创新,新媒体产业迎来了"智能化"浪潮。新科技和新技术开始重塑新媒体生产业务链的形式。在2016年奥运会期间,写稿机器人产出内容达3600余篇。在财经和科技领域,其产出内容达到每天2000篇。② 虚拟现实技术、增强现实技术、无人机等为代表的新传播技术提升用户体验。今日头条、一点资讯、天天快报这样的新闻聚合平台媒体通过算法进行内容重组,这种推送更受用户的欢迎。智能技术实现了用户原生数据的汇集与生产,从用户偏好、内容的自动分发,到产品形态的智能化。

2017年12月26日,中国第一个媒体人工智能平台——"媒体大脑"在成都发布,向海内外媒体提供服务,探索大数据时代媒介形态和传播方式的未来。在成都举行的第五届中国新兴媒体产业融合发展大会上,新华社还发布了首条MGC(机器生产内容)视频新闻,这条时长2分8秒的视频由"媒体大脑"中的"2410"(智能媒体生产平台)系统制作,计算耗时只有10.3秒。"媒体大脑"能够提供基于云计算、物联网、大数据、人工智能(AI)等技术的八大功能,覆盖报道线索、策划、采访、生产、分发、反馈等全新闻链路。"媒体大脑"八大功能包括:2410(智能媒体生产平台)、新闻分发、采蜜、版权监测、人脸核查、用户画像、智能会话、语音合成。国内各媒体机构均可在认证后使用"媒体大脑"的各项功能和产品。

MGC新闻,即运用人工智能技术,由机器智能生产的新闻。其生产过程:首先通过摄像头、传感器、无人机等方式获取新的视频、数据信息,然后经由图像识别、视频识别等技术让机器进行内容理解和新闻价值判断。依托大数据的"媒体大脑"会将新理解的内容与已有数据进行关联,对语义进行检索和重排,智能生产新闻稿件。同时,人工智能还集合文字稿件和采集的多媒体素材,经过视频编辑、语音合成、数据可视化等一系列过程,最终生成一条富媒体新闻。

这背后的技术都是新华智云技术公司来研发和实现的。经过一年多的产品研发,通过

---

① 张来武:《科技创新驱动经济发展方式转变》,《中国软科学》,2011年第12期。
② 王伟凯:《中国5G布局处全球领先》,查询于2019年6月30日,http://epaper.southcn.com/nfdaily/html/2016-06/30/node_15.htm。

不断的训练机器进行视频追踪、深度学习、视频工程的二维三维映射，以及知识图谱的构建，目前MAGIC在命名实体识别（NER）的时候，CRF（随机场算法）做到93%—94%的准确率、基于深度学习的融合算法做到97%的准确率。也正是基于这些技术的实现，"媒体大脑"才能够准确识别球队、球员、射门等动作和指令，当你在前端网页输入"梅西进球集锦""巴西队点球破门"字样，系统才能准确地从媒资库中抓取对应信息，按照一定顺序将片段化的数据合成为一条渲染过的、有配乐、有解说的短视频，而且产出速度足够快、可承载并行运算量足够大。

当然，从此次发布的视频来看，仅有拖着彗星长尾的行动轨迹，及人体骨骼动图，对于大众对"AI+球赛解读"的预期而言还有很大差距。新华智云此次发布媒体大脑2.0仅仅是推开了视频新闻智能生产的一道门，此后在叠加对视频内容的抓取分析纬度，以及添加特效、优化内容质感等方面还有很大提升空间。这些都有待科学研究技术创新。

三、开放生态，连接一切

开放生态就是要把内部生态圈延伸出去，与外部生态系统对接，实现协同、交互和融合。新媒体的产业开放生态表现为不同的经济活动单元通过协作共同创造价值。新媒体产业不再受限于某种新媒体产品的生产转换，而是被置于一个更为开放的协助体系。在这个体系中，不仅依靠物质流，更依靠信息流。新媒体是集内容生产、技术服务、渠道运营和终端市场为一体的新兴产业。这些环节由不同的社会主体角色构成，他们相互联动、相互制约、相互依存，彼此之间存在大量的资源、物质、资金方面的交换关系。这个价值递增不是表现为单个企业之间的竞争，而是表现为一条产业链同另一条产业链的竞争、一个企业集群同另一个企业集群之间的竞争。新媒体产业的开放生态由内容提供商、软件技术提供商、营销机构和检测机构共同构成。

这种开放既包含新媒体企业组织层面的延伸，也包括新媒体企业走出国门后所进行的国际化布局。百度建立了"深度学习"的开放平台，是百度国际化布局的一个重要组成部分。这个平台隶属于"深盟"开源组织，平台中的核心开发者来自百度深度学习研究院（IDL）、微软亚洲研究院、华盛顿大学、纽约大学、香港科技大学、卡耐基梅隆大学等公司和高等学校。百度在硅谷的研究中心正在挑战"三级火箭"的战略任务。战略的底层是开放云，包括低能耗数据中心、超大规模分布式架构、新一代智能自动化运维、超强云安全；在此之上是大数据平台，包括新一代数据库管理和查询技术、大数据挖掘机；最上层则是百度大脑，包括深度学习、超大规模机器学习、大规模GPU并行化平台等。百度的硅谷研发中心已经成为百度与Facebook和谷歌等互联网公司竞争优秀人才的大基地：先后吸引了Facebook资深科学家徐伟、AMD异构系统前首席软件架构师吴韧、曾经训练世界级最大人工神经网络的亚当·考斯特（Adam Coates）等顶尖人才的加入。尤其是原斯坦福大学人工智能实验室主任、"谷歌大脑之父"吴恩达博士，也被百度招揽进研发中心，这些顶级科学家是百度国际化布局最重要的成果。

新媒体的低门槛意味着人人都有了接近媒介的可能。新媒体将个人与个人、个人与组织之间、组织与组织之间都连接起来，让原本相对隐性的社会关系以显性关系链的形式展现出来，个体在媒介使用的过程中持续地进行内容生产与传播，会促成新的对话和集群。作为一种经济形态，新媒体产业已由最初简单的"兜售信息"和"方便通信"，逐渐转向"连接一切可连接之物",为互联网及其技术的虚拟性不断寻找实体,为传统经济提供载体和平台的知识经济。

跨界需要连接,融合需要连接,创新需要连接。连接是一种对话方式、一种存在形态,没有连接,就没有"互联网+"。连接的方式、效果、质量、机制决定了连接的广度、深度与持续性。

1. 新媒体经济的特点有哪些?
2. 新媒体如何赢利?
3. 从新华社、腾讯的新媒体营运经验中,你获得了哪些启示?
4. 新媒体经济的内在逻辑是如何在实践中体现的?

第六章
深度融合中的主流媒体

现阶段,主流媒体的媒体融合步入提速升级期,从中央到地方,各级媒体的融合发展同步展开,各具特色的融合策略促使媒体融合进度加快;传统媒体通过合作与共享,逐步与新媒体融为一体。"中央厨房"成为中央级别媒体融合发展的"标杆工程",为主流媒体融合提供了机制引导和路径参考。地方主流媒体则通过探索垂直化的路径加速融合转型。

新媒体时代,媒体的"主流"不再体现在内容的数量和质量上,而是表现在如何通过内容和技术与相应的用户个体及社群相互关联起来,继而动态反映其需求。主流效果的达成和影响不仅与管理者的导向、传统新闻专业人士的把关、各个领域专家权威意见相关,更与多种传播平台上的用户个体和社群组织的意见密切相关。"主流"媒体不再是从前媒体和新闻从业者日积月累、千篇一律的观念以及原则和问题强加给整个社会的过程,而是呈现为一种主体更加多元化、有差异和他们之间观点互动、聚合的过程。因为新媒体时代,深度媒介融合带来的不仅仅是媒介环境的改变,更触及人们思维结构的变化,即从原来的线性思维逐渐发展为非线性的扩散思维。而融合深化阶段也是一个重新界定不同主体之间权力位置的过程,但无论是技术的变革,还是媒体的转向,抑或是内容、组织、管理等不同层面的融合,其最终的指向都是对公众的影响。

随着智能设备与互联网技术的快速发展,移动端已经成为当前用户接收生活信息、新闻信息的主要选择。这种向移动端集聚"小屏化"的趋势,影响着媒体变革融合的决策。个体化、普及化、片段化和交互化成为深度融合的新特点。习近平指出:"要适应分众化、差异化传播趋势,加快构建舆论引导新格局。要推动融合发展,主动借助新媒体传播优势。"将媒体融合放在重要的战略位置,从顶层设计开始搭建,逐步深化战略布局。下面将从报业、广电媒体的新媒体转型来探讨如何建构新型"主流"媒体。

第一节 报纸媒体的新媒体转型

一、报纸媒体融合转型的模式

当新媒体正悄无声息地改变着人们的阅读习惯甚至生活方式时,对于纸质媒体的生命力,中外学者和业界人士普遍发出了悲观的预测:日本《每日新闻》原总编歌川令三确信报纸将于2030年消失。① 美国的菲利普·迈耶在著作《正在消失的报纸:如何拯救信息时代的新闻业》中精确地指出,到2043年第一季度晚些时候,日报就没有读者了。② 中国人民大学新闻学院匡文波教授在《纸质文献会消亡吗?》一文中逐一驳斥了纸质文献的便携性、权威性、真实性、经济性、阅读习惯、健康影响、保存性等方面的所谓"优势",认为新媒体在不断进步与完善,而纸质文献已经没有技术飞跃的可能,因此纸质文献会在50年至100年内消失。③ 《京华时报》社长吴海民的观点虽然没有那么绝对,但在《媒体变局:谁动了报业的蛋糕?——关于报业未来走势的若干预测》一文中,他的"拐点论"同样提到,中国报业"经历了20年的高歌猛进之后,正陷入一场深刻的经营危机"。

实际上,早在1994年,传统媒体就已经开始了新媒体领域的探索。这一时期,迪士尼和《纽约时报》尝试建立了自己的网站。2005年前后,传统媒体大举进入新媒体领域,在传统报业收入不断衰退的大背景下,《纽约时报》不断增加新媒体在总收入中的比重。《纽约时报》高度重视报纸与互联网的互动,有关新闻的采集、制作、发布都实现了传统报纸与互联网的协同。即突破报纸和网站各自独立的状态,在传统的广告外,增加了收费阅读、电子商务和数字发行等方面的收入。与此同时,《纽约时报》还成立了独立的公司主体,积极扩展独立的互联网新媒体业务。到2009年,《纽约时报》网站最高月独立用户量超过了5000万人,成为美国影响力最大的报纸网站。

在中国,这个探索的过程被浓缩为一种阶段性的飞跃,传统报业的衰落伴随的是互联网新媒体的发展。发行收入和广告收入大幅下滑的市场压力,迫使报业开始正视新媒体带来的严峻挑战。技术成为传统报业集团首先关注的焦点之一。报业集团开始推出网站、客户端App、微博和微信公众号,等等。习近平强调,推动传统媒体和新兴媒体融合发展,要遵循新闻传播规律和新兴媒体发展规律;强化互联网思维,坚持传统媒体和新兴媒体优势互补、一体发展;坚持先进技术为支撑、内容建设为根本,推动传统媒体和新兴媒体在内容、渠道、平台、经营、管理等方面的深度融合;着力打造一批形态多样、手段先进、具有竞争力的新型主流媒体,建成几家拥有强大实力和传播力、公信力、影响力的新型媒体集团,形成立体多样、融合发展的现代传播体系。在中央相关政策的引导下,传统报业集团拉开了媒介融合的大幕。

---

① 《28年后的生活猜想》,查询于2019年8月20日,http://www.i21st.cn/story/808.html。
② 菲利普·迈耶:《正在消失的报纸:如何拯救信息时代的新闻业》,新华出版社,2007年版。
③ 匡文波:《纸质文献会消亡吗?》,《图书馆理论与实践》,2008年第4期。

当然,传统报业在积极介入新媒体领域之前,新闻记者们会时时关注网上出现的新信息和新动态以保持自身对新闻线索的敏感和捕捉。而一些新媒体网站则利用与用户直接接触互动的资源优势,将随时随地发布新闻信息做到了一定高度,从而使网站拥有了比传统媒体更广泛的新闻采集来源。在媒介融合的初级阶段,报业集团的专业素养和新媒体网站的来源广泛,两者统一,就形成了独有的舆论场,很好地解决了新闻突发事件的及时性、真实性和权威性问题。但这些探索很快被报业集团媒介融合大幅度的结构调整所整合。

报业集团媒介融合的类型主要有组织融合、报网融合、报报合作。

我国媒介融合在组织上表现得最为明显,大量的媒介组织通过合并组成了规模较大的报业集团,从事多领域、多角度的媒体传播业务。比如南方报业集团与光明日报社共同打造了《新京报》,这种资源组合发挥了极大的规模效应,《新京报》迅速占领了北京市场,成为南方报业集团麾下第五个广告营业额超过亿元的报纸。

报网融合开始成为一种新的媒介融合方式,国内大部分报纸都有了各自的网站和电子版。在中国,《南方周末》推出了自己的独立网站,这个网站为整个《南方周末》报系的三家媒体服务,包括《南方周末》《南都周刊》《南方人物周刊》。依托《南方周末》品牌影响力做新媒体,网站在内容方面尝试纸质媒体之外的新探索,鼓励记者及时发布信息,回应一些事情的进展,同时让编辑按照《南方周末》的新闻操作方式在网上编辑一些新闻。与此同时,还团结了一批有特色的专栏作者,让他们定期发布文章,与网友进行互动。《南方周末》新媒体网站的格局建立后,采用了很多方法推广网站,如在苹果手机上推行新闻浏览器的客户端,上线之后迅速攀升到了国内新闻媒体端的前列。这些客户端的上线改变了受众的结构,让《南方周末》的读者从报纸到互联网再到移动媒体终端,可以用自己喜欢的方式浏览新闻。

报报合作,具体是指报业联盟。2016年7月7日,廊坊日报社、内江日报社、衢州日报报业集团、温州日报报业集团、萧山日报社等五家报业集团,在新闻宣传、广告经营、报纸发行等方面进行合作,成立了中国报业媒介融合创新联盟。报业联盟经历了逐步扩大化、主流化、常态化的演变。比如"全国主流媒体教育联盟""珠三角报业广告联盟""浙江省地市级强势媒体广告联盟""东北副省级城市党报集团联盟""齐鲁报业联盟",等等。

无论是组织融合、报网的技术融合还是报业联盟都发挥了资源组合的作用,激活了规模效应,提升了报业集团的影响力。但其对互联网技术的角色仍然定位于工具框架之中。可是网络技术、移动通信技术和数字化技术的发展带来的不仅仅是单纯的技术迭代,而是对于人类社会生活方式的全面重构。媒介形态开始融合,相互之间的界限日趋模糊。数字化不仅能够提供文字阅读的便利,在数量方面更是到达了传统纸质载体无法媲美的无限空间。邵培仁在《关注未来媒介发展变化的大趋势》中认为,接收工具的微型化、多样化和移动化极大地改变了以往新闻和娱乐传播的形态,并持续向更新颖、更便捷的方向发展。而澎湃新闻的上线就是这种思维转换下的产物。

2014年7月22日,"澎湃新闻"正式上线,迈出了报业媒介融合最大的一步。澎湃新闻"专注时政与思想"的媒体开放平台在专业内容生产方面,既提供热新闻,也提供冷静的思想分析,在用户内容生产方面,主要开辟了"热追问"栏目,方便用户参与。专业新闻生产团队的产品和网民自身生产的内容同时存在。上线不到24小时,其苹果手机客户端的下载量已经位居同类第二位,仅次于腾讯新闻。澎湃新闻已经全面覆盖网页版、客户端,其微博、微信账号已经开通,形成了对网民网络信息传播关系全覆盖。被复旦大学的朱春阳教授盛赞为

"时政类报纸新媒体融合的上海模式"。①

二、报纸媒体转型的融合逻辑：从信息服务到综合服务

随着智能设备与互联网技术的迅速发展，移动化、社交化、视频化成为报业融合转型中的重要组成部分。为了满足用户日趋个性化和细分化的内容需求和接收习惯，将数据分析用于新闻生产和分发流程是当前媒体融合中常见的一种做法。换而言之，就是在报业集团中建立一个全媒体编辑生产中心，积极运用大数据、云计算等新技术创新采编流程，优化信息服务，提高传播时效，用高质量、满足用户价值需求的内容产品，提高报业集团的传播影响力。报业转型的全媒体运作机制，实质上是在谈报业集团转型的技术建设。但在报业新媒体转型的探索中，仅仅停留在技术建设层面的全媒体运作机制是新型主流媒体建设的一个方面，满足的是手段先进的时代要求。新媒体时代下，报业集团因生存面临危机，重构商业模式成为当务之急、重中之重。

利用新技术改造传统报业集团，将不同的媒介整合到一个集中的大平台上，目的是实现不同媒介之间内容和资源的共享，不同的材料和新闻采用不同集团旗下不同的媒体和渠道。当然，技术的发展使得各种媒体之间的界限越来越模糊，技术是报业集团新媒体转型的基础，也是其推动力量，更是媒介融合的技术基础。用技术建立起来的互动是报业集团新媒体转型的起步方式。数字报纸、手机报纸都是这种过渡性的产物。但技术融合从来也不是目的。报业集团新媒体转型的目的是扩大用户覆盖面，继而增强报业集团的影响力。

在碎片化的时代，覆盖面的扩大不可能通过一种或少数几个媒体来实现，而应该建构起多元多样的平台，每一个平台都面向特定的用户群体，通过群体的叠加来实现覆盖面的扩大。这是一种思路，也是一种途径。因而转变融合理念，重塑传播逻辑成为报业集团新媒体转型的第二步。在报业融合中，信息生产只是其中的一个环节，网络作为通道通向用户，并满足用户的多样化需求。唯有如此，才能扩大报业集团的用户覆盖面，从而提升集团的社会影响力和引导力。

当然，要扩大覆盖面，还必须提高内容与用户的匹配性，也就是通过"先进手段"让内容找到对的读者，比如大数据技术为用户量身定制内容，等等。因此，内容与渠道要匹配，新型主流媒体各种渠道匹配不同的内容，报纸、报纸网站、户外大屏、微博、微信、App，等等。唯有如此，才能最大限度扩大传播覆盖面，成为真正的新主流媒体。

报业集团平台建设可以成为业务运营平台、服务承载工具、数据处理中心和产品销售渠道。其中，业务运营平台可以受理新闻线索、用户参与新闻互动，也可以处理发行征订、进行广告业务受理，等等。报纸的采编业务、经营业务、行政业务都可以在这样一个平台上运营。服务承载工具是指为用户提供新闻资讯服务、媒体相关产品售后服务、社会公共服务乃至商业导航服务，等等。数据处理中心是指用大数据技术分析用户需求，反馈和改进报纸内容生产和传播机制，等等。产品销售渠道是指尝试用电子商务的方式保障报业集团的多元化经营模式，获得长久竞争的优势。

目前来看，报业集团可以在电子阅读、阅读软件、资讯类网站、网络数据信息服务、移动网站等新领域投入资源。就收入构成来看，广告收入只是一部分，在用户付费、电子商务、数

---

① 朱春阳、张亮宇：《澎湃新闻：时政类报纸新媒体融合的上海模式》，《中国报业》，2014年第8期。

字发行等领域仍旧存在许多赢利的机会。报业集团有内容优势,但必须与上下游合作伙伴结成良好的合作关系。这些合作伙伴既包括电信运营商,也包括终端制造商。目前来看,传统媒体独立运作新媒体是较为成功的做法,只是需要在内容上实现传统媒体与新媒体的整合运作,使内容的价值最大化。

案例:浙报集团——"3+1平台"

(资料来源 陈新梁:《深融背景下党报客户端如何实现自我突破——以浙报集团移动新闻客户端布局为例》,《中国报业》,2020年第13期;李忠:《从观念到行动:媒体融合的演变逻辑》,《传媒》,2018年第18期;《浙报集团媒体融合转型发展:居高声自远 非是藉秋风》,查询时间2020年11月,https://m.sohu.com/a/120280894_114731)

2011年9月29日,浙报集团所属浙报传媒集团股份有限公司在上海证券交易所上市,成为全国第一家媒体经营性资产整体上市的报业集团;2013年4月,浙报传媒以31.9亿元收购盛大网络旗下杭州边锋公司、上海浩方公司;2016年8月,浙报传媒获准募资19.5亿元,全部投入互联网数据中心项目开发。2016年11月18日,浙江大数据交易中心与正在推进建设的"富春云"互联网数据中心项目共同组成了浙报传媒大数据产业方阵。经过数十年的发展蜕变,浙报集团从一家传统报业,变身为传媒上市公司,再转型为互联网数字企业,走过了一段不同寻常的转型历程。浙报集团的转型与蜕变创造了多个"第一"。

根据发布的《浙报集团全媒体战略行动计划》,浙报集团将通过内部发展转型、外部联合扩张和积极孵化未来三者并举,在内容生产、传播组织、媒体经营、技术支撑等方面实现突破,以应对目前由技术驱动的传媒变革。一方面,应对市场的分众化和长尾化趋势,致力于做强长尾市场的"头部",做好长尾市场的"聚合器";另一方面,应对社会化传播的浪潮,积极向社会化媒体转型。同时,抓住媒体广告市场分众化、精确化以及媒体与服务销售融合的趋势,积极探索基于数据分析的广告运营模式,积极涉足新媒体广告运营,并利用现有资源开展服务和电子商务尝试。

浙报集团已排定向全媒体转型的一批重点项目。如,党报的内容创新项目,通过积极研发和推广适合新媒体特别是移动媒体承载的浙江日报数字阅读产品,帮助读者在碎片化时间,加强政治理论、时事和科学知识学习,以提升党员干部的执政水平;如社会化媒体转型项目,通过钱江报系媒体的影响力,积极开拓微博、移动媒体、电视、互动社区网站等读者交互新渠道,使得新媒体的"虚拟"社区和现实生活的实体社区服务相结合,延伸影响,汇聚用户,实现钱江报系由单一平面媒体向社会化全媒体方向转型。

作为浙报集团融合发展战略和移动客户端布局中的核心产品,浙江新闻客户端充分发挥党报优势,把政治方向摆在首位,不断优化专题结构,截至2019年底,已集纳稿件超过5000个,点击量达到5.7亿。在创新方面,浙江新闻客户端在被誉为"新设计界奥斯卡"的世界新闻设计大赛SND上连续5年获奖。2020年,其凭借动画短片《第43届世界遗产大会正在举行,有个"新生"来报到》获得最佳数字设计银奖,成为首个获得该项目银奖的中国大陆媒体。2019年10月10日,浙报集团的首个短视频新闻客户端——天目新闻客户端上线。它是拍友记录分享美好生活的互动平台,是方便用户办事的一站式服务平台。天目新闻客户端上线后,经历了世界互联网大会、世界进口博览会、世界浙商大会、长三角一体化高层论坛等多场重大战役性报道的磨炼和考验,逐步建立起一套重大报道快速响应、前后方协作、大兵团作战的报道模式。

浙报集团正在借助资本力量,加快构建起一个包括新闻传媒及数字娱乐、智慧服务和文化产业投资四大板块的"3+1平台"大传媒产业格局。浙报集团提出"新闻+服务"的媒体融合发展战略和"新闻传播价值、服务集聚用户"的发展路径。在新闻传媒板块,2014年以来,浙报集团打造了一个由核心圈、紧密圈、协同圈组成的"三圈环流"新媒体矩阵。核心圈包括"浙江新闻"App、浙江手机报、浙江在线新闻网站及视频App等四大媒体,覆盖2100万主流新闻用户;紧密圈由边锋网新闻专区和新闻弹窗、浙江24小时App、钱报网、腾讯·大浙网新闻板块以及各市县区域门户构成,覆盖用户超过5000万;协同圈以微博、微信等第三方网络应用和专业App为主,目前共有媒体法人微博、微信公众号及专业App300多个,粉丝量超过1500万。

在"三圈环流"新媒体传播体系的基础上,浙报集团自主研发了"融媒体智能化传播服务平台"系统,包括一个大数据平台和一个传播服务平台。在大数据平台上,集团通过建设全媒体内容资源库,整合传统媒体读者资源和互联网平台活跃用户数据,采用大数据的智能方式对资源进行抽取,运用到新闻业务中;传播服务平台下设资源中心、创作中心、策划中心,当一条新闻写作完成后,可以通过统一发布平台推送给纸媒、网站、App、手机报、微博、数字报、数字大屏等不同渠道和端口,实现一体化加工、多渠道配送、分众化发布。

新闻传媒与数字娱乐、智慧服务三大板块相互配合,浙报集团在实践中打通了一条传统媒体融合的有效路径——通过服务重构传播渠道,通过服务重构新闻价值的变现方式。浙报集团将媒体作为一个信息中介,基于其媒体平台的用户需求,运营那些需要公信力背书、性价比较高的产品和服务。在服务的旗帜下,浙报集团聚集了政务服务、O2O电商、网络医院、养老服务、区域门户集群等多种业务,这些业务不断改进用户体验,增强了用户黏性,拓展了传统媒体的舆论阵地和用户阵地,为传统媒体的转型升级有效地拓展了市场空间。

三、分众化、专业性的集合属性

报业集团的新媒体转型不是以哪一个综合性报纸为主,而是以分众化和专业性的媒体为主的媒体集合。每一个小的媒体共同发挥作用,整合力量进行重大、突发和生活新闻事件的报道,一个个微信公众账号、一个个子网站、一份份专业报刊共同组成了这个集合。这样由很多细分和专业服务的小媒体构建的传媒集团集合才会成为有影响力、公信力和引导力的新型主流媒体。

比如都市报,其重要的社会功能是满足市民在新时代出现的信息需求,不同的内容定位,不同的版面满足的是不同用户的社会需求。在新媒体时代,新媒体形态的细分无比精确,都市报作为报纸显得过于笼统了,生产内容与价值需求之间巨大错位,使得报纸和报业集团原先的生产方式显得过于浪费,成本居高不下,在新媒体时代显得竞争力低下。报业集团集合的一个主要表现就是媒介形态的分众化和多样化。

2013年下半年,《钱江晚报》推出微信矩阵,共有20多个子微信账号,从文艺演出到小孩升学,从心理测试到吃喝玩乐,覆盖了生活的方方面面,比如杭州吃货、ART一点、杭州地产、浙江名医馆、悠游天下、钱哥私募沙龙、好摄之友等多个子账号,累计吸引了40万的用户。这种微信矩阵对于报业的新媒体转型来说,最核心的价值在于,它将本来是综合性的都市报用分众的方式搬到了微信上。而在微信公众号上,如果要赢得用户的关注,这些媒体就需要细分到极致,只针对用户的某一特别的需求。不断细分下去,从搜寻、选择再到转换到行为,构成服务的全流程。用户行为轨迹数据的分析和挖掘是这些细分媒体最重要的特征。因此,报业的新媒体转型,绝不是延续传统媒体的综合性性质,而应该向分众化转型。正如时任中宣部部长刘奇葆所言,媒体融合发展是一场全方位的革新,它不同于以往的改进扩版和栏目调整,也不是在原有框架下修修补补,而指的是报业集团这种分众化和专业性的特征。新传播格局和舆论生态要求有与其相匹配的运营理念和体制机制。2014年,传统报业集团纷纷尝试新闻类创业小项目,比如上海报业集团先后推出澎湃新闻、界面新闻,浙江日报报业集团出台鼓励内部创业的"创新孵化计划",拿出2000万元支持了十几个创业项目团队。这些探索对于报业集团的新媒体转型有着重要的探索意义,也为深度媒介融合奠定了前行基础。

报业集团的新媒体转型必须要依靠新兴业务和新的新闻信息产品。因为网络场景下用户拥有更强的主动性和选择权,因而用户需求、用户体验被提升到了更重要的位置。这些特点让"内容为王"的内涵从原来注重内容,向满足用户需求和为用户创造价值转变。因此,敏锐发现并满足互联网场景下用户的真实需求才是内容为王在今天的含义。而报业集团新媒体转型最重要的衡量指标就是集团的赢利水平。赢利水平是衡量新媒体价值大小和影响力强弱的经济指标,不能以追求影响力为名排斥赢利要求。

报业集团新媒体转型需掌握几条基本原则。

其一,传统媒体要积极应对新媒体的发展趋势,实施长期转型与升级。

其二,传统媒体要将新媒体作为全新的媒体,适当的时候进行独立运作与应用开发。

其三,传统媒体要合理处理新媒体与原有业务之间的关系,推进报网互动和采编的融合。

其四,传统媒体要突破单一的收入模式,引入更多的创新,增加收入来源。

对传统大型报业集团来说,向新媒体的转型绝非短期行为,决策者需要将其作为长期发展战略来经营。其中全媒体机制无疑属于战略层面的一种选择。

迈耶所说的"不以销售为导向的社会影响力"也可被称为"社会效益","以销售为导向的商业影响力"是基于社会效益形成的"商品公信力",即广告刊登在具有更大"社会效益"的报纸上更容易使读者信服。再换句话来说,迈耶认为,报纸的"卖点"应当是比新媒体"更真更权威"。但实际情况如此吗?或者说,新媒体在"社会效益"方面就一定难以实现积极作用吗?这是新型主流媒体要解决的关键问题所在。

伴随着大数据、云计算、物联网、移动互联网等新应用的相继出现,微博、微信、社交网站等不同软件程序组成了"我的媒体",在这个媒体世界中,其内容具有针对性强、用户受众明确、传播内容碎片化等特征。上海交通大学舆情研究实验室发布的第三季度中国社会舆情应对能力评估分析报告显示,微博正在成为企业和个人信息发布的有效渠道。在"金浩茶油致癌事件"中,有记者通过个人微博发表新闻披露事件,金浩董事长也通过微博向消费者致歉;在"霸王洗发水致癌事件"中。霸王集团开通"官方微博",在近4个小时内连续发布信息达17条之多。而在涉及个人的"唐骏学历门"和"仇子明事件"中,微博在事件的舆论扩散中扮演了重要角色。① 李开复在其著作中《微博:改变一切》中称,在微博上,可以更看清一个人;打造个人品牌,微博可以成为你的"新门户网站"。② 他说,在微博上想要赢得更多粉丝,最重要的是说话"不端着"。"不端着"不仅是诚信,是去伪存真,也是谦卑、友好和利他。这种相对而言更加精确的传播形式,重构了社会交流的模式,这种双向互动的传播模式对于重塑新型主流媒体的影响力、公信力和引导力都至关重要。马克·波斯特把媒介传播分为两个时代:一个是"为数不多的制作者将信息传送给为数甚众的消费者"主导的"播放型传播模式",二是随着信息高速公路的先期介入以及卫星技术与电视、电脑和电话的结合而产生的互联网主导的"双向的去中心化的交流"的"第二媒介时代"。③ 信息传播更加碎片,用户定位更加精准,内容生产更加强调短小精悍、鲜活快捷。报业集团要满足上述要求,其传播方式就需要更加分众化和专业化。因此建立多元化形式的分众化和专业性媒体,满足细微化的传播方式和要求,让微内容和微信息快速流动,用户随时随地获取信息,就成为报业集团新媒体转型需要打造的核心属性。例如在"两会"期间,人民网开设了移动直播室,通过微视频、微博、微信、微天下等"四微",对"两会"进行图文直播或实时报道。

新媒体参与时政,影响社会,比如人民日报、新华社的新媒体创办号依托其公信力,在微博空间继续发挥着主流影响力,拥有巨大的粉丝量。例如,人民日报法人微博在人民网、新浪网、腾讯网三大平台上的粉丝总量达到4600万。仅在新浪平台,粉丝量就达到2200万,单条微博的平均转评数达到5000次,开博以来总阅览量超过200亿次。④ 由此可见,报业集团的新媒体转型,对于建立新型主流媒体的影响力有重要意义。

第二节 广电媒体的新媒体转型

中国的广电媒体正处在加快发展新媒体的历史机遇期,互联网、电信网、有线电视网三网融合的大背景下,广电集团在数字电视、网络电视、手机视频领域都面临不同竞争者的挑战。来自电信运营商的挑战最为激烈。互联网进入中国不久,广电媒体就先后采取电子版、

---

① 上海交通大学舆情研究实验室:《中国网络舆情报告称微博影响力凸显》,《青年记者》,2010年第21期。
② 《李开复认为微博是伟大新媒体:可以更看清一个人》,http://finance.ifeng.com/roll/20110405/3815204.shtml。
③ 马克·波斯特:《第二媒介时代》,南京大学出版社,2000年版。
④ 《人民日报新媒体论坛暨人民日报法人微博创办两周年研讨举行》,查询于2019年7月22日,http://media.people.com.cn/n/2014/0722/c120837-25318162.html。

设立网站、台网互动、发展全媒体、设立客户端等多种形式推进媒体自身发展,然而收效不甚理想。广电集团加快向数字电视的升级,依托自身的内容优势发展网络视频和手机视频,积极寻找向新媒体领域发展的机会。广电集团一方面依靠高带宽、高清晰度的数字电视技术,提升节目的质量和吸引力,细分用户市场,提升数字电视的用户体验;另一方面,降低有线电视的收入占比,增加网络增值及付费电视收入。随着视频网站的崛起,广电需要以强势的姿态与视频网站合作,增加内容在网络上的价值,在拥有优质版权内容的前提下,加大对网络电视产业链的主导权。手机视频领域是一块新的战场,广电企业加快了自身发展移动视频业务,或者建立视频门户网站,或者投资其他视频创业企业,或者与其他新媒体企业合作,共建手机视频网站和提供视频内容。

广电集团的新媒体转型是指传统广电传媒在新的媒介环境下,以数字化、网络化技术为基础,以传统广电音视频传播业务为核心,在融合多种传播渠道的基础上构建开放信息平台,形成"一云多屏"式的新型主流媒体传播格局。2016年7月,国家新闻出版广电总局公布《关于进一步加快广播电视媒体与新兴媒体融合发展的意见》,提出力争两年内,广播电视媒体与新兴媒体融合发展在局部区域取得突破性进展,形成集中基本形式,并在"十三五"后期,形成中国广播电视媒体融合新格局。① 智能化终端的出现使得信息传播不再依赖于特定的渠道和载体,原本界限分明的广电媒体开始出现融合发展的趋势。为了适应发展需要,全球传媒业纷纷实施全媒体转型,产品多媒体化、业务融合化、组织整合化、市场一体化,最终达到产业的融合一体化。人工智能、虚拟现实等技术促使广电集团的媒体融合向更深更广的阶段迈进。

一、广电媒体融合的新形态

探索以视频为中心,以新闻为首要,以移动网络为重点,以互动为抓手,以用户为核心,以"三微一端"为平台,以融合矩阵为窗口,全方位利用云计算、大数据等新兴技术,创建多维度的新媒体集群。

(一) 广电媒体打造新形式"互动"

2014年初,中央电视台打造"CCTV微视"上线,这是一款以社交电视、资讯、VGC为主要功能,向用户提供节目推荐和社交互动服务的跨终端移动应用。用户可以通过"i报道"上传所见所闻,让各地网民分享,这无疑是鼓励"用户内容生产"迈出的积极一步。

2018年8月,北京广播电视台融媒体中心正式成立,集合北京电视台、北京广播电台、北京新媒体集团三方资源进行协同作战,多元生产。北京广播电视台融媒体中心同北京市16区融媒体中心建立战略合作,联通央媒的新闻资源,力图打造"资讯+政务+民生"的区域资讯系统,实现"上接天线,下接地气"。浙江广电集团"中国蓝云"依托集团版权优势与频道资源,集中打造包括"中国蓝新闻"、中国蓝 TV、"喜欢听"的"三剑客"融媒产品。其中"中国蓝新闻"客户端吸引域内53家市县级电视台入驻,形成以浙江为中心、面向整个华东区域的融媒传播协作体;音频新媒体"喜欢听"2018年下半年双管齐下,推出不超过59秒的短音频产品与5.1环绕立体声高品质声音产品,进一步增强用户黏性,上线不到一年时间,"喜欢听"

---

① 《关于进一步加快广播电视媒体与新兴媒体融合发展的意见》,查询于2019年7月20日,http://www.gov.cn/xinwen/2016-07/20/content_5093191.htm。

用户下载量已经突破 200 万,其中超过 54% 的用户有过打赏行为。[1]

(二) 技术迭代带来的形态衍变

2016 年,VR 以及视频直播技术的推广与发展在世界范围内掀起了一场视觉新闻的风潮。2016 年里约奥运会上,奥林匹克广播服务公司(OBS)、美国全国广播公司(NBC)、英国广播公司(BBC)等各大全球广电媒体首次将 VR 技术应用于开幕式暨各项赛事的直播与转播中。Facebook 推出视频直播服务"Facebook Live",邀请众多媒体入驻,以"直播+媒体"的方式生产源源不断地输送优秀内容。运用先进技术生产移动视频产品成为传统广电集团进一步深度融合的举措之一。

无人机、人工智能、虚拟现实、GPS 定位等技术被广泛运用于广电媒体信息生产机制中。通过技术革新营造不同的新闻和事件场景。利用虚拟现实技术实现 2016 年"两会"的全景式报道,更是在视觉和听觉方面延伸了用户的感官体验,为用户创造了浸入式新闻场景,极大地增强了新闻报道的真实性与现场感。在里约奥运会期间,中央电视财经频道推出了名为"娇娇"的 Alpha2 机器人与主持人同台解说,一起打造奥运特别节目《巴西的秘密》。

移动直播与短视频从 2016 年开始受到用户的青睐,其在满足对碎片化与精简化信息需求的同时,可以帮助媒体在短时间内获取用户注意力而受到广电集团新媒体转型的青睐。央视新闻新媒体团队 3 月推出时政微视频《窑洞里的读书人》,选取独特视角,讲述习近平总书记读书修身的故事。上线 3 小时内"央视新闻"各平台阅读量超过 1000 万,24 小时内全网阅读量接近 1 亿。[2] 再比如,"央视 V 观"推出一组时政动态微视频《习近平的"下团组"时间》,连续发出《人民群众什么方面感觉不幸福不快乐不满意 我们就在哪方面下功夫》《"功成不必在我"并非消极怠政不作为》等 6 篇时事动态新闻报道,鲜活生动地展现了"两会"期间习近平总书记到广东、山东、解放军和武警部队等代表团参加审议的新闻现场。

2018 年 11 月 8 日,新华社和搜狗联合研发的 AI 合成主播在第五届世界互联网大会上首次亮相,在全球范围内引起各大媒体的关注和报道,CNN、BBC、路透社等海外权威媒体先后在主要版面对其进行报道。AI 主播的面世,再一次让业界将目光聚焦于当下这一前沿技术。两位 AI 合成主播已经成为新华社的"正式员工",广泛运用到进口博览会、世界互联网大会等重要新闻事件,以及科技、社会、文化等各领域的新闻报道中。只要输入文本,AI 合成主播便可自动生成视频,从而实现 24 小时无休息的自动制作与播出。这一技术的应用,既在日常报道中节省了人力,降低了成本,也在突发报道中提升了制作效率与报道时效。

广电媒体的新媒体转型方面,NBC 环球的经验很有代表意义。1995 年,NBC 成为美国最早建立网站的广电媒体集团。其网站的主要特点是,除了传统内容,还有个人主页、论坛、博客、衍生产品销售,极大地提升了用户的黏性和互动性。其后,NBC 和视频网站 YouTube 合作,之后更是建立了自己的视频分享网站 HuLu。此外,NBC 还和微软公司合作建立了 MSNBC,开辟了一个新的综合新闻报道平台。合作的同时,NBC 进行了大胆的并购,它收购了成熟的女性门户网站 Village,将其纳入旗下所有女性栏目交叉推广的系统中,该网站

---

[1] 祝云光:《"中国蓝"融媒三剑客的进阶之道》,查询于 2019 年 7 月 30 日,http://www.sohu.com/a/278776590_770746。

[2] 新华网:《央视时政微视频〈窑洞里的读书人〉背后的故事》,查询于 2019 年 4 月 4 日,http://www.xinhuanet.com/zgjx/2018-04/04/c_137087760.htm。

拥有以女性和儿童为诉求对象的众多广告客户。

二、广电媒体融合的发展布局

移动互联网的兴起，新媒体的舆论影响力和社会动员能力日益强大。广电集团先后从话语方式、生产方式、传播方式和服务方式进行了改革和重构。

（一）以"一体化"和"平台化"为特征的顶层设计

在国内新媒体迅猛发展以及全面深化推进媒体融合进程的大背景下，政府密集出台相关宏观性政策，在为融合转型指明方向的同时，也为媒体发展创造了更为宽松的环境。

2016年7月，国家新闻出版广电总局公布《关于进一步加快广播电视媒体与新兴媒体融合发展的意见》，提出力争两年内，广播电视媒体与新兴媒体融合发展在局部区域取得突破性进展，形成集中基本形式，并在"十三五"后期，形成中国广播电视媒体融合新格局。

2017年9月20日，出台了《新闻出版广播影视"十三五"发展规划》。在规划中，提出要加强主流媒体建设，提高内容生产和创新能力，深化一体发展，推动广电媒体融合取得新突破，体现出国家对新闻出版广播影视业发展的高瞻远瞩和顶层设计能力。

2018年11月22日，国家广播电视总局在贵阳召开推进全国"智慧广电"建设现场会，中宣部副部长、国家广播电视总局党组书记、局长聂辰席在会议中指出，工信部已经同意广电网参与5G建设，国网公司正在申请移动通信资质和5G牌照。

全国各级主流媒体加快融合步伐，"中央厨房"建设成为标配，短视频垂直细分发展明晰，AI技术有机融入整个生产流程，移动直播成为常态布局，主流媒体在转型实践中取得了可观的成果。

（二）跨界合作拓展融合路径

跨界合作已经成为诸多广电集团进行媒介融合的战略路径之一。依托集团自有的资源与先天优势，广电集团开始涉足便民服务、教育、会展、旅游和电商等多种行业，营造服务一条龙的产业链条。

江苏广播电视总台融媒体新闻中心是江苏广电整合电视新闻、广播新闻、新媒体新闻等新闻板块，实现新闻融合传播的流程再造、人员统筹调度、考核机制调整等，加速推动以往各自独立的新闻生产模式，向一体化全媒体融合生产模式转型的融媒体机构。江苏广电自主可控的荔枝云技术平台为融媒体新闻中心提供了重要的技术支撑，形成了"多来源素材汇聚、多媒体制作生产、多渠道内容发布"的全新生产模式。

在打造融媒体内容产品上，江苏广播电视总台融媒体新闻中心始终坚持"内容为王"，做品质产品的主出口。其生产的融媒体9秒短视频《江苏省委书记进村检查疫情被拦下》一经发布，就进入微博热搜前三，《人民日报》等央媒大量转载，视频全网总浏览量超亿次，话题阅读量2.5亿，真正把时政新闻做成短视频爆款产品。其打造的"荔直播"等新媒体平台及品牌，在不断拓展新兴传播渠道，巩固传统媒体领域"头部影响力"的同时，大力向互联网进军，打造互联网领域新的"头部影响力"。

截至2020年12月16日，荔枝新闻客户端的下载用户有3067万，它先后获得第二十八届中国新闻奖一等奖、国家广电总局广播电视移动传播研究突出贡献App等多个奖项。

2020年1月27日8点开始，央视新闻新媒体在央视新闻客户端、微博、快手等平台推出

15小时不间断直播《共同战"疫"》,直击抗击疫情一线战报,深入物资筹备第一现场,关注驰援武汉最新动态,连线专家答疑释惑,进行与疫情相关信息的传播和报道,积极合理引导舆论。

"慢直播"是一种马拉松式全程直播的形式,它具有无剪辑、原生态、用时长等特点。慢直播的特点使它作为一种新闻生产形式得以形成新闻热点并迅速扩散。疫情期间,中央广播电视总台新闻新媒体中心关于火神山、雷神山医院建造的"中国速度"的慢直播,是以科技力量成就的中国速度,"慢直播"在特定场景下充分赋权赋能,起到了积极的成风化人、凝心聚力的作用。

"慢直播"在环境、流程、细节、语言甚至动作上都使新闻真实变得触手可及,且新闻事件的传播与发生同步进行,虽然单位时间信息量不如"快直播"大,但它更加客观。火神山、雷神山直播造医院产生了现象级的传播效应,不仅在直播形式上与时俱进,弹幕互动增强了沟通,还提供了新闻事件的另一种视角,国民关注度高且新传播效果较好。

在全国范围内,湖南娱乐频道率先组建"Drama TV"短视频 MCN 机构,围绕短视频 MCN 业务探索融合转型,依托湖南广电强大的内容生产能力,在母婴、美妆、美食、娱乐等内容赛道进行布局,成功打造了"张丹丹的育儿经""叨叨酱紫""维密也小曼"等 IP 矩阵,签约人数超过 280 人,涵盖传统明星、艺人、节目主持、网络达人等,粉丝群体超 2 亿。

湖南广播电视台 5G 智慧电台是湖南广电基于 5G 技术,顺应媒体融合趋势,推进跨区域发展的战略性项目。它以 AI 智能技术为原点,以湖南广电的内容生产和原创 IP 为支撑,将智能化的广播播出系统与高品质的音频内容产品全面下沉到"县级"市场;通过打造覆盖全国"一县一频"的 5G 智慧电台集群,为湖南广电未来在音频市场深度发力、抢占汽车市场下沉的县域乡镇场景,构筑起一个全新的音频商业模式、运营场景与传播平台,这将助力湖南广电分阶段、分步骤完成音视频领域的全方位占领。

最高价位的《楚乔传》电视剧单集版权价格达 380 万元。这些播出成本都因为有愿意在视频网站上投放广告的商家而不愁无力支付。① 因此广电集团的新媒体转型也可以建构一个以视频业务为核心、集智慧城市服务为一体的客户端产品,使后者成为广电集团新媒体转型的一个重要突破口。比如深圳广电集团旗下的 CUTV 深圳碳,就借助于地面频道频率在深圳当地强大的影响力和号召力下,打造这样一个端口。截止到 2015 年 9 月 29 日,它已在深圳本地发展用户 50 多万,为与其捆绑互动的都市频道带来的广告增值累计超过 5000 万元。

案例:湖南广电的新媒体运营的典型案例:芒果TV

(资料来源 蔡怀军:《从〈乘风破浪的姐姐〉看芒果 TV 的发展战略》,《当代电视》,2020 年第 9 期;刘芳:《突围与再选择 新形势下新媒体发展与广播媒体融合研究》,2016 年版;《番茄炒蛋的营销套路》,查询于 2020 年 11 月,https://www.sohu.com/a/202947981_549062)

---

① 张三非:《电视广告收入去年增 11% 增幅不及网络广告》,查询于 2019 年 4 月 28 日,http://www.100ec.cn/detail—5163288.html。

湖南广电集团作为国内颇有影响力的传媒集团,正在不断推动跨平台、跨媒介、跨区域的媒体产业变革。对传统电视媒体来说,主要赢利来源无疑是广告收入,但随着新媒体的崛起,这一块收入的增长遭遇瓶颈,湖南广电也需要拓展新的市场。

湖南广电的整体风格偏向娱乐化,其核心受众是青少年人群。这部分人群与互联网主流厂商的受众有极高的重合度,核心用户存在被削弱的威胁。为此,湖南广电集团组成了独立的公司实体,从网站(金鹰网)开始,逐渐进入 SNS 社区、视频、游戏、无限增值服务等新媒体领域,加上已经有的电视、报纸、杂志、影视制作等板块,初步打造了一个以娱乐为核心的全媒体集团。

2009 年 12 月 18 日,湖南广电将金鹰网内提供视频直播和点播服务的"芒果网络电视"模块独立出来,启用独立域名,面向市场进行品牌运营,定名为"芒果 TV"。"芒果 TV"由湖南快乐阳光互动娱乐传媒有限公司负责具体运营,是湖南广播电视台旗下唯一互联网视频供应平台,以视听互动为核心,融网络特色与电视于一体,面向电视、电脑、手机、平板四类终端,实现"多屏合一",整合"软件+硬件"、"平台+服务",以"芒果独播+优质精选+马栏山智造"为内容特色,位列国内视频服务平台第一阵营中。

芒果 TV 拥有互联网电视集成播控牌照、互联网电视内容服务牌照"双牌照",是全国仅有的七家互联网电视牌照拥有者之一。此外,还拥有"国家一类新闻网站""全国可供网站转载新闻的新闻单位""信息网络传播视听节目许可证""三网融合长株潭 IPTV 试点""互联网电视内容服务牌照""手机电视内容服务牌照""互联网出版许可证""网络文化经营许可证""增值电信业务经营许可证"等牌照与资质。

与其他视频网站相比,芒果 TV 强调"小而美",内容年轻与精品化,在充分展现湖南广电集团自有内容的基础上,有选择性购买符合平台特色的内容。此外,芒果 TV 不断加大自制内容(包括自制栏目与自制剧)的生产力度,探索新的内容形态,目前已经覆盖新闻、明星访谈、娱乐、直播、真人秀等多种节目类型。

近几年,直播平台兴起,短视频崛起,很多平台追逐风口,资本热钱扎堆投入直播平台和短视频领域,但是芒果 TV 坚持围绕湖南广电生态、充分开发长视频价值链的战略,扩大生产规模,不断深挖内容"护城河",力争成为中国长视频第一媒体。芒果 TV 围绕独播战略,先后建立起了 20 个综艺自制团队、3 个电视剧自制团队、18 个电视剧战略工作室,实现了平台日活的跨越式增长。根据 QuestMobile 数据显示,2020 年 6 月,芒果 TV 月度用户使用时长已经超过优酷视频,进入前三;2019 年,在中国排名前 10 的综艺节目中,芒果 TV 占据 6 个,在排名前 100 综艺节目中,芒果 TV 占据 49 个。

内容与技术一直是芒果 TV 的"双核"。技术平台是芒果"双核模式"的一核。芒果 TV 积极推进混合云基础平台,做到云生产、云加工、云分发、云发布,通过灵活的资源调度、及时的弹性扩容,保障《乘风破浪的姐姐》等重点 IP 的流量高峰。同时结合技术数据运营体系,不断进行成本优化与资源合理化使用。例如在新冠肺炎疫情期间,上百万用户瞬时进入平台观看《下一站是幸福》,芒果 TV 通过混合云平台与资源的合理调度,在支撑平台瞬间并行的同时也实现了有史以来的最低成本。

坚持以AI与内容生产、内容分发相结合。芒果TV通过AI能力结合内容拆分核内容结构化,将长视频生成海量的短视频内容,同时结合机器学习算法做好用户的内容推荐核内容聚合,从不同的场景覆盖用户的使用习惯。

三、两翼共振:"中央厨房"和县级融媒体中心

以人民日报"中央厨房"、新华社全媒体报道平台、央视融媒体编辑部、经济日报全媒体中心等为代表,全国已有55家地市级以上媒体完成"中央厨房"建设。① 2016年"两会"期间,中央电视台设立融媒体编辑部,统筹报道资源,打通前方采访与后方编辑、分发与推广,对原有报道流程进行了数字化和集约化的管理改造。打造了"V观系列"在时政微视频,如"V观习主席出访""V观两会"等多个子品牌。2018年3月,中央电视台(中国国际电视台)、中央人民广播电台、中国国际广播电台三台合一,整合为全新的中央广播电视总台,对内保留原呼号,对外统一呼号为"中国之声"。新成立的中央广播电视总台着力在三台融合实践上进行积极探索。中央广播音员献声《新闻联播》;中央广播电视总台主办央视音乐节目《全球中文音乐榜上榜》;上合组织峰会期间推出特别节目《青之岛,友朋来》,首次实现三台跨平台同步直播。

第六届中国网络视听大会发布的《2018年中国网络视听发展研究报告》预测显示,整合后的广播电视总台在网络视听行业中的能力被普遍看好,未来网络视听市场将形成"总台+腾讯、优酷、爱奇艺+抖音"的"1+3+1"格局。② 未来广电媒体将紧跟时代脉搏,在网络视听领域牢牢掌握话语权,提升用户对于主流文化的认同感与社会聚合力。实施重大项目带动战略,通过融媒体中心和"中央厨房"推进传统媒体平台及新平台项目融合,努力推动从数字化传播向智慧媒体转型。

2018年8月,习近平总书记强调要扎实抓好县级融媒体中心建设,更好引导群众、服务群众,就此拉开了全国范围内全面建设县级融媒体中心的序幕。区县级融媒体中心的大建设,既是县域媒体转型的需要,更是当下国家打造新型主流媒体的重要突破口,将有力推进国家主流媒体体系的大发展和大融合。2018年4月13日,河南日报报业集团旗下大河网与安阳县委宣传部签署安阳县融媒体中心合作共建协议,联手打造该省首家县级融媒体中心。7月6日,湖南日报社浏阳融媒体中心同日正式挂牌,这是湖南省首家区县融媒体中心。同日,陕西富县党委政府集中宣传平台正式启动上线。该平台为陕西省首个上线的县级融媒体平台,由富县党委政府与陕西广电网络公司合作建设。8月30日,永泰县融媒体中心正式挂牌成立,这是福建省首家县级融媒体中心。9月5日,重庆市綦江区融媒体中心建成投入试运行,这是重报集团与区县媒体联手打造的全市区县报首个"中央厨房"模式的样板项目。9月20日至21日,中宣部在浙江省湖州市长兴县召开县级融媒体中心建设现场推进会,对在全国范围推进县级融媒体中心建设做出部署安排,要求2020年底基本实现在全国的全面

---

① 《全国已有55家媒体"中央厨房",看有没有你们单位?》,查询于2019年2月15日,https://www.sohu.com/a/214515401_654813。

② 《2018中国网络视听发展研究报告发布》,查询于2019年2月11日,http://www.ce.cn/culture/gd/201812/11/t20181211_31001875.shtml。

覆盖,2018年先行启动600个县级融媒体中心建设。目前,全国区县级媒体积极跟进,县级融媒体中心迎来建设高潮。北京的县级融媒体中心建设更处于国内前列,各区在全国宣传思想工作会议召开前密集挂牌。截至2018年7月21日海淀区融媒体中心成立,北京16个区级融媒体中心均已建成,成为全国首个实现融媒体中心全覆盖的省级行政区。据报道,全国至少有14个省开工建设县级融媒体中心,此外,新疆生产建设兵团也开始了相应建设。①全国范围推进县级融媒体中心建设势头正劲,一些区县的广电媒体设置的全媒体平台初具雏形。

关于县级融媒体中心,试点中比较普遍的做法是将县广播电视台、县党委政府开办的网站、内部报刊、客户端、微信微博等所有县域公共媒体资源整合起来、融合发展。这些县级融媒体中心主要是当地各类渠道的归并以及一体化运作。县级融媒体中心建设的模式主要有与其他媒体、高校和专家建立智库联盟,与中央、省、市媒体展开渠道合作,在中央、省、市媒体的帮助下承建。对北京而言,三种模式均已出现:东城区成立融媒体智库,海淀区成立中关村媒体融合发展联盟;延庆区在人民日报媒体技术公司提供的技术支持下建立"中央厨房";大兴区融媒体中心与北京广播电视台打造本市首个"区属媒体+市属媒体"多方协作、融合传播的新型融媒体平台。

第三节 建设新型主流媒体

一、以先进技术为支撑,推动主流媒体深度融合

传统媒体今天面临的困境其实是最自然不过的一种境况,在人类历史上,由于技术的进步,新的替代性产品让原有的产业价值消失不是什么稀奇事。例如,汽车出现使得马车消失,造纸业兴起使得竹简消失。报业、唱片业、影视业这些传统内容产业,面对互联网、移动互联网这些新技术的冲击,衰退是不可避免的。报纸的注意力被门户网站夺走的同时,广告份额也被免费的网络媒体瓜分。唱片业饱受免费音乐下载的影响,几乎到了死亡的边缘,影视业受众则被免费的视频网站分流。

由于互联网海量储存、实时检索、免费获取、参与互动的特性,信息对大多数人来说都是触手可及的。按照经济学原理,一种商品的价值和它的丰沛程度成反比,阳光和空气人人可得,虽然它们很重要,却没有人能够拿来卖钱。同理,如果信息变得人人可得,其价值就变得不那么重要了,这使得原来承载有限信息的报纸和电视也发生了贬值。不过并不是所有的替代性技术都会对原来的产业造成毁灭性的打击。例如,随着马车退出历史舞台,马具制造业衰落了,但在欧洲,一些马具制造厂商经由转型,成了奢侈皮具的制造商。对传统媒体来说,必须有能力从价值流失的地带转向价值丰厚的新领域。

如果我们认同"信息爆炸"这一概念,会发现每一种新的丰沛其实都伴随着一种新的匮

---

① 《"县级融媒体中心"最新进展:今年启动600个,2020年基本全覆盖》,查询于2019年4月21日,https://www.sohu.com/a/255333756_351788。

乏。新媒体虽然来势汹汹,庞大的信息却导致了注意力变得相对分散,受众有了一种新的需求,即在纷繁复杂的信息中分配注意力,在最短的时间里找到他心中最需要的信息。这时候,经过深度加工的信息和关于信息的信息由于相对稀缺而升值。新的匮乏导致的价值,正是传统媒体的机会。换言之,互联网上的海量信息超出了传统媒体的容量,创造和发送基本信息的能力相比以前不那么重要了。信息产品不是太少而是太多,人们需要一个有权威、可信任的信息源,提供更准确的答案,这是单纯信息生产之上的信息加工的价值所在。

在最短的时间里找到用户心中最需要的信息,催生出谷歌这样的互联网搜索巨头,单纯信息生产之上的信息加工业则以《经济学人》《哈佛商业评论》《时代》这样的传统媒体为代表。显然,后者对传统媒体的借鉴意义更大,它们的共同之处在于,在原有的产品形态上找到新的价值,这一新的价值因为具备一定的稀缺性而避免了被全部替代的命运。

需要注意的是,信息包含两方面的要求:一是要有精准的用户需求定位,知道哪类人群需要哪些信息;二是有对信息深入加工的过程,而这需要具备强大的内容生产实力。

移动化、定制化、数据化、社交化无一不依赖于不断迭代的科学技术。移动互联网时代,"两微一端"已经成为融合改革的标准配置。"中央厨房"实现了内容生产和深度加工的一体化,打破了主流媒体传播渠道的内部壁垒,提升了自身的传播力和影响力。大数据分析技术、云计算,为用户提供了定制化内容服务。此外,社交化技术的发展,也让用户生产和用户反馈(如跟帖、分享、直播互动、答题)都成为推动新型主流媒体建构的重要抓手。

二、重塑媒体行业声誉,吸引优秀媒体人才

新型主流媒体的建设归根结底需要引来优秀的新媒体人才。媒体竞争的关键是人才的竞争。一支政治素质高、业务水平硬并且富有互联网思维与基因的人才队伍,是传统媒体与新兴媒体实现融合发展的关键所在,是建立新型主流媒体的核心所在,但目前媒体行业呈现出明显的人才困境。

媒体行业出现人才净流出现象。[①] 2017年1月,南方周末原总编辑、广东南方广播影视传媒集团常务副总经理、广东卫视董事长向熹宣布辞职,投身创投行业。2017年6月14日,长江日报报业集团副总编辑、九派新闻总编辑范洪涛离职,加盟北京清博大数据科技有限公司,出任副总裁一职。2017年8月,新京报社长戴自更离职,出任北京市文化投资发展集团总经理。2017年11月25日,成都商报旗下新媒体"红星新闻"执行总编辑蒋泉洪离职,蒋泉洪曾任《成都商报》要闻部副主任、新闻中心主任、编委等职。据雷帝网报道,前网易常务副主编曾光明加盟移动应用快手,成为快手合伙人。央视纪录频道制片人、《舌尖上的中国第一季》和《舌尖上的中国第二季》总导演陈晓卿正式从央视离职,创办了自己的公司,继续从事传媒行业。

媒体人才的净流出也间接反映出,BAT和互联网新媒体公司是传统媒体职业人才首要选择方向。如爱奇艺的郑蔚加盟今日头条,搜狐的陈朝华加盟北京时间,前网易常务副主编曾光明加盟移动应用快手。当然创业也成为媒体人离职的一个重要选项。龙丹妮创立哇唧唧哇娱乐(天津)有限公司,何小鹏从阿里巴巴离职创业。可见重构主流媒体的行业声誉是

---

① 《"价值焦虑"的媒体人:多数月薪不过万 新媒体薪酬领先传统媒体15.8%》,查询于2019年1月13日,http://theory.cyol.com/content/2017-01/13/content_15287955.htm。

吸引优秀人才的关键措施。

相对传统媒体人才的大量流出,新型人才的供给不足也限制了新型主流媒体的建设。随着传统采编体系和传播模式的革新,媒体涉足信息科学、通信技术、产品艺术设计等多个领域,单纯的传统业务型人才已经不能满足媒体改革发展的进一步要求。更不用说类似于数据分析师、用户体验师等媒体融合转型中新出现的岗位和人才要求。而兼具媒体融合技术又懂新闻传播规律、能胜任新闻采编又懂新媒体发展规律的复合型人才更是难以寻找。

要吸引优秀媒体人才,新型主流媒体要建立不是平台的平台;所谓不是平台的"平台",是指新型主流媒体要为媒体人才提供更广阔的空间,让他们有展现事件全貌的机会。在人才激励机制层面,借鉴互联网公司小团队、工作坊性质的考核模式,建设科学合理的激励体制,实现在短时间内对员工成果进行质量评估和绩效发放,让优秀的媒体人才能够拥抱梦想和情怀的同时更好地生活。唯有如此,才能激发这些人才的工作动力,有效推动媒介融合进程的深化发展,最终重塑主流媒体的行业声誉和优秀人才对于媒体行业的未来信心。

研究和建立技术人才的管理制度。可以在同行业中率先成立数据库业务部;建立与互联网企业相匹配的"P系列"技术专业人才岗位管理制度,为互联网人才的引进和任用提供专门的制度保障。

建立呼应互联网创新文化的内部创业机制。围绕用户的绩效考核和激励制度,发挥媒体组织作为"知识和学习型团队"的人员培训制度,建立专业化、系统化、科学化的新型学习培训体系。

在内部创业文化的养成方面,比如《钱江晚报》近30年工龄的老记者谷伊宁,在集团的鼓励下,开发创办微信公众号"浙江名医馆",致力于提供医疗健康服务,已拥有上十万关注用户。作为临近退休的资深新闻工作者,在有效的制度保障下,谷伊宁顺利地转型为一名互联网媒体人。

三、全方位创新,塑造主流媒体影响力

新媒体的勃兴给传统的主流媒体带来了严峻的挑战,但同时也提供了难得的历史机遇。一直以来,媒介的分布仍然有区域差异,即发达地区分布密集,广大的农村地区特别是贫困落后地区的农民,以及城市流动人口、进城务工经商人员等并没有进入大众媒体的用户群中,更遑论对其存在何种传播影响。新媒体特别是手机客户端和运营商基础设施的完备,使得移动互联网的普及率达到98%,基础设施的逐步完善带来的是一种新的历史机遇。

(一)手段先进和内容建设并重

移动互联网时代、日常生活媒介化、媒介生活日常化成为今天我们生活的具体语境。普通个体拥有了主动选择、控制和传播信息的可能;与此同时,信息提供渠道的大幅度增多与传统主流媒体新闻呈现的有意规避、回避也日益常态化。越来越细致和深入的新闻价值信息变得更受欢迎。2019年1月25日,习近平同志在中共中央政治局第十二次集体学习中发表讲话,指出推动媒体融合发展,要坚持一体化发展方向,通过流程优化、平台再造,实现各种媒介资源、生产要素有效整合,实现信息内容、技术应用、平台终端、管理手段共融互通,催化融合质变,放大一体效能,打造一批具有强大影响力、竞争力的新型主流媒体。其中流程再造、要素整合、技术应用都是指手段要先进,而融合一体则主要是从内容层面提出来的具体要求。

手段先进,应该包括两方面的内容:一是利用新媒体技术提高传播能力,二是扩大传播覆盖面。媒介无处不在,用户可能在同一时间一边看着电视,一边在社交网站上分享、互动,在论坛上发帖、跟帖,用户同时扮演着观众、听众、读者和用户等多重社会角色。[1] 手段先进是指新型主流媒体的形态是多样的,渠道是丰富的。要积极运用大数据、云计算等新技术,抓住传播移动化、社交化和视频化的历史机遇,不断提高技术研发水平,以新技术引领主流媒体的融合发展,推动主流媒体转型升级。

　　新型主流媒体要利用新媒体技术创新采编流程,优化信息服务,提高新闻报道时效,满足新时期人们需求的内容产品。新型主流媒体要扩大覆盖面,不能仅仅局限于机关干部,而应该面向最广泛的群众。应该是大多数,而不是少数。因此这种覆盖面的扩大不可能通过一种或少数几个媒体来实现,而是要用技术手段建构多元多样的主流媒体平台。

　　内容要有吸引力,也包含两个层面:内容与用户的适配度;用户对内容的认同度。无论是适配度还是认同度最终都指向手中的公信力、信任、情感。传统主流媒体影响力减弱的主要原因并不是因为人们接触不到渠道,而在于传统主流媒体的内容缺乏吸引力。比如关键时刻不发声,在一些突发重大事件中语焉不详、避实就虚、时效落后,这些内容理念在新媒体时代很容易被用户发现和警惕,媒体影响力和公信力很难建立。新媒体时代,读者对文字真实性的需求大大提高了,传统媒体应该为读者提供值得信任的信息。传统媒体要能够搜集读者可能感兴趣的,或读者不一定知道但可能引起他们兴趣的信息。除此之外,传统媒体也还要能够主动创造信息,甚至引领话题。

　　对那些有志于做信息提炼者的传统媒体来说,要找到新的价值地带,需要从两方面开始着手。其一,建立公信力,这种公信力或来自权威的内容,或来自专业的分析见解,或来自富有参考价值的一手数据。在信息爆炸的时代,信任永远是难得的。《纽约时报》就依托自身的公信力,建立了知识问答平台 About.com。虽然是互联网平台,About.com 并非放任内容的形成,而是在找到各个领域的专业人士来回答网友提出的各种问题。为了增加答案的可信度,About.com 甚至将专家的身份、背景、照片、联系方式等公布于网站。由于有专业人士的介入,在很多领域,About.com 都建立起了自己的权威话语权,例如家务、育婴、宠物。由于用户兴趣的高度集中,广告商的精准广告投放有了一个很好的平台,About.com 因此获得了丰厚的广告回报。

　　足够专业的东西永远是有市场的。以视频网站为例,绝大多数人观看的内容还会是专业机构制作的,因为专业机构生产的内容更加精良,更加知道如何讲故事。用户产生的内容虽有个性,也只会成为专业机构生产的内容的补充,永远不可能替代专业机构生产的内容;网友通过互联网可以便捷地获得新闻资讯,他们对于深度报道却还是有强烈的需求。即便综合性媒体受到冲击,以深度报道见长的媒体在互联网时代也没有受到太直接的冲击,互联网不会做太多的深入挖掘、分析和报道,这正是这些传统媒体的长处所在;杂志受互联网的影响较小,因为杂志有很多互联网一时不能取代的传播特质。杂志讲究阅读上的审美,以文章的文采和图片的质量为主要竞争力,杂志通常细分读者,传达的内容也是细分的。杂志会传递一种价值观,传递价值观的方式各有特点,许多杂志将特稿作为主打文章,不仅文辞优美而且很会讲故事,这些文章往往反映编辑记者对社会的判断。

---

[1] 聂磊:《新媒体环境下大数据驱动的受众分析与传播策略》,《新闻大学》,2014 年第 2 期。

其二,建立差别化。心理学家对人们消费奢侈品的研究表明,奢侈品消费人群首先看重的并不是产品的品质,而是它对消费者身份的区隔与提升。也就是说,那些开名车、戴名表的人会认为,奢侈品有效地提升了自身的品位。对一些有能力的人来说,他们永远在准备着为等级和特权付费。《华尔街日报》是传统报业少有的在新媒体环境下向用户收费的典型,《华尔街日报》网站有大量免费内容供人浏览,如果读者希望看到更独家、更能对投资产生借鉴意义的内容,必须成为付费用户才可以浏览。与之类似,《经济学人》除正常的杂志出版外,还有专门的主题研究报告产品,直接售卖给有需要的读者。对于《华尔街日报》和《经济学人》的读者来说,他们能够接受这种有意为之的差别化策略。一方面,他们确实能够享用差别化策略,获得他们想要的独到信息;另一方面,这也是对自我身份的一种彰显。

其三,高情感内容构建起"实际社群"。人与媒介的进一步融合,不仅仅是一种技术的融合,而且是一种关系的融合。人们在信息中感受到的是丰富多样的关系结构。人们不再像传统媒体所主导的那样以特定的新闻报道作为参照标准,而是通过互动中所构建的情感关联形成对特定新闻的认知。卡斯特在《认同的力量》中指出:"网络社会的意义是围绕一种跨地域、时间与空间与维系了自我的原始认同建构起来的,而这种原始认同,同时构造了他者的认同。"①人们对主流媒体内容的认知不再是对某种事实的认知,而是一种情感互动后的结果,借助于互动形成一种情感关联。

移动互联网时代,新媒体的媒介偏向性改变了人们观察和思考的方式,这是一个社会的整体性选择的过程,因此,公信力、信任度和高情感度对于重现新型主流媒体的影响力和权威性都非常重要。

(二) 区分影响力平台和赢利平台

在中国,媒介产业是一种兼具产业属性和意识形态属性的特殊产业,它是公共产业、信息产业和赢利产业的综合体②,但很多时候,无论是报业集团还是广电集团在自身发展、改革和转型中左右摇摆,无法围绕一个目标进行到底。移动互联网时代,传统主流媒体在市场上竞争力逐渐衰退是一个事实,但对于双重属性的传统主流媒体而言,竞争力,即媒体集团的赢利能力是谈论影响力、引导力和公信力的基础所在。

新型主流媒体兼具意识形态属性和扩大再生产需求的商品属性,两个属性皆不可偏废。传统媒体时代,大众媒体都拥有足够的赢利能力,不仅能够养活媒体自身,还成为自主赢利的生产主体,但是新媒体时代,新型主流媒体的赢利能力尚不能支持原先的报业或者广电集团庞大的组织架构。未来的传媒集团仍然是以媒体为主业的集团,但是其赢利并不主要依靠媒体,而可能是其他的产业。因此要明晰地界定主流媒体的影响力平台和赢利平台。

新型主流媒体的传播竞争力一定是建立在赢利能力基础之上的,经济力量弱化往往会导致引导力的弱化。主流媒体要成为引导社会舆论的强势媒体,才能真正实现社会共识和民心的凝聚,才能真正有效巩固党的执政地位,增强党的执政能力。因此新型主流媒体需要较强的经济效益为支撑。

传统主流媒体广告收益大幅度下滑,融合转型中的新兴媒体形态也不足以支撑整个媒体集团的持续发展。因此,现阶段,由国家扶持和支持建立新赢利平台不失为一条过渡期间

---

① 曼纽尔·卡斯特:《认同的力量》,社会科学文献出版社,2006年版。
② 邵培仁:《媒介管理学概论》,高等教育出版社,2010年版。

的可行性路径。换而言之,传统主流媒体应该用互联网思维建设新型主流媒体平台,在这个平台生态中,不同的产业和项目所处的位置不同,扮演的角色也各不相同。有些项目和新媒体目的是影响力而不是赢利,比如微博、微信公众号、深度新闻调查报道,等等,目的在于提高集团的影响力和品牌价值,为平台中其他赢利产业的提高提供影响力服务。

1. 报业媒体如何应对新媒体的冲击?
2. 广电媒体如何完成自身的融合转型?
3. 怎样理解新媒体形式下的"内容为王"?

第七章 新媒体伦理与版权

新媒体时代,虚假新闻、低俗信息、抄袭侵权等问题更为严重,相较于传统媒体,新媒体面临着更为复杂多变的媒介伦理问题和版权问题。如何在新的环境下解决好这些问题,是每一个新媒体组织管理者、从业人员以及公众都需要认真思考的。

第一节 新媒体伦理

从 2G、3G 到 4G,再到 5G,随着通信网络技术的发展,网络应用也不断升级,网站、贴吧、微博、微信等公众号、手机客户端……各种新媒体传播平台越来越多,信息传播也由原来的传统媒体延伸到网络媒体,进一步延伸到以手机为载体的媒体。传播速度的提升、传播渠道的多样化、传播手段的便捷化、传播主体的多样化,伴随新媒体的发展,新媒体的信息传播中出现了大量的虚假低俗信息,人肉搜索、媒介审判等情况也比比皆是,这些问题对个人和社会都造成了难以估量的负面影响。为构建和谐的舆论环境和社会环境,提高民众的媒介素养,恢复和构建良好的媒介伦理,是当前社会各界正在努力解决的问题。

一、新媒体伦理的定义

新媒体伦理是媒介伦理在新媒体环境下的表现,主要指媒介组织、媒介从业人员和普通民众在使用新媒体进行信息传播时,为了获得一种有价值的行为方式而进行伦理抉择的一系列准则。

媒介伦理不仅涉及新闻、广播电视、出版编辑、广告等多个领域的媒介从业人员的职业道德,还包括媒介组织的伦理道德甚至公众的伦理道德,主要关注的议题包括新闻自由与社会责任的争论、图片和视频新闻中的伦理问题、信息传播的隐私问题、过度娱乐化等。

新媒体的传播与传统媒体有较大的不同,具有交互性、多媒体性、开放性、匿名性等特点,但新媒体的本质依旧是媒介,依然具有真实客观性、以人为本、坚持服务大众、抵制私利等特点。

传统媒体伦理的主体是人,而新媒体伦理的主体也是人。新媒体时代的媒体伦理主体范畴区别于传统媒体时代,新媒体伦理主体已不仅仅局限于媒体报道人员,这是因为单向的信息传播模式被打破,转而成为相关者全域重构的信息传播模式,受众成为信息传播中不可或缺的一环,无论是从业人员还是公众,都可以参与到信息传播过程中,共同构成新媒体伦理体系的主体部分。

二、新媒体伦理失范的表现

保罗·莱文森认为,媒介天生具有两面性。新媒介在成长发展过程中,一方面承袭了传统媒介的缺点,比如欺凌、煽动和攻击;另一方面又同时出现了新的陋习,比如以网络为存在的基础的传播流言、盯梢欺凌、煽动攻击、垃圾信息传播,以及恐怖活动策划等行为。在新媒体信息如潮、快速传播、监管难以顾及、信息传播主体媒介素养参差不齐等情况下,其伴生的媒介伦理失范问题也就比比皆是了。

(一)谣言和假新闻

真实性和客观性是新闻的基本准则,但在新媒体每日传播的海量信息中充斥着大量的假新闻和谣言。一些新媒体从业人员为了抢流量,在未充分掌握事实的情况下就抢发新闻,有的甚至虚拟采访对象、通过"合理想象"杜撰新闻的细节,误导受众产生错误的观念。

2017年2月,有一段关于"紫菜是用塑料做的"的视频在网上疯狂传播,引起了社会的恐慌。视频中,有人先将紫菜泡在水里,然后用手撕扯,继而用火烧,证明该紫菜难以扯断,点燃之后还有一些刺鼻味道,就说紫菜是塑料做的,还提醒广大网友要拒绝购买和食用紫菜。这段"有图有真相"的视频发布后,引起了公众极大关注,转发量和评论量不断上涨。一些紫菜生产企业受到严重影响,甚至还有人打匿名电话向紫菜厂家进行勒索,如果不给钱就继续传播这些视频谣言。

2019年5月14日,一个名为"圣童自学"的微信公众号刊发文章《北大学霸弑母求婚的"妓女"爆料》,该文以第一人称方式,讲述了"北大弑母案嫌疑人吴谢宇此前认识的'性工作者李香君'所知道的'弑母真相'"。还设置了打赏,在该文章的留言区,作者将自己的留言置顶:"已有900元打赏,预计总数超过2万元。请同情且愿意代理吴谢宇案子的优秀律师与我联系。风险代理费标准:因精神病送入精神病院10万元;判5—10年2万元;判死刑或无期不付钱。"

文章被网络媒体大量转载,同时也引来红星新闻和大量网友对其真实性的质疑。2019年5月15日中午,作者在此微信公众号上刊文《关于"北大学霸弑母求婚的'妓女'爆料"声明》。该声明称,本文纯属虚构,商丘根本没有"李香君"等人,"只是为了让大家思考社会和教育问题,是我本人做的悲剧文学创作。自称李香君和方域的微信截图也是我自己虚构的,对社会产生了不良影响,对吴谢宇也是不负责任的"。这一自媒体自编自导假新闻,并且冠以文学创作的名义,突破了媒介伦理底线。

(二)低俗信息

一些新媒体为了吸引受众眼球,片面迎合一些受众的低俗要求,严重违背社会公德和职业道德,在新闻报道中充斥着大量露骨的语言、挑逗性的文字;许多短视频不惜以低俗、恶搞等娱乐内容"吸睛";还有的媒体对黄、赌、毒等犯罪事件的细节进行描写;有些媒体还将暴力、恐怖等内容进行疯狂渲染。此外,在网络直播平台上,为了吸引高人气和获取打赏,一些"网络主播"毫无顾忌地使用挑逗性的语言和动作,围观者中还包括未成年人。

据新华社报道,有一款作业狗App,号称"中小学生学习好伙伴",在其社交功能的"遛一遛"版块中,常常可以见到"全网处CP"和"刷赞送会员"等信息。在其"醉校园"聊天区,还发现有用户不断发黄色图片和引诱性文字,该帖文被多次投诉仍然封不住。而且其聊天区基本是没有门禁的,任何人都可以注册为用户发布照片和言论,涉黄内容在2017年就出现了,运营商一直没有采取任何屏蔽措施。

2019年1月至4月,国家网信办会同教育部、全国扫黄打非办等有关部门开展教育类移动应用程序专项整治。根据网民举报线索,对国内教育类移动应用程序信息服务组织巡查,查实作业狗、口袋老师、初中知识点大全等20余款程序传播淫秽色情等违法违规信息,存在过度商业营销和娱乐化等不良行为。国家网信办已清理下架上述程序,关停违法违规情况严重的应用服务,约谈部分程序运营方,督促删除内容低俗及与学习无关的文章5.5万余篇,关停420余个专栏以及320多个违规账号,全面整改,规范运营,落实企业主体责任。同时,国家网信办还清理下架了以青少年为主要用户的二次元和社交类违法违规程序1.21万款。

(三)网络暴力

网络暴力就是在网络平台上使用攻击、谴责、谩骂、诋毁、蔑视、嘲笑等侮辱歧视性的语言,对他人的精神和心理造成极大的打击与摧残,严重情况下的网络暴力会致使他人抑郁,甚至导致自杀。

据媒体报道,2018年8月20日,四川德阳的安医生在泳池游泳时被一名13岁的小男孩摸了下敏感部位,遭到冒犯后他要求小男孩道歉,小男孩拒绝道歉,出口辱骂安医生并对其做鬼脸、吐口水。安医生的丈夫见状游过去将小男孩短暂地按入水里,并用手击打了小男孩的脸部。随后,安医生在更衣间遭到小男孩家长的殴打。警察介入调解后,小男孩的家长仍不满安医生丈夫的做法,利用自媒体在网络上疯狂转载经过剪辑的着重突出安医生丈夫殴打小男孩的监控视频,刻意误导网友们的舆论方向。此事件被媒体曝光后,安医生以及其丈夫被网络键盘侠"人肉搜索",遭受舆论攻击,事发五天后安医生最终由于精神上承受不住舆论的攻击,服下500片安眠药自杀身亡。

德阳安医生自杀事件就是一起典型的网络暴力事件,在网络平台上疯狂的舆论暴力下,安医生的精神受到极大的打击,造成这场悲剧。参与其中的网络语言施暴者,大多会说自己是出于所谓的"惩恶扬善",但在没有分清是非黑白的情况下,只看事情表面的结果,而没有看到事情发生的全过程,便凭借片面的事实来判断是非,并急切地用自己的愤怒伸张正义,最终事与愿违,不仅未能惩恶扬善,反而是助纣为虐,害死一个无辜的人。

(四)反复渲染造成二次伤害

有的新媒体,对于一些灾难性事件中遇难者及家属痛苦的画面,经常没有限制地进行反复传播,而这种无限循环渲染极易对遇难者家属造成二次伤害。当微信朋友圈出现灾难性类型的新闻事件时,大部分人会转发、分享,并且将其过分夸大,使人心生恐慌,从而影响救灾进程。

2016年8月，甘肃白银连环杀人案告破，多年悬案尘埃落定，引得媒体争相报道，一系列的报道都对作案细节和手法进行了详细的披露，还附上多张案发现场和受害者的图片作为补充，大篇幅的报道在论述案件的同时还透露了多名受害者受害的细节信息，显然这一新闻的过度呈现对受害者尤其是受害者家属带来了二次伤害。

新闻的真实性与人文性如同一个硬币的两个面，始终影响着新闻从业者的新闻报道。新闻真实性历来是新闻从业者追逐伦理价值和新闻报道的生命源，而人文关怀同时也是新闻报道不容忽视的伦理性原则。随着信息传播网络的宽泛和信息传播速率的激增，在一些敏感新闻的传播中，常常出现以追求新闻真实为由而过度曝光新闻细节和当事人信息的情形，对当事人造成二次伤害。

（五）有偿新闻

新闻报道应该以客观公正为主要原则，这是对媒体从业人员包括新媒体从业人员的基本要求。但是，随着新媒体的发展，媒体人员的素质变得参差不齐，一些新媒体从业人员以利益为目标，向当事人及相关部门收取报道费用，有些还出高价。与此同时，很多缺乏新闻价值的事情却由于从业人员收取了费用而被大肆报道，这对于新闻报道造成了很大的不良影响，极大地影响了新闻的客观性。很多时候，有偿新闻还伴随着虚假新闻。

2018年初，区块链突然间火了，仅仅1月份，行业内便涌现了50家以上区块链媒体。业内有多家区块链媒体打着"内容"旗号挂羊头卖狗肉，以新闻报道之名行内容交易之实，甚至报出10万元/篇的软文天价（点击量不到200），从事有偿新闻业务。而其价值竟是为虚拟货币品牌背书，让那些"韭菜"能看到就行。据报道，一些区块链头部媒体每月收入甚至是2000万元至3000万元。

（六）侵犯个人隐私权

在微信和微博等社交平台中，通常会有用户的个人基本信息及日常照片，但一些新媒体未经过当事人或其家属的同意就无限制地引用他人的个人信息、图片发表在新媒体平台上，或者是在对灾难性的新闻报道时，直接使用遇难者在微信中的个人信息以及图片进行发表，从而使遇难者的个人信息隐私权遭受到侵犯。

此外，还有一些新媒体未经授权收集个人信息并故意泄露信息。2019年4月，因存在违规违法收集个人信息问题，社保掌上通App被下架。据查，当用户通过该App查询个人社保信息时，用户信息会被同步发送至一家大数据公司的服务器。

2018年8月29日，中国消费者协会发布的《App个人信息泄露情况调查报告》显示，超八成受访者曾遭遇个人信息泄露。其中，经营者未经授权收集个人信息和故意泄露信息是造成消费者个人信息泄露的主要途径。

据统计，个人信息泄露后遭遇推销电话或短信骚扰的占比最高，高达86.5%，接到诈骗电话的占比为75.0%，收到垃圾邮件的占比为63.4%。而中消协发布的另一份报告则更是触目惊心，2018年11月28日，中消协发布《100款App个人信息收集与隐私政策测评报告》，在调查的100款App中多达91款存在过度收集用户个人信息。

（七）媒体审判

媒体具有议程设置的功能，其在进行信息传播时赋予各种议题不同程度的显著性，以此影响人们的判断。有的新媒体为了吸引大众注意,对社会热点事件中当事人的行为进行描述与评论,利用带有倾向性的话语煽动受众的情绪,使受众处于一种极其情绪化的舆论氛围中,并形成强大的社会舆论压力,对嫌疑人进行舆论审判和舆论压制,影响到法庭对案件的判断。有的媒体在案件还在审理阶段时,在报道中对于量刑进行渲染,甚至自行定罪,模糊了司法审判权和监督权的界限,导致受众对审判过程与量刑方法产生误解。

新媒体时代,媒介审判的案例屡屡发生,从"榆林产妇坠楼事件"到"李文星事件",再到"刺死辱母者事件"和"江歌案",媒介审判的案例比比皆是。

2016年11月3日是江歌案的案发日,事件伊始,媒体关注焦点仍在案件进展中,与警方调查路径基本一致,舆情也没有大幅涌现。四个月后,江歌母亲发起"为被害独女讨公道,单亲妈妈众筹赴日"线上活动。5月份,江歌母亲在社交平台发布《泣血的呐喊:刘鑫,江歌的冤魂喊你出来作证!》,曝光刘鑫及其父母亲的私人信息,希望借此使得刘鑫出面做证。文章发布两天后,刘鑫父亲与江歌母亲通话,准备起诉她侵犯隐私权。①

伴随着刘鑫"独女""单亲""闺蜜"等身份信息及"享受生活"的个人行踪的曝光,舆论的关注焦点从事件转向个人,对刘鑫的指责声成为主要内容。此外,大量报道中充斥着煽动的情感及细节描写,掩盖了案件的侦查进展,甚至掩盖了对凶手陈世峰的关注。舆论在此出现失焦。

11月中旬庭审前,在刘鑫及江歌母亲的访谈视频发布后,报道及舆论大多带着情感偏向出场,刘鑫被媒体解读为道德沦丧的形象。随后,自媒体掀起新的舆论狂潮,其中最典型的是"东七门"的文章《刘鑫,江歌带血的馄饨,好不好吃?》、"咪蒙"的文章《刘鑫江歌案:法律可以制裁凶手,但谁来制裁人性?》,舆论的焦点自此偏离对凶手的关注而设定在对刘鑫的道德评判上。

在庭审当天,一篇《刘鑫,你还是撒谎了!江歌案开庭揭露骇人真相》的文章发布后,短时间内阅读量突破10万+,文章以陈世峰方的庭上主张当作事实进行传播,以此评判刘鑫先前所述是否真实。事件的主要焦点集中在对刘鑫的声讨,在舆论中模糊了核心事实呈现。

以往的案例显示,舆论倒逼可以起到促进新闻事实解决的作用。但如何让这种舆论不失却理性与善意,让注意力真正汇入有利于事实解决的方向,需要媒体把握"舆论倒逼"与"舆论审判"之间的平衡。两者的区隔在于,是揭示与警示事实,还是极化与"强迫"判断。

(八)侵犯他人著作权

在新媒体时代,媒介平台种类和数量都越来越多,几乎每个人都能够使用网络自媒体技术发布信息。但是在信息发布的过程中,会出现未经许可擅自发布的情形,使得原作者的权益受到侵害。由于相关法规还不健全、网络侵权成本低、维权成本高等原因,网络侵权事件时有发生。

三、新媒体传播的媒介伦理建构

面对复杂多变的新媒体伦理问题,需要构建一个新媒体传播伦理系统,对此,我们需要制定相关法律法规,建立网络监管系统,加强行业自律,提高从业人员和媒介使用人员的综

---

① 《江歌案再牵公众神经:全民脑补时代,媒体如何引导失焦的注意力?》, https://mp.weixin.qq.com/s/n3vvmQtRlrUUgg1ZbZS2tQ。

合素质、开展社会监督等多方面努力。

(一) 制定相关法律法规

法律法规是较新闻伦理更有效的规范方式,正如马克思所言,没有法律与权利的支持,道德教育必然是软弱无力的。法治规范与伦理约束相辅相成,具有显性强制力的法律体系使伦理规范更容易贯彻执行,因此要规范媒介权力就需要建立明确的媒介法制规范体系。

总体来讲,我国政府在网络立法方面是比较积极的,21世纪以来,媒介法规建设开始从单一模式走向综合,网络媒介法规框架初显。

2000年,国务院出台了《互联网信息服务管理办法》。国务院的各部委也分别从各个领域对互联网的传播活动进行规范,如2002年颁布的《互联网出版管理暂行规定》;2004年发布了《中国互联网行业自律公约》,对新媒体伦理道德有一定指导;2004年公布实施《互联网站禁止传播淫秽、色情等不良信息自律规范》;2005年颁布了《互联网著作权行政保护办法》;2009年修订了《中国新闻工作者职业道德准则》;2011年颁布了《互联网文化管理暂行规定》;2016年正式出台《网络安全法》,施行《专网及定向传播视听节目服务管理规定》。

另外,涉及网络安全与行为规范的还包括《计算机信息网络国际联网安全保护管理办法》《互联网电子公告服务管理条例》《互联网站从事登载新闻业务管理暂行规定》《互联网新闻信息法务自律公约》《互联网搜索引擎服务商抵制淫秽、色情等违法和不良信息自律规范》等。

新媒体传播活动涉及政治、经济、文化等社会生活的各个方面,因此我国多种法律涉及网络传播的相关内容都对网络传播活动有规范效力。但面对日新月异的新媒体技术发展带来的新的媒介伦理问题,相关的法律条例仍然不够,而且还存在法律条例与实际情况错位及滞后的现象。

(二) 建立网络监管系统

与传统媒体相比,新媒体是一个匿名、开放的大环境,由于运营商的弱把关对新媒体信息发布者缺乏管束,信息的真实度无法辨识,消息来源与出处也难以考证,从而导致媒介伦理失范现象的盛行。用户在网络平台上随意发布消息和观点,甚至可能会出现不端的信息表达行为,比如随意谩骂、侮辱、毁谤他人,或者发布虚假信息。

网络实名制可以有效地减少这些问题的发生,用户将个人信息进行实名制注册后,会像在现实世界里一样,对自己发表的言论和传播的信息采取谨慎负责的态度。网络实名认证不仅有利于网络用户的自律,同时能对扰乱网络秩序、传播网络暴力、引发道德绑架的用户进行有效问责,做到有源可查。

网络实名制可施行台前匿名、后台实名的网络平台实名制认证的方案,网络用户只要不触及肆意散播舆论谣言,不在网络平台引发道德绑架等危害公众利益、违反国家法律法规的事,就不需担忧,否则将会受到监管。

需要注意的是,进行实名认证需要各媒体平台做好用户的隐私保护,不能因为技术漏洞或是管理漏洞而泄露了用户的身份等信息。近几年,世界范围内已经发生过多次大规模的用户信息泄露的事件。

同时,利用技术手段进行网络过滤和审查也是十分必要的。用户可以通过网络过滤软件过滤不良网站、拦截病毒和色情等不良内容,这需要杀毒软件平台不断地进行产品升级迭代。而通过建立新媒体网络信息监控管理系统,则可以追查网络谣言及不良信息的源头和传播路径,不仅能及时发现网络谣言,更能及时封堵网络谣言的传播。无论是专业媒体,还是自媒体,无论是"大V"、网红,还是普通的用户,所发布的内容都要经过监管系统的识别。对于不实的信息,政府相关部门要进行及时有效的辟谣,并及时查处散布虚假消息的平台。

(三)加强行业自律

马克思提出,道德的基础是人类精神的自律。同传统媒体一样,新媒体作为传播和建构社会价值观的一环,应该主动承担起社会的责任意识,加强行业自律,要通过对内部的管理及同行评价的力量对自身从业人员和组织进行监督。

2019年5月20日一早,天天快报、网易新闻、凤凰新闻、搜狐新闻、今日头条、UC浏览器等头部资讯类App就开始推送《新华社快讯:中美贸易战停火!止战!》这条"突发、重大"消息。但不久,这条消息就被发现是新华社2018年5月20日发的稿子。除了一点资讯、新浪等极少数资讯类平台外,其他头部资讯类App几乎全在推送、全军覆没。新华社当天上午发表声明:"对盗用新华社名义发布虚假新闻的行为,我们予以谴责,并保留依法追究其责任的权利。"

一点资讯高级顾问吴晨光接受自媒体"传媒茶话会"采访时表示:一方面是这些平台没有严格按照三审流程操作,另一方面也暴露出了这些平台贪功心切。编辑初审,主编复审,分管内容的副总编、总编辑终审再加上校对,严格的三审一校没有落实到位就会产生这样的问题。

2018年1月,一点资讯出台了《互联网新闻信息审核规范》。这是中国互联网行业第一本审核标准,超过1000个案例约35万字,对文字、图片、视频、跟帖等不同形态的内容把控均有详细描述。2019年1月,该规范新版出台,根据2018年全年出现的新情况,比如自媒体的严监管,又做了超过5万字的修订。正是这样严格的规范和自律,让一点资讯在这次传谣事件中幸免于难。

由此可见,行业自律对于新媒体的发展至关重要,有效的行业自律不仅能够提高新媒体自身的公信力、树立良好的社会形象,还有利于在行业内形成良好的道德氛围,从而促进新媒体行业的整体发展。

要进行新媒体行业自律,首先需要建立新媒体自律型组织,比如新媒体行业协会、新媒体仲裁评议组织等。这些行业组织对行业进行管理,对行业内新媒体进行专业监督和指导,可以避免外行管理的尴尬。这些行业组织有权要求行业成员和新进入行业者遵守行业规范,在运营时接受同行监督,必要时可以通过对行业成员的奖惩措施来履行自己的职责。

除此以外,新媒体行业自律还需要制定道德规范和行业规章制度,出台和规范信息生产流程和自我审查规范,在强调新媒体的社会责任的同时,也应该有明确、可行的奖惩办法。"进行新媒体行业自律还需要建立新媒体行业的自我评价机制。这包括开展媒介批评与监督,如开发专门的新媒体产品用以进行媒介批评或提供监督平台,以及建立新媒体新闻评议制度。新媒体新闻评议制度即建立民间自愿性的新闻行业道德评议组织,出版新闻职业道德评议刊物,开展日常性的新闻伦理道德评议活动,以及制定相应的新闻职业道德规范等。"①

---

① 周茂君:《新媒体概论》,西南师范大学出版社,2016年版。

（四）提高新媒体从业人员的综合素质

作为新媒体内容的生产者和传播者，新媒体从业人员的综合素质直接决定着能否成功地建构良好的新媒体伦理。

新媒体从业人员应该提高自己的专业水平，熟悉新闻法规和科学的生产流程，懂得新媒体的传播环境与传播特征，能够甄别网络信息的真伪，甚至可以洞察舆情走向，提升其在信息传播、信息获取、信息理解、信息批判、媒介使用和创造能力等方面的媒介素养。这样，在面对虚假、低俗不良信息时才不至于看不出来、发现不了，采编稿件时也不会因专业水平低而出现片面和虚假的问题。

要加强新媒体从业人员职业道德素养教育。与传统新闻媒体相比，新媒体的生产环境相对宽松，但依然要讲政治，注重道德修养，不能任意妄为。加强新媒体从业人员的道德素养，不仅要加强其社会责任意识的教育，树立健康的价值观，还要培养其职业认同感，重视职业声誉。

此外，在自媒体时代，受众是个特殊群体，作为信息传播过程中的重要一环，他们既是最大的信息接受群体，但也是信息制造群体，因此，他们既应该接受传播伦理的规范，也应该接受受众伦理的规范。既要向他们普及传播的基本特征与要求，又要明确地告知其相关的法规有哪些，还要引导其加强社会责任感，在面对谣言时，不盲目跟风，不信谣不传谣，不实施网络暴力。

政府部门要加强对受众的媒介伦理与法规的教育，对受众采用更加普遍易懂的宣传教育，而受众也应当主动响应，自觉承担起社会责任，努力提升自己的媒介素养。

（五）开展社会监督

新媒体传播是一个影响力巨大的社会信息系统，是一种制度化传播，应该将其纳入社会制度的监督、管理和疏导范畴。同时，政府监管和行业自律的力量是有限的，而社会监督的力量是无限的。新媒体时代信息传受者之间的关系发生了改变，以前的信息接收方现在也可以是信息的生产者和发布者。新媒体重新赋予了众多网民话语权，对新媒体进行社会监督的可行性便大大提高了。

目前，我们的社会监督还以社会重大公共事件为主，并且表现出了明显的积极效应，但新媒体环境下的社会监督具有一定的非理性特征，有时甚至会演化为网络谣言或网络暴力行为。所以，要形成良好的新媒体社会监督体系，需要提高网民的伦理道德水平以及媒介素养。

与对社会重大公共事件的监督相比，针对新媒体本身的监督却不多。一方面，网民对新媒体的社会监督的途径也不是很多；另一方面，网民监督媒体的意识还不是很强。有的媒体没有对外公布社会监督电话，公开的邮箱也不能及时回应。因此，新媒体本身应该自觉地接受社会监督，要为社会监督提供便利、及时、有效的监督途径，并且及时对社会监督的结果做出积极的回应。

案例：《一个出身寒门的状元之死》引发的咪蒙系垮塌

（资料来源　参考《一个出身寒门的自媒体人之"死"》，查询时间 2020 年 11

月,https://mp.weixin.qq.com/s/CZ69-s8Paf5miDhbUwPSuQcha)

2019年2月21日,有着1400万粉丝的微信公众号"咪蒙"自主注销,其旗下"才华有限青年"公众号也一同注销,同时头条号、凤凰网等多家互联网平台宣布对咪蒙进行封禁。

事情的导火索是一篇辩称是"非虚构写作"的爆款文章。2019年1月29日,咪蒙矩阵公众号旗下的"才华有限青年"公众号推送文章《一个出身寒门的状元之死》。文章对热点的关注引发了受众的共鸣,从而在网络上被疯狂转发热议,阅读量迅速达到10万+。而在随后,这篇文章即被虎嗅等媒体发现有诸多漏洞,其中一些情节涉嫌造假,事后作者辩解文章为"非虚构写作",但社会各界显然并不认可这一说法,微信公众号等平台和有关部门迅速发声批评,不仅针对故意造假的"才华有线青年",还包括一向以毒鸡汤博取流量的咪蒙。

1月30日下午,人民日报公众号发文回应。1月31日,江苏省公安厅网络安全保卫总队官方微博曾@"江苏网警"发帖:致@咪蒙,对你来说爱国只是一场"生意"。2019年2月1日,人民日报微博发文《自媒体不能搞成精神传销》,反对毒鸡汤。同日,咪蒙团队发布道歉信,并决定即日起"咪蒙"公众号停更两个月,"咪蒙"微博永久关停。2019年2月21日,"咪蒙"及旗下"才华有限青年"公众号注销,同时头条号、凤凰网等多家互联网平台宣布对咪蒙进行封禁。

【人民微评:自媒体不能搞成精神传销】咪蒙发道歉信,避实就虚,避重就轻,暴露出一贯的擦边球思维。当文字商人没错,但不能尽熬有毒鸡汤;不是打鸡血就是洒狗血,热衷精神传销,操纵大众情绪,尤为可鄙。若不锚定健康的价值坐标,道歉就是暂避风头,"承担起相应的社会责任"就变成一地鸡毛。

咪蒙,真名马凌,2015年初到北京创业,同年9月15日,正式注册公众号"咪蒙",因推送第一篇文章《女友对你作?你应该谢天谢地,因为她爱你》而一炮打响。2个月后,公众号粉丝涨到40万;5个月,粉丝达200万,一周年的时候粉丝数突破600万。其中发布于2015年底的爆款文章阅读量超过360万,吸粉逾20万,爆款文章几乎每一篇都有百万阅读量。

其旗下最主要的微信公众号是"咪蒙",2016年10月,咪蒙公众号头条广告报价就达到了45万元。到了2018年,广告更是创出了新高,软文价格为头条75万元一条,二条软文38万元一条,栏目冠名25万元一条,底部banner则为10万至15万元不等。报价表中的介绍显示,头条10分钟内即可突破10万+,1小时内反馈留言可达上万条,是广告率转化最高的微信公众号。

其实《一个出身寒门的状元之死》只是一个导火索,咪蒙已经制造了一场不可调和的矛盾。一直以来,咪蒙以标题的迷惑性和言论的煽动性著称,伪女权言论泛

声明：凤凰网永久关闭"咪蒙""才华有限青年"等账号

大风号
2019/02/21 12:55

凤凰网坚决落实主体责任，坚决落实自媒体相关管理规定，自觉抵制虚假营销的账号，坚决抵制虚假信息，抵制无污不成文的文化、丧文化，抵制毒鸡汤，反对贩卖焦虑，坚决打击骗取流量的行为，要让严重影响社会稳定、人为撕裂社会的行为，付出惨痛的代价。

凤凰网从源头治理，立即关闭"才华有限青年"和"咪蒙"的大风号，停止其在本平台上的一切活动，全部关闭，不得转世。并在内容审查上严格把关，严格审核，牢牢守住秩序红线，严禁任何虚假、低俗内容越线一步，同时还要加强监

头条号平台关于打击发布虚假内容、传播不良文化的公告

头条号管理员
1小时前·头条号平台管理官方账号

经用户举报和平台监测发现，部分账号存在发布虚假内容，传播污文化、丧文化，贩卖焦虑情绪、骗取流量的行为。头条号平台切实履行主体责任，根据相关政策法规和平台规定，对@才华有限青年 @咪蒙 @偏不及腰 @手捧芦竹 @爱余生还未够 等帐号进行了封禁处理。

头条号平台鼓励创作者积极传播正能量，弘扬社会主义核心价值观，严厉打击发布虚假内容的行为。平台将进一步加强头条号帐号管理、内容管理，建设更加健康、优质、有益、多元的网络生态。

滥，过度贩卖焦虑，不断拉低行业底线。现在社会流行快娱乐，一些煽动性的、迎合部分读者或者贩卖标题恶意杜撰中伤的文章自然吸引眼球。单纯为了流量，为了吸引粉丝，为了变现而不断挑战行业红线，为咪蒙的自我毁灭埋下严重的伏笔。刻意为了流量变现而写文章，突破媒介伦理的底线，咪蒙终于走上了不归路。

2019年4月，曾在咪蒙公司实习的易岚在公号"今夜九零后"上发表的猜测性文章《那个17岁的上海少年决定跳桥自杀》引起很大争议，文章最终被删，5月7日，公众号被封。

第二节 新媒体版权

随着网络通信技术和计算机技术的发展，新媒体行业发展越来越快，新媒体内容也越来越多、越来越丰富，在版权意识越来越强的当下，新媒体的版权越来越多地受到人们的重视。但由于新媒体版权的特殊性，新媒体版权侵权纠纷更为常见。如何保护版权所有者的利益和广大用户的利益，需要相关法规与时俱进。

一、新媒体版权的定义和特点

2020年11月11日，《全国人民代表大会常务委员会关于修改〈中华人民共和国著作权法〉的决定》已由中华人民共和国第十三届全国人民代表大会常务委员会第二十三次会议审议通过，自2021年6月1日起施行，这是我国第三次修正《著作权法》。

依据《著作权法》第十条的规定，著作权包括发表权、署名权、修改权、保护作品完整权、

复制权、发行权、出租权、展览权、表演权、放映权、广播权、信息网络传播权、摄制权、改编权、翻译权、汇编权,及应当由著作权人享有的其他权利。新媒体是基于互联网上发表的作品,因此其著作权也与《著作权法》所规定内容是一致的。

(一)新媒体版权的定义

新媒体是一个相对的概念,是相对于报刊、广播、电视、网络等传统媒体而言的,被称为"第五媒体",利用数字技术、网络技术、通信技术,通过互联网、无线通信网、有线网络等渠道,以及电脑、手机、数字电视机等终端,向用户提供信息和娱乐的传播形态,包括数字杂志、数字报纸、数字广播、数字电视、数字电影、触摸媒体、移动电视、桌面视窗等。目前,以手机终端上的各种数字媒体应用最为常见。

新媒体版权是基于这些新媒体终端上传播的内容而言的,包括文字内容、图片内容、视频内容、创意内容等若干方面。

(二)不同领域的新媒体版权

新媒体版权包括多种形态的作品的版权,主要体现在文字、图片、音乐、视频、电子书等多方面,现就这些主要形态作品的版权进行分析。

1. 文字

文字是信息传播中最常用的手段,新媒体在以文字为主的信息传播中,既会出现普通的非新闻性稿件,比如诗歌、小说等,也会出现深度调查报道等非时事新闻性的稿件。这些文字稿件均具有版权,使用者需要经过授权才能使用。此外,字体设计的版权问题也不容忽视。

2. 图片

无论是独家拍摄的照片,还是自行绘制的图画和创意图片,抑或创意制作的表情包,这些图片都具有著作权。新媒体在使用时图片时,需要仔细判断图片是否受版权保护,否则稍有不慎就会引来某些专业图片公司的高额索赔。

3. 音频

音频的数字版权保护起步较早,2003年4月28日,苹果公司就开通了网上付费音乐下载项目iTunes。如今,百度、网易云音乐、虾米音乐等音乐平台中收纳了大量的版权音乐作品,其中一些供用户免费下载,还有很大比例的需要付费下载。此外,有声书等音频作品也是受版权保护的。

4. 视频

视频信息已成为互联网用户钟爱的一种信息形式,尤其是短视频。我们常见的视频播放平台包括腾讯视频、抖音、快手等。同传统的视频作品一样,数字视频作品也有版权。我们常见的视频作品一种是机构单位生产的,一种是用户生产的,无论生产者是谁,数字视频作品都是受版权保护的。

5. 电子书

电子书是书籍作品的数字化表现形式,同纸质书籍一样拥有版权,它以电子版的方式在网上出版发行,读者可以在如当当网、微信读书等App平台上购买,可以通过手机、电脑等各种终端在线或下载阅读。

(三)新媒体版权的特点

新媒体版权在法律意义上仍然属于著作权的基本范畴,但由于互联网新媒体的特征,其版权也具有一些不同于传统媒体版权的特征,正是这些特征导致互联网新媒体版权保护问题探讨。

1. 数字化存储和传播,便于检索和复制

依托于数字技术,新媒体内容数字化保存,在搜索引擎越来越智能化的情况下,检索越来越便捷,以前只能以关键词来搜索,现在可以按图片搜索,还可以语音搜索。同时,由于新媒体内容的数字化传播和存储,在没有特殊手段加密的情况下,内容很容易被复制,即便不被复制,在海量的信息和便捷的检索加持下,人们获得信息也更为方便,保存更为便捷。

2. 版权形式多样化,作品数量庞大

随着网络通信技术的发展,新媒体种类越来越多,新媒体版权不仅涵盖了电脑网页和客户端,还涉及移动客户端、电视盒子等诸多领域。形式上不仅有文字、图片,还包括音视频、字体设计等。

3. 传播速度快,交互性强

基于新媒体的作品,一经发布即可快速传播,作品的使用不受时间地点的限制,版权侵权也更难以控制,危害也更大。另外,一个人既可以是作品的发布者,也可以是传播者和使用者,版权作品与受众的交互性特别强。

这些特点使得新媒体成为信息传播的重要阵地,同时也给版权保护带来新的巨大挑战。

二、新媒体版权侵权

(一)新媒体版权侵权的定义

所谓新媒体版权侵权是指新媒体在内容生产过程中,未经权利人授权和许可的情况下,通过照搬、删减、改编等方式,部分使用甚至全部使用权利人文字、图片、视频等作品中的素材、事实、观点和创意,侵犯权利人著作权的行为。新媒体版权侵权具有隐蔽性、广泛性、多样性的特点。相对于传统的侵权行为,新媒体传播中侵权行为有与之相似之处,但类型更加多样,主要类型包括典型侵权、争议侵权、实质性非侵权。其中,典型侵权是一种常见的侵权行为,它包括直接侵权和间接侵权。在技术的推动下,上传、分享行为的门槛越来越低,一部分服务者或机构在没有经过版权人或者邻接权人的允许,就将有关作品上传至相应服务器平台上,并在一定用户范围内传播并造成了影响,从而侵害了版权人或者邻接权人的合法权益。

(二)新媒体著作权侵权的类型

新媒体时代内容侵权形式多样,主要分为文字侵权、图片侵权、音视频侵权几大类型。

1. 文字侵权

文字侵权是自媒体侵权形式中最常见的一种,主要指未经作者授权同意就擅自修改、删减、改编其文字作品。文字侵权的表现形式多种多样,既包括"拿来主义"的直接复制粘贴,也包括"博采众长"的杂糅式拼接,还包括"道貌岸然"的整容式篡改。前两种侵权特点明显,很容易辨析,最后一种侵权方式比较隐晦,很难判定。

(1)直接复制。

明目张胆直接拿别人的文章,大部分是原作者的内容,有的甚至还抢先标注原创,让原作者错过传播时机。

(2) 杂糅式拼接。

这种混合式抄袭,以抄袭核心事实为主,杂糅综合多家信息来源的稿件,各选取一部分进行"整合",在行文的表现形式上"下工夫",稿子信息量大,甚至能面面俱到。

(3) 整容式篡改。

这种侵权比较隐晦,让人难以辨识,属于高段位抄袭,主要以抄袭他人观点为主,并且将原文以新的语言和逻辑关系进行呈现,虽然与原文不一样,但实质还是一样的。

这种篡改以"洗稿"为代表。洗稿,实质上也是抄袭。自媒体洗稿分为人工洗稿和机器洗稿,随着"洗稿"产业壮大,大量技术被运用到洗稿的过程中,甚至在网上就可以买到洗稿的软件工具,这些软件工具能够根据关键词采集爆文,实现"一键伪原创"。其中,一些技术性手段,如万能文章采集器、爆文采集等软件,都为机器洗稿提供了便利。通过万能文章采集器,用户只需要进行关键词输入,并选择一定的搜索范围,系统就会自动收集相应的热门文章,形成专门的资料库,通过软件进行批量转译后,搜集到的热门文章就会被"洗"出来。这类行为在判定侵权上相对困难,需要更为细致地调查取证和判断。

关于公众号抄袭洗稿的纠纷屡见不鲜,比如,2019 年 4 月 8 日,"腰线"发表文章《新浪财经,你就这么欺负一个原创作者吗?》,怒斥新浪财经未经授权擅自搬运文章至旗下 App 和微博;2019 年 1 月 16 日晚,"当时我就震惊了"发布文章称 HUGO 1 月 15 日发布的文章《抖音就是这么变 low 的》抄袭其 2018 年 12 月 24 日发布的同名文章;2018 年 6 月,"摇铃铛"怒斥公众号"故见"洗稿且拒不认错;2018 年 1 月,自媒体大 V"六神磊磊"怒怼"周冲的影像声色"洗稿抄袭。

2. 图片侵权

随着视觉媒体的不断发展,这种图片侵权行为越来越多。根据北京市海淀区法院的统计,从 2015 年到 2017 年,关于图片侵权的案件增长在短短两年时间内翻了 3 倍。但实际上,在实践过程中,对于图片侵权的关注度较弱,版权保护意识不够强,图片版权保护的地位也比较尴尬,甚至在最新的互联网版权报告中,关于图片版权保护的问题都没有被专门提出,而互联网图片无论在使用量还是使用频率上看,都应该是一个值得重点讨论的问题。

这种情况也导致图片侵权现象仅次于文字侵权,目前上千万的微信公众平台在互联网图片使用上,存在大量侵权风险,盗版情况突出。因此,对图片无意识、不规范使用侵权,以及对图片版权不够重视,成为图片侵权现象频发的重要因素。

2016 年 3 月 14 日,岳阳一个楼盘公众号擅自使用岳阳市摄协部分会员的摄影作品,既未支付稿酬,又未署名作者,被原作者起诉。经协商,最后以该公众号主体公司支付 2 万元赔偿结束;2017 年 2 月,某公众号被视觉中国以侵权了 1000 张图片为由,共索赔 100 万元,经过庭外协商后公众号赔偿 20 万元;2018 年 1 月 31 日,一公众号转载网络文章被"黑猫警长"版权方上海美术电影制片厂索赔 10 万元;2019 年 1 月 30 日,公众号"慢*房"发文称因使用未授权摄影作品,被北京一家图片公司告上法庭,一张图片要价 5000 元。

3. 音视频侵权

音视频领域的版权侵权十分常见,2019 年初,《流浪地球》等影片刚上映不久就遭侵权盗版,画面清晰的盗版影片通过网站和社群迅速传播,给片方带来巨大损失。4 月 29 日,公安部在江苏扬州召开新闻发布会,通报公安部部署开展打击春节档电影侵权盗版违法犯罪活动,成功侦办"2·15"系列专案工作情况。"2·15"系列专案工作各地公安机关共侦破影视侵权盗版案件25起,抓获犯罪嫌疑人251人,打掉盗版影视网站361个、涉案App 57个,查缴用于制作高清盗版影片的放映服务器7台、设备1.4万件,涉案金额2.3亿元。

在音频方面,版权侵权案例也不少见。2018年3月20日,作家曾鹏宇表示,其发现喜马拉雅FM在没有得到自身授权的情况下,擅自上传自己的作品《世上有颗后悔药》,并对其进行有声书创作,允许用户免费下载和打赏,但并没有与自己实现收益分成,严重损害了自己的著作权益。

随着短视频等平台的不断发展,视频侵权行为越来越凸显,如针对用户上传的原创视频,不经过用户授权,擅自改编剪辑传播的行为,都属于内容侵权行为。

(三)新媒体版权两个原则的争议与平衡

我国对知识产权的保护起步较晚,发展还不够完善,现有的《信息网络传播权保护条例》和《著作权法》在具体案例的使用中常常出现争议,这主要源于避风港原则和红旗原则。

1. 避风港原则

避风港原则是指在发生著作权侵权案件时,在ISP(网络服务提供商)只提供空间服务,并不制作网页内容的情况下,如果ISP被告知侵权,则有删除的义务,否则就被视为侵权。如果侵权内容既不在ISP的服务器上存储,又没有被告知哪些内容应该删除,则ISP不承担侵权责任。后来避风港原则也被应用在搜索引擎、网络存储、在线图书馆等方面。

避风港原则最早出现在美国1998年的《数字前面版权法案》中,主要是为了互联网行业的发展,减少网络空间提供型、搜索链接型互联网企业的经营成本,从而刺激了这些互联网企业的发展壮大。

我国的互联网企业在20世纪末处于发展壮大的关键时期,当时的《著作权法》也面临着大修。2001年中国《著作权法》进行了修订,引入了避风港原则。中国对避风港原则的借鉴,主要体现在2006年7月1日实行的《信息网络传播权保护条例》的相关条款中,该条例分别针对网络服务提供商能够享受的避风港待遇及免责条件做出了规定。这些网络服务提供商包括网络自动接入或传输服务提供者、网络自动存储服务提供者、信息存储空间出租服务提供者、搜索引擎服务提供者等。但随着互联网行业的发展,此原则的适用标准已显陈旧,相关法规亟待修改。

2. 红旗原则

作为避风港原则的例外,红旗原则侧重于保护著作权人的利益。红旗原则是指,如果侵犯著作权(主要是信息网络传播权)的事实是显而易见的,就像是红旗一样飘扬,网络服务提供者就不能装作看不见,或以不知道侵权的理由来推脱责任,在这样的情况下,如果网络服务提供者不移除侵权信息,就算是著作权人没有发出过通知,也应该认定网络服务提供者知道第三方是侵权的,应该承担相应的法律责任。

中国对红旗原则有以下相应的规定:

2000年公布的《最高人民法院关于审理计算机网络著作权案件适用法律若干问题的解释》第五条规定:提供内容服务的网络服务提供者,明知网络用户通过网络实施侵犯他人著作权的行为,则要承担共同侵权责任。2006年《最高人民法院关于审理计算机网络著作权案件适用法律若干问题的解释》没有变更这个规定。

2006年公布的《信息网络传播权保护条例》第二十三条规定:明知或应知所链接的作品、表演、录音录像制品侵权的,应当承担共同侵权责任。

目前来看,红旗原则的规定过于空洞,主要内容是对网络服务提供者主观要件的规定,缺乏对行为人行为的规定,在具体的司法实践中容易发生争议,不利于使用,不利于对版权人权利的保护。

3. 避风港原则和红旗原则的平衡

表面上看,作为免责条款的避风港原则和红旗原则保护了网络服务提供商和著作权人的合法权利,实质上体现了背后三方利益主体,即网络服务提供商、著作权人以及接受中介服务的用户之间的利益平衡。

第一,对于网络服务提供商来说,避风港原则免除了其对海量信息的审查义务,将网络服务提供商从准司法机构角色中解脱出来,使其将更多的精力放在网络技术的改进上,以便为社会公众提供更好的服务,促进文化科学艺术的传播和科学技术的进步。

第二,保护著作权人的权利,以达到激励其进行文学、艺术和科学技术创作的目的,使人类普遍享有更高层次的精神财富。

第三,以上二者科学配合,让更大范围的公众能够更便利地对创作成果进行学习和鉴赏,整体促进文化的繁荣和社会的发展进步,这其实也就是避风港原则和红旗原则的本质所在。

(四)新媒体版权的合理使用与侵权

在版权领域,版权人的利益与大众利益之间总是存在着紧张的关系:一方面,大众需要接触到创造性的成果;另一方面,版权人需要获得创作的动力。这种紧张的关系几乎存在于所有国家的版权制度之中,为了协调这种相互冲突的利益关系,传统版权法采取了一种合理使用以及首次销售的原则,使大众能够在接触版权作品的同时为版权人提供有限度的保护。合理使用是指在不会有损于作品拥有者的经济利益的条件下,促进大众对作品的使用,维护大众利益而允许用户以任何形式对作品的部分内容进行摘录、复制或备份,包括用于研究、个人学习、媒体报道、评论和教学等。合理使用原则在版权人的利益和大众利益之间找到了平衡点,在兼顾版权人利益的同时又鼓励了创新。

然而,合理使用所涉及的大众利益与版权人的利益在新媒体时代演变成为一种强烈的利益冲突。互联网上越来越多的信息中夹杂着大量受到著作权保护的作品,便捷的数字化形态使得侵权的范围和强度前所未有地增强,盗版和非法使用严重影响到作者和著作权人的利益。在新媒体环境下,个人使用行为的范围难以判断,实践中产生的争议和分歧也很多,因此对于合理使用既定规则的重新认识才是解决合理使用与侵权之间平衡的关键。

三、新媒体版权保护的发展趋势

(一)新媒体版权保护发展现状

在新媒体的快速发展历程中,我国政府也十分关注版权保护的问题,目前已初步形成了较为完善的版权保护体系。除了《著作权法》,还采用行政法规的方式对其加以保护,并尽力使国内的立法框架与国际接轨,特别是与《世界版权公约》和《世界知识产权组织表演和录音制品条约》接轨。同时通过法律规范版权行政部门的执法依据,将执法行为法定化。另外,技术保护措施也是新媒体版权保护的有效措施之一。即便如此,在新媒体快速发展、版权新问题层出不穷的现实面前,中国的新媒体版权保护仍显不足。

1. 法规对侵权的界定不统一

为更好地保护版权,版权相关法规应有其一致性,但目前法规对侵权的界定还存在不统一的地方。比如,按照《著作权法》第五十三条规定,如有该条列举的侵权行为,同时损害公共利益的,主管著作权的部门才有权对其依法行政。其中一项是未经著作权人或者与著作权有关的权利人许可,故意避开或者破坏技术措施的,故意制造、进口或者向他人提供主要用于避开、破坏技术措施的装置或者部件的,或者故意为他人避开或者破坏技术措施提供技术服务的,法律、行政法规另有规定的除外。

而《信息网络传播权保护条例》第十九条则规定:违反本条例规定,有下列行为之一的,由著作权行政管理部门予以警告,没收违法所得,没收主要用于避开、破坏技术措施的装置或者部件;情节严重的,可以没收主要用于提供网络服务的计算机等设备;非法经营额5万元以上的,可处非法经营额1倍以上5倍以下的罚款;没有非法经营额或者非法经营额5万元以下的,根据情节轻重,可处25万元以下的罚款;构成犯罪的,依法追究刑事责任。其中第一项规定就是故意制造、进口或者向他人提供主要用于避开、破坏技术措施的装置或者部件,或者故意为他人避开或者破坏技术措施提供技术服务的。其中涉及的侵权行为,并没有规定是否涉及公共利益,版权行政管理部门也可以对其进行行政处罚,这一点与前面的规定不统一,会影响版权行政管理部门依法行政。

2. 媒体自律问题

21世纪以来,国内的新媒体行业一直在进行行业自律,成立了多个组织,也签订了多个自律公约。比如:

2005年1月,由80余家互联网企业组成的互联网协会网络版权联盟签订了《中国互联网网络版权自律公约》;

2010年1月,由新华网等101家网站组成的互联网版权工作委员会签订了《中国互联网行业自律宣言》;

2013年2月,由搜狐、腾讯等24家媒体组成的网络版权维权联盟签订了《中国互联网协会网络版权维权联盟自律公约》;

2014年2月,由人民网、新华网、央视网、中国移动、中国联通、中国电信组成的手机移动互联产业联盟签订了《中国手机媒体移动互联网信息安全和版权自律行业公约》;

2014年4月,由氧气听书、浙江电子音像出版社等单位联合全国听书作品版权各方权利人以及广大听书作品作者和播音者,发起建立国内首个"中国听书作品反盗版联盟",向音频盗版侵权行为宣战,推进听书行业的正版化进程;

2014年8月,9家中央级媒体组成了新媒体版权联盟。

……

可以看出,对于新媒体版权保护的重要性,新媒体行业已经达成共识,但这些自律公约大多流于形式,内容多是口号式的倡议,没有法律效力,不能形成实质性的约束。而且,成立的这些联盟大都是松散的社会组织,缺乏有效的监督机制,即便有成员违反公约,也难以对其进行惩戒。

(二)新媒体版权保护发展趋势

伴随新媒体行业的快速发展,侵犯版权问题层出不穷,既有传统媒体与新媒体之间的版权纠纷,又有新媒体之间的版权纠纷,还有媒体组织与公民个人之间的版权纠纷,日益复杂的新媒体版权问题受到社会各界的关注越来越多。如何做好新媒体的版权保护和侵权认定，需要中国完善法律保护措施、加强行业自律，并善于利用技术的手段。

1. 完善法律保护措施

对于普遍存在的问题，通过法律解决是最公正的办法。要解决新媒体版权保护中存在的问题，完善法律保护措施尤为关键。近年来，对于版权保护问题，中国先后通过修订国家基本法、颁布新的司法解释等，形成一整套法制体系：

2004年颁布《最高人民法院、最高人民检察院关于办理侵犯知识产权刑事案件具体应用法律若干问题的解释》，将"在线盗版"明确定性为新型犯罪；2005年颁布《互联网著作权行政保护办法》；2006年颁布《信息网络传播权保护条例》，并于2013年1月修订，定义了信息网络传播权、技术措施、权利管理电子信息等内容；2009年颁布《著作权行政处罚实施办法》；2010年颁布《著作权法》，并分别于2001年10月、2010年2月、2020年11月修订，对信息网络传播权做了界定，解决了网络版权保护的初步问题；2012年颁布《最高人民法院关于审理侵害信息网络传播权民事纠纷案件适用法律若干问题的规定》，明确了"网络用户、网络服务提供者未经权利人许可，通过信息网络提供权利人享有信息网络传播权的作品、表演、录音录像制品，除法律、行政法规另有规定外，将构成侵害信息网络传播权行为"等。

以上这些新媒体版权相关法律确实为中国新媒体版权保护提供了很大的帮助，然而，随着新媒体的快速发展，版权新问题层出不穷，虽然《著作权法》已第四次修正，完善了网络空间著作权保护的有关规定，特别是大幅提高侵权法定赔偿额上限和明确惩罚性赔偿原则等，但在具体实践中还需要与其他相关法规进行统一和完善，使数字媒体版权的保护更加规范、明确，以促进中国数字媒体产业的快速发展。

2. 加强行业自律

加强行业自律，建立内部版权保护机制，通过专业方式和机构进行反盗版行为也是新媒体进行版权保护的重要措施之一。近年来，越来越多的媒体人将关注的目光都投向新媒体版权保护，也不断有多家媒体合作形成各种联盟或协会，来主动进行反盗版活动，以维护自身的版权利益。

北京奥运会赛事转播的"零盗版"，就是一个行业自律的经典案例。2008年，北京奥运会，包括人民网、新华网等在内的100余家行业单位通过签署"奥运新媒体版权保护北京宣言"向社会承诺：以新媒体转播本届奥运赛事需提前以合法途径获得相关授权和许可；自觉抵制侵权盗版行为；高度尊重奥运会权利人以及持权转播商机构的权益；共同把奥运版权保护作为奥运会传播业务的重要组成部分；自觉接受政府主管部门和社会各界监督。央视网更是与上海文广、搜狐、新浪、腾讯等9家互联网企业结成了联盟，联合组建了"奥运新媒体版权保护行动小组"。该行动小组在奥运会期间建立24小时全网监控平台，设立24小时举报热线，在各自网站上开辟"曝光台"，每天向公众公布盗版网站名单以及处罚结果。根据小组成员单位签署的"奥运新媒体版权保护联盟反盗版行动计划（执行方案）"，在奥运期间，各单位采取了切实有效的技术手段，彻底清除视频盗链行为，不以视频连接、嵌套页面、嵌套播放器等任何技术手段为其他非授权网站提供奥运授权内容，并在商业开发方面杜绝一切隐性营销行为；各单位都把搜索引擎链接全部指向了拥有奥运赛事正版内容的网站。而这一系列行为也证明了它的成功，北京奥运会实现了"零盗版"。

但此类案例极为少见，大多情况下，新媒体的版权自律联盟无所作为，它们各自分散，并没有形成一个完整统一的团体,而且大多只是号召和倡议,并没有过多的具体措施,这导致这些联盟并没有真正取得实质性的效果。

北京奥运会"零盗版"的案例说明,与其组成多个联盟打击盗版,不如建立一个政府主导的,多数新媒体参与的,权威性强、影响力大、范围面广的集团联盟,由专业的人员组成评定委员会,并且制定详细的版权保护自律细则。另外,有专业人士建议,这种新的联盟可以设置押金制度,押金作为版权侵权的预先赔付基金,一旦有认定的侵权发生即进行赔付。

3. 善于利用技术

除了法律措施,技术手段也是版权保护的重要手段,许多著作权人开始在图片、影视作品上采取各种技术手段保护自己的权利。中国新媒体版权保护方面的技术措施主要是对访问用户采取限制措施、信息加密等,此外还有数字水印技术、数字版权保护技术(DRM)、影视基因技术等。

近几年,区块链技术受到越来越多的人关注,区块链是分布式数据存储、点对点传输、共识机制、加密算法等计算机技术的新型应用模式。由于其信息不可篡改的特点,在版权保护方面,亦可大有作为。中央电视台、百度智能云等机构已经开始使用区块链技术进行版权保护了。

技术措施可以有效地防止作品被非法复制、传播和利用,但技术也不是万能的,有些版权并不能通过技术来实现保护,而且由于技术发展速度越来越快,再先进的版权保护技术措施也可能被更先进的技术规避措施所突破。所以,版权的保护还需要多种手段共同出力。

案例:"爱奇艺"起诉"字节跳动"侵害作品信息网络传播权

(来源 全文详见中国裁判文书网,《北京知识产权法院民事判决书(2019)京民终 1012 号》,查询时间 2020 年 11 月,https://wenshu.court.gov.cn/website/wenshu/181107ANFZ0BXSK4/index.html? docId=7e5f264c31e54af3b671ab1b0040baf0)

2018 年 7 月 12 日,爱奇艺起诉北京字节跳动科技有限公司(今日头条)侵权播放《老九门》一案宣判,判定原告享有涉案剧集的信息网络传播权以及维权权利,被告构成帮助侵权,赔偿原告 6 万元。

据判决书显示,原告北京爱奇艺科技有限公司提出诉讼请求:被告赔偿原告经济损失 100 万元。事实和理由是:原告享有电视剧《老九门》的独占性信息网络传播权,并有权依法提起维权诉讼。被告是网站 www.toutiao.com 及今日头条软件的所有者和运营者,通过其运营的今日头条安卓平板电脑客户端(原告表示以安卓端为代表起诉,其他端口不主张,但是被告的其他端口也同样播放了涉案剧)多次播出涉案剧集,且在收到原告多次通知后,仍未停止侵权,放任侵权行为的持续和损失的扩大,侵害了原告的合法权益。涉案剧是热播影视作品,被告未经授权擅自播出的行为,侵害了原告的信息网络传播权。

被告北京字节跳动科技有限公司辩称:今日头条系新闻平台,只提供存储服务。涉案剧由用户自行上传至其头条账户,被告未进行加工,不应承担侵权责任。头条号的运营设置了事前提示和投诉通道,在用户协议中进行明确警示,不得有侵犯第三方合法权益的行为,用户上传的内容如发生侵权,应自行承担全部法律责任。被告作为信息存储空间的提供者,受通知-删除规则保护,在2016年12月1日收到原告投诉邮件,当日删除了涉案视频,并对两个发布者进行了封禁、扣分和禁言处罚。被告未发布内容,未实施侵权行为,尽到合理注意义务和管理义务,不同意原告的全部诉讼请求。

北京市海淀区人民法院认为,原告享有涉案剧集的信息网络传播权以及维权权利。被告经营的平台和软件程序虽然在运营方式上为提供信息存储空间服务,亦有用户注册时提供的相关资讯,但被告作为网络服务提供者应尽到相应的审查义务,如有明知或者应知侵权而未采取删除、屏蔽、断开链接等必要措施的情况,则构成帮助侵权。

涉案剧曾由国家版权局发布预警通知,被告应给予更高的注意,通过对关键词的搜索等方式注意并防止用户侵权上传剧集内容。涉案上传内容直接使用了剧集名称,并有"福利""抢先看"等内容,侵权信息明显,通过关键词搜索很容易被发现并阻止上传;上传人的注册信息为个人,一般情形下个人无此能力获得剧集版权并通过互联网传播,平台应对此内容的侵权有合理预见的能力;从用户评论的时间可以看出上传时间在预警通知后的三个月以内,该时间段为涉案剧集的播放后期,是被告接到预警后应给予特别注意的热播期。因此,被告对涉案侵权行为应当知晓,并通过正常的审核程序予以阻止。但被告未尽到合理的注意义务,未采取预防侵权的合理措施,使涉案部分剧集在热播期通过其平台进行了传播,并达到一定数量。被告的行为存在主观过错,构成帮助侵权,应承担侵权的法律责任。

关于赔偿数额,原告所诉较高。涉案剧是具有较高影响力的热播剧,被告因此获得数万次点击量,并使原告减少了应获得的点击量和相应的广告收益。但原告公证书中能够显示的内容为4集,不足整部剧的十分之一。用户评论具有一定的参考性,但其中多有表示希望多放几集,并称在被告平台"看完了"涉案剧,该表述也可理解为在该平台收看最后几集和大结局内容,并非如原告所称必然包含剧集的全部内容,故本案确定赔偿数额仅限于此。原告所诉金额过高,其应自行承担部分案件受理费。

法院判决:被告北京字节跳动科技有限公司赔偿原告北京爱奇艺科技有限公司经济损失6万元(本判决生效后十日内给付);驳回原告北京爱奇艺科技有限公司的其他诉讼请求。

之后爱奇艺公司与北京字节跳动科技有限公司(以下简称字节跳动公司)因侵害作品信息网络传播权纠纷一案,不服北京市海淀区人民法院(以下简称一审法院)作出的(2017)京0108民初24103号民事判决(以下简称一审判决),向北京市知识产权法院提起上诉。北京市知识产权法院受理后,依法组成合议庭进行了审理。爱奇艺公司的委托诉讼代理人李雪松、李真,字节跳动公司的委托诉讼代理人沈飞到本院接受了询问。本案现已审理终结。

爱奇艺公司上诉请求:依法撤销一审判决,改判字节跳动公司赔偿爱奇艺公司经济损失100万元。事实与理由:①一审判决认定字节跳动公司仅仅提供4集涉案视频的播出与事实不符,公证书中公证的用户评论,在本案的功能属于"证人证言",证人证言可以佐证字节跳动公司提供了涉案作品的完整播出服务。②一审判决判赔金额明显过低。涉案视频是当年度最热门的作品之一,平均每一集作品的价格接近350万元;国家版权局在事前发布了预警通知,并且字节跳动公司的侵权行为发生在涉案视频的热播期内。

字节跳动公司上诉请求:依法撤销一审判决,改判驳回爱奇艺公司的全部诉讼请求。事实与理由:①涉案视频为网络用户上传,字节跳动公司仅是提供信息存储空间的网络服务提供者,并未实施涉案视频的提供行为。②字节跳动公司作为网络服务提供者,对涉诉侵权行为不存在明知或应知的情形,主观上不存在过错,不构成帮助侵权。③按照法律和司法解释的规定,网络服务提供者在明知或应知网络用户利用网络服务实施侵权行为,而未采取技术措施或提供技术支持等帮助行为的,才构成帮助侵权。从涉案情况及爱奇艺公司证据来看,字节跳动公司并不存在明知或应知的情形,且字节跳动公司在接到投诉当天即对被诉侵权内容进行删除处理,不符合帮助侵权的构成要件。

北京知识产权法院认为,根据二审期间双方当事人的上诉请求和各自抗辩的事由,本案双方当事人争议的焦点为字节跳动公司的行为是否构成帮助侵权;如果侵权责任成立,民事赔偿范围及赔偿数额如何确定。

第一,字节跳动公司的行为是否构成帮助侵权。

《侵权责任法》第三十六条第三款规定,网络服务提供者知道网络用户利用其网络服务侵害他人民事权益,未采取必要措施的,与该网络用户承担连带责任。根据该条规定,网络服务提供者构成帮助侵权至少满足以下两个条件:一是知道网络用户利用其网络服务侵害他人民事权益;二是未采取必要的措施。本院认为,字节跳动公司的行为已满足上述帮助侵权的成立要件。主要理由:2016年7月15日国家版权局发布的第五批重点作品预警名单中已明确列明了涉案视频,字节跳动公司对此应当知晓。对于重点预警作品,字节跳动公司负有较高的注意义务,在现有技术条件下应尽可能阻止此类视频上传至网络,对于无法阻止、已经上传的,要及时发现、甄别,并立即采取断开链接、删除侵权内容等必要措施。根据(2016)沪徐证经字第11559号公证书显示的用户评论时间,可以推断涉案视频上传的时间不晚于2016年9月;根据字节跳动公司的自认,可以推断涉案视频删除的时间不早于在2016年12月。字节跳动公司从涉案视频上传至删除前后持续约3个月,其注意标准明显低于一般网络服务提供者通常的注意标准,其采取必要措施的时间也明显超出合理范围,因此,一审法院认定字节跳动公司存在过错,应当承担帮助侵权责任并无不当。

第二,字节跳动公司应承担的赔偿范围及赔偿数额如何确定。

本案中,爱奇艺公司认为字节跳动公司完整播放了48集涉案作品,而不是一审法院认定的4集,理由是部分用户评论作为证人证言,可以佐证字节跳动公司提供了涉案作品的完整播出服务。本院认为,个别用户评论并非能够在法院陈述其经历的案件事实的证人所作的证言,系书证。上述书证无其他相关证据予以佐证,用户评论不能保证客观准确,尚达不到高度盖然性的证明标准,导致本案是否播放了其他42集涉案作品处于真伪不明的状态。根据证明责任原理,爱奇艺公司作为侵权之诉的请求权人,应当对此承担不利后果。因此,爱奇艺公司有关字节跳动公司应当承担全部48集涉案作品赔偿责任的主张,本院不予采纳。

本案中,爱奇艺公司同时主张判赔金额明显过低,对此,本院认为,双方当事人并未提交证据证明权利人的实际损失或者侵权人的违法所得,故应当依据法定赔偿标准确定赔偿数额。一审法院在综合考虑了赔偿范围等因素的基础上,酌定6万元的赔偿数额并无不当,本院予以确认。

综上,爱奇艺公司、字节跳动公司的上诉理由均不成立,均应予驳回;一审法院认定事实清楚,适用法律正确,应予维持。依照《民事诉讼法》第一百七十条第一款第一项规定,驳回上诉,维持原判。

1. 新媒体伦理失范表现在哪些方面?
2. 新媒体版权的特点有哪些?

附录 A
中华人民共和国著作权法

1990年9月7日第七届全国人民代表大会常务委员会第十五次会议通过。

根据2001年10月27日第九届全国人民代表大会常务委员会第二十四次会议《关于修改〈中华人民共和国著作权法〉的决定》第一次修正

根据2010年2月26日第十一届全国人民代表大会常务委员会第十三次会议《关于修改〈中华人民共和国著作权法〉的决定》第二次修正

根据2020年11月11日第十三届全国人民代表大会常务委员会第二十三次会议《关于修改〈中华人民共和国著作权法〉的决定》第三次修正

目　　录

第一章　总则
第二章　著作权
　　第一节　著作权人及其权利
　　第二节　著作权归属
　　第三节　权利的保护期
　　第四节　权利的限制
第三章　著作权许可使用和转让合同
第四章　与著作权有关的权利

第一节　图书、报刊的出版
第二节　表　　演
第三节　录音录像
第四节　广播电台、电视台播放
第五章　著作权和与著作权有关的权利的保护
第六章　附　　则

第一章　总　　则

第一条　为保护文学、艺术和科学作品作者的著作权,以及与著作权有关的权益,鼓励有益于社会主义精神文明、物质文明建设的作品的创作和传播,促进社会主义文化和科学事业的发展与繁荣,根据宪法制定本法。

第二条　中国自然人、法人或者非法人组织的作品,不论是否发表,依照本法享有著作权。

外国人、无国籍人的作品根据其作者所属国或者经常居住地国同中国签订的协议或者共同参加的国际条约享有的著作权,受本法保护。

外国人、无国籍人的作品首先在中国境内出版的,依照本法享有著作权。

未与中国签订协议或者共同参加国际条约的国家的作者以及无国籍人的作品首次在中国参加的国际条约的成员国出版的,或者在成员国和非成员国同时出版的,受本法保护。

第三条　本法所称的作品,是指文学、艺术和科学领域内具有独创性并能以一定形式表现的智力成果,包括:

(一)文字作品;

(二)口述作品;

(三)音乐、戏剧、曲艺、舞蹈、杂技艺术作品;

(四)美术、建筑作品;

(五)摄影作品;

(六)视听作品;

(七)工程设计图、产品设计图、地图、示意图等图形作品和模型作品;

(八)计算机软件;

(九)符合作品特征的其他智力成果。

第四条　著作权人和与著作权有关的权利人行使权利,不得违反宪法和法律,不得损害公共利益。国家对作品的出版、传播依法进行监督管理。

第五条　本法不适用于:

(一)法律、法规,国家机关的决议、决定、命令和其他具有立法、行政、司法性质的文件,及其官方正式译文;

(二)单纯事实消息;

(三)历法、通用数表、通用表格和公式。

第六条　民间文学艺术作品的著作权保护办法由国务院另行规定。

第七条　国家著作权主管部门负责全国的著作权管理工作;县级以上地方主管著作权的部门负责本行政区域的著作权管理工作。

第八条　著作权人和与著作权有关的权利人可以授权著作权集体管理组织行使著作权

或者与著作权有关的权利。依法设立的著作权集体管理组织是非营利法人,被授权后可以以自己的名义为著作权人和与著作权有关的权利人主张权利;并可以作为当事人进行涉及著作权或者与著作权有关的权利的诉讼、仲裁、调解活动。

著作权集体管理组织根据授权向使用者收取使用费。使用费的收取标准由著作权集体管理组织和使用者代表协商确定,协商不成的,可以向国家著作权主管部门申请裁决,对裁决不服的,可以向人民法院提起诉讼;当事人也可以直接向人民法院提起诉讼。

著作权集体管理组织应当将使用费的收取和转付、管理费的提取和使用、使用费的未分配部分等总体情况定期向社会公布,并应当建立权利信息查询系统,供权利人和使用者查询。国家著作权主管部门应当依法对著作权集体管理组织进行监督、管理。

著作权集体管理组织的设立方式、权利义务、使用费的收取和分配,以及对其监督和管理等由国务院另行规定。

第二章 著 作 权

第一节 著作权人及其权利

第九条 著作权人包括:

(一) 作者;

(二) 其他依照本法享有著作权的自然人、法人或者非法人组织。

第十条 著作权包括下列人身权和财产权:

(一) 发表权,即决定作品是否公之于众的权利;

(二) 署名权,即表明作者身份,在作品上署名的权利;

(三) 修改权,即修改或者授权他人修改作品的权利;

(四) 保护作品完整权,即保护作品不受歪曲、篡改的权利;

(五) 复制权,即以印刷、复印、拓印、录音、录像、翻录、翻拍、数字化等方式将作品制作一份或者多份的权利;

(六) 发行权,即以出售或者赠与方式向公众提供作品的原件或者复制件的权利;

(七) 出租权,即有偿许可他人临时使用视听作品、计算机软件的原件或者复制件的权利,计算机软件不是出租的主要标的的除外;

(八) 展览权,即公开陈列美术作品、摄影作品的原件或者复制件的权利;

(九) 表演权,即公开表演作品,以及用各种手段公开播送作品的表演的权利;

(十) 放映权,即通过放映机、幻灯机等技术设备公开再现美术、摄影、电影和视听作品等的权利;

(十一) 广播权,即以有线或者无线方式公开传播或者转播作品,以及通过扩音器或者其他传送符号、声音、图像的类似工具向公众传播广播的作品的权利,但不包括本款第十二项规定的权利;

(十二) 信息网络传播权,即以有线或者无线方式向公众提供作品,使公众可以在其选定的时间和地点获得作品的权利;

(十三) 摄制权,即以摄制视听作品的方法将作品固定在载体上的权利;

(十四) 改编权,即改变作品,创作出具有独创性的新作品的权利;

(十五) 翻译权,即将作品从一种语言文字转换成另一种语言文字的权利;

(十六) 汇编权,即将作品或者作品的片段通过选择或者编排,汇集成新作品的权利;

(十七)应当由著作权人享有的其他权利。

著作权人可以许可他人行使前款第(五)项至第(十七)项规定的权利,并依照约定或者本法有关规定获得报酬。

著作权人可以全部或者部分转让本条第一款第(五)项至第(十七)项规定的权利,并依照约定或者本法有关规定获得报酬。

第二节 著作权归属

第十一条 著作权属于作者,本法另有规定的除外。

创作作品的自然人是作者。

由法人或者非法人组织主持,代表法人或者非法人组织意志创作,并由法人或者非法人组织承担责任的作品,法人或者非法人组织视为作者。

第十二条 在作品上署名的自然人、法人或者非法人组织为作者,且该作品上存在相应权利,但有相反证明的除外。

作者等著作权人可以向国家著作权主管部门认定的登记机构办理作品登记。

与著作权有关的权利参照适用前两款规定。

第十三条 改编、翻译、注释、整理已有作品而产生的作品,其著作权由改编、翻译、注释、整理人享有,但行使著作权时不得侵犯原作品的著作权。

第十四条 两人以上合作创作的作品,著作权由合作作者共同享有。没有参加创作的人,不能成为合作作者。

合作作品的著作权由合作作者通过协商一致行使;不能协商一致,又无正当理由的,任何一方不得阻止他方行使除转让、许可他人专有使用、出质以外的其他权利,但是所得收益应当合理分配给所有合作作者。

合作作品可以分割使用的,作者对各自创作的部分可以单独享有著作权,但行使著作权时不得侵犯合作作品整体的著作权。

第十五条 汇编若干作品、作品的片段或者不构成作品的数据或者其他材料,对其内容的选择或者编排体现独创性的作品,为汇编作品,其著作权由汇编人享有,但行使著作权时,不得侵犯原作品的著作权。

第十六条 使用改编、翻译、注释、整理、汇编已有作品而产生的作品进行出版、演出和制作录音录像制品,应当取得该作品的著作权人和原作品的著作权人许可,并支付报酬。

第十七条 视听作品中的电影作品、电视剧作品的著作权由制作者享有,但编剧、导演、摄影、作词、作曲等作者享有署名权,并有权按照与制作者签订的合同获得报酬。

前款规定以外的视听作品的著作权归属由当事人约定;没有约定或者约定不明确的,由制作者享有,但作者享有署名权和获得报酬的权利。

视听作品中的剧本、音乐等可以单独使用的作品的作者有权单独行使其著作权。

第十八条 自然人为完成法人或者非法人组织工作任务所创作的作品是职务作品,除本条第二款的规定以外,著作权由作者享有,但法人或者非法人组织有权在其业务范围内优先使用。作品完成两年内,未经单位同意,作者不得许可第三人以与单位使用的相同方式使用该作品。

有下列情形之一的职务作品,作者享有署名权,著作权的其他权利由法人或者非法人组织享有,法人或者非法人组织可以给予作者奖励:

（一）主要是利用法人或者非法人组织的物质技术条件创作，并由法人或者其他组织承担责任的工程设计图、产品设计图、地图、示意图、计算机软件等职务作品；

（二）报社、期刊社、通讯社、广播电台、电视台的工作人员创作的职务作品；

（三）法律、行政法规规定或者合同约定著作权由法人或者其他组织享有的职务作品。

第十九条　受委托创作的作品，著作权的归属由委托人和受托人通过合同约定。合同未作明确约定或者没有订立合同的，著作权属于受托人。

第二十条　作品原件所有权的转移，不改变作品著作权的归属，但美术、摄影作品原件的展览权由原件所有人享有。

作者将未发表的美术、摄影作品的原件所有权转让给他人，受让人展览该原件不构成对作者发表权的侵犯。

第二十一条　著作权属于自然人的，自然人死亡后，其本法第十条第一款第（五）项至第（十七）项规定的权利在本法规定的保护期内，依法转移。

著作权属于法人或者非法人组织的，法人或者非法人组织变更、终止后，其本法第十条第一款第（五）项至第（十七）项规定的权利在本法规定的保护期内，由承受其权利义务的法人或者非法人组织享有；没有承受其权利义务的法人或者非法人组织的，由国家享有。

第三节　权利的保护期

第二十二条　作者的署名权、修改权、保护作品完整权的保护期不受限制。

第二十三条　自然人的作品，其发表权、本法第十条第一款第（五）项至第（十七）项规定的权利的保护期为作者终生及其死亡后五十年，截止于作者死亡后第五十年的12月31日；如果是合作作品，截止于最后死亡的作者死亡后第五十年的12月31日。

法人或者非法人组织的作品、著作权（署名权除外）由法人或者非法人组织享有的职务作品，其发表权的保护期为五十年，截止于作品创作完成后第五十年的12月31日；本法第十条第一款第五项至第十七项规定的权利的保护期为五十年，截止于作品首次发表后第五十年的12月31日，但作品自创作完成后五十年内未发表的，本法不再保护。

视听作品，其发表权的保护期为五十年，截止于作品创作完成后第五十年的12月31日；本法第十条第一款第五项至第十七项规定的权利的保护期为五十年，截止于作品首次发表后第五十年的12月31日，但作品自创作完成后五十年内未发表的，本法不再保护。

第四节　权利的限制

第二十四条　在下列情况下使用作品，可以不经著作权人许可，不向其支付报酬，但应当指明作者姓名或者名称、作品名称，并且不得影响该作品的正常使用，也不得不合理地损害著作权人的合法权益：

（一）为个人学习、研究或者欣赏，使用他人已经发表的作品；

（二）为介绍、评论某一作品或者说明某一问题，在作品中适当引用他人已经发表的作品；

（三）为报道新闻，在报纸、期刊、广播电台、电视台等媒体中不可避免地再现或者引用已经发表的作品；

（四）报纸、期刊、广播电台、电视台等媒体刊登或者播放其他报纸、期刊、广播电台、电视台等媒体已经发表的关于政治、经济、宗教问题的时事性文章，但著作权人声明不许刊登、播放的除外；

（五）报纸、期刊、广播电台、电视台等媒体刊登或者播放在公众集会上发表的讲话，但作者声明不许刊登、播放的除外；

（六）为学校课堂教学或者科学研究，翻译、改编、汇编、播放或者少量复制已经发表的作品，供教学或者科研人员使用，但不得出版发行；

（七）国家机关为执行公务在合理范围内使用已经发表的作品；

（八）图书馆、档案馆、纪念馆、博物馆、美术馆、文化馆等为陈列或者保存版本的需要，复制本馆收藏的作品；

（九）免费表演已经发表的作品，该表演未向公众收取费用，也未向表演者支付报酬且不以营利为目的；

（十）对设置或者陈列在公共场所的艺术作品进行临摹、绘画、摄影、录像；

（十一）将中国自然人、法人或者非法人组织已经发表的以国家通用语言文字创作的作品翻译成少数民族语言文字作品在国内出版发行；

（十二）以阅读障碍者能够感知的无障碍方式向其提供已经发表的作品；

（十三）法律、行政法规规定的其他情形。

前款规定适用于对与著作权有关的权利的限制。

第二十五条　为实施义务教育和国家教育规划而编写出版教科书，可以不经著作权人许可，在教科书中汇编已经发表的作品片段或者短小的文字作品、音乐作品或者单幅的美术作品、摄影作品、图形作品，但应当按照规定向著作权人支付报酬，指明作者姓名或者名称、作品名称，并且不得侵犯著作权人依照本法享有的其他权利。

前款规定适用于对与著作权有关的权利的限制。

第三章　著作权许可使用和转让合同

第二十六条　使用他人作品应当同著作权人订立许可使用合同，本法规定可以不经许可的除外。

许可使用合同包括下列主要内容：

（一）许可使用的权利种类；

（二）许可使用的权利是专有使用权或者非专有使用权；

（三）许可使用的地域范围、期间；

（四）付酬标准和办法；

（五）违约责任；

（六）双方认为需要约定的其他内容。

第二十七条　转让本法第十条第一款第（五）项至第（十七）项规定的权利，应当订立书面合同。

权利转让合同包括下列主要内容：

（一）作品的名称；

（二）转让的权利种类、地域范围；

（三）转让价金；

（四）交付转让价金的日期和方式；

（五）违约责任；

（六）双方认为需要约定的其他内容。

第二十八条　以著作权中的财产权出质的,由出质人和质权人依法办理出质登记。

第二十九条　许可使用合同和转让合同中著作权人未明确许可、转让的权利,未经著作权人同意,另一方当事人不得行使。

第三十条　使用作品的付酬标准可以由当事人约定,也可以按照国家著作权主管部门会同有关部门制定的付酬标准支付报酬。当事人约定不明确的,按照国务院著作权行政管理部门会同有关部门制定的付酬标准支付报酬。

第三十一条　出版者、表演者、录音录像制作者、广播电台、电视台等依照本法有关规定使用他人作品的,不得侵犯作者的署名权、修改权、保护作品完整权和获得报酬的权利。

第四章　与著作权有关的权利

第一节　图书、报刊的出版

第三十二条　图书出版者出版图书应当和著作权人订立出版合同,并支付报酬。

第三十三条　图书出版者对著作权人交付出版的作品,按照合同约定享有的专有出版权受法律保护,他人不得出版该作品。

第三十四条　著作权人应当按照合同约定期限交付作品。图书出版者应当按照合同约定的出版质量、期限出版图书。

图书出版者不按照合同约定期限出版,应当依照本法第五十四条的规定承担民事责任。

图书出版者重印、再版作品的,应当通知著作权人,并支付报酬。图书脱销后,图书出版者拒绝重印、再版的,著作权人有权终止合同。

第三十五条　著作权人向报社、期刊社投稿的,自稿件发出之日起十五日内未收到报社通知决定刊登的,或者自稿件发出之日起三十日内未收到期刊社通知决定刊登的,可以将同一作品向其他报社、期刊社投稿。双方另有约定的除外。

作品刊登后,除著作权人声明不得转载、摘编的外,其他报刊可以转载或者作为文摘、资料刊登,但应当按照规定向著作权人支付报酬。

第三十六条　图书出版者经作者许可,可以对作品修改、删节。

报社、期刊社可以对作品作文字性修改、删节。对内容的修改,应当经作者许可。

第三十七条　出版者有权许可或者禁止他人使用其出版的图书、期刊的版式设计。

前款规定的权利的保护期为十年,截止于使用该版式设计的图书、期刊首次出版后第十年的12月31日。

第二节　表演

第三十八条　使用他人作品演出,表演者应当取得著作权人许可,并支付报酬。演出组织者组织演出,由该组织者取得著作权人许可,并支付报酬。

第三十九条　表演者对其表演享有下列权利:

(一)表明表演者身份;

(二)保护表演形象不受歪曲;

(三)许可他人从现场直播和公开传送其现场表演,并获得报酬;

(四)许可他人录音录像,并获得报酬;

(五)许可他人复制、发行、出租录有其表演的录音录像制品,并获得报酬;

(六)许可他人通过信息网络向公众传播其表演,并获得报酬。

被许可人以前款第(三)项至第(六)项规定的方式使用作品,还应当取得著作权人许可,并支付报酬。

第四十条 演员为完成本演出单位的演出任务进行的表演为职务表演,演员享有表明身份和保护表演形象不受歪曲的权利,其他权利归属由当事人约定。当事人没有约定或者约定不明确的,职务表演的权利由演出单位享有。

职务表演的权利由演员享有的,演出单位可以在其业务范围内免费使用该表演。

第四十一条 本法第三十八条第一款第(一)项、第(二)项规定的权利的保护期不受限制。

本法第三十八条第一款第(三)项至第(六)项规定的权利的保护期为五十年,截止于该表演发生后第五十年的12月31日。

第三节 录音录像

第四十二条 录音录像制作者使用他人作品制作录音录像制品,应当取得著作权人许可,并支付报酬。

录音录像制作者使用改编、翻译、注释、整理已有作品而产生的作品,应当取得改编、翻译、注释、整理作品的著作权人和原作品著作权人许可,并支付报酬。

录音制作者使用他人已经合法录制为录音制品的音乐作品制作录音制品,可以不经著作权人许可,但应当按照规定支付报酬;著作权人声明不许使用的不得使用。

第四十三条 录音录像制作者制作录音录像制品,应当同表演者订立合同,并支付报酬。

第四十四条 录音录像制作者对其制作的录音录像制品,享有许可他人复制、发行、出租、通过信息网络向公众传播并获得报酬的权利;权利的保护期为五十年,截止于该制品首次制作完成后第五十年的12月31日。

被许可人复制、发行、通过信息网络向公众传播录音录像制品,应当同时取得著作权人、表演者许可,并支付报酬;被许可人出租录音录像制品,还应当取得表演者许可,并支付报酬。

第四十五条 将录音制品用于有线或者无线公开传播,或者通过传送声音的技术设备向公众公开播送的,应当向录音制作者支付报酬。

第四节 广播电台、电视台播放

第四十六条 广播电台、电视台播放他人未发表的作品,应当取得著作权人许可,并支付报酬。

广播电台、电视台播放他人已发表的作品,可以不经著作权人许可,但应当按照规定支付报酬。

第四十七条 广播电台、电视台有权禁止未经其许可的下列行为:

(一)将其播放的广播、电视以有线或者无线方式转播;

(二)将其播放的广播、电视录制以及复制;

(三)将其播放的广播、电视通过信息网络向公众传播。

广播电台、电视台行使前款规定的权利,不得影响、限制或者侵害他人行使著作权或者与著作权有关的权利。

本条第一款规定的权利的保护期为五十年,截止于该广播、电视首次播放后第五十年的12月31日。

第四十八条　电视台播放他人的视听作品、录像制品,应当取得视听作品著作权人或者录像制作者许可,并支付报酬;播放他人的录像制品,还应当取得著作权人许可,并支付报酬。

第五章　著作权和与著作权有关的权利的保护

第四十九条　为保护著作权和与著作权有关的权利,权利人可以采取技术措施。

未经权利人许可,任何组织或者个人不得故意避开或者破坏技术措施,不得以避开或者破坏技术措施为目的制造、进口或者向公众提供有关装置或者部件,不得故意为他人避开或者破坏技术措施提供技术服务。但是,法律、行政法规规定可以避开的情形除外。

本法所称的技术措施,是指用于防止、限制未经权利人许可浏览、欣赏作品、表演、录音录像制品或者通过信息网络向公众提供作品、表演、录音录像制品的有效技术、装置或者部件。

第五十条　下列情形可以避开技术措施,但不得向他人提供避开技术措施的技术、装置或者部件,不得侵犯权利人依法享有的其他权利:

(一)为学校课堂教学或者科学研究,提供少量已经发表的作品,供教学或者科研人员使用,而该作品无法通过正常途径获取;

(二)不以营利为目的,以阅读障碍者能够感知的无障碍方式向其提供已经发表的作品,而该作品无法通过正常途径获取;

(三)国家机关依照行政、监察、司法程序执行公务;

(四)对计算机及其系统或者网络的安全性能进行测试;

(五)进行加密研究或者计算机软件反向工程研究。

前款规定适用于对与著作权有关的权利的限制。

第五十一条　未经权利人许可,不得进行下列行为:

(一)故意删除或者改变作品、版式设计、表演、录音录像制品或者广播、电视上的权利管理信息,但由于技术上的原因无法避免的除外;

(二)知道或者应当知道作品、版式设计、表演、录音录像制品或者广播、电视上的权利管理信息未经许可被删除或者改变,仍然向公众提供。

第五十二条　有下列侵权行为的,应当根据情况,承担停止侵害、消除影响、赔礼道歉、赔偿损失等民事责任:

(一)未经著作权人许可,发表其作品的;

(二)未经合作作者许可,将与他人合作创作的作品当作自己单独创作的作品发表的;

(三)没有参加创作,为谋取个人名利,在他人作品上署名的;

(四)歪曲、篡改他人作品的;

(五)剽窃他人作品的;

(六)未经著作权人许可,以展览、摄制视听作品的方法使用作品,或者以改编、翻译、注释等方式使用作品的,本法另有规定的除外;

(七)使用他人作品,应当支付报酬而未支付的;

(八)未经视听作品、计算机软件、录音录像制品的著作权人、表演者或者录音录像制作者许可,出租其作品或者录音录像制品的原件或者复制件的,本法另有规定的除外;

(九)未经出版者许可,使用其出版的图书、期刊的版式设计的;

（十）未经表演者许可，从现场直播或者公开传送其现场表演，或者录制其表演的；

（十一）其他侵犯著作权以及与著作权有关的权利的行为。

第五十三条　有下列侵权行为的，应当根据情况，承担本法第五十二条规定的民事责任；侵权行为同时损害公共利益的，由主管著作权的部门责令停止侵权行为，予以警告，没收违法所得，没收、无害化销毁处理侵权复制品以及主要用于制作侵权复制品的材料、工具、设备等，违法经营额五万元以上的，可以并处违法经营额一倍以上五倍以下的罚款；没有违法经营额、违法经营额难以计算或者不足五万元的，可以并处二十五万元以下的罚款；构成犯罪的，依法追究刑事责任：

（一）未经著作权人许可，复制、发行、表演、放映、广播、汇编、通过信息网络向公众传播其作品的，本法另有规定的除外；

（二）出版他人享有专有出版权的图书的；

（三）未经表演者许可，复制、发行录有其表演的录音录像制品，或者通过信息网络向公众传播其表演的，本法另有规定的除外；

（四）未经录音录像制作者许可，复制、发行、通过信息网络向公众传播其制作的录音录像制品的，本法另有规定的除外；

（五）未经许可，播放、复制或者通过信息网络向公众传播广播、电视的，本法另有规定的除外；

（六）未经著作权人或者与著作权有关的权利人许可，故意避开或者破坏技术措施的，故意制造、进口或者向他人提供主要用于避开、破坏技术措施的装置或者部件的，或者故意为他人避开或者破坏技术措施提供技术服务的，法律、行政法规另有规定的除外；

（七）未经著作权人或者与著作权有关的权利人许可，故意删除或者改变作品、版式设计、表演、录音录像制品或者广播、电视上的权利管理信息的，知道或者应当知道作品、版式设计、表演、录音录像制品或者广播、电视上的权利管理信息未经许可被删除或者改变，仍然向公众提供的，法律、行政法规另有规定的除外；

（八）制作、出售假冒他人署名的作品的。

第五十四条　侵犯著作权或者与著作权有关的权利的，侵权人应当按照权利人因此受到的实际损失或者侵权人的违法所得给予赔偿；权利人的实际损失或者侵权人的违法所得难以计算的，可以参照该权利使用费给予赔偿。对故意侵犯著作权或者与著作权有关的权利，情节严重的，可以在按照上述方法确定数额的一倍以上五倍以下给予赔偿。

权利人的实际损失、侵权人的违法所得、权利使用费难以计算的，由人民法院根据侵权行为的情节，判决给予五百元以上五百万元以下的赔偿。

赔偿数额还应当包括权利人为制止侵权行为所支付的合理开支。

人民法院为确定赔偿数额，在权利人已经尽了必要举证责任，而与侵权行为相关的账簿、资料等主要由侵权人掌握的，可以责令侵权人提供与侵权行为相关的账簿、资料等；侵权人不提供，或者提供虚假的账簿、资料等的，人民法院可以参考权利人的主张和提供的证据确定赔偿数额。

人民法院审理著作权纠纷案件，应权利人请求，对侵权复制品，除特殊情况外，责令销毁；对主要用于制造侵权复制品的材料、工具、设备等，责令销毁，且不予补偿；或者在特殊情况下，责令禁止前述材料、工具、设备等进入商业渠道，且不予补偿。

第五十五条　主管著作权的部门对涉嫌侵犯著作权和与著作权有关的权利的行为进行查处时,可以询问有关当事人,调查与涉嫌违法行为有关的情况;对当事人涉嫌违法行为的场所和物品实施现场检查;查阅、复制与涉嫌违法行为有关的合同、发票、账簿以及其他有关资料;对于涉嫌违法行为的场所和物品,可以查封或者扣押。主管著作权的部门依法行使前款规定的职权时,当事人应当予以协助、配合,不得拒绝、阻挠。

第五十六条　著作权人或者与著作权有关的权利人有证据证明他人正在实施或者即将实施侵犯其权利、妨碍其实现权利的行为,如不及时制止将会使其合法权益受到难以弥补的损害的,可以在起诉前依法向人民法院申请采取财产保全、责令作出一定行为或者禁止作出一定行为等措施。

第五十七条　为制止侵权行为,在证据可能灭失或者以后难以取得的情况下,著作权人或者与著作权有关的权利人可以在起诉前依法向人民法院申请保全证据。人民法院处理前款申请,适用《中华人民共和国民事诉讼法》第九十三条至第九十六条和第九十九条的规定。

第五十八条　人民法院审理案件,对于侵犯著作权或者与著作权有关的权利的,可以没收违法所得、侵权复制品以及进行违法活动的财物。

第五十九条　复制品的出版者、制作者不能证明其出版、制作有合法授权的,复制品的发行者或者视听作品、计算机软件、录音录像制品的复制品的出租者不能证明其发行、出租的复制品有合法来源的,应当承担法律责任。

在诉讼程序中,被诉侵权人主张其不承担侵权责任的,应当提供证据证明已经取得权利人的许可,或者具有本法规定的不经权利人许可而可以使用的情形。

第六十条　著作权纠纷可以调解,也可以根据当事人达成的书面仲裁协议或者著作权合同中的仲裁条款,向仲裁机构申请仲裁。当事人没有书面仲裁协议,也没有在著作权合同中订立仲裁条款的,可以直接向人民法院起诉。

第六十一条　当事人因不履行合同义务或者履行合同义务不符合约定而承担民事责任,以及当事人行使诉讼权利、申请保全等,适用有关法律的规定。

第六章　附　　则

第六十二条　本法所称的著作权即版权。

第六十三条　本法第二条所称的出版,指作品的复制、发行。

第六十四条　计算机软件、信息网络传播权的保护办法由国务院另行规定。

第六十五条　摄影作品,其发表权、本法第十条第一款第五项至第十七项规定的权利的保护期在2021年6月1日前已经届满,但依据本法第二十三条第一款的规定仍在保护期内的,不再保护。

第六十六条　本法规定的著作权人和出版者、表演者、录音录像制作者、广播电台、电视台的权利,在本法施行之日尚未超过本法规定的保护期的,依照本法予以保护。

本法施行前发生的侵权或者违约行为,依照侵权或者违约行为发生时的有关规定处理。

第六十七条　本法自1991年6月1日起施行。

附录 B
信息网络传播权保护条例

(2006年5月18日中华人民共和国国务院令第468号公布
根据2013年1月30日《国务院关于修改〈信息网络传播权保护条例〉的决定》修订)

第一条 为保护著作权人、表演者、录音录像制作者(以下统称权利人)的信息网络传播权,鼓励有益于社会主义精神文明、物质文明建设的作品的创作和传播,根据《中华人民共和国著作权法》(以下简称著作权法),制定本条例。

第二条 权利人享有的信息网络传播权受著作权法和本条例保护。除法律、行政法规另有规定的外,任何组织或者个人将他人的作品、表演、录音录像制品通过信息网络向公众提供,应当取得权利人许可,并支付报酬。

第三条 依法禁止提供的作品、表演、录音录像制品,不受本条例保护。

权利人行使信息网络传播权,不得违反宪法和法律、行政法规,不得损害公共利益。

第四条 为了保护信息网络传播权,权利人可以采取技术措施。

任何组织或者个人不得故意避开或者破坏技术措施,不得故意制造、进口或者向公众提供主要用于避开或者破坏技术措施的装置或者部件,不得故意为他人避开或者破坏技术措施提供技术服务。但是,法律、行政法规规定可以避开的除外。

第五条 未经权利人许可,任何组织或者个人不得进行下列行为:

(一)故意删除或者改变通过信息网络向公众提供的作品、表演、录音录像制品的权利

管理电子信息,但由于技术上的原因无法避免删除或者改变的除外;

(二)通过信息网络向公众提供明知或者应知未经权利人许可被删除或者改变权利管理电子信息的作品、表演、录音录像制品。

第六条　通过信息网络提供他人作品,属于下列情形的,可以不经著作权人许可,不向其支付报酬:

(一)为介绍、评论某一作品或者说明某一问题,在向公众提供的作品中适当引用已经发表的作品;

(二)为报道时事新闻,在向公众提供的作品中不可避免地再现或者引用已经发表的作品;

第三条　依法禁止提供的作品、表演、录音录像制品,不受本条例保护。

权利人行使信息网络传播权,不得违反宪法和法律、行政法规,不得损害公共利益。

第四条　为了保护信息网络传播权,权利人可以采取技术措施;

(五)将中国公民、法人或者其他组织已经发表的、以汉语言文字创作的作品翻译成的少数民族语言文字作品,向中国境内少数民族提供;

(六)不以营利为目的,以盲人能够感知的独特方式向盲人提供已经发表的文字作品;

(七)向公众提供在信息网络上已经发表的关于政治、经济问题的时事性文章;

(八)向公众提供在公众集会上发表的讲话。

第七条　图书馆、档案馆、纪念馆、博物馆、美术馆等可以不经著作权人许可,通过信息网络向本馆馆舍内服务对象提供本馆收藏的合法出版的数字作品和依法为陈列或者保存版本的需要以数字化形式复制的作品,不向其支付报酬,但不得直接或者间接获得经济利益。当事人另有约定的除外。

前款规定的为陈列或者保存版本需要以数字化形式复制的作品,应当是已经损毁或者濒临损毁、丢失或者失窃,或者其存储格式已经过时,并且在市场上无法购买或者只能以明显高于标定的价格购买的作品。

第八条　为通过信息网络实施九年制义务教育或者国家教育规划,可以不经著作权人许可,使用其已经发表作品的片断或者短小的文字作品、音乐作品或者单幅的美术作品、摄影作品制作课件,由制作课件或者依法取得课件的远程教育机构通过信息网络向注册学生提供,但应当向著作权人支付报酬。

第九条　为扶助贫困,通过信息网络向农村地区的公众免费提供中国公民、法人或者其他组织已经发表的种植养殖、防病治病、防灾减灾等与扶助贫困有关的作品和适应基本文化需求的作品,网络服务提供者应当在提供前公告拟提供的作品及其作者、拟支付报酬的标准。自公告之日起30日内,著作权人不同意提供的,网络服务提供者不得提供其作品;自公告之日起满30日,著作权人没有异议的,网络服务提供者可以提供其作品,并按照公告的标准向著作权人支付报酬。网络服务提供者提供著作权人的作品后,著作权人不同意提供的,网络服务提供者应当立即删除著作权人的作品,并按照公告的标准向著作权人支付提供作品期间的报酬。

依照前款规定提供作品的,不得直接或者间接获得经济利益。

第十条　依照本条例规定不经著作权人许可、通过信息网络向公众提供其作品的,还应当遵守下列规定:

(一)除本条例第六条第一项至第六项、第七条规定的情形外,不得提供作者事先声明不许提供的作品;

(二)指明作品的名称和作者的姓名(名称);

(三)依照本条例规定支付报酬;

(四)采取技术措施,防止本条例第七条、第八条、第九条规定的服务对象以外的其他人获得著作权人的作品,并防止本条例第七条规定的服务对象的复制行为对著作权人利益造成实质性损害;

(五)不得侵犯著作权人依法享有的其他权利。

第十一条 通过信息网络提供他人表演、录音录像制品的,应当遵守本条例第六条至第十条的规定。

第十二条 属于下列情形的,可以避开技术措施,但不得向他人提供避开技术措施的技术、装置或者部件,不得侵犯权利人依法享有的其他权利:

(一)为学校课堂教学或者科学研究,通过信息网络向少数教学、科研人员提供已经发表的作品、表演、录音录像制品,而该作品、表演、录音录像制品只能通过信息网络获取;

(二)不以营利为目的,通过信息网络以盲人能够感知的独特方式向盲人提供已经发表的文字作品,而该作品只能通过信息网络获取;

(三)国家机关依照行政、司法程序执行公务;

(四)在信息网络上对计算机及其系统或者网络的安全性能进行测试。

第十三条 著作权行政管理部门为了查处侵犯信息网络传播权的行为,可以要求网络服务提供者提供涉嫌侵权的服务对象的姓名(名称)、联系方式、网络地址等资料。

第十四条 对提供信息存储空间或者提供搜索、链接服务的网络服务提供者,权利人认为其服务所涉及的作品、表演、录音录像制品,侵犯自己的信息网络传播权或者被删除、改变了自己的权利管理电子信息的,可以向该网络服务提供者提交书面通知,要求网络服务提供者删除该作品、表演、录音录像制品,或者断开与该作品、表演、录音录像制品的链接。通知书应当包含下列内容:

(一)权利人的姓名(名称)、联系方式和地址;

(二)要求删除或者断开链接的侵权作品、表演、录音录像制品的名称和网络地址;

(三)构成侵权的初步证明材料。

权利人应当对通知书的真实性负责。

第十五条 网络服务提供者接到权利人的通知书后,应当立即删除涉嫌侵权的作品、表演、录音录像制品,或者断开与涉嫌侵权的作品、表演、录音录像制品的链接,并同时将通知书转送提供作品、表演、录音录像制品的服务对象;服务对象网络地址不明、无法转送的,应当将通知书的内容同时在信息网络上公告。

第十六条 服务对象接到网络服务提供者转送的通知书后,认为其提供的作品、表演、录音录像制品未侵犯他人权利的,可以向网络服务提供者提交书面说明,要求恢复被删除的作品、表演、录音录像制品,或者恢复与被断开的作品、表演、录音录像制品的链接。书面说明应当包含下列内容:

(一)服务对象的姓名(名称)、联系方式和地址;

(二)要求恢复的作品、表演、录音录像制品的名称和网络地址;

(三) 不构成侵权的初步证明材料。

服务对象应当对书面说明的真实性负责。

第十七条　网络服务提供者接到服务对象的书面说明后,应当立即恢复被删除的作品、表演、录音录像制品,或者可以恢复与被断开的作品、表演、录音录像制品的链接,同时将服务对象的书面说明转送权利人。权利人不得再通知网络服务提供者删除该作品、表演、录音录像制品,或者断开与该作品、表演、录音录像制品的链接。

第十八条　违反本条例规定,有下列侵权行为之一的,根据情况承担停止侵害、消除影响、赔礼道歉、赔偿损失等民事责任;同时损害公共利益的,可以由著作权行政管理部门责令停止侵权行为,没收违法所得,非法经营额5万元以上的,可处非法经营额1倍以上5倍以下的罚款;没有非法经营额或者非法经营额5万元以下的,根据情节轻重,可处25万元以下的罚款;情节严重的,著作权行政管理部门可以没收主要用于提供网络服务的计算机等设备;构成犯罪的,依法追究刑事责任:

(一) 通过信息网络擅自向公众提供他人的作品、表演、录音录像制品的;

(二) 故意避开或者破坏技术措施的;

(三) 故意删除或者改变通过信息网络向公众提供的作品、表演、录音录像制品的权利管理电子信息,或者通过信息网络向公众提供明知或者应知未经权利人许可而被删除或者改变权利管理电子信息的作品、表演、录音录像制品的;

(四) 为扶助贫困通过信息网络向农村地区提供作品、表演、录音录像制品超过规定范围,或者未按照公告的标准支付报酬,或者在权利人不同意提供其作品、表演、录音录像制品后未立即删除的;

(五) 通过信息网络提供他人的作品、表演、录音录像制品,未指明作品、表演、录音录像制品的名称或者作者、表演者、录音录像制作者的姓名(名称),或者未支付报酬,或者未依照本条例规定采取技术措施防止服务对象以外的其他人获得他人的作品、表演、录音录像制品,或者未防止服务对象的复制行为对权利人利益造成实质性损害的。

第十九条　违反本条例规定,有下列行为之一的,由著作权行政管理部门予以警告,没收违法所得,没收主要用于避开、破坏技术措施的装置或者部件;情节严重的,可以没收主要用于提供网络服务的计算机等设备;非法经营额5万元以上的,可处非法经营额1倍以上5倍以下的罚款;没有非法经营额或者非法经营额5万元以下的,根据情节轻重,可处25万元以下的罚款;构成犯罪的,依法追究刑事责任:

(一) 故意制造、进口或者向他人提供主要用于避开、破坏技术措施的装置或者部件,或者故意为他人避开或者破坏技术措施提供技术服务的;

(二) 通过信息网络提供他人的作品、表演、录音录像制品,获得经济利益的;

(三) 为扶助贫困通过信息网络向农村地区提供作品、表演、录音录像制品,未在提供前公告作品、表演、录音录像制品的名称和作者、表演者、录音录像制作者的姓名(名称)以及报酬标准的。

第二十条　网络服务提供者根据服务对象的指令提供网络自动接入服务,或者对服务对象提供的作品、表演、录音录像制品提供自动传输服务,并具备下列条件的,不承担赔偿责任:

(一) 未选择并且未改变所传输的作品、表演、录音录像制品;

（二）向指定的服务对象提供该作品、表演、录音录像制品，并防止指定的服务对象以外的其他人获得。

第二十一条　网络服务提供者为提高网络传输效率，自动存储从其他网络服务提供者获得的作品、表演、录音录像制品，根据技术安排自动向服务对象提供，并具备下列条件的，不承担赔偿责任：

（一）未改变自动存储的作品、表演、录音录像制品；

（二）不影响提供作品、表演、录音录像制品的原网络服务提供者掌握服务对象获取该作品、表演、录音录像制品的情况；

（三）在原网络服务提供者修改、删除或者屏蔽该作品、表演、录音录像制品时，根据技术安排自动予以修改、删除或者屏蔽。

第二十二条　网络服务提供者为服务对象提供信息存储空间，供服务对象通过信息网络向公众提供作品、表演、录音录像制品，并具备下列条件的，不承担赔偿责任：

（一）明确标示该信息存储空间是为服务对象所提供，并公开网络服务提供者的名称、联系人、网络地址；

（二）未改变服务对象所提供的作品、表演、录音录像制品；

（三）不知道也没有合理的理由应当知道服务对象提供的作品、表演、录音录像制品侵权；

（四）未从服务对象提供作品、表演、录音录像制品中直接获得经济利益；

（五）在接到权利人的通知书后，根据本条例规定删除权利人认为侵权的作品、表演、录音录像制品。

第二十三条　网络服务提供者为服务对象提供搜索或者链接服务，在接到权利人的通知书后，根据本条例规定断开与侵权的作品、表演、录音录像制品的链接的，不承担赔偿责任；但是，明知或者应知所链接的作品、表演、录音录像制品侵权的，应当承担共同侵权责任。

第二十四条　因权利人的通知导致网络服务提供者错误删除作品、表演、录音录像制品，或者错误断开与作品、表演、录音录像制品的链接，给服务对象造成损失的，权利人应当承担赔偿责任。

第二十五条　网络服务提供者无正当理由拒绝提供或者拖延提供涉嫌侵权的服务对象的姓名（名称）、联系方式、网络地址等资料的，由著作权行政管理部门予以警告；情节严重的，没收主要用于提供网络服务的计算机等设备。

第二十六条　本条例下列用语的含义：

信息网络传播权，是指以有线或者无线方式向公众提供作品、表演或者录音录像制品，使公众可以在其个人选定的时间和地点获得作品、表演或者录音录像制品的权利。

技术措施，是指用于防止、限制未经权利人许可浏览、欣赏作品、表演、录音录像制品的或者通过信息网络向公众提供作品、表演、录音录像制品的有效技术、装置或者部件。

权利管理电子信息，是指说明作品及其作者、表演及其表演者、录音录像制品及其制作者的信息，作品、表演、录音录像制品权利人的信息和使用条件的信息，以及表示上述信息的数字或者代码。

第二十七条　本条例自2006年7月1日起施行。

来源：http://www.gov.cn/zwgk/2013—02/08/content_2330133.htm

参考文献

[1] 斐迪南·滕尼斯.共同体与社会纯粹社会学的基本概念[M].林荣远,译.北京:商务印书馆,1999.

[2] 马歇尔·麦克卢汉.理解媒介——论人的延伸[M].何道宽,译.北京:译林出版社,2011.

[3] W钱·金,勒妮·莫博涅.蓝海战略——超越产业竞争,开创全新市场(扩展版)[M].吉宓,译.北京:商务印书馆,2016.

[4] 大卫·伊斯利,乔恩·克莱因伯格.网络、群体与市场——揭示高度互联世界的行为原理与效应机制[M].李晓明,王卫红,杨韫利,译.北京:清华大学出版社,2011.

[5] 黄楚新.新媒体:微传播与融媒发展[M].北京:人民日报出版社,2018.

[6] 胡正荣,周亭.新媒体前沿——人工智能与虚拟现实(2016~2017)[M].北京:社会科学出版社,2017.

[7] 李宏,孙道军.平台经济新战略[M].北京:中国经济出版社,2018.

[8] 詹姆斯·柯兰,娜塔莉·芬顿,德斯·弗里德曼.互联网的误读[M].何道宽,译.北京:中国人民大学出版社,2014.

[9] 姜进章.新媒体管理[M].上海:上海交通大学出版社,2012.

[10] 埃瑟·戴森.2.0版——数字化时代的生活设计[M].胡泳,范海燕,译.海口:海南出版社,1998.

[11] 安德鲁·基恩.网民的狂欢:关于互联网弊端的反思[M].丁德良,译.海南:南海出版公司,2010.

[12] 比尔·毕晓普.数字时代的战略营销[M].刘大鹏,译.北京:机械工业出版社,2000.

[13] 杰夫·豪.众包:大众力量缘何推动商业未来[M].牛文静,译.北京:中信出版社,2009.

[14] 杰弗里·扬,威廉·西蒙,等.缔造苹果神话:史蒂夫·乔布斯传[M].蒋永军,译.北京:中信出版社,2007.

[15] 克里斯·安德森.免费:商业的未来[M].蒋旭峰,冯斌,璩静,译.北京:中信出版社,2009.

[16] 杨继红.谁是新媒体[M].北京:清华大学出版社,2008.

[17] 罗杰·菲德勒.媒介形态变化:认识新媒介[M].明安香,译.北京:华夏出版社,2000.

[18] 菲利普·迈耶.正在消失的报纸:如何拯救信息时代的新闻业[M].张卫平,译.北京:

新华出版社,2007.
[19] Mike Moran,Bill Hunt.搜索引擎营销:网站流量大提速[M].3版.宫鑫,康宁,刑天SEO,等,译.北京:电子工业出版社,2016.
[20] 尼葛洛庞帝.数字化生存[M].胡泳,范海燕,译.海口:海南出版社,1997.
[21] 斯蒂芬·贝克.当我们变成一堆数字[M].张新华,译.北京:中信出版社,2009.
[22] 斯科特·麦克凯恩.商业秀——体验经济时代企业经营的感情原则[M].王楠紫,徐化,等,译.北京:中信出版社,2004.
[23] 仇勇.新媒体革命2.0:算法时代的媒介、公关与传播[M].北京:电子工业出版社,2018.
[24] 托马斯·达文波特,约翰·贝克.注意力经济[M].2版.谢波峰,王传宏,陈彬,等,译.北京:中信出版社,2004.
[25] 温伯格.正在爆发的营销革命:社会化网络营销指南[M].赵俐,等,译.北京:机械工业出版社,2010.
[26] 陆群,张佳昺.新媒体革命——技术、资本与人重构传媒业.北京:社会科学文献出版社,2002.
[27] 黄晓钟,杨效宏,冯钢.传播学关键术语释读[M].成都:四川大学出版社,2005.
[28] 约翰·霍金斯.创意经济——如何点石成金[M].洪庆福,孙薇薇,刘茂玲,译.上海:上海三联书店,2006.
[29] 王庚年.全媒体技术发展研究[M].北京:中国国际广播出版社,2013.
[30] 匡文波.手机媒体概论[M].2版.北京:中国人民大学出版社,2012.
[31] 张宏.媒介营销管理[M].2版.北京:北京大学出版社,2013.
[32] 彭兰.社会化媒体:理论与实践解析[M].北京:中国人民大学出版社,2015.
[33] 谭云明.新媒体概论[M].北京:北京大学出版社,2018.
[34] 尹章池,等.新媒体概论[M].北京:北京大学出版社,2017.
[35] 谢新洲.媒介经营与管理[M].北京:北京大学出版社,2011.

后记

  数字技术和网络技术的快速迭代和迅猛发展使得"互联网"成为社会重要的基础设施之一,新媒体发展呈现出不同于以往的新面貌。新媒体对于全球媒体格局的影响进一步深化,影响国际传播与信息新秩序的重组与建立。新媒体正以不可抵挡的势头,迅速渗透人类社会的政治、经济、思想、文化等诸多领域,不仅改变了社会的传播形态,也影响着人们的生活方式及思维方式。

  本书吸取了不少专家、学者在新媒体方面的最新的研究成果,并得到了不少新媒体行业朋友的支持和帮助,在此,致以衷心的感谢!

  感谢华中科技大学出版社社长和总编辑,感谢责任编辑,他们为本书的出版做了许多卓有成效的工作。在此,表示深深的谢意!

  由于我们水平有限,书中疏漏和错误之处在所难免,真诚地希望读者批评指正。

作　者
2019 年 3 月 6 日于上海

与本书配套的二维码资源使用说明

本书部分课程及与纸质教材配套数字资源以二维码链接的形式呈现。利用手机微信扫码成功后提示微信登录,授权后进入注册页面,填写注册信息。按照提示输入手机号码,点击获取手机验证码,稍等片刻收到4位数的验证码短信,在提示位置输入验证码成功,再设置密码,选择相应专业,点击"立即注册",注册成功。(若手机已经注册,则在"注册"页面底部选择"已有账号? 立即注册",进入"账号绑定"页面,直接输入手机号和密码登录。)接着提示输入学习码,需刮开教材封面防伪涂层,输入13位学习码(正版图书拥有的一次性使用学习码),输入正确后提示绑定成功,即可查看二维码数字资源。手机第一次登录查看资源成功以后,再次使用二维码资源时,只需在微信端扫码即可登录进入查看。

引用作品的版权声明

为了方便学校教师教授和学生学习优秀案例,促进知识传播,本书选用了一些知名网站、公司企业和个人的原创案例作为配套数字资源。这些选用的作为数字资源的案例部分已经标注出处,部分根据网上或图书资料资源信息重新改写而成。基于对这些内容所有者权利的尊重,特在此声明:本案例资源中涉及的版权、著作权等权益,均属于原作品版权人、著作权人。在此,本书作者衷心感谢所有原始作品的相关版权权益人及所属公司对高等教育事业的大力支持!